小学语文

新课程教学设计与技能训练

冯铁山　主编

清华大学出版社
北　京

内容简介

本书编写遵循最新颁布的《义务教育语文课程标准(实验版修订稿)》精神，以“教学设计”与“教学技能”为主线，构建涵盖课程论、教学论、教材论、设计论、评价论等内容的训练体系。内容编排除了体现专业知识的发展脉络外，尤其注意采取探究式教学方式，引导承担该门课程教学的教师转变教育观念，变“师本”教学为“体验性”、“探究性”的“生本”教学，同时充分调动读者的学习主动性，直面语文教学现实问题，在自主比较、反思、建构、实践地参与语文教学设计与技能训练过程中涵养专业德性，培育专业情意，娴熟专业技能。

本书适合师范类师生使用。

图书在版编目(CIP)数据

小学语文新课程教学设计与技能训练 / 冯铁山主编. —北京：清华大学出版社，2012.7（2022.1重印）
ISBN 978-7-302-29328-6

Ⅰ. ①小… Ⅱ. ①冯… Ⅲ. ①小学语文课－教学设计 ②小学语文课－教学法 Ⅳ. ①G623.202

中国版本图书馆 CIP 数据核字(2012)第 147403 号

责任编辑：刘美玉
封面设计：傅瑞学
责任校对：宋玉莲
责任印制：朱雨萌

出版发行：清华大学出版社
网 址：http://www.tup.com.cn，http://www.wqbook.com
地 址：北京清华大学学研大厦 A 座 邮 编：100084
社 总 机：010-62770175 邮 购：010-62786544
投稿与读者服务：010-62776969，c-service@tup.tsinghua.edu.cn
质 量 反 馈：010-62772015，zhiliang@tup.tsinghua.edu.cn
印 装 者：北京鑫海金澳胶印有限公司
经 销：全国新华书店
开 本：185mm×260mm 印 张：18 字 数：425 千字
版 次：2012 年 7 月第 1 版 印 次：2022 年 1 月第10次印刷
定 价：45.00 元

产品编号：048139-02

前 言

经过新课程改革的洗礼，中小学语文教学面貌有了显著的变化，教育教学改革正朝着素质教育的方向稳步前进。而与之相对应的是高师教育专业人才培养、课程改革相对滞后，导致“语文课程与教学论”等专业基础课教学仍存在形式化、低效化现象。如何促使高校的课堂教学满足基础教育人才培养的需要？提升课堂教学有效性是必然的选择。

“小学语文教学设计与技能训练”作为一门应用型师范院校课程，是小学教育专业中的一门核心课程，具有很强的应用性和实践性。《小学语文新课程教学设计与技能训练》一书根据小学语文学科的本质属性与根本特点，依照最新颁布的《义务教育语文课程标准（实验版修订稿）》理念，采取探究式研究方式，协同德性培育与专业技能训练的问题与机制，尝试解决多年来小学语文教师专业人才培养“职业关爱”价值取向导致的“师生教学生活不快乐”之困境，并探索将教师习惯的单信道“知识传递”的“师主生从”的教学模式，转化为以学生为主体进行探究学习之课程的可能理想面貌。本书旨在通过对新课程改革以来小学语文教学存在的问题与现象进行系列的探讨研究，帮助广大小学语文教师，尤其是师范院校小学教育专业的学生理解小学语文教学的科学理念，把握小学语文教学的基本规律，切实训练语文教学设计与教育教学技能，并将开朗的积极心态、乐观的进取精神以及高雅的教师仪容修养横向融合到各项专业技能训练之中。本书可作为高师小学教育专业、汉语言文学专业的专业教材，也可作为小学语文教师继续教育研读教材。

本书由宁波大学教师教育学院冯铁山教授牵头组织编写。编写人员及分工如下：绪论、第一章、第六章由冯铁山执笔；第二章由李慧琼执笔；第三章由沈玲蓉执笔；第四章由孙月芹执笔；第五章由陆薇薇执笔；第七章由张蒲荣执笔；第八章由王海燕执笔；第九章由李金国（湖南第一师范学院）执笔；第十章由袁利芬（湖南第一师范学院）执笔。全书由冯铁山教授负责设计编写提纲、统稿、排版以及每一章的增删补写、改写等工作，王敏、王洋洋、陈菲菲、郭晓曼、袁涛、李慧、郭小琴等研究生参与勘校工作。在编写期间，得到宁波大学、湖南第一师范学院等单位的大力支持。本书是宁波大学教材建设重点项目，也是诗意文化课题深化研究项目。本书的编写引用了全国教育科学规划课题“新诗教实验”与国家社科基金课题“诗意德育诗意促进学生积极人格和谐发展实践案例与理论问题研究”相关实验学校以及其他相关论著的成果。谨此致谢。

本书引用了相关学者与广大中小学语文教师的成果、案例，在此表示诚挚的感谢。限于编写水平，书中难免有疏漏之处，敬请相关作者谅解并请广大读者不吝赐教。

《小学语文新课程教学设计与技能训练》编写组

2012 年 4 月

目 录

绪　论

“小学语文课程与教学论”是高等院校小学教育以及语文教育基础性专业课程，其教学本应从动态的中小学语文教学整体出发，综合研究一线语文教学活动和教育活动及其联系，探索语文教育教学专业德性培育最一般规律以及专业技能娴熟最实效训练的学科。目前，该门课程的课堂教学仍盛行讲授式，将教学目的聚焦到语文教学经验、行为的描述上，注重语文教学“法”知识、经验的积累、传授、训练，忽略了教育中人的完整性，尤其是作为教师的专业德性、专业情意之于教师发展的意义。致使该门课程的教学，无论是教师的“教”还是学生的“学”质量和效率不高，师生在课堂得不到应有的“快乐”。有的学者甚至认为这门课程的失误“不是一时的或局部的失误，而是全程的和全面的失误”。

省思、讨论传统讲授式教学做法的不足，根据告子、荀子、洛克、霍布斯等人的“德性建构论”(moral constructivism)和肖特、哈斯特、贝克(Short，Harste，&Burke)等人的“课程乃协同探究”(curriculum as collaborative inquiry)之理念，我们尝试规划并实施探究取向的大学课程教学计划，并于教学中仔细观察学生反应，随时调整课程走向，思考如何进一步改善学生学习与教师教学的状况，再付诸另一个教学行动之探究循环，逐步向在探究中“求知、启智、健德”的理想境界迈进。在此基础上，组织编写《小学语文新课程教学设计与技能训练》一书，力图将语文教师的德性修养与专业技能训练协同起来，并且融合探究式教学活动始终，促使学生在自主合作的探究式学习活动中自健其德，自致其知，自启其智，自练其能。所谓探究式教学，从广义上看，探究式教学泛指学生主动研究的学习活动。它是一种学习的理念、策略、方法，适用于学生对所有学科的学习。从狭义上看，所谓探究式教学指的是从小学语文学科领域或小学语文教师培养任务、内容中选择和确定研究主题，在教学活动中创设一种类似于学术或科学的研究情境，通过学生自主、独立地发现问题，实验、操作、调查、信息搜集与处理、表达与交流等探索活动，获得知识、技能、情感与态度的发展的教学方式及过程。

一、“职业取向讲授式课堂教学”结构审视

传统的“讲授式”语文教学法不外乎四种：其一，讲述法，教师用自己的语言描述或叙述语文教学现象、基本特征或现象演变过程等；其二，讲解法，教师用富于理性的语言向学生说明、解释、分析、论证语文教育教学概念、基本技法蕴涵的原理和主要操作要领等；其三，讲演法，教师以虚拟的小学语文教学情境为依托，模拟并讲解小学语文教学某一片段的教学的基本原理、方法运用的操作要领；其四，观摩点评法，教师引入小学语文教师的教学视频，引导学生观摩，教师对视频包含的教学技法进行评价。无论采取哪一种教学方

法，讲授式的教学有三个鲜明的特征：其一，以师为主，教师主宰教学目标的确定、教学内容的安排、教学进程的组织以及教学评价的实施；其二，以书为本，注重单信道地传输书本已成定论的知识；其三，以法为据，强调教学技法的训练，注重专业技术性动作的分解、模仿，示范性有余，创造性不足。

这种教学方式广泛运用于专业课程的教学上。透过现象看本质，我们不难发现它的局限性。在教学的目标和任务上，着重强调的是学习者已有的知识水平和技能，而忽视了作为未来人的发展目标。从师生关系看，“讲授式”教学是以教师为中心的，师生关系自然成为主客体二元对立的关系。讲授者教师是主体，受教育者是客体。作为主体，教师的主要任务是用讲授的内容来填满学生。作为客体，学生的主要任务是听讲，把教师所讲的储存起来。在这种教学过程中，师生之间没有对话，没有交流，教师与学生是一种垂直关系，而不是一种平等关系，在教师的讲授过程中，讲授的内容往往是远离学生生活经验，脱离现实的。从教学的内容看，注重对教学“事实”关系的描述，常常忽视对学生为师德性品质培养与专业技能“应然”关系的研究和揭示。尽管老师也注重以身示范，也注意开掘中小学语文教学视频等课程资源，甚至虚拟中小学语文教学情境，但这一切都是为老师讲授服务的，共性大于个性，规范大于创造，学生吸收的只是被动地听、接受、记忆和重述或模仿，自然难以习得内蕴其中富有场景性、情感性的专业情意与职业德性。

其实，这一做法从价值取向方面透视，仅仅关注了学生作为“职业人”的现实需要，使语文教学沦为“训练”的代名词，教学过程成为塑造“单向度平面人”的工艺流程，淹没了对教育者及教育自身的关爱，没有从人的高度立足“未来人”的发展需要，挖掘学生作为“历史人”的潜能，没有充分考虑学生个性发展的“现实人”的要求，让学生自主求知、启智、健德，从而也就不可能使学生自主发展成为理想的“立体人”。其结果，正如网络上大学生博客感言所感慨的“大学教师总是教，学生总是被教；教师总是无所不知，学生永远一无所知；教师总是在思考，学生不用去思考；教师有权选择教学内容，学生则要适应这些教学内容；教师成为知识的权威，学生只能听从规训与指导”。这必然导致学生的职业理想来自社会的需要，职业道德取自教师的传授，职业良心源于效法。这些支撑学生职业动力的东西均物化为职业训练而不是发自于内心的需要，致使师范生不能从人的本质层面去对教师职业产生积极的认同感，甚至他们走上工作岗位后，在思想意识上把教育活动仅仅看做谋生的手段，久而久之，丧失了对他所追求事业的价值关爱。

二、“探究取向课堂教学”的基本构架

正如叶圣陶先生所说：“各种学科的教学都一样，无非教师帮着学生学习的一串过程。”[①]改变语文课程与教学论教学实质上就是教师播撒一种观念，让学生逐步摆脱教师主导，在自我或合作学习中探究未知知识、陶冶情操、发展德性以及形成技能的活动。这个过程不是学生跟在教师的后面亦步亦趋，离开教师便什么也不会学的过程。要改变讲授式教学的“师主生从”的弊端，我们需要建构一种能够彰显小学教育语文教师培养目标与特色的课堂教学结构，需要从关爱生命的价值取向去建构一种从“单一定向的教法中

---

① 叶圣陶. 叶圣陶序跋集[M]. 北京：生活·读书·新知三联书店，1983：44.

心”走向“多元互动综合发展中心”的课堂结构。这就是“探究取向的课堂教学”结构。这种结构运转取决于探究学习主体的角色意识、探究学习评价的专业情意以及探究学习机制的专业能力等要素所发挥的作用。

（一）遵循主体性原则，培养高师学生的角色意识

学生自主探究的“主动”从何而来？从外部看，来源于教师赞赏的笑脸，同学羡慕的眼神，家长郑重其事的夸奖等，但更重要、更有效、更持久的“主动”来自学习者的自身兴趣及自我发展需要。因此，“主动”首先反映在心理学上的则是“自主”。自主性所反映的是学生在大学课堂中的地位，是指在一定条件下，高师学生个体对自己的专业知识学习与专业技能训练具有支配和控制的权力与能力。他们的主体性反映在两个方面：其一，面对大学课程，他们是专业学习活动中不够成熟不断发展的主体；其二，面对未来从事的职业，他们又是具有自我职业理想、职业形象自我塑造的主体。

如何尊重学生的“两个主体”并发挥应有的作用呢？马克思主义认为，作为意识形态的思想道德观念，是一定社会、一定时期的经济基础的产物，一旦成为具体的意识形态，必将反作用于社会。社会学的研究告诉我们，作为社会中的人，人人都在社会扮演一定的角色，因而人人都有自己所扮演的角色相匹配的角色意识，人的行为，往往也就自觉不自觉地受这种角色意识的影响甚至支配。这就要求我们实施“探究取向的课堂教学”需要遵循自主性原则，要求我们充分尊重学生的兴趣、爱好，帮助学生确定理想的小学语文教师形象标准并在其指引下，将教师的专业德性圆融到专业能力培养的各个方面，允许他们自主地确定学习目标，选择学习内容，采取自己去设计、开发、行动、体验乃至创造的学习方法，从中享受学习的愉悦，成功的快乐。高师阶段是大学生作为未来从事小学语文教学角色意识觉醒、塑造的关键时期，让他们一进入课堂，就明了理想的小学语文教师职业形象，明确高师小教专业学生所面临的形势和肩负的历史使命，充分认识塑造良好的语文教师形象的重要性和具体要求，那么，他们就会很好地养成探究学习的角色意识，在探究学习活动中自觉不自觉地扮演了小学语文教师的角色，尽管具有模仿性和不稳定性等特点，但这种角色意识能够有助于大学生把握自己的成才目标和努力方向，有助于他们从一个被动学习的“自然人”转化成一个主动探究的“社会人”。

（二）遵循能动性原则，陶冶高师学生的专业情意

专业情意陶冶其实就是一种道德教育。从其内涵分析，专业情意是高师学生对自己将来从事的小学语文教学以及当前专业学习产生的一种深厚的挚爱之情，它包括专业理想、专业情操、专业性向等内容。所谓“职业理想”，是指高师学生对成为一个成熟的富有创造性的小学语文教师的向往、期待与追求；所谓“专业情操”，其实就是让高师学生体验小学语文教学情感，从而对教育教学工作产生理智性的价值评判，表现为两个方面：一是高尚的道德情操，即对教师职业道德的认同而产生的教师责任感和义务感；二是行为情操，即对小学语文教学行为及其作用有深刻的认识而产生的光荣感和使命感；所谓“专业性向”，是指高师学生将来从事小学语文教学工作应该具备的人格特征，适合于教育教学工作的个性倾向。这就构成了专业德性的基本内涵。

古代教育家孔子主张先"约之以礼"，而后"博学于文"，即做人第一，学问第二。儒学大师张轼认为求学之人应先"尊德性"而后"道问学"，即先做人，后成就学业与事业。古圣先贤充分认识到"道德"育人的重要价值。马克思主义者认为，作为意识形态的思想道德观念，是一定社会、一定时期的经济基础的产物，一旦成为具体的意识形态，必将反作用于社会。这些学说无一不在言说德对于一个人、一个社会的重要作用。专业情意的形成，从本质上看是通过教育教学、专业学习本身的实践中进行的。马克思主义认为："人起初是以别人来反映自己的。"①这就要求"探究取向的课堂教学"遵循能动性原则，发挥德性的激励性、召唤性与建构性功能，营造一种有利于合作探究的学习氛围，让教师都能够放低姿态，敞开胸怀，悦纳同学，自由自主地参与探究。这当中需要发挥评价的功能。评价的宗旨就是保证"人人享有他们为充分发挥自己的才能和尽可能牢牢掌握自己的命运而需要的思想、判断、感情和想象方面的自由"，更主要的作用还在于激励学生带着欣赏的目光看得见他人的进步并自觉与之对照，主动确定自我进步的方向与努力的措施。

（三）遵循创造性原则，培养高师学生的专业能力

什么是探究？从汉语词源学角度分析，所谓的"探"就是试图发现隐藏的事物或情况；所谓的"究"就是仔细推求、追查。从英语词源学角度分析，所谓"inquiry"（探究），《牛津英文词典》指出的含义是"指求索知识、信息，特别是求真的活动；是搜寻、研究调查、检验的活动；是提问和质疑的活动"。无论从哪个角度理解，探究都是一种高智商的活动。另外，诚如上文所论述的，学生进行探究学习，他们不愿意成为等待装满知识的容器，而愿意成为基于自己与世界相互作用的独特经验去建构自己的知识并赋予知识以意义的探索者。作为探索者，他们也不愿意使对文本的接受，对一线教学现象的观摩，成为拷贝、复制现成教学技法的拼盘，而愿意尝试去对文本进行主动诠释，对教学场景的"空白"结构加以想象性充实、补充和建构。这一切要求"探究取向课堂教学"着力培养学生的探究能力，进而发展成为专业能力。

传统的"职业取向"的讲授式教学基本上是"灌输—接受"单线性、静态传输知识的活动，学生完全处于一种被动接受的状态。知识经济时代，信息多元化社会，师—生、生—生间的影响是双向、交互的，同时，这种交互作用和影响又不是一次性的或间断的，而是一个链状、循环的连续过程。实施"探究取向的课堂教学"必须遵循创造性原则，建立师—生、生—生，甚至学生与小学语文教师交互性、连续性和网络性的多元互动探究机制。这就预示着小学语文课程与教学论的课堂教学是生长、活力、情感、趣味、发展、激情、创造、生命、生机等与人的成长过程紧密相关的一系列带有生命气息的活动；是注意沟通学生的情感，使彼此灵犀相通，感情共鸣，从而使学生尊重个人不同的认知方式与多元智能，让每个人的声音能够通过合适的符号系统表达出来，并在与他人的对话讨论之中，发现彼此之间有冲突、有争议的地方，探究复杂的问题，反省思考多元观点之存在，从中整合出可能的解决方法，然后进行较为全新行动的活动。

---

① 中共中央马恩列斯著作编译局．马克思恩格斯全集(第23卷)[M]．北京：人民出版社出版，1995：67.

三、探究取向课堂教学之实施

（一）用“诗意”的视角整合课程资源

“宜善用教科书而不为教科书所用。教科书，死物也。教授国文，舍而用之固不可，用之不当，其害立见。”①现有的语文课程与教学论方面的教材，不管是按照总论、分论的辐射型结构，还是按照分论与分论并列式组编，基本上遵循的是学科本身的内在逻辑联系，忽略了大学生学习的规律以及小学语文教师专业成长的规律。受教材编写思路、结构的限制导致该门课程教学过分注重学科理论知识的传授，教师只能教教材。作为高层次人才培养活动，教育关爱的价值取向以及社会对人才规格的要求均需要高校教师创造性地开发课程资源。就某种意义上而言，教什么比怎么教更重要的意义就体现在这里。本课程倡导的课程资源开掘理念是遵循兴趣性、适度性、开放性与可操作性原则，从小学语文教学实际出发，将课程内容进行整合，形成以探究式为核心的课程论、学习论、教学论、评价论、教师论、研究论等板块内容。

其策略主要体现在如下几个方面：其一，以善统真看现实。所谓“以善统真”，即以伦理的角度去审视学生接受教师教育的德性培育与专业技能训练问题，改变原来“语文课程与教学论”单纯的专业技能训练的知识结构，将教师的专业情意、文明礼仪以及形象塑造等德性修养的内容融合到以探究式为核心的课程论、学习论、教学论、评价论、教师论、研究论等训练内容里面，使教学内容力求做到德性与技能圆融互摄。另外，及时补充小学语文教育教学现象学研究的相关课例、教学参考资料、课堂实录、名师访谈，引导学生从教师职业道德的角度去汲取合理的教师德性修养成分，从而带着伦理之善的眼镜审视自己的学业乃至未来从事的事业，为学生专业成长奠定好良好的德性基础。其二，以美促善审世界。语文教师重要的职责就是培养学生热爱祖国的语言文字，而汉语是举世公认的典雅而诗意的语言文字。让学生成为典雅汉语的代言人自然成为“语文课程与教学论”主要的教学任务。在探究式教学实验过程中，引入全国教育科学规划课题“新诗教实验”以及国家社科基金项目“诗意德育诗意促进学生积极人格和谐发展实践案例与理论问题研究”获得的相关成果，以诗意语文作为守望心灵的依托，让学生一方面通过学习吟诵、比较、探究、分析古今诗意文学作品，提高语言文字的鉴赏能力；另一方面组织学生一起撰写、交流童诗童谣，提高学生的典雅汉语表现能力，其目的在于让诗意走向童真、走向纯净的心灵，而背后见出的是自然、社会与自我的对接、圆融与互摄，是世界的诗歌对象化，是人生的诗意化。因为有亲身的体验，能够发挥言传身教的示范作用，增强了探究式教学的科研内涵。其三，美善圆融提境界。所谓的“美善圆融”就是专业能力训练与德性培育达到水乳交融的境界。这当中的课程资源开掘主要是针对学生自身，让学生根据自身的需要，采取课前磨课的形式，将学生以寝室为讲台，或定期不定期登上中小学讲台，与中小学教师一起打磨小学语文教学设计以及操作规程等资源引入课堂。这样安排，既与学生的学习实际对接，也与基础教育课程改革对接。注重培养学生独立执教、研究语文教学的能力，为

① 范祥善．国文教授革新之研究[J]，教育杂志(第十卷)，1918(10)．

学生的继续教育乃至终身教育打下基础。

（二）创设直面现实问题的探究情境

作为与知识授受教学相对应的一种教学方式，“探究取向的课堂教学”最早期的表现形式是“发现法”和“问题解决法”。“发现法”教学思想的萌芽可追溯到自然主义教育倡导者卢梭；而“问题解决法”教学法也可以追溯到我国理学大师朱熹提出的“读书须有疑”的观点，他主张读书要善于提出问题，要追根究底。他说：“读书无疑者，须教有疑。有疑者，却要无疑。到这里方是长进。”学生探究学习的积极性、主动性，往往来自于一个充满疑问和问题的情境。教师提出的问题，如能引起学生的探究兴趣，就会使学生的学习情绪处于高涨状态，激发起寻找问题答案的积极性。从“语文课程与教学论”学科教学的特性看，该课程教学不外乎就隐含的小学语文经验类信息转化为外显编码化语文教师教育的信息，以及将外显的编码化的信息转化为新的隐含类信息。这两个过程均离不开学生自主性的“悟”，要促使学生能对未来从事语文教学的内容“言”与“意”之间产生顿悟，教师应该注意创设直面小学语文教学现实的探究情境，根据小学语文教学的现实问题引导学生质疑、发问，这取决于教师提问的能力。

执教“语文课程与教学论”课程教学的老师如何问得巧，问得妙，变平面化思维为立体化思维？其主要的策略在于：其一，注意搜集相关的小学语文教学的现实问题，采取“现象扫描”或“案例传真”的方式，创设“问题聚焦”的探究情境，使学生明确探究目标，给探究以方向，给探究以动力。比如，学习“教学设计”一章时，可以先引用顾城的诗句，铺垫一个富有诗意的情境：“因为有月亮，你走远了，站在远远的路口上，看着我，我不会发光。/因为有月亮，你熄灯了，打开一扇又一扇圆窗，等着我，我不会升降。/因为有月亮，你睡着了，不再害怕自己的梦想，想着我，我将是太阳”；然后引导学生联系小学语文教学以及教师的职业谈谈自己的感受与想法。在此基础上，及时引入目前“小学语文教师教学设计”尤其是备课的现实材料，进行现象扫描，触发学生探究小学语文教学存在问题的兴趣并积极探究产生问题的原因，进而探究教学设计的基本内涵以及如何做好伏案工作。其二，注意从分析判断思维智慧、实用智慧、创造智慧培养三个维度设计探究性问题。例如：执教“个性化阅读”这部分内容时，老师可提供小学教师执教《江雪》正反两个案例后提了这样一组问题：①这两个老师处理学生提出的“老渔翁为什么下雪天出来钓鱼”这一问题的方式有什么不同？两位老师合理与不合理因素有哪些？②假如你是小学语文教师，你将怎样处理学生上课突然提出的问题？③假如你是小学语文教师，你怎么应对学生超越教学设计预设的问题？你会对学生说什么呢？学生又会怎么做呢？显而易见，第一个问题，教师是从左脑的角度设计的，其用意在于开发学生的“批判—分析性智慧”；第二个问题是从开发右脑潜能的角度出发，培养学生“实用—情境性智慧”；而最后一类型问题是建立在左右大脑协同的基础上，突破了教材和学生现有“大脑应有状态”的局限，培养学生“综合—创造性智慧”。这样的问题设置着眼的是学生从事小学语文教学的“未来人”状态，将教师的德性修养与专业技能训练结合在一起，不仅解决了本课程语文教学如何认识教学对象的问题，而且巧妙地提高小学教育专业学生的学习认识，促使他们主动地学习，努力地进取。

（三）建立网络化的探究学习的交往体系

人类的交往，涉及由大脑等器官、神经系统、心理构成的人的内部世界与人类生活的外部世界。从内部考察，交往是人类的生理机能，是人类的心理需要。从外部考察，交往是人类存在的行为方式。社会生活中，人类最为普遍的联系是人际交往与人际传播及其形成的人际关系。从探究式教学原理分析，探究式课程实验是一种人际交往，是一种信息互动，其间必然涉及师—生、生—生之间的相互作用。另外，作为小学教育专业的学生，其师范性的课程设置决定了他们必须积极面对教育教学实践问题，这样一来，他们还必须注意积极地与中小学教师、学生进行交往。事实上，师范院校的教学不仅仅是教师与学生的双边互动的过程，它是诸如单向型、多向型、成员型等互动过程的有机统一体。各种互动的方式既有其优势，也存在不可避免的缺陷。只有根据教学的实际需要构建以生生互动为核心的动态的立体网络式的交往体系，才会获得合作学习的最佳效果。首先，不仅要重视师生交往，更要重视生生交往。其次，要建立融洽的师生关系和生生关系，要充分信任每一个学生，帮助他们在交往中寻找各自恰当的位置。再次，交往要面向全体学生，尽可能实现学生之间的直接交往。最后，交往要面向教学实践，为实现一定的教学目的服务。教学交往存在本身并不是目的，要根据不同的教学目的创设多样化的确切的教学交往体系。

在师生交往方面，除了课堂的教学互动外，课外还可以利用班级博客、QQ群以及网络课程等平台进行交往。生生交往方面，要求建立探究性学习取向的合作小组。这种小组正像班集体一样，不能是一个松散的集体，而应当有一定的凝聚力，小组成员间能相互影响、密切配合。这样，每个小组成员才能平等参与，才有利于讨论的顺利进行。如何建立有凝聚力的小组呢？一个合理的学习小组的形成大致要经过以下几个阶段：接纳信任阶段、形成影响模式阶段、确定小组目标阶段、完善阶段。为了促进小组的形成，教师以寝室为单位，组成四人合作探究学习小组，特别注意小组成员分工与合作。其中1名主持人，负责分配学习任务，指定发言人等；1名发言人，负责本组讨论最后的总结陈词；1名记录员，负责记下本组讨论的主要观点；1名督导员，负责维持纪律、敦促活动进程等事务。在此基础上，让各小组给自己命名，有的小组命名为“春天小芽、微笑向日葵”，有的命名“快乐家族，天天向上”等。不仅如此，还要求根据学习任务进行角色轮换，保证每一个同学各个方面均有锻炼的机会。这样，学生不仅课堂上可以进行探究学习，课外，尤其是深入中小学进行见习、实习，还能够在师生、生生、大学与中小学多元互动的交往体系中得到各方面教育教学素养的培养。

（四）制订可操作、可检测的探究学习目标

有效的探究学习始于学习者知道学习活动所要达到的目标。学习目标是否明确、具体、科学，直接影响探究式教学的效果。合作目标在学习活动中具有凝铸和调控的作用，它指出了合作的主攻方向，是高师学生合作学习活动的重要依据和学习效果评价的重要指标。本课程总的目标可以概括为：让小学教育专业的学生获得亲身参与教育教学实践的积极体验和丰富经验；形成对自然、社会、自我之内在联系的整体认识，发展对自然的关

爱和对社会、对自我的责任感;形成从教育教学实践和自己的周围生活中主动地发现问题并独立地解决问题的态度和能力;发展教育教学实践的能力,发展对知识的综合运用和创新能力;养成合作、分享、积极进取等良好的个性品质。

以学生为主体、让学生真正成为学习的主人,是一切教学改革得以成功的根本条件,也是“生本教育”与“师本教育”的根本区别。探究取向的德性培育与专业技能训练融合的教学,不是为了形式的花样,目的在于改变学生单纯接受知识的学习方式,为学生构建一种开放的学习环境,提供多渠道获取知识、运用知识的机会,促进他们形成积极的学习态度和良好的学习策略。所以,该课程课堂教学十分重视学生在探究过程中的体验作用,要求每个学生都积极参与。探究的各种活动过程特别强调主体性,反映在课时目标设计上自然有所不同:其一,知识目标,积累本体性知识,融会跨学科知识,掌握探究方法性知识;其二,态度与情感目标,提高效力感(自我效能),保持好奇心,维护自律心,提升共生心;其三,能力目标,发展认知、思考、领导、表现、交往与交流、自学等能力。例如,导论课的教学目标就是这样构成的:客观的知识目标:每一个学生充分了解小学语文课程与教学论学习的意义、研究对象、任务、作用;活性的价值目标:每一个学生养成自信、乐观、合作的学习态度;圆融的实践目标:每一个学生在探究性学习活动中领悟知识学习与德行修养的关系。

(五)运用多种形式的探究教学方式

从学理的角度分析,作为学科课程应该具有严密的概念系统与知识体系,小学语文教学缺乏成为学科课程的必要元素,从某种意义上看,它属于活动课程。而指导小学语文教学的语文课程与教学论也应该是属于活动课程的范畴,它应在语言实践中进行。学生的德行修养和专业技能不是教师“讲”出来的,而是学生在充分的“践行”中形成的。语文课程与教学论课堂不应该是单一定向的教法课程,而应该成为学生多元综合发展的“践行”场所。该门课程的探究式实验中构建了“提出问题(探究式教学前提)—学习理论(探究理解性训练)—观摩评析(比较探究性训练)—实践运用(探究迁移性训练)”的训练体系,运用“读”(学习新课标、朗读中小学语文教材)、“看”(观摩示范课、教学录像)、“评”(组织观摩后的讨论、评析)、“写”(写教案、说课稿、教学后记、教学心得、教学论文等)、“说”(每次课前安排2人到3人或说课或介绍教学动态教学经验或即兴说话)、“做”(动手制作教具、课件)、“讲”(微格探究教学模拟试讲)相结合的教学方法,强调学习者自身的参与意识,变静态的刻板的照本宣科教学为动态的探究式的教学,变封闭的“结果验证”走向开放的“过程体验”教学。教材就是按照如下环节进行单元整合的:其一,“问题扫描·掩卷遐思”,即根据学生语文教学技能训练的需要罗列小学语文教学存在的问题以及相关不合理的现象以引起学生的兴趣,突出教学的针对性。其二,“典型案例·交流研讨”。即一个与主题精神相关的案例传真,设计三两回合的焦点争锋,让学生参与教学设计与技能训练过程,增强学习的主动性与主体性。其三,“专题点拨·理性反思”。即针对教学现象以及学生讨论的情况,专题介绍有关小学语文教学设计与技能训练的基本原理、方法以及问题解决的策略。其四,“体验践履·自我提高”。即让学生或设计方案,或解剖自己的不足,进行实践体验,其目的在于让学生践履教师传授的正确的教学设计观念与教学理念。其五,

“拓展视野·娴熟技能”。选取与单元相关的言论、评述，起一个画龙点睛的作用以及推荐相关的参考文献并布置研究性、技能训练性的题目与建议以利于课外拓展。

根据课程理念，一项需要分工，需要大家共同完成的任务是促成探究行为的最基本条件。语文课程与教学论所涉及的课程论、教材论、学习论、教学论、教师论以及教研论等内容各具个性，由此产生教学内容以及教学方法、手段等带来的不可逆转的差异性，这就促使不同内容的探究学习具有不同的切入方式，导致在具体的探究式教学过程中产生不同的探究学习方式。试验的方式主要体现在如下几方面：其一，“导学—讨论式”。其基本模式为“创设情境，导出目标—独力学习，个别辅导—自主质疑，讨论交流—总结汇报，巧妙评价”。既充分发挥教师组织者角色功能，也让学生在讨论与探索中发现知识、研究知识和应用知识，在集体合作中培养探究思维的学习品质，从而达到掌握知识，发展能力的目的。其二，“自学—交流式”。其主要模式为“课前自学—信息交流—精讲点拨—深化巩固”。该模式针对的理论研讨环节的内容，先发挥学生个体自主、独立学习的主动性，然后开展生生交流、生组交流，有助于个体自主学习得到及时的信息反馈，乃至触发深入探究的兴趣。其三，“观摩—体验式”。其基本教学程序为“提出目标—自习教材—观察体验—尝试练习—教师点拨—再次练习”。这种学习模式主要采取“案例传真”到“案例示范”以及“操作实践”的内容，让学生通过正反案例的观摩、比较、探究、分析，在亲身体验中获得真切的感受，在自觉的训练中掌握知识、培养技能，最后达到去伪存真，变理论为实践的目的。

（六）采用鼓励多元互动的评价机制

我们知道，以前所奉行的是“失败乃成功之母”，注重结果验证教学，不管学生的学习过程，而用最后一场考试来确定学生的学习成效，老师出题的意图不是为了促进学生更加主动、积极的学习，而是遵循结果验证的方式，让学生在尝试错误、挫败的过程中成才。于是，我们的目光太多关注学生的缺点，让学生承受过多的失败而不是享受学习的快乐，这其实是一种挫折教育，在造就一小部分“英才”的同时造就了一大批“差生”和“后进生”，他们怕老师，怕回答问题，怕出错。而今天，在新探究式教学理念指导下，我们则应该让每一个学生认识自己，找到自己的长处。从自信的基础上出发，塑造一个真实的自我，懂得“成功更是成功之母”。

心理学认为：合作是一种集体活动，在这种活动中，各成员相互协作，以期达到某个共同的目标。同伴间相互作用，既可以帮助学生克服自我中心倾向，又有利于培养他们科学探索的精神和思维的发散性、批判性、深刻性。探究式教学的重要性不限于对学生的学习成就、对学科的态度、批判思维能力等有所促进和帮助，更重要的是让学生学会把知识、技能运用于探究的情境中。因此，“不求人人成功，但求人人进步”就成了探究学习追求的一种境界，同时也是评价的最终目标和尺度。本人除了注重课前说课考核、教学过程学习状态考核之外，还尝试把个人计分改为小组计分，把小组总体成绩作为奖励或认可的依据，形成了“组内成员合作，组间成员竞争”的新格局，使整个评价的重心由鼓励个人竞争达标转向大家合作达标。更持久有效的是建立“档案袋式评价”，鼓励每个学生建立自己的学习档案，装上有关学习的成果、自己和师长的评价，以便能更深入、更系统地了解和肯定学生学习的能力，及见证自我的不断进步和可喜的收获。改变过分强调评价的甄别与选拔的功能，发挥评价促进学生发展的功能。评价关注学生在活动过程中所产生的丰富多彩的学习体验和个性化的创造性表现。制定鼓励合作的评价机制，有利于高师教学把学生个体之间的竞争变为小组之间的竞争。由于学习的方式、教学方法及其教学结果的多样性，以致评价的手段和方式也是多元的。可以采取学生自己评价、学生互相评价、师长评价，或三者相结合；可以采用定量与定性，或两者相结合；还可以安排一段时间让学生充分地展示成果，欣赏成果，比较鉴别，学习他人之长。

总之，所谓小学语文课程与教学论"探究取向的课堂教学"，是以师范生未来从事小学语文教学的专业德性为先导，以问题为核心合作探究机制为平台，以多元互动评价为保障，促使学生自主运用多种探究方法进行学习，养成专业角色意识，修养专业情意，发展专业能力的德性培育与专业技能训练协同的教学方式。

第一章　小学语文教学设计基本原理

单元导读·抛砖引玉

“凡事预则立，不预则废。”语文教学设计是语文教学的先期准备。要想有良好的语文教学效果，必须有好的语文教学设计。搞好语文教学设计必须具备一定的前提条件，还需要对语文教学设计的主要内容进行深入分析、研究，然后才能规划好语文教学。

问题扫描·掩卷遐思

目前小学语文教学，我们老师的教学设计常常是按照“生字新词—段落层次—逐段分析—中心思想—写作特点”这一程序展开的。课堂上，教师的主要活动就是提问、烦琐的内容情节分析与维持学生课堂纪律；课外，教师要求学生背诵课文、完成大量练习以及摘抄好词好句。教师教得辛苦，学生学得也辛苦。一天有一位老师生病了，说不出话，学生建议自己学习，分组讨论……

结果，学生的学习热情空前高涨，连平时不爱发言的同学都和其他同学争论不休。有些问题我们也没有想到。这节课的效果远远高于老师平时的讲课。

根据这个现象，请思考：

1. 人们常说，给我一个支点，我能撬起整个地球。那么，语文的支点是什么？
2. 语文教学应为什么而设计？如何设计才是学生喜欢的语文？
3. 新时期小学语文设计如何从传统备课的“以教定教”嬗变为“以学定教”？
4. 如何设计合理的小学语文教学过程？

典型案例·交流研讨

《母爱》教学设计

一、整体感知

1. 检查课文朗读情况
2. 请4位同学读课文

3. 评价朗读情况

二、疏通字词

1. 罗列课文难字生词

2. 集中识字

3. 卡片检测

三、介绍故事发生的背景

四、分析课文

（一）学习第一段

1. 师问：这里的“母爱”是指谁对谁的爱？课文的哪几个自然段写了老牛？(2至4自然段)第1自然段写了什么？

2. 齐读第1段。

3. 师问：读了第一段，你有什么感受？联系实际谈。

4. 相机理解并板书：极度缺水——珍贵的水。

（二）学习第2自然段

（三）学习第3自然段

（四）分析中心思想

（五）升华感情

1. 学生再读：后来，牛的主人寻来了，恼怒地扬起长鞭，狠狠地抽打瘦骨嶙峋的老牛。牛被打得哀哀叫唤，但还是不肯让开。

2. 师引读。

师：我看见主人扬起了鞭子，狠狠地抽打瘦骨嶙峋的老牛，1下，2下，3下……(接着读)

师：主人更生气了，他的鞭子举得更高了，他再一次举起鞭子，狠狠地抽打瘦骨嶙峋的老牛，5下，6下，7下……(接着读)

3. 教师范读。

五、总结

1. 本文的写作手法

2. 关于母爱

六、布置作业

【交流研讨】

学生A：从以上案例可以看出，教师具备新课程教学的基本理念，能够尊重学生的主体地位，充分调动学生的学习积极性。

学生B：教师不善于捕捉学生在语文学习活动的信息，根据学生学习的进程调整教学策略，导致教师的不作为，从而不能有效地开展语文学习活动。究其原因，主要在于长期以来中小学教师对语文教学设计内涵的理解存在误解或错解。

专题点拨·理性反思

小学语文教学的支点

一、从语文的基本内涵看语文教学的支点

什么是语文的支点？要弄清其内涵首先必须从语文的概念入手。什么是语文？柏拉图认为“事物叫什么名字，就因为它该叫这个名字，而不是由人们根据风向的变化认定它该怎么叫法”。①任何概念的命名都必须符合事物本身具有的属性以及发展运动的规律。海德格尔说：“本质的语言就是诗。”诗给事物的命名体现出语言与存在的密切关系，显示出事物所聚拢的天、地、神、人的本质属性。以此类推，语文的本质属性是什么呢？《义务教育语文课程标准》明确指出：语文是最重要的交际工具，是人类文化的重要组成部分。工具性与人文性的统一，是语文课程的基本特点。这其实告诉我们，单一的工具性与人文性只能是语文的部分或某一方面的属性，而不是本质属性。问题是，语文的工具性与人文性统一后具备什么属性，我们该如何予以命名。“语文”一名，始用于1949年华北人民政府教科书编审委员会选用中小学课本之时。前此中学称“国文”，小学称“国语”，至是乃统而之。彼时同人之意，以为口头为“语”，书面为“文”，文本于语，不可偏指，故合言之。亦见此学科“听”、“说”、“读”、“写”宜并重，诵习课本，练习作文，固为读写之事，而苟忽于听说，不注意训练，则读写之成效亦将减损。②这是语文最初之含义，后经几番演绎，语文就减缩为口头语言与书面语言的合体。其实，叶圣陶先生在此也明确指出了语文的本质属性：语文之所以产生、发展成一门重要的学科，其实质在于教育实践。物理、化学等自然学科是以认识与改善人与自然关系的工具实践为其本质的，政治、历史等人文学科是以认识与完善人与社会关系的精神实践为其本质的，而语文圆融互摄将这些特性均统一于运用语言符号的言语实践中。

二、从生活现象看语文教学的支点

从生活现象入手，我们也会获得有益的启迪。以凡·高的著名画作《农鞋》为例。该画作既没有农夫，也没有农妇，但从鞋之磨损了的、敞开着的黑洞中，我们可以看出劳动者艰辛的跋涉；在鞋之粗壮与坚实中，可以透视出生活的多元色彩：它承载了辛勤劳作后无言的喜悦，承载了人生旅途中的生命足音，承载了对未来美好生活的憧憬与希冀，也许还是大地在冬日田野之农闲的荒芜中进行神秘冬眠的象征。再看看大家脚下的鞋子，倘若这双鞋子一直搁在鞋柜里，他能够成为大家的鞋子吗？凡·高这幅画之所以有名，就是因为农夫或农妇穿着它走在生活实践的道路上，因此，生活实践是农鞋存在的支点，即本体。

欧阳修的《卖油翁》一文可以确证语文的这一特性，卖油翁卖油的技艺之所以让人叹

---

① [西班牙]卡米洛·何塞·塞拉著，李德明、林一安译．为亡灵弹奏[M]．桂林：漓江出版社，1992：411.

② 叶圣陶．叶圣陶语文教育论集·语文教育书简(下册)[C]．北京：教育科学出版社，1964：730.

为观止，不是单纯的机械的卖油知识规则训练所达到的，也不是卖油情感、态度等审美快感熏陶出来的，根本原因就在于长年累月的卖油实践，这种实践既圆融了知识论层面的工具训练，也互摄了人文层面的精神熏陶，因而产生“但手熟尔”的效果。

因此，语文尽管含有语言的因素，但语文不等于“语言”。口头语言和书面语言都是运用语言进行交际的产物。所谓的语文就是以言语实践为核心的含有语言、文字、文章、文学以及汉民族独有的文言文等构成的学科知识体系及训练机制。语文教学就是师生创造性地运用言语符号，系统地掌握以言语为核心的语文知识、习得语文技能并逐步形成相应的言语智能、科学文化素养及思想道德素养的言语实践活动。所谓言语实践就是学生创造性运用语言符号进行言意转换，认识自然、社会、自我，从而塑造理想自我的活动。

言语实践就是语文的支点。

专题点拨·理性反思

小学语文教学设计概说

一、小学语文教学设计的含义及特点

（一）教学设计的含义

小学语文教学设计，从字面讲，“设”即筹划，“计”即计谋、策略，“设计”即筹划与策略。从普遍意义讲，“设计”就是在正式做某项工作之前，根据一定的目标要求，预先策划制定的策略、方法、样式等。具体而言，小学语文教学设计，就是在小学语文课上课之前，对该课教学、该单元教学，根据教材内容及学生的具体情况，预先制定的教学策略、教学思路、教学过程和教学方法、手段的综合方案。也就是上课前所做的一切准备工作。

（二）教学设计的基本特点

1. 互动性和互惠性

语文教学应在师生平等对话的过程中进行。教师和学生都是教学过程的主体，师生关系是一种平等、理解、双向的人与人的关系。

学生是语文学习的主人。语文教学应激发学生的学习兴趣，注重培养学生自主学习的意识和习惯，为学生创造良好的自主学习情境，尊重学生的个体差异，鼓励学生选择适合自己的学习方式。

教师是学习活动的组织者和引导者。教师应转变观念，更新知识，不断提高自身的综合素养。语文课程不只是“文本课程”，即不只是课程标准、教材，更是教师和学生的实在体验。教师应创造性地理解和使用教材，积极开发课程资源。语文课程不再只是语文知识的载体，而是教师和学生共同探求和体验的过程，教师和学生同是课程的有机构成部分，共同参与课程的开发。教学也不只是忠实地实施课程计划，更是语文课程的创生与开发。教师要灵活运用多种教学策略，引导学生在实践中学会学习，沟通师生之间的信息交流，在动态的信息交流中，实现师生之间的双向互动和多向互动。在相互沟通、相互影响、相互补充中，师生达到共识、共享、共进。

2. 实践性和综合性

努力改进课程教学，整体考虑知识与能力、情感与态度、过程与方法的综合，提倡启发式、讨论式教学。

沟通课堂内外，充分利用学校、家庭和社区等教育资源，开展综合性学习活动，拓宽学生的学习空间，增加学生语文实践的机会。

重结论轻过程的教学排斥学生的思考和个性，把教学过程庸俗化为只需听讲和记忆而不需智慧、不需努力的简单活动，导致学生掌握知识却不去思考知识、创新知识。所以，要注意结论与过程的辩证统一，强调语文学习过程中的体验。

3. 道德性与审美性

培养学生高尚的道德情操和健康的审美情趣，形成正确的价值观和积极的人生态度，是语文教学的重要内容，不应把它们当做外在的附加任务。必须把它们有机地渗透到语文课程教学过程和内容中。应该注重熏陶感染、潜移默化，把这些内容贯穿于日常的教学过程之中，使其成为语文课程教学内容的血肉，成为语文教学过程的灵魂。

4. 规律性与主体性

学生生理、心理及语言能力的发展具有阶段性特征，不同内容的教学也有各自的规律，应该根据不同学段学生的特点和不同的教学内容，采取合适的教学策略，促进学生语文素养的整体提高。

二、小学语文教学设计的基本程序与方法

（一）小学语文教学设计的一般程序

教学设计是一个由浅入深、由感性到理性、从构想到实施不断深化和发展的过程。它的一般程序主要由以下基本环节组成。

1. 明确教学目标。明确教学所要达到的目标，是教学设计的出发点和归宿。在教学设计的建构中，只有具体地了解和准确地把握目标，才可能指导教与学活动的开展。一般来说，教学的目标的确定，来自于特定课程的需求，来自于对学生群体、个体以及社会发展进行评价与分析。

2. 确立指导思想。任何教学设计都是在一定的教学思想和理论指导下提出来的。理论是行动的先导，教学设计与指导思想是水乳交融的关系。在设计教学的过程中，始终紧扣住指导思想，能够增强设计的科学性。

3. 分析学生特点。学生是教学设计的起点，也是教学设计的归宿。有机地把握学生的特点，能够增强教学设计的针对性，减少教学设计的误差。分析学生既应看到学生的全体特点，也应把握学生群体的特点。

4. 钻研教学内容。教师对教学材料的处理以及所采取的呈现方式，决定于教师对教材钻研的程度，钻研教材除了确定教材的重点、难点之外，教师还应有创新意识，根据教学

目标、教学指导思想以及学生的需要，确定教材的创新点。

5. 设计教学程序。教学程序是完成目标的步骤和过程，是设计的核心内容。任何教学设计都具有一套独特的操作程序和步骤，如杜威的问题解决模式的程序分为暗示(情境)、问题、假说、推理(解决)、验证五个步骤等。

6. 确定板书设计(课件)。通过分析，总结和理论化提升，得出设计的简要表述。

(二) 小学语文教学设计的基本方法

教学设计是一种高度创造性的活动。一方面，它依赖于教师的经验、直觉和创造力；另一方面，它依赖于一定的教育理论。“教无定法，教学有法”。教学设计根据不同的教学内容、教学对象以及执教者的学识，可以得出多种多样的设计方法。对初登讲台的教师而言，可以从以下几种方法入手，培养设计教学的能力。

1. 经验—直觉法。这一方法是指在长期的实践中，经过反复的摸索和体会，不断积累经验知识，形成某种教学结构模式，并经过直觉构思，建构出规范的模式操作程序，从而在实践中进一步推广应用，并逐步形成某种定型的结构模式。

2. 理论—演绎法。此法是指从相关的教育理论直接推出(演绎)有关的教学模式，然后经过教学实践加以检验，从而发展成为一种新的教学模式。

3. 借鉴—创新法。此法是通过对别人的教学模式或其他学科教学模式的类比和借用、加工和改造，从而创造出本学科的新的教学模式。

专题点拨·理性反思

小学语文教学设计的构架

一、分析小学生的学习需要

【现象传真】 一位老师就有这样的体会：我常常遇到这样的情况，自己辛辛苦苦地备了课，教案写得详，课讲得细，可学生听了感烦生怨。这是怎么回事呢？

学生是学习活动的承担者，是保障自己主体地位的决定者。从哲学角度看学习者是内因，外界影响是外因，内因是事物发展变化的决定因素，外因通过内因起作用。因此，在进行教学设计之初，必须认真地对学习者的学习需要进行分析研究。这是一个系统的调查研究过程，尤其是初登讲台的老师，更应该学会对学习者需要进行调查与分析，其目的在于发现学习者的认知水平与方式，了解学习者的兴趣与学习态度，设计适合学生个性的情境问题与学习资源；找出学习者存在的问题与困惑，提供适合的帮助和指导；分析教学过程产生的问题，从而有针对性地确定优先解决这些问题的合适策略。

教师备学生应做到以下六个了解：其一，了解所授课班级情况。主要了解班级的学生构成、特点、风气、智能结构、学习情况、学习兴趣，以及多数学生对自己教学所持的态度等。其二，了解学生语文学习的水平。包括学生语文学习习惯、语文学习的兴趣点等。其三，了解学生学习基础与存在的问题。尤其是讲授新课应了解学生是否具备学习新知识的准备知识、语文课可能产生的困难和障碍等内容。其四，了解学生对教学方法的意见。教师经常主动听取学生对自己教学方式方法的意见，了解学生对哪些方法适应，对哪些方法不适应，喜欢什么样的方法，不喜欢什么样的方法等。其五，了解学生观察力、记忆力、想象力、思维力等智力因素个性品质差异以及气质类型、性格特点等非智力因素特点。其六，了解学生的变化与进步。教师努力做到学生的进步让学生天天看得见。

总之，教师进行教学设计，一切都应该注意针对学生的需要，以满足学生的需要为出发点，去了解学生知识的起点、思维的疑点、感情的激发点，鼓励学生带着个人特有的经验和认识进入学习，千方百计地教导和鼓励学生成为学习知识、应用知识的主人。

二、确定小学语文教学目标

语文教学目标是每一次语文教学的方向，也是评价每一次教学是否有效的直接依据。可见，目标设计非常重要。明确语文教学目标需要注意以下重要问题：确定语文教学目标的依据，语文教学目标的设计要求，语文教学目标的陈述。

【案例传真】

《十六年前的回忆》目标设计

1. 学习并掌握本课的生字新词。

2. 研读描写事件中人物言行、神态等语句，体会人物高贵的品质以及作者的思想感情。

3. 正确、流利、有感情地朗读课文。

4. 学习作者首尾照应的习作方法，并体会这一写法的作用。

5. 初步领悟对比描写对人物形象的烘托作用。

【掩卷遐思】 以上目标设计存在什么问题？

当前小学语文教学目标设计存在的问题有：其一，对新课标理解不全，教学目标单一。只关注知识的授受和技能的训练，冷落、忽视了过程、方法与情感、态度和价值观；其二，知识与能力、过程与方法、情感态度与价值观的“三维目标”浮于形式。“贴标签”式地设计情感、态度、价值观等目标，脱离教学内容和特定情境，孤立地、机械生硬地进行情感、态度、价值观教育，这种目标是是空洞的、无力的，因而也是低效甚至无效的；其三，语文教学活动设计“游离”于语文知识、技能之外，为活动而活动。

如何设计体现新课程精神、富有言语实践特性的三维统一的目标？

（一）确定语文教学目标的依据

1. 研读课程标准的精神

《全日制九年义务教育语文课程标准》提出的总要求是从知识与能力、过程与方法、情感态度与价值观三个方面设计。三者相互渗透，融为一体。目标的设计着眼于语文素养的整体提高。课程的基本理念有四条：①全面提高学生的语文素养；②正确把握语文教育的特点；③积极倡导自主、合作、探究的学习方式；④努力建设开放而有活力的语文课程。着眼于学生全面发展和终身发展的角度，设计了三维度的立体化课程目标，其体系是以“知识和能力、过程和方法、情感态度和价值观”为“经”（纵向），以“识字与写字、阅读、写话与习作、口语交际、综合性学习”为“纬”（横向），纵横交错，构成网络，其核心焦点就是注重学生语文素养的整体提高。教学目标设计应遵循课程标准总的精神，当然也要顾及识字与写字、阅读、写话与习作、口语交际、综合性学习等教学任务的特殊目标。

2. 掌握语文学科性质特点

“语文课程是一门学习语言文字运用的综合性、实践性课程。”课程标准突出了语文课程的实践性本质，强调“在实践中学习语文，运用语文”。这一重实践的精神包括两方面的含义：一是要淡化对语文知识系统性和完整性的训练；二是要把培养学生的语文实践能力贯穿于“识字与写字、阅读、写作、口语交际和综合性学习”的内容中去。关于识字与写字，强调能识、能写，不提或少提知识要求；关于阅读，强调丰富积累，形成良好的语感，不提分段、归纳段意和中心思想等知识方面的要求；关于写作，也是注意实际的表达和交流能力，不提或少提写作知识要求；至于口语交际、综合性学习等也都注重实践。总之，强化实践性，这就是要求我们进行目标设计的时候要顾及语文教学言语实践这一支点，变纯粹的语文知识传授、人文精神熏陶的语文课为学生自主圆融“知识与能力、过程与方法、情感态度与价值观”的言语实践课。

3. 分析语文教与学的实际水平

确定语文教学目标，还要从我国语文教学的实际水平出发。这个实际水平包括语文师资水平和学生的语文学习水平。目标切合实际才有可能实现，目标脱离实际，偏高或偏低都会给教学实践造成困难，难以收效。这个“实际水平”怎样才能知道？这要求我们做好调查研究工作，充分了解学生的学习语文的兴趣、语文学习能力以及实际运用语文的水平，还可以借助语文教学调查，把握语文教学存在的问题，参考各级科研人员有关小学语文研究成果。这样就为设计语文教学目标奠定了坚实的基础。

（二）语文教学目标表述

语文教学目标的陈述有什么具体的要求，如何描述教学目标呢？以研究教学目标而著名的美国学者梅格在其《编序教学目标的编写》论著里指出，一个好的教学目标应该包含三个基本要素：其一，说明具体的行为，以便教师能够观察学生，了解教学目标是否已经达到；其二，说明产生上述行为的条件；其三，指出评定上述行为的标准。① 在梅格研究的基础上，在进行具体的教学设计实际中还应注意如下几点要求：

1. 明确教学对象，对象行为的主体应是学生，而不是教师。

2. 准确说明学生的行为，弄清知识、技能目标与情感、态度与价值观目标的本质区别，不要混为一谈。

3. 有针对性地指出产生目标指向行为的基本条件和达到的程度。

4. 必要时，附上产生目标指向的结果行为的条件。

---

① 张祖忻等. 教学设计——基本原理与方法[M]. 台北：五南图书出版公司，1990：166-167.

概括起来就是：行为主体、行为动词、行为条件、表现程度。语文教学目标包括知识与能力、过程与方法、情感态度与价值观等方面。知识目标要体现出认识、理解、运用三种水平；情感态度与价值观目标按内容过程体现出感受、体会、初步养成三种等级水平；能力目标按简单到复杂的训练顺序，体现出仿效、初步学会、学会三级。

表 1-1　知识目标的学习水平与行为动词

知识水平	行为动词
了解水平：包括再认或回忆知识，识别、辨认事实或证据，举出例子，描述对象的基本特征等。	辨认，回忆，背诵，选出，举例，复述，列举，描述，识别，再认等。
理解水平：包括把握内在逻辑联系，与已有知识建立联系，进行解释、推断、区分、扩展，提供证据，收集、整理信息等。	说明，阐明，解释，比较，分类，概述，归纳，概括，判断，区别，提供，把……转换，猜测，预测，估计，推断，检索，收集，整理等。
应用水平：包括新的情境中使用抽象的概念、原则，进行总结、推广，建立不同情境下的合理联系等。	使用，应用，质疑，辩护，设计，解决，撰写，拟定，检验，计划，总结，推广，证明，评价等。

表 1-2　技能目标、知识目标的学习水平与行为动词

技能水平	行为动词
模仿水平：包括新的情境中使用抽象的概念、原则，进行总结、推广，建立不同情境下的合理联系等。	重复，模拟，模仿，再现，例证，临摹，扩展，缩写等。
独立操作水平：包括独立完成操作，进行调整与改进，尝试与已有技能建立联系等。	表现，完成，制定，拟定，解决，安装，绘制，测量，尝试，试验等。
迁移水平：包括在新的情况下运用已有技能，理解同一技能在不同情境中的适用性等。	联系，转换，灵活运用，举一反三，触类旁通等。

表 1-3　情感态度与价值观目标的学习水平与行为动词

体验水平	行为动词
经历水平：包括独立从事或合作参与相关活动，建立感性认识等。	感受，经历，参加，参与，寻找，尝试，讨论，交流，合作，分享，参观，访问，考察，接触，体验等。
反应水平：包括在经历基础上表达感受、态度和价值判断，做出相应的反应等。	遵守，拒绝，认同，认可，承认，接受，同意，反对，愿意，欣赏，称赞，喜欢，感兴趣，关心，关注，重视，采用，采纳，支持，尊重，爱护，珍惜，蔑视，怀疑，摒弃，抵制，克服，拥护，帮助等。
领悟（内化）水平：包括具有相对稳定的态度，表现出持续的行为，具有个性化的价值观念等。	养成，形成，热爱，建立，树立，具有，坚持，保持，追求，确立等。

（三）德言同构的言语实践目标体系构建探索

语文课程根本属性就是工具性与人文性的统一，这其实就是告诉我们，语文教学的根本任务就是使学生在学语习文的同时学会做人。刘勰《文心雕龙》：“情动而言形，理发而文见。”“言”，即辞、文、句、论、叙、告、体式、章法、结构等言语式样的总称。通俗一点说，“言”，就是指静态的、共性的、符号性的“语言”，更指那些动态性的、生成性的、个性化的“言语”。而“理”就是做人的道理，就是人的德性。苏联教育家、心理学家维果茨基也认

为，思想不是在词中表达出来，而是在词中实现出来。可见，言为心声，“怎么说”绝不是一个单纯的使用语言的技术、技能、技巧问题，它涉及表达者的情感色彩、审美趣味。语言表达和人的德性修养是同时成就的。作为母语教育，民族的文化和精神方面的熏陶和养成，固然十分必要且重要，但是，凭借语文课本进行人文教育又必须在言语活动中得以实现，而且言语活动能力的高低又直接关系到这种潜移默化影响的熏陶教化程度。游离于言语活动之外的人文教育，必然苍白无力，进而影响整个教育目标体系的全面达成。因此，新课程倡导的三维立体融合的目标其实质就是促进语言和德性同构共生，语言训练和学生的人文精神培育，即德性发展同步进行，二者水乳交融，达到圆融互摄的效果。

【案例比较】

目标设计对比

1. 知识与能力目标

（1）每个学生学习“一瞅一望”有特征的细节描写，结合文本娴熟地揣摩人物微妙的心理活动。

（行为主体）（行为动词）　　　（行为条件）（表现程度）

（2）每个学生针对叙事缺乏条理的现状，按照时间顺序把事情记叙清楚。

（行为主体）（行为条件）　　　（行为动作）（表现程度）

2. 情感态度与价值观（德性）目标

每个学生面对复杂而忙乱的生活情境，初步学会保持镇定、有条理应对。

（行为主体）（行为条件）　　　（表现程度）（行为动词）

3. 过程与方法（言语实践）目标

每个学生结合课文写作文，开展“那年春天—夏天—秋天—冬天”的言语实践活动。

（行为主体）（行为条件）（行为动词）（表现程度）

三、小学语文教学内容

语文教学内容是非常庞杂的，纵向有情感态度与价值观、知识与能力、过程与方法的三维度目标，横向有识字与写字、阅读、（写话、习作）写作、口语交际及综合性学习的五领域目标。从课程资源角度看，语文教学内容涉及课程内容、教材内容与教学内容等层次。如何设计好语文教学内容是语文教学备课的重要环节。

（一）内容设计存在的主要问题

我国著名教育家范祥善先生认为“宜善用教科书而不为教科书所用。教科书，死物也。教授国文，舍而用之固不可，用之不当，其害立见”。然而，当前小学语文教学内容设计的主要问题是将教学内容等同于教材内容与课程内容，造成处理教材的时候出现如下现象：一是视角上只见文本，难见理念；二是结构上多见局部，难见整体；三是思想上以旧换新，难见发展；四是模式上剑走偏锋，难见融合；五是探索上孤独牧羊，难见联动；六是主体上多见教师，难见学生；七是资源上只见教材，难见生活。在设计教学内容的过程中，如何理解老师们常说的“只有把课文钻研深透，难点才能明确，重点才会突出”、“用教材教，而不是教教材”这些话语的含义呢？教材内容等同于教学内容、课程内容吗？这三个概念是什么关系？

（二）内容设计的重点在于教学内容

语文教学是由多种要素相互联系构成的系统，其中语文课程内容、教材内容和教学内容是构成这个系统必不可少的要素。按照系统论的观点，要使一个系统和谐，就必须对系统要素进行有机整合与层次要素进行合理排序。李海林老师认为，课程内容主要作用在于“语文课教什么”、“学生学什么”等问题；教材内容起一个载体作用，回答“语文课用什么去教”、“学生用什么来学”等问题；教学内容主要强调“老师干什么”、“学生干什么”等内容。无论课程资源的开发和利用，还是教材的处理都是为教学内容服务的。设计教学内容，就是要求教师进行文本解读的时候，做到使课程内容、教学内容、教材内容等要素服从语文教学这个系统的安排，在正确把握教材的原生价值的基础上，着力于教学价值去挖掘诗意点，同时有机联系生活，引入生活的课程资源整合成教学内容，使这些要素在相互关联、相互制约、相互作用的过程中获得最佳教育效果。比如苏教版第九册《在大海中永生》一文，教材的内容并不难理解，主要记叙把邓小平同志骨灰撒入大海的过程以及催人泪下的场面。然而，小学生缺乏对邓小平爷爷足够的了解，缺乏有关送葬的感性经验，这就给教学带来一定的难度，如果从课程内容和教学内容上下工夫，把诗意点确定为“大海与邓小平爷爷”审美关系的理解与构建上，教学内容自然就围绕邓小平同志的人文情怀以及所作的贡献而展开，通过多媒体再现历史情境（如实况录像），同时辅以悲壮哀婉的音乐，学生自然感悟“邓爷爷，您像一棵大树，庇护一株株幼苗；邓爷爷，您像一盏指路明灯，照亮了中国人前进的方向；邓爷爷，您来自大海又回归大海，大海就是母亲，大海就是您深爱的人民，您在大海中永生”。总之，课程内容、教学内容、教学内容从审美的角度相融，就能形成整体结构，从而发挥系统的整体功能。小学语文教学内容设计重点应该集中于此：根据课程标准以及学生学习语文的需要去把课程内容、教材内容变成教学内容。

【案例传真】

王崧舟老师解读《长城》

远看长城，它像一条长龙，在崇山峻岭之间蜿蜒盘旋。从东头的山海关到西头的嘉峪关，有一万三千多里。

从北京出发，不过一百多里就来到长城脚下。这一段长城修筑在八达岭上，高大坚固，是用巨大的条石和城砖筑成的。城墙顶上铺着方砖，十分平整，像很宽的马路，五六匹马可以并行。城墙外沿有两米多高的成排的垛子，垛子上有方形的瞭望口和射口，供瞭望和射击用。城墙顶上，每隔三百多米就有一座方形的城台，是屯兵的堡垒。打仗的时候，城台之间可以互相呼应。

站在长城上，踏着脚下的方砖，扶着墙上的条石，很自然地想起古代修筑长城的劳动人民来。单看这数不清的条石，一块有两三千斤重，那时候没有火车、汽车，没有起重机，就靠着无数的肩膀无数的手，一步一步地抬上这陡峭的山岭。多少劳动人民的血汗和智慧，才凝结成这前不见头、后不见尾的万里长城。

这样气魄雄伟的工程，在世界历史上是一个伟大的奇迹。

王崧舟老师设计教学内容首先是从文本研读开始的。文本的研读可以根据文本中心、作者中心以及读者中心依次进行。

文本中心就是强调文本的独立性，主张从文本本身来研读教材，反对结合作家来探讨作品。其理由是：其一，作家并不是其作品最好的解释者，往往会出现意图谬误；其二，作家的身份、名望会影响读者对作品的客观评价；其三，文本有其独立价值。王老师依据文本特点进行如下几个方面的解读。

从文本结构的角度分析。王老师分析出本文一共4个自然段，一、二两段写见闻，三、四两段写联想。通篇先写见闻后写联想，这是文本的结构特点。

紧扣结构特点分析出文本的“章法”特点就是典型的“起承转合”。第一段，起——“远看长城，它像一条长龙，在崇山峻岭之间蜿蜒盘旋。”第二段，承，即承接、承续，顺着“起”的内容和语势写下去——“从北京出发，不过一百多里就来到长城脚下。”第三段，转，即从“站在长城上，踏着脚下的方砖，扶着墙上的条石，很自然地想起古代修筑长城的劳动人民来”开始从写长城转换到写修筑长城的劳动人民。第四段，合，即画龙点睛总结出“伟大的奇迹”的文眼。

从文本语言特点分析。王老师认为概括为两个关键词，第一是“平实”；第二是“精确”。比如“站在长城上”，很平实。如果把它改成“走在长城上”，“走”不庄重，不敬畏。再看“踏着脚下的方砖”的“踏”字与“踩”比较，不难看出，“踩”轻浮，“踏”庄严，“平实”中见“精确”。

从句法特点分析。王老师认为最有特点的是两处：第一，是它的数据说明。第二，是它的还原比较。这篇文章中出现了太多的数据，比如：“一万三千多里”、“一百多里”、“五六匹马”、“两米多高”、“三百多米”、“两三千斤重”等，大量的数据运用说明描写神圣的长城不容许丝毫的扭曲和夸张。“那时候没有火车、汽车，没有起重机，就靠着无数的肩膀无数的手，一步一步地抬上这陡峭的山岭。”这种写法叫“想象还原”。把五百年前、一千年前的画面和场景通过自己的想象还原出来。在此句中还用了比较的手法——“那时候没有火车、汽车，没有起重机”。通过还原比较，我们深切地感受到长城施工的艰难。

从长城内容特点分析。长城之长既是空间的又是时间的。比如“从东头的山海关到西头的嘉峪关，有一万三千多里”。这是写长城的空间之长。长城从战国时候开始修，修到秦，修到汉，修到唐，修到宋，修到明。上下两千年，这是时间之长。世界上没有哪个民族像中华民族一样用将近两千年的时间来修筑一道军事防御设施。

而作者中心就是把作家视为文本研读的核心因素，强调作品与作者的联系，不能脱离作者来理解作品；视作者为作品最权威的阐释者；重视作家在文本里表现出来的情感态度与价值观以及产生的社会效应等的研究。王老师从作者的角度解读文本做了如下几个方面的工作。

从作者的感情基调分析。他仔细统计过全文的标点符号，全是逗号、句号、逗号、句号，不曾出现一个叹号。就句式的角度看，文本只有陈述句，没有疑问句、祈使句和感叹句。这说明全文的情感基调是高度内敛和凝重的。这反映作者对长城的情感态度问题。长城是伟大的奇迹，就这样默默矗立了数千年，坚强、刚毅、庄重，它不需要任何人激情"吆喝"。长城的静默，才能显出它的雄伟和恢弘。

从作者对待长城的态度分析。作者将长城当作"奇迹"看待。奇迹体现在哪儿呢？第一是它的"气魄雄伟"，"像一条长龙，在崇山峻岭之间蜿蜒盘旋"写出的正是这种气魄。第二是它的"构造精巧"，细细研究长城的构造，我们发现，垛子就像盾牌一样可以躲避敌人的进攻，瞭望口可以安全地观察敌情变化，射口可以用来放箭射敌，城台则可用于屯兵，打仗的时候城台之间可以互相呼应。看似简单的设计，实则具备观察敌情、攻击敌人、躲避进攻、互相支援等多种军事防御功能，可谓匠心独具、举世无双。第三是它的"施工艰难"，完全凭人力在陡峭的山岭上修筑起如此巨大的工程，不可谓不艰难。第四是它的"工程浩大"，据计算，如果用修筑长城的砖头和条石，筑成一道宽 1 米、高 5 米的墙，这道墙可以环绕地球 1 周多。

从作者的文化价值观看。作者把传承当作文化"图腾"。长城不是一个简单的建筑工程，而是中华民族的一个重要的历史记忆和精神图腾。《长城》一文的开头，用长龙比喻长城，既有形似更有神似。龙是中华民族的图腾，是我们先民诗性智慧的创造。长城同样是中华民族伟大的创造，经过数千年的绵延和积淀，它已经成为我们民族凝聚人心、有别外族的又一个文化图腾。

从作者写文的意旨看。该文的"主题"就是张扬"人民才是创造历史的动力"。

如何把文本中心与作者中心研读的教材信息变为教学内容，还需要考虑读者，即学生的需要。所谓的读者中心就是视读者为权威，把对文本意义和价值的评判权交给了读者。王老师根据新课标精神以及学生的实际情况确立语文核心价值。即重点挖掘课文隐含的语文学习价值，重点训练学生对语言的感受能力和表达能力，重点完成语文课应该完成的教学目标，而适当弱化文本中可能隐含的其他教育价值，如科学普及价值、社会生活认知价值、思想品德养成价值、生活能力指导价值等。那么，如何甄别和筛选各项文本信息中的"语文核心价值"呢？王老师提出了几条建议：第一，看一看有没有语文的特征；第二，看一看有没有文本的个性；第三，看一看有没有统领的功能；第四，看一看有没有迁移的价值。《长城》一文既可以从语言训练提出教学内容的要点，也可以从结构训练学生"先写见闻后写联想"的思维方式。

总之，小学语文教学内容设计是课堂教学的蓝图。所谓教学内容设计，指的是根据教学目标的主次轻重，将复杂的教学内容分解为较小的、易完成的教学单位。其目的在于确定教学内容的范围与深度，明确教什么；揭示教学内容中各项知识与技能、情感态度与价值观以及过程与方法的关系，为教学过程安排奠定基础，即"如何教"服务。

（三）小学语文教学内容设计的基本原则

1. 遵循主体性原则，辩证处理教师主体、学生主体、教材文本作者主体的关系

遵循主体性原则，就是把教师、学生和文本作者看成是文本解读的重要课程资源和语文教学资源，充分发挥他们各自的主动性和创造性，使之相互照应又相互促进，从而发挥和谐的整体效应。从文本的角度看，作者创作文本，是在特定时期的特定阶段，对自身人生阅历或现实生活中某一现象，某一事件有了一定的感动，而向自己所面对的特定对象或假想读者进行反思性表达的结果。挖掘教材的教学内容应该尊重作者自由表达感情和志趣的权利，只有这样，对作品进行解构和建构才会有坚实的土地不至于滑出作者所预设的轨道和所允许的伸展空间。从教师的角度看，作为教学的组织者，教学内容设计的主体性主要体现在教师以自己的人生阅历去真实地感受和认识解读文本，既不脱离文本的语境对作者的生活感悟进行刻意的拔擢或不切实际的衍生，同时也不局限文本的内容而丧失自我体验建构的主动性。从学生方面看，他们在学习语文的过程中不是被动记忆、模仿或移植文本的过程，而是通过文本和作者心灵进行沟通与对话，是由一个生命进入另一个生命的主动融合和重建过程。辩证地处理三者的关系，首先要求教师和学生不把自己定位在“评判者”的角色上，而与文本作者一起做诗意的“栖居者”，根据各自的生活阅历真诚对话，努力感受和理解文本作者所要表达的思想感情并在这种感受和理解的基础上发现文本本身的美，进而从美感感受中感到趣味，挖掘文本的诗意；（请参阅王富仁《语文教学与文学》有关论述）其次，教师应做诗意的“导引者”，尽管教师、学生和作者都有其主体性，其主体性因语境的不同而各具个性差异，但语文教育是有目的的行为，挖掘教材的诗意既要合语文教育的规律性，也要合语文教育的目的性，因此，教师应该立足于此，以开放的教育视角，采取去蔽的、全息感悟的方式，透过众人注目的焦点对教材所包含的社会、自然种种物象进行穿透性的哲理思考，透过纷繁复杂的文本信息把握语文教材的诗意。

2. 遵循生活性原则，辩证处理生活知识、生存技能与生命意义的关系

遵循生活性原则，指的是教师以立足于现实与可能生活的行为经验与规则作基础，通过对教材所包含的生活知识、生存技能以及生命意义进行诗意化的处理。当然，这并不是把教材简单地还原生活的场景，从而消解语文教育的目的性，而是试图表达这样一种教育理念——让学生通过教材的学习去用诗意的眼光审视生活，引导学生对可能的美好生活的追求，从而使语文教育的过程成为生活主体的个体诗性之自主生成、自我建构的过程。比如，处理人教版第一册教材《阳光》一课时，教师首先认识到一年级学生学习语文与生活的关系，认识到学生已有的生活知识、生存经验以及对生命认知的水平，把诗意点确定为“生活中的阳光”，在此基础上，设置“在哪里有阳光？哪里有阳光，那里/这里怎么样？什么是我们的阳光?”等问题，让学生逐层认识自然阳光以及生活阳光的不同内涵，同时领会阳光的生命意义。学生自然说出“蓝蓝的天上有阳光，小鸟飞得更矫健了；妈妈的眼睛里有阳光，我生活得更快乐了”、“在我们工整的作业里有阳光，那是认真负责的阳光；在‘老师，您早’的问候声里有阳光；那是关爱的阳光”、“老师，您是我们的阳光”等富有个性、饱含情趣的话语，自然而然地学会用诗意的眼光审视生活，学会运用来自现实世界的生活经验去理解教材。就这样，学生就不仅真正领会了课文里所蕴涵有关阳光知识的内涵，而且不知不觉地掌握了生活的技能，乃至领悟生命的意义。

3. 遵循审美性原则，辩证处理自然诗意、社会诗意与自我诗意的关系

遵循审美性原则，就是指教师主体通过艺术化的手法与手段，着力挖掘语文教材这一客体所包含的自然、社会、自我内容及其关系进行艺术性的改造，然后把教材内容美、教学活动美、教学形式美的欣赏和创造和谐统一起来，引领学生浸润在诗意般的教学情境与氛围之中，对人与自然、人与社会、人与自我关系进行融通性的理解与建构，从而在学习过程中进一步确证作为学习主体的地位以及精神力量，升华人生境界。比如，在处理苏教版教材第十一册《生命的林子》一课时，如果我们的教师把着力点放在林子的自然、社会与自我诗意以及它们彼此之间关系的领悟与理解上，按照“设置情境，感受自然林子的物象(what)；诵读体味，体验课文林子的情象(how)；展开想象，领悟社会林子的意象(why)；物我互化，创造自我的形象(way)”的思路进行教学，学生获得的大自然、人类社会以及自身的诗意就会整个渗入“我”的生命里，学生就会明白“林子是迎接机遇与挑战的竞技场；林子是考量勇气与志气的检测站。学校是我生命的林子，在这生命的林子中，我将潜心苦学，奋发向上。我要成为学校的骄傲，成为未来的栋梁”。总之，语文教材所包含的人与自然、人与社会、人与自我彼此之间复杂关系的解构与建构是处理教材的焦点和重点，社会诗意和自然诗意都是以自我诗意为内在基础，并以自我内在诗意为最高境界，人与自然、人与社会关系的解构与建构其实最后在自我诗意中达到统一和谐状态。

4. 遵循实践性原则，辩证处理工具实践、精神实践与言语实践的关系

教育是一种培养人的活动，培养人的活动应在实践中进行。语文教育实践不同于其他社会实践，它是直接发展人力的实践活动，是创造性运用语言符号的活动，这种创造性运用语言符号的活动其实就是言语实践活动。所谓遵循实践性原则，就是教师挖掘教材的诗意点应以学生的现实生活和社会实践为基础，以实践活动为主要形式，强调学生的亲身经历、自主参与学习，通过“做”、“考察”、“探究”等一系列的活动去接触和感知各种人和事，在真切地体验和感受生活过程中，获得与人交往、探究问题的能力以及正确的情感、态度与价值观，发现和解决问题，发展创新能力。请看古诗《春望》的教材处理，我们的教师采取“我和杜甫一起春望”的方式，让学生向杜甫提问，学生在互问互答的过程中进入诗境——

我问杜甫：“家破国亡了，山河还存在吗？”

杜甫叹了口气，说：“在！”

我又问：“它在哪里呢？”

“它在草木的绿叶里藏着，在花的梦想里开着，在鸟的鸣叫声里亮着，在游子的心里漂着。”杜甫说完，淡然一笑。

“磨刀不误砍柴工”。在教学之前，认真钻研教材及相关学习资源，对提高教学效率与教学质量，发展学生智能，无疑会起到极大的推动作用。

总之，钻研教材应以言语实践为主线，根据教材特点与学生实际，把对课文内容的理解与语言表达的训练有机地结合起来；要把课堂教学向课外延伸，树立起大语文的教学观，从而使课堂教学与课外阅读密切结合，达到丰富教学内容，扩大学生阅读量的目的。教材研读除了可以从内容方面抓以外，还可以从结构和表达等方面考虑。钻研一篇课文，要学会抓准四点：把握重点、把握难点、抓住特点、抓住疑点，然后对教材巧作处理，可以从着眼课题、剖析结构、推敲语言、深化主题、引向课外、多练精讲等方面。教材重点主要根据教学内容的逻辑结构来确定;教学难点根据学生心理和学习过程确定。课后习题是对学生进行语言训练主要的切入口。课文中的情感熏陶、德性培育、典雅语言都是言语实践不可多得的切入口。

四、安排教学过程

当前通行的教学模式有一个明显的缺点是教学内容代替教学过程,预设教案统领学习过程,势必造成一种僵化的教学模式,禁锢了教师“教”与学生“学”的创造精神,限制了学生的思维活动,千百万教师一个腔,激发不起学生的学习兴趣。具体分析,造成这一现象的原因,主要有如下几个方面:

其一,坚持以“师”为本,重教轻学。“师本”教学模式对学习者作了一个潜在的、不切实际的假设,即学生是缺乏主动加工能力、能动反应的个体,仅仅只是直立行走没有羽毛的动物,阅读教学只能以毫无错误的方式给学生传授毫无错误的知识,由此,语文阅读教学只能置学生的主体性于不顾,采用小步子的原则,一股脑儿对文章的字、词、句进行面面俱到的“肢解”,教学目标、教学程序、教学内容等的确定,一切取决于“教者好教”而不是“学者好学”。

其二,坚持“功利”目标,重读写轻听说。“师本”阅读教学模式简单地把强烈的功利主义、技术主义的价值取向当做阅读教学的奋斗目标,语文阅读教学也就演变成静态的、灌输“中心思想”的知性分析过程。其实质就是教师以自己的意志为核心,把学生的思维、语言,乃至教学过程均纳入到教师的控制范围,粗暴地抑制学生学习语文的灵性,破坏了优美的言语作品和谐的人文精神。在“师本”观念左右下,教师追求统一的认识、统一的结论,以自己的思想去代替或束缚学生的思想,以自己的思维模式去规范和窒息学生的思维和智力。教师如同知识之船上的舵手,错误地把言语作品里分析归纳出的思想内容作为知识之船驶向的彼岸。方向是教师确定的,航道也是教师开创的,学生只要坐在船上就行了。

其三,坚持“认识”价值,重结果轻过程。把丰富复杂、变动不居的课堂教学教程简括为特殊的认识活动,把它从整体的生命活动中抽象、隔离出来,过分强调单调乏味的填鸭注入,使学生成了被“修理”的客体。

语文教学应该是教师“教”和学生“学”相结合或相统一的活动,教师“教”的主导作用和学生“学”的主体地位应该辩证统一。教学是科学、哲学、技术、艺术的综合。教学过程设计就应该是:科学“探究”、哲学“思辨”、技术“设计”、艺术“鉴赏”。

(一)小学语文教学过程的基本内涵

小学语文教学过程是指语文教与学的实施过程,是小学语文教师有目的、有计划、有组织地指导、组织学生运用言语实践的机制,师生协同掌握语文基础知识和基本技能、发展语文情商与智商的圆融统一的过程,是教路、学路、文路统一的过程。

（二）小学语文教学过程设计基本原则

传统语文教学过程基本上是“灌输—接受”单线性、静态传输知识的活动，学生完全处于一种被动接受的状态。新课程倡导的教学过程要求师生间的影响是双向、交互的，同时，这种交互作用和影响又不是一次性的或间断的，而是一个链状、循环的连续过程。这是一个包括发生在多情境中的，具有多种形式、多种内容的“多元互动”体系。“多元互动”的“元”即“要素”，是指跟学习有关而又能相互作用的各种教学因素，包括教师、学生、教材、教学条件与环境等。“多元互动”的“互动”是指用素质教育思想作指导，充分利用各种跟学习有关而又能相互作用的教学因素，促使学生主动积极地学习与发展，进而达到高质高效的教学效果的新型教学模式。这种互动的交互性、连续性和网络性避免传统课堂教学大脑思维开发“平面化”发展的弊端，从而使学生大脑开发向“立体化”思维方向发展。这就要求教师在教学的过程中废止“满堂灌”，不唱“独角戏”，正确认识小学语文教学过程的基本要素并辩证处理它们之间的关系。

第一，教师主体与学生主体相融合的原则。即正确处理教师的“促进者、参与者、组织者”的角色与学生的“主体性、能动性、独特性”的地位相结合的关系。要求教师把微笑带进课堂，把激励融入教学，把成功还给学生，以此优化师生关系。

第二，教师指导与学生自主学习相促进的原则。即教师的教要根据“计划超前化、目标立体化、过程最优化、效果最佳化”的原则，抓住“知识与能力、过程与方法、情感与态度”等基本点，采取“面向全体，关注个性，开拓进取”的策略，点燃学生的创新火花；而学生的学则是“自立其志、自奋其力，自致其知、自健其德”。教师的教建立在学生的学基础上，教师的教是为了学生更好地学。明确两者的辩证关系，有助于教师营造民主、和谐、开放的课堂氛围。激活学生的学习内驱力，照亮学生创新学习之路。

第三，教师教学规范性和学生自主创新性相协同的原则。一方面，明确学生在教学活动中的主体地位，充分发挥学生的主观能动性，使学生生动活泼地发展；另一方面，要注意到不同学生的个性差异，使这些要素以及所安排的教学程序、方法等集中到以学生自主“学为中心”。尊重学生的多元感受，尽量让学生独立观察，尽量让学生动脑思考，尽量让学生动口表述，尽量让学生质疑问难，尽量让学生标新立异，尽量让学生享受学习的快乐。

第四，听、说、读、写能力与多元智力发展相互提高的原则。语文教学过程设计听、说、读、写训练应一以贯之，以此为基点将全体学生的视觉、听觉、味觉、触觉、嗅觉、动觉和内视（内省、思想）功能全部调动起来，根据教学内容各信息的特点分别采取合适对应的通道，让所有学生自主参与到全方位的立体型的学习过程中去，全面发展提高学生的素养。

总之，只有教育教学的基本要素协同一致，才能实现教学过程的优化，达到师生、生生多元互动，共同谱写教与学“协奏曲”的目的。

（三）小学语文教学过程设计的理论探索

《论语》中写道：“子以四教：文、行、忠、信。”（《论语·述而篇第七》）现在可以这样理解：“文”指文化知识，学习时重在逻辑；“行”指行为实践，学习时重在操作；“忠”指忠心对人，学习时重在情感；“信”指信约交际，学习时重在交往。这奠定了我国传统语文教学过程的基本模式。其结构是：①识记：朗读、背诵；②理解：句读、逐句讲解；③练习：吟诗写文、对对子。西方德国教育家赫尔巴特提出了“四段论教学过程”理论：①“明了”（明了教学内容）；②“联想”（新旧知识联系）；③“系统”（知识系统化）；④“方法”（练习应用，掌握技巧）。这个教学过程对我国的语文教学影响比较深远。

美国实用主义教育家杜威打着反传统的旗帜，提出“进步教育”，主张教学改革。他从实用主义教育理论出发提出了“五阶段”教学模式。“五阶段”教学模式是杜威儿童中心主义和“从做中学”教学思想的集中体现。杜威从儿童生来就具有某些才能、兴趣和社会需要的本能论出发，提出了他的教学过程设计：“发生困难—确定问题—提出假设—推论—验证”五步。后来，杜威的门生克伯屈等人创立了“设计教学法”，进一步发展和完善了实用主义的教学模式。我国许多特级教师大胆创新，从发挥学生的主体地位出发，设计了许多富有成效的教学过程模式。比如，辽宁省特级教师魏书生通过自己的教学实践总结提出的“语文教学的六步程序”就是典型的代表。其具体步骤包括“定向（提出学习和训练的重点、难点，使学生明确学习和训练的目的及要求）—自学（学生根据教师提出的学习重点、难点，自行读书，解决问题）—讨论（对自学中没有解决的问题进行讨论，集思广益，寻求答案）—答疑（教师有目的地对学生经过讨论尚未解决的疑难或认识存在分歧的问题，引导解答）—自测（学生根据“定向”提出的重点、难点，自拟测试题目，进行自我测试和评价）—自结（在上述步骤完成的基础上，学生自我总结学习收获）”。

（四）小学语文教学过程设计的基本模式

结合前人的探究，根据现代心理学成果，语文教师在课堂上的主要行为活动概括起来就是“动之以情、晓之以理、启之以思、导之以行”。与此对应，学生在语文学习过程中对应也有“思考接受、活动探究、情感体验、合作交流”等学习方式。

从教师教学语文的行为维度分析：所谓的“动之以情”，重在陶冶诗意情怀，让学生在品味语言文字的魅力中得到感染而激发生命感动、提升境界。所谓“晓之以理”，重在把握文本内蕴的、生活辐射的诗意哲理，让学生得到人文精神的培育，并形成诗意看世界的精神。所谓“启之以思”，重在培养学生结合文本进行概念、推理、分析的理性智慧，结合生活进行联想与想象的诗意智慧。所谓“导之以行”，重在实际运用，让学生在参与活动中探究学习，提高动脑、动手的能力，培养学生熟练掌握运用汉语言的“基本技能”。

从学生学习语文的活动维度分析：所谓“思考接受”，重在发挥学生逻辑思维的效能。在教师和教材的启发下，学会“思考接受”，掌握语文基本知识、基本概念和基本原理。所谓“活动探究”，重在应用操作思维。让学生在小组合作或个体学习的过程中尝试动手、动脑操作，在做中学，提高实践应用能力。所谓“情感体验”，重在陶冶学生的情感，让学生在言语实践中学会创新，学会有个性的表达。所谓“合作交流”，重在培养学生与人相处的能力，让学生在相互沟通与交谈中，加深理解，能有效地内化为自己的知识，又能外化表达给他人。

从语文教学的目的维度分析：语文就是以言语为核心的涵盖语言、文字、文章、文学、文化、汉语言文化独有的文言文的多元系统。简言之，语文就是言语。“课”本义为“试也”，根据一定的标准验核，是有计划按规定的内容和分量讲授或学习的活动。语文课就是有计划的言语实践活动。言语实践结果＝语文素养＝语文能力＋语文知识＋语文情商＋语文智商＝语感（诗语：典雅汉语），语文教学过程的语文特质就体现在运用言语作品（教学内容）、采取言语实践机制、促成教师和学生对话三个维度生成的动态系统。最终的目的就是让学生喜欢、热爱祖国的语言文字，并能够具有非凡的典雅语言表达能力。语文教学积淀诗一样的语言就是语文教学的根本目的与终极关怀。综合以上因素，语文教学过程可以教师的教路、学生的学路以及语文的文路设计。其模式表现如下：

表 1-4　小学诗意语文教学过程构建

学生学习方式 教师教学方式	a 思考接受	b 活动探究	c 情感体验	d 合作交流
A 动之以诗情	A a“动情-接受-言语实践-积淀诗语”	A b“动情-探究-言语实践-积淀诗语”	A c“动情-体验-积淀诗语”	A d“动情-交流-言语实践-积淀诗语”
B 晓之以诗理	B a“晓理-接受-言语实践-积淀诗语”	B b“晓理-探究-言语实践-积淀诗语”	B c“晓理-体验言语实践-积淀诗语”	B d“晓理-交流-言语实践-积淀诗语”
C 启之以诗思	C a“启思-接受-言语实践-积淀诗语”	C b“启思-探究-言语实践-积淀诗语”	C c“启思-体验-言语实践-积淀诗语”	C d“启思-交流-言语实践-积淀诗语”
D 导之以诗行	D a“导行-接受-言语实践-积淀诗语”	D b“导行-探究-言语实践-积淀诗语”	D c“导行-体验-言语实践-积淀诗语”	D d“导行-交流-言语实践-积淀诗语”

五、构建教学评价

教学评价的目的不仅是考查学生实现课程与教学设计目标的程度，更是检验和改进学生的学习和教师的教学，改善教学设计，完善教学过程，从而有效地促进学生的发展。教学评价设计，要从知识与能力、过程与方法、情感态度与价值观几方面进行评价，尽量做到定性评价和定量评价、形成性评价与终结性评价相结合。

所谓形成性评价是在某项教学活动过程中，为了能更好地达到教学目标的要求，取得更佳的效果而不断进行的评价。它能及时了解阶段教学的结果和学生学习的进展情况、存在问题，因而可据此及时调整和改进教学工作。而总结性评价又称“事后评价”，一般是在教学活动告一段落后，为了解教学活动的最终效果而进行的评价。学期末进行的各科考试、考核都属于这种评价。其目的是检验学生的学业是否最终达到了各科教学目标的要求。需要注意的是设计教学评价，应注意教师的评价、学生的自我评价与学生间互相评价相结合。加强学生的自我评价和相互评价，还应该让学生家长积极参与评价活动。在评价时要尊重学生的个体差异，促进每个学生的健康发展。要综合采用多种评价方式，考试只是评价的方式之一。

体验践履·自我提高

【案例示范】

冯铁山执教《母爱》

教学目标

1. 每一个学生理解描写老牛“对峙、僵持、瘦骨嶙峋”等词语的意思，并创造性地运用这些词语表现老牛的形象。

2. 每一个学生快速筛选重点语句，通过“初读有声、再读有情、三读有疑、四读有形”的训练，体会文本表达的思想感情。

3. 教师创设情境，学生体验动物母爱的深沉，从而理解生活中的母爱，让学生学会感悟亲情，学会做人。

教学重点

体验并领会老牛以死抗争为小牛索水而表现出来的母爱情怀。

教学难点

老牛对峙、僵持、不肯挪动半步等词语所表现的深沉母爱。

诗意点

1. 这是什么样的老牛？

2. 为了孩子的生存，

妈妈奋不顾身地顶了上去；

为了孩子(　　)，

妈妈(　　　　　　)。

教学方法

引导学生抓住文章中的重点语句揣摩语言，并通过多种形式的朗读、仿写等言语实践活动，引导学生自读自悟。

教学过程

一、设境导入，晓理接受

师：哲学家、诗人常说人的嘴唇所能发出的最甜美的字眼，就是“母亲”；最美好的呼唤，就是“妈妈”，为什么？那是因为母爱是一种巨大的火焰，她能够点燃孩子生活的希望；那是因为母爱是一种巨大的力量，她能够创造世界上的一切光荣和骄傲。

生（师引导学生齐读）：《圣经》名言“上帝无法降临在每一个人身边，所以造就了母亲”。

师：今天，让我们带着无限的敬仰之情来体验母爱的力量，感受母爱的伟大。

二、初读有声，读准字音，把握课文内容(What)

1. 导行体验，自主读文

师激励学生自由而且大声朗读课文，要求不添字、漏字。画出不熟悉、读不准的字词。

2. 导行交流，自主识字

（1）随文识字、词

洗漱 xǐ shù　牲 shēng 口　缰 jiāng 绳　刹 shā 车　挪动 nuódòng　僵持 jiāngchí　倔强 jué jiàng　瘦骨嶙峋 línxún　沁 qìn　凄 qī 厉　和 hè 着　长哞 mōu　舔舔 tiǎn　吆喝 yāohe

（2）分类识字、词

师问：请按照描写对象把以上的词语进行分类。

生合作探究分类：

描写老牛的词语：渴极了　闯入　顶　挪动　僵持 jiāngchí　倔强　不为所动　瘦骨嶙峋 línxún　哀哀叫唤　凄 qī 厉　慈爱　和 hè 着　长哞 mōu　舔舔 tiǎn　吆喝 yāohe

描写环境的词语：极度缺水　阴冷　分外悲壮

描写牛主人的词语：恼羞成怒　扬起　抽打

(3) 创造性地运用词语

师引导学生创造性地运用以上词语分别描写老牛、环境、牛主人。

生：一头渴极了的老牛，不顾生命危险，用头去顶军车。

生：一头瘦骨嶙峋的老牛，为了给儿子争水喝，倔强地和军车僵持着，即使被打得哀哀叫唤，也不肯挪动半步。

3. 导行交流，整体感知

出示学习要求：

（1）请同学们自由读课文，试着用一句话概括出课文的主要内容。

（2）学生汇报，师完成板书。（老牛以死抗争为小牛索水。）

三、再读有情，读出节奏，感悟课文（How）

（一）感悟老牛的“倔强”

1. 导行体验，感悟老牛情感

师：老牛是怎样以死抗争为小牛索水喝的，一起走近我们的主人公老牛。请同学根据自学提示进行自学。

出示自学提示：

（1）默读课文，从哪里看出老牛以死抗争为小牛索水的，画出有关句子。把你的感受批注在旁边。

（2）在小组里试着朗读出你的感受。

学生汇报。

2. 动情体验，理解老牛的情感

（1）学生试读句子“老牛以不可思议的识别能力，迅速地顶了上去”。

（2）师适时引导：老牛看到运水车以后心里想的只有谁？为了自己的孩子，她不惜冒死冲上去，引领学生再读（读出老牛的坚决）。

（3）师补充故事铺垫引读：请同学读一读这个句子，说一说感受。

（4）按照以上示范，学生自由朗读自己画的句子，每读一个句子，补充一句：这是一头

(　　)的老牛;这是一位(　　)的母亲。

3. 晓理接受,总结老牛的形象

师(小结):这是一头怎样的老牛呀?她的心中想到的只有自己的孩子,她做的一切也都是为了自己的孩子,多么令人感动。带着这种情感朗读下面一段话。(出示投影)

师:终于,运水车来了,老牛以不可思议的识别能力,迅速地顶了上去。

4. 学生试读句子:"老牛沉默地立在车前,任凭驾驶员呵斥驱赶,不肯挪动半步。5分钟过去了,双方依然僵持着。后面的司机一个劲儿鸣笛,性急的甚至试图点火驱赶,可老牛不为所动。"

(程序同上)

(二) 感悟老牛的"坚韧"

师朗读过渡:双方正在僵持着,老牛的主人赶来了。恼羞成怒的主人扬起长鞭狠狠地抽打在瘦骨嶙峋的牛背上。牛被打得哀哀叫唤,但还是不肯让开。鲜血沁了出来,染红了鞭子。老牛凄厉的叫声,和着沙漠中阴冷的酷风,显得分外的悲壮。

1. 动情体验,感知老牛的"坚韧"

配乐衬读。

2. 晓理体验,感悟老牛的"坚韧"

师补充:韩红的歌《天亮了》是为下列事件而唱的:某省一旅游景区内,一满载游客的缆车突然从高空坠落,就在转瞬即逝的生死关头,年轻的母亲和父亲一起,奇迹般地将不满周岁的孩子高高举起。结果,缆车内30余名游客除这个小孩存活外,其余全部遇难。通过媒体报道的相关事例,学生直观地感受到了母爱是无私的、伟大的。

3. 启思探究,理解老牛的"坚韧"

师:老牛忍受一切痛苦,承受所有的磨难,都是为了孩子。如果当时我们也在场,我们心里会有什么样的感受?结合课文谈一谈。

师:这又是一头怎样的老牛呀,请学生完成句子填空:"为了孩子幸福的微笑,妈妈奋不顾身地顶了上去;为了孩子(　　),妈妈(　　);为了(　　),妈妈(　　);(　　),(　　)。"

师:老牛所做的这一切是不是在以死抗争,那她以死抗争得来的水是为了谁?

师(小结):老牛忍受一切痛苦,承受所有的磨难,都是为了自己的孩子,她的心中想到的只有自己的孩子,她做的一切也都是为了自己的孩子,多么令人感动与震撼。带着这种情感齐读投影内容。

(三) 感悟老牛的"慈爱"

1. 启思探究,感知老牛的"慈爱"

生问:老牛为什么自己不喝水?

师随机出示句子齐读:

老牛慈爱地看着小牛贪婪地喝完水,伸出舌头舔舔小牛的眼睛,小牛也舔舔老牛的眼睛,静默中,人们看到了母子眼中的泪水。

2. 启思交流,感悟老牛的"慈爱"

师:读到这里,再回过头想想老牛的倔强和被打时悲壮的场面,你明白了什么?

生：明白了老牛拼命要水，不是为了自己而是为了孩子。“倔强”表现的是爱，冒着被打死的危险也是为了爱。

3. 启思接受，理解老牛的“慈爱”

师(小结)：原来，老牛与车对峙的倔强，老牛以死抗争的壮举，都来源于对小牛的慈爱啊！想一想：老牛为什么流泪，小牛又为什么流泪？

生：水之难得的痛苦，能把水给孩子的高兴。看到老牛遍体鳞伤的痛苦，能喝到水的高兴。

师过渡语：受伤的老牛慈爱地看着小牛贪婪地喝完水，伸出舌头舔舔小牛的眼睛，小牛也舔舔老牛的眼睛。在静默中，人们看到了母子眼中的泪水。没等主人吆喝，在一片寂静中，它们掉转头，慢慢往回走。

四、三读有疑，读出内涵，理解课文(Why)

1. 启思探究，分析母爱

学习要求：

请自主默读课文，提出自己的疑问，要求每个同学至少提出一个问题。

生问：牛主人为什么狠狠抽打老牛？

生：因为它是一头倔强地老牛。

生：因为这里严重缺水。

生：因为牛主人害怕受到责难。

集中思考什么是母爱。

2. 动情体验，理解母爱

师补充：人世间有这般如此伟大的母爱，在动物身上也同样有伟大与无私的母爱令我们感动。此时此刻，你对母爱有了怎样更深的感受？让我们怀着对母爱的崇敬之心、赞美之情再一次感受这伟大与无私的母爱吧！(图片欣赏)

3. 导行交流，表达母爱

请结合课文的理解，抓你感受最深的画面，写出你对母爱的不同理解。

例：母爱是冬天温暖的阳光；

母爱是长途跋涉后亲切的问候；

母爱是(　　　　)；

母爱是(　　　　)；

母爱是(　　　　　)；

(　　　　　　)；

五、四读有形，读出韵味，实践课文(Way)

1. 教师导读，学生接受

让我们从现在起用实际行动来感激与回报我们的母亲吧。

2. 学生表演读

3. 布置作业

用诗意的眼睛看世界，请你选一款享用：

1. 请细细品味妈妈的爱，把最感动的故事写下来，然后告诉妈妈你的感想。

2. 为妈妈画一幅画，配上一首小诗，作为礼物送给妈妈。

【自我实践】

1. 请自选《小学语文》第三册一篇课文，写出教材解读的基本信息，然后确定该教材的教学目标、内容。

2. 小组合作研读于永正、王崧舟等特级教师的教学视频，整理他们教学过程的基本环节，分析他们在教学过程中是如何处理教师的教路、学生的学路以及文本的文路三者之间的关系。

3. 以分组讨论的形式，谈谈2001年颁布的《全日制义务教育语文课程标准（实验稿）》出台的背景、结构内容、课程理念等，重点谈谈自己对课程理念的理解。

拓展视野·娴熟技能

【研究选题】

1. 语文教学设计的心理学基础研究
2. 小学诗意语文教学设计的基本范式研究
3. 小学语文教材作业设计研究
4. 小学语文教师教学设计能力研究

【参考文献】

[1] 冯铁山. 从师本到生本[J]. 语文教学通讯，2003(9).
[2] 冯铁山. 返璞归真，自读通文-"自读自悟"阅读教学模式的实践[J]. 当代教育科学，2003(13).
[3] 冯铁山. 培养高学历小学教师课堂教学模式改革的探索[J]. 黑龙江教育学院学报，2003(6).
[4] 桂秀珍. 语文教学过程的优化[J]. 语文教学与研究(综合天地)，2006(8).
[5] 祖秀芳. 语文教学过程与课堂结构[J]. 科教文汇(下月刊)，2008(7).
[6] 肖龙海. 论优化教学过程与学生学习方式的更新[J]. 课程·教材·教法，2003(10).

第二章　识字与写字教学设计

单元导读·抛砖引玉

中国的汉字是一种脱胎于图画的文字，是中华民族先祖基于客观世界的直感的、形象的、整体的把握，语言也就颇具诗的意味和审美的意味。因此，汉语是智慧的语言，也是典雅的语言。它集积极崇高的精神、圆融互摄的思维、真挚朴实的情感以及形象化的手段于一体，造就一个诗意氤氲的精神空间，召唤中国人自然进入物我相融的诗意境域：在采菊的东篱下收获生命的“南山”，在“荡胸生层云”的泰山勃发奋斗的豪情。开展识字、写字教学，能够提高学生的语文素养，开发学生的智力，提升学生的审美情趣。打好识字、写字的基础，能够帮助学生顺利地开展阅读、写作等一系列言语实践活动。本章从汉语拼音教学、识字教学、识字教学的流派和改革试验、写字教学等方面切入，来谈识字与写字教学。

问题扫描·掩卷遐思

1. 汉字具有独特的构字方法和文化意象，该采取怎样的教学策略和教学方法，在学生脑海中建立起音、形、义之间的相互联系，从而达到牢固识记汉字的目的？

2. 小学生具有独特的识字心理，如何根据学生的心理特征设计合理的识字教学，让学生好学、乐学？

3. 如何将识字、写字教学与阅读教学有机地结合起来，让学生在言语实践的运用中进行识字？

4. 对于目前轻视写字教学的状况，教师该如何调整自己的课堂教学，教师本身又该具备怎样的素养呢？

典型案例·交流研讨

【典型案例】

活　化　石

背景材料：

《活化石》是义务教育课程标准试验教科书《语文》第三册中的一篇课文，向我们介绍了银杏树、大熊猫和中华鲟这三种活化石。本课的生字数量较多，笔画较复杂，像“化石”、

“辨认”、“灭绝”等词，对于二年级的学生来讲，无论从识字上还是理解意思上，都存在着一定的困难。

问题探究：

如果你是指导老师，你如何根据学生的实际情况，设计教学过程，突破教学重难点，使学生记住这些生字，并理解词的意思？

有一位教师是这样做的，在帮助学生学习“化石”一词时，她设计了如下的环节：

师：孩子们，今天老师给大家带来了几块特殊的石头，它里面可藏着宝贝呢！让我们一起睁大眼睛来欣赏欣赏吧！（出示图片）一起读读。

生：（齐读）恐龙蛋化石、恐龙头骨化石、三叶虫化石、鱼化石。

师：孩子们，这些都是——化石（出示词卡：化石）谁能读？（指名读—齐读）

师：请你抬起头来看老师写这个词语，“化”是一个要求我们会写的生字，举起手和老师一起写一写。

生：（书空）撇，竖，撇，竖弯钩。

师：让我们一起再来读读这个名字。

生：（看词卡读词）化石。

师：在远古时代，地球上生活着许许多多的动物和植物。它们死后，被埋到了很深很深的泥土里。经过了亿万年以后，这些死了的动物和植物就变得像石头一样坚硬，这就是“化石”。

……

在教学“辨认”一词时，老师又进行了如下的设计：

师：首先，让我们先来认识银杏树。请大家读读课文的第二自然段，边读边想，银杏树它是什么样子的？

学生读课文思考。

师：谁知道银杏树的样子了？

生：（读课文句子。）

师：今天，老师就给大家带来了几棵树，请你认一认，哪一棵是银杏树？（出示图片）你是怎么认出来的？

生：课文中说“银杏树的样子很容易辨认，一片片叶子像一把把小扇子”。

师：孩子们，像这样，我们通过它的一个特点认出了银杏树，这就叫做“辨认”。谁来读？

生：（开火车读词语）辨认。

师：孩子们，银杏树的叶子像一把把小扇子。那这些树的叶子呢？你能不能用这个句式来说一说。（出示：杉树的叶子很容易辨认，一片片叶子像________。

枫树的叶子很容易辨认，一片片叶子像________。

松树的叶子很容易辨认，一片片叶子像________。）

师：孩子们，这些树的叶子各不相同，以后你见到一棵树，就可以通过它的叶子进行“辨认”。

【交流研讨】

学生 A：从这两个教学片段来看，我认为教学的设计是比较成功的，教师将识字放于阅读教学之中，重视了“课文语言环境”这个识字的重要因素，注重语言实践，做到字不离词，词不离句，帮助学生在具体的语言环境中识字，使音、形、义密切结合。并且在反复的实践中，巩固和发展识字的成果，真正做到“识了字，就要用。用来说，用来读，用来写”。这是符合儿童年龄特征的方式，能激发儿童识字的兴趣。

学生 B：我认为教师的这两个设计存在着一定的问题。一方面，教师重视在语境中识字的同时，忽视了汉字本身所具有的规律，一节课中识字量不大，导致识字教学的效率不高。另一方面，识字之后的写字，单调的笔画书写，这样的小和尚念经式的识字方法，无法使学生对生字有深刻的记忆。

专题点拨·理性反思

汉语拼音教学

一、汉语拼音概述

（一）关于汉语拼音

汉语拼音，是中华人民共和国的汉语拉丁化方案。1955—1957 年由中国文字改革委员会汉语拼音方案委员会研制。该拼音方案，主要用于汉字读音的标注，作为汉字的一种音标。1958 年 2 月 11 日全国人民代表大会批准公布。1982 年，成为国际标准 ISO 7098（中文罗马字母拼写法）。

（二）汉语拼音的语音

汉语拼音中共有 23 个声母和 24 个韵母：

声母：

b　p　m　f　d　t　n　l

g　k　h　j　q　x

zh　ch　sh　r　z　c　s

y　w

韵母：

a　o　e　i　u　ü

ai　ei　ui　ao　ou　iu　ie　üe　er

an　en　in　un　ün

ang　eng　ing　ong

韵母又可带上声调，声调一共有五种，即第一声（阴平）、第二声（阳平）、第三声（上声）、第四声（去声）和轻声（也叫第五声，不标调），每个汉字由声母、韵母和声调配合构成一个音节。其中16个音节是整体认读音节，只可直呼，不可拼读：

zhi chi shi ri zi ci si

yi wu yu

ye yue yuan

yin yun ying

（三）汉语拼音的作用

汉语拼音是识字、阅读、学习普通话的有效工具。汉字是表意的文字，它的特点是字形表意而不表音，小学生学会汉语拼音，就可以利用拼音识字，尤其对于初入学的孩子而言，在识字不多的情况下，可以借助汉语拼音进行初步的阅读。学会了汉语拼音还可以纠正方音，学习普通话。

二、汉语拼音教学的要求和方法

（一）汉语拼音教学的要求

《义务教育语文课程标准（实验版修改稿）》对汉语拼音教学的要求是：学会汉语拼音。能读准声母、韵母、声调和整体认读音节。能准确地拼读音节，正确书写声母、韵母和音节。认识大写字母、熟记《汉语拼音字母表》。能借助汉语拼音认读汉字。

汉语拼音教学的内容和具体要求分述如下：

1. 学会包括y、w在内的23个声母；24个韵母，包括6个单韵母，8个复韵母，9个鼻韵母和1个特殊韵母。能读准音，认清形。

2. 会读四声。能认清调形，读准声调。会读轻声音节。

3. 熟记16个整体认读音节。

4. 学会拼音方法。能准确掌握声母、韵母相拼和声母、介母、韵母相拼的方法。注意掌握j、q、x和ü相拼，ü上省略两点的规则。

5. 掌握字母的笔画、笔顺，能在四线格中正确地书写声母、韵母和音节。

6. 认识26个大写字母，熟记《汉语拼音字母表》。能在字典中查找用汉语拼音编排的音节索引。

7. 能借助汉语拼音认读汉字。

汉语拼音教学的重点是教学字母和音节拼读方法。难点是教学声母和鼻韵母的发音和拼音方法。其中拼音方法的教学既是重点，又是难点。汉语拼音教学要抓住重点，突破难点。设计符合儿童认知规律，具有趣味性的教学，一般以活动和游戏为主，把学拼音与说话、识字相结合。

（二）汉语拼音教学的总原则

1. 重认识、拼读，轻机械抄写

课程标准中指出，在汉语拼音书写方面只需做到正确书写。学习汉语拼音是为了帮助学生更好地识字和阅读，但是在课堂上，我们却发现不少人为拔高要求的现象，大量机械地抄写、听写音节(老师报一个直呼音节,学生进行默写),给生字注音,这样只会增加教学难度,加重学生负担,打击学生学习汉语拼音的积极性和主动性。

2. 循序渐进学拼音

汉语拼音对于刚入学的孩子来说,用几十天的时间记住这些抽象的符号、死板的规则确实很有难度。因此,切不可要求学生在学习中一步到位,更不可人为地拔高要求,这样无形中就增加了学习的难度,打击学生学习拼音的积极性。例如,对于音节的直呼等这类在课标中并没有做出硬性要求的内容,有能力的学生可以直呼,其余学生只要求准确拼读即可。教师在操作中也切不可做“揠苗助长”之事,花那么多的时间与精力,为了达到直呼的要求,有点得不偿失。

3. 拼音教学生活化

学习拼音的最终目的是识字、阅读。拼音的学习要与学生的口语实际结合起来,与学生的生活需求结合起来,在生活中学习和巩固拼音。

4. 拼音教学游戏化

汉语拼音教学由于其教学内容本身的特点,容易使学生觉得枯燥乏味,从而失去学习的兴趣。《语文新课程标准》提出:“学生生理、心理以及语言能力的发展具有阶段性特征,不同内容的教学也有各自的规律,应该根据不同学段学生的特点和不同的教学内容,采取合适的教学策略,促进学生语文素养的整体提高。”“汉语拼音教学尽可能有趣味性,宜以活动和游戏为主,与学说普通话、识字教学相结合。”

在汉语拼音教学中,教师要以新课程标准所倡导的理念为指导,尊重孩子的天性,创造性地设计丰富多彩的学习活动,寓教于乐,借助多媒体,把枯燥单调的拼音字符变成一个个可感可玩的生动形象,让学生在学习中体验拼音的乐趣,帮助学生更好地掌握汉语拼音。

5. 合理开发教材资源

汉语拼音是识字的工具,是学习普通话的工具。学习拼音的目的是帮助学生借助拼音认识汉字。人教版教材在汉语拼音教学内容的编排上,将学字母、拼音节与看图说话、看图识字、读句子、读儿歌有机地结合起来,在学习拼音的阶段,学生将会认识 70 个常用汉字,学读 11 首儿歌。

例如,在拼音第十课“ao ou iu”中,除了学习字母和音节拼读之外,还有两项内容,第一项是看图识字,先引导学生看图说话,然后借助拼音,读图片下面的句子,认读“小、爱、吃、鱼、和、牛、草”这七个生字;第二项是读儿歌《有礼貌》,在语言环境中复习巩固拼音,进行初步的语言训练,并开展识字活动。

根据教材的特点,教师在采取教学方法时,也应该打破传统单一的方法,将拼音的学习与识字、读文结合起来,这样的安排让学生在语境中学拼音,在运用中既巩固了拼音,又学习了汉字,体现了学习内容和方式多样化。

(三)汉语拼音教学基本方法

从儿童的心理特点上看,六七岁的孩子形象思维比较发达,而理解能力相对较差,同时,他们的记忆效果与情绪有着直接的关系,即高兴时记忆效果好;反之,记忆效果就差。

因此教师需要顺应学生这样的认知特点，在教学方法的选择和使用时，要注重直观形象，生动活泼，以达到调动学生的学习兴趣，营造活跃快乐的课堂氛围的目的，让儿童在多种多样的学习方式中积极愉快地学习汉语拼音。

汉语拼音教学的方法比较多，常见的有以下几种：

1. 示范、观察与模仿法

汉语拼音教学中的一个重难点便是字母、音节的发音。而针对这一点，示范是最好的引导。教师在教学字母的发音时，要充分发挥示范作用，让学生认真听辨发音，仔细观察发音时的口型。如教学单韵母“o”时，让学生观察发音时嘴唇收拢成圆形，舌头后缩，舌根升高，让气流从嘴里自然发出，口腔形状始终不变。在观察之后，指导学生模仿教师发音的口形，自己感受发音特点，练习发音，掌握规律。

2. 演示法

演示法，指教师运用动作或教具做必要演示，表示发音部位的动作或发音特点。比如，指导学习声调时，教师可结合声调符号的形状和调值，打手势演示“一声平，二声扬，三声拐弯，四声降”，让学生直观地感受四声高低升降的变化。

3. 比较法（辨析法）

在学习汉语拼音的过程中，当两个或两个以上字形相似的字母同时出现时，学生往往容易出现混淆。教师要引导学生比较，突出各个字母的形体特点，加深对易混淆部分的分化识记。如“b”、“d”、“q”、“p”形体相似，教师要抓住易混部分“半圆”的位置进行辨析比较。在辨析的基础上，编出歌诀帮助学生形象记忆：“正 6‘b’，反 6‘d’；正 9‘q’，反 9‘p’。”

4. 图示法

根据小学生的心理发展规律和认知特点，汉语拼音教材编排了大量美观又极富启发性的插图。有的插图，既表音又表形，如“p”，图中小朋友拿着小红旗爬坡。“爬坡”的“坡”读得轻短些就是“p”的音。小男孩手中的红旗可以帮助记忆“p”的形。有的插图，可以表音或示意发音方法，如“a”的插图画了小女孩张大嘴巴练唱歌，“啊”的声音拖长，就和“a”的音相同。有的插图是表形的，如“l”的插图，小朋友拿着棒子赶小猪，长长的棒子就像“l”。所以，教学汉拼音字母，要充分发挥图的作用，引导学生观察，把字母的音、形同具体事物联系起来，用图画形象帮助学生读音认形，提高识记效率。

5. 夸张法

教师在教学声母、韵母或声调时，对发音动作做适当夸张以强调发音特点。如“ai”的发音，先发“a”，接着口形由大变小，逐步滑行到“i”。教师有意放慢由“a”到“i”的口形动程，便于学生观察和分辨口形变化和发音。

6. 歌诀法

歌诀法是学生喜闻乐见的一种拼音教学法。借助儿童喜爱的顺口溜、儿歌、绕口令等形式，把抽象的符号变得形象直观，能够激发学生浓厚的学习兴趣，帮助学生牢固掌握拼音，发展语言能力。编歌诀时要讲究科学，要通俗易懂，要有趣味性。如“前音轻短后音重，两音相连猛一碰”、“声母轻，介母快，韵母读得很响亮”的歌诀化难为易，能很好地帮助学生掌握拼读的要领。

三、汉语拼音教学设计与实施

（一）利用情境图引出字母

与阅读教学不同，汉语拼音的教学内容比较分散，没有一条完整连贯的线索，因此在学生与拼音初次见面时，如何将这些抽象的字符变成学生可感可知的形象，是教师需要精心思考与设计的。通常用的方法是创设情境来引出字母，这既能激发学生的学习兴趣，又能使各知识点有机地串联起来，凸显课堂的整体性。

【案例传真】

汉语拼音“ao ou iu”导入环节①

师：同学们，告诉你们一个好消息！动物王国要举办奥运会了！识字国王邀请大家去观看比赛，瞧，开往动物王国的列车已经来接我们了，想去吗？读准车票上的字母才能开车，有信心吗？

（学生开火车读单韵母。）

师：（出示 ai ei ui）这三张可是头等车厢的票子，谁愿意来读？可得把口形的变化让我们看清楚！

（学生读三个复韵母，重温发音规律。）

师：同学们真了不起，凭着自己的本事，拿到了开往动物王国列车的车票，那我们就出发吧！（课件演示：火车开出，音乐响，大家边唱边开车。沿途出现好多景物。）

师：一路上的风景多美啊，说说你都看见了什么？（小鸟、气球、奶牛、桃子、海鸥）

（学生借助图片说完整的句子。）

在这个案例中，教师创设了坐列车去动物王国参观奥运会的情境，激起学生学习的兴趣与积极性，让学生在愉悦的氛围中复习单韵母、复韵母的读音以及复韵母的发音规律，引出新授内容，并开展言语实践的活动。

（二）认准字母并利用表音、表形图巩固认读成果

“读准声母、韵母和整体认读音节”是学习汉语拼音的一个重点，特别是对于方言区的学生，读准每个音并不是一件容易的事情。教师首先要对学生的学情有深入的了解，知道学生的困难在哪里；其次要教给学生解决问题的方法，达到正音、记形的目的。

【案例传真】

汉语拼音“j q x”读音教学环节②

师：小朋友，刚刚我们读了“j”和“q”，在发音时，你发现这两个拼音有什么不一样吗？请你把小手放在嘴唇前，再来读一读。

---

① 第一届全国小学语文汉语拼音与识字教学观摩研讨活动案例，由湖北省宗文老师执教.

② 第一届全国小学语文汉语拼音与识字教学观摩研讨活动课例，由广西壮族自治区李丽老师执教.

生 1：我发现读“q”的时候嘴巴里有热热的气出来。

生 2：我发现读“j”的时候嘴巴里也有热气，不过没有读“q”的时候那么多。

师：小朋友真厉害，这么快就发现了他们读音的小秘密，我们在读的时候把舌头抵在下排牙齿底下，读“j”的时候，气出来得少一些，读“q”的时候就让气流从牙齿缝里挤出来，又轻又快。

生：开火车读“j”和“q”。

对于吴方言区的孩子而言，“j”和“q”在发音时很容易产生尖音的问题。在这个案例中，教师首先让学生自己尝试，发现两个字母发音的不同方式，在学生自主发现的基础上，进行方法的指导和点拨，教给发音规律，解决了教学中的难点。

（三）借助情境图将字母认读与学说普通话相结合

学习语文的目的是促进学生语言和德性同构共生。将学习拼音与学说普通话结合起来，一方面，实现了拼音教学的目的，即帮助学生更好地识字、阅读、说话；另一方面，在言语的实践活动中进一步巩固拼音的学习。

【案例传真】

汉语拼音“g k h”[1]

师：小 g 很调皮，他藏到了智慧乐园中了，你能不能找到他呢？（出示图片）

生 1：我看到他躲在橄榄枝里。

生 2：我发现他还藏在 9 号门的门牌上。

生 3：我找到他了，他坐在那个大秋千上。

师：真是一双双火眼金睛啊！

（四）在拼读练习中，掌握拼读方法

课程标准要求学生能正确拼读音节。而音节的拼读一直是教学中的难点。很多学生能够正确地读声母和韵母，却在两者相拼的时候总是出现这样或那样的问题。其实拼读音节是一个熟能生巧的过程，是一个语感积累的过程，因此在课堂上，要给学生留出足够的时间进行拼读的练习，同时教给学生一些拼读的方法，如声母轻，韵母重，两音相拼猛一碰。让学生在不断练习中，实现拼读的“顿悟”。

（五）通过描红、仿写练习写字

【案例传真】

汉语拼音“g k h”“g”的字形教学

师：要想和小 g 交上好朋友，就要记住他的样子，谁有好办法记住他呢？

生 1：g 像 9。

---

① 第一届全国小学语文汉语拼音与识字教学观摩研讨活动课例，由黑龙江省焦霞老师执教.

生 2：g 还像倒着的 6。

师：你们能不能试着用自己的小手拼出 g 呀？

（学生自己拼，指名到台前演示。）

师：为了能让同学们更好地记住这个新朋友，你能帮我们编编顺口溜来记一记吗？

生 1：像个 9 字 g g g。（全班跟读。）

生 2：6 字颠倒 g g g。（全班跟读。）

师：刚才我们知道了 g 的名字，又记住了他的样子，已经和 g 成为好朋友了，现在小 g 想邀请我们去他家做客呢！让我们一起去他家看看吧！（出示四线格）瞧，这就是他家了，他的家就是四线格。

师：请同学们认真观察，g 是由几笔写成的，每一笔在四线格的什么位置。（看动画演示）

（学生汇报，教师根据学生汇报摆笔画。）

师：现在，我们要一起把 g 送回家里去，举起手，和老师一起来写。

师：学会了吗？那好，就请同学们拿起笔，做好写字准备，身坐正，脚放平，三个一要做到，写的时候要先描写 g 的笔顺，再完整描一个 g，最后自己再写一个 g。

从以上案例中不难发现，老师在教学拼音字形的过程中，将教学分成了这样几个步骤：在图片中找到“g”—借助各种方法形象记忆“g”的形—观察“g”的笔顺和在四线格中的位置—描红书写—自主书写。从易到难，循序渐进，符合学生的认知规律。

（六）复习巩固拼音学习

汉语拼音学习的时间在七到八周之间，在这样一段时间里，要学会如此多的内容，巩固是必不可少的，汉语拼音的复习巩固除了教材中安排的每单元后的四个复习外，更应该穿插在每节课中以及课后的实践运用中。

【案例传真】

汉语拼音“ie üe er”巩固发音环节

师：小朋友，这里有几对复韵母宝宝长得特别像，你能分清楚吗？你有什么办法把他们记清楚？（出示：ui—iu、ie—ei、ei—er）

生 1：ui 和 iu 字母的顺序换了换，ie 和 ei 他们字母的顺序也换了。

生 2：他们读音不一样，ui 是先发 u 的音，再发 i 的音，iu 是先发 i 的音，再发 u 的音。ie 是先发 i 的音，再发 e 的音，ei 是先发 e 的音，再发 i 的音。

师：看来小朋友们都学得很好，这个难题难不倒大家，是的，要区分这几对双胞胎，我们得先看前音来发声，再看后音读正确。

（老师出示打乱的 ie ei ui iu er 拼音卡片，请学生读。）

师：当这些复韵母宝宝躲进音节里，你们还分得请吗？

（自由拼读音节：niú、bèi、guī、shuǐ、jiè、méi）

在学习了“ie üe er”这课后，学生容易将 ie üe er 与前面学的 ei iu ui 在字形上混淆，因此在学完这些复韵母后，安排复习巩固的环节十分有必要，引导学生回忆之前学习过的发音规律，来区分这些字形相似的复韵母的读音，实现难点课课清。

又如，在课外引导学生阅读拼音读物，认读班上同学的名字（在作业本的名字上写上拼音）等，这些对于学习汉语拼音都是有效的复习巩固方法。

专题点拨·理性反思

识字教学

一、识字教学的意义和目标

（一）识字是全面提高学生语文素养的前提

《义务教育语文课程标准（实验版修订稿）》在“课程性质与地位”里指出“语文课程应致力于学生语文素养的形成与发展”，在第一部分前言里，“语文素养”这一概念，前后一共出现六次，可见新课程对学生语文素养的重视。

“语文素养是学生学好其他课程的基础，也是学生全面发展和终身发展的基础。”①而识字则是这基础中的基础，是学习语文的第一步。汉字中蕴涵着民族美学，历史民俗，自然科学，道德伦理，政治哲学，人性智慧……识字教学在全面提高学生的语文素养这一任务中，起着不可忽视的重要作用。

1. 识字教学是学生语文学习的基础

识字是学生阅读和写作的基础，根据学生生理、心理以及语言能力的发展特征，《义务教育语文课程标准（实验版修订稿）》将识字教学定为1～2年级的教学重点，提出“多认少写”的教学要求，要求认识常用汉字1600个，其中800个会写。这阶段的识字数量占整个小学阶段识字数量的一半以上，识字量的累积为以后阅读与写作打下良好的基础。

2. 通过识字教学，培养学生热爱祖国语言文字的情感

文字的发明，是中国文明的开端。与西方的表音文字不同，汉字是一种表意文字，它的变化发展中蕴涵着一段历史，一种文化，具有丰富的艺术性和内涵。识字教学的过程，也是教师引领孩子初步探寻祖国文明历程的过程，让学生初步感知祖国语言文字的魅力。

例如，人教版一年级上册识字一第二课“口耳目”，教材就将“口、耳、目、日、月、火、羊、鸟、兔、木、禾、竹”这些字与形象的图片放在一起，通过图与字、物与字的结合，让学生知道这种根据事物的样子造出来的字就是象形字，在了解汉字的演变发展中，感受中华文字的博大精深。

3. 通过识字教学，发展学生的思维能力

语文的支点是言语实践活动，语文之所以发生、发展的根本原因在于语文实践。识字

---

① 中华人民共和国教育部制定．全日制义务教育语文课程标准[S]．北京：北京师范大学出版社，2001：2.

教学并非是单纯的识字，它通常把儿童熟识的语言因素作为主要的材料，将识字与学文结合起来，在语言环境中识字，在识字教学中开展各样的言语实践活动，发展学生的语言能力、思维能力、想象力和创造潜能。

（二）识字教学有利于学生的智力开发

汉字是我们的母语文字，是一种充满智慧的文字。识字除了能帮助阅读和写作外，还能启发学生的智慧。我们知道，要记住一个字，首先必须在学生的头脑中构建起音、形、义之间的联系，而这一建构的过程就是发展思维、开发智力的过程。

例如，学“辛”这个字的时候，有的学生会借助编故事记字形：我看到一位农民伯伯立在田头，不停地干活，足足干了十多个小时啊，真是太辛苦了。

学“问、间、闪、闷、闭、闯”这一系列门字框的字时，有的学生会自己编一编顺口溜：“口”字进门问声好，“日”字进门站中间，“人”字进门金光闪，“心”字进门闷得慌，“才”字进门双眼闭，“马”字进门向前闯。

这样既促进思考，又发展语言，在识字的过程中，学生自然而然得到了智慧的提升。

（三）识字教学有利于提高学生的审美情趣

《义务教育语文课程标准（实验版修订稿）》明确提出：培养学生高尚的道德情操和健康的审美情趣，帮助学生形成正确的价值观和积极的人生态度，是语文教学的重要内容。由此可见，提高学生的审美情趣，是语文教学的重要任务之一。作为语文教学的重要组成部分，识字教学对于提高学生的审美情趣，同样具有不可忽略的作用。此外，汉语是诗性的语言，音美感耳，形美感目，义美感心。

1. 追溯渊源，理解、审视美

汉字的造字方法有象形、指事、会意、形声等，其内蕴博大精深。人类最古老的文明就是从汉字开始的，经历了千年的演变。它的字体形象而多变，富有自然的美感，每一个字的背后都有一幅精美绝伦的画或是一段娓娓道来的故事。学生从汉字中得到的不仅仅是知识和工具，借着汉字，他们能够与祖先对话，传承中华文化，使自己的生命得到最纯正的母语文化的滋养，享受美的熏陶。

例如，“姓”，形声兼会意，《说文解字》曰：“人所生也。”母系民族社会，散在的群婚使“民只知其母不知其父”。及时生育下一代，并把他们哺养成人，对早期族群的繁衍、部落的生存至关重要，因此女性在当时拥有绝对的权力和至高无上的地位，人们就把部族女首领的“姓”作为自己部族的代称，所以中国最早的姓差不多都带女字旁，代表了华夏民族姓氏的来源，如姬、姜、姚、姒、妫等。只有到了后来，“姓”才成了父系血亲关系的标志。这时不妨安排一个课外作业，让学生通过一些渠道，尝试追溯自己家族姓氏的发源地和演变过程；既能拓展识字，又能从中感受汉民族兴旺发达的历史。①

2. 实践运用，想象、创造美

汉字经过几千年的发展、演变，尤其是使用简化字后，与古人最初造字时的形象已经

① 刘青.以文化内涵为识字教学的切入点[J].小学教学研究(教师版),2009(4).

发生了很大的改变，许多字已经很难从字形上联系其原本的意思了。在实践的运用中，引导孩子们发挥自己的想象，还原汉字丰富的形象，既能巩固识字，又能培养美感。

例如，在学习“鸟”字时，引导学生发挥想象，说说“鸟”字的每一部分像什么。(“丿”是小鸟的头，“丶”是小鸟的眼睛，“马”是小鸟的身体和爪子，“一”像一根树枝，合起来就是一只站在树上唱歌的小鸟。)如此一来，“鸟”字转而就变成一只活灵活现的小鸟了。

二、识字教学的一般规律

汉字是方块字，是由音、形、义构成的统一体，汉字本身的规律就是指汉字在音、形、义三方面的各自特点和联系。字形是学生识字学习的最主要表层心理线索；字音是学生识字学习的暂时的中介心理线索；字义是学生识字学习的深层心理表征。因此开展识字教学必须做到音、形、义的紧密结合。

(一) 感知字形是识字教学的中心

儿童在不同的年级，由于知识基础不同，学习的内容也各有不同，对于初识字阶段的学生来说，由于口语的发展先于书面语言，一般都是先知其音义而后知字形，再加上汉字是方块字，不同的字有不同的形体，有些字的形体十分相似，读音和意义却完全不同，还有些字笔画繁多，不容易记住。若是能准确地记住每一个字的字形，音、形、义三者的统一联系就基本上建立起来了。由此，字形教学便成了识字教学的中心环节。

根据汉字的构字规律和学生掌握字形的心理特点，从培养学生的分析能力、比较辨析能力和理解记忆能力入手，进行字形教学，能够有效地帮助学生清楚辨认所学的字。

(二) 读准字音是识字教学的保障

读准字音是识字教学的第一步。语音是文字和意义的中介，文字对语音有很强的依附性。识字教学若不讲究读准字音，即便是会写字形，会讲意思，仍然不能算真正地认识这个字。因此从这个意义上来讲，读准字音是识字教学的重要保障。

(三) 理解字义是识字教学的基础

顾名思义，字义即每个汉字的意义，既包括表面义，又包括暗含义。字义教学实质上就是词义教学。理解字义既是对学生进行语文识字能力、理解能力的教育，又是对学生进行思想教育的重要环节，对学生真正掌握汉字具有决定意义。学生唯有理解了字义，才能扫清阅读障碍，自如地进行各类语言实践活动，从而达到识字教学的目的。因此，理解字义是识字教学的基础。

(四) 领悟文化是识字教学的关键

所谓汉字的文化，指的是从汉字本身所蕴涵的特征、来源、形象、意义及汉字所反映出来的地域性思维方式、社会现状等一系列精神和物质上的总和。文字现象本质上也是一种文化现象，汉字素有“历史文化化石”之称。汉字的表意特性使其在形义之间、音义之间、字义变异的联系，常能折射出古代社会的某种文化烙印，且在其形、音、义的历史演变中进一步透视出文化变异的信息。钱钟书："人类最初把自己沁透了世界，把心钻进了物，建设了范畴概念。"从文字起源来说，汉字起源于图画，最早是图腾崇拜。巫吏是文字的主要创造者。学习汉字文化主要领悟汉字所包含的中国人的思维、伦理与审美的特点。

三、识字教学设计与实施

（一）识字教学目标设计

1.《义务教育语文课程标准（实验版修订稿）》对识字教学目标的规定

根据《义务教育语文课程标准（实验版修订稿）》的精神，小学阶段识字教学的总目标是：学会汉语拼音；累计认识常用汉字3000个左右，其中2500个左右会写；对学习汉字有浓厚的兴趣，有较强的独立识字能力，养成主动识字的习惯。

在此基础上，《语文新课程标准》对小学各个学段明确提出了识字教学的学习目标。

第一学段（1～2年级）

1. 喜欢学习汉字，有主动识字的愿望。
2. 认识常用汉字1600个，其中800个会写。
3. 学会汉语拼音。能读准声母、韵母、声调和整体认读音节。能准确地品读音节，正确书写声母、韵母和音节。认识大写字母，熟记《汉语拼音字母表》。
4. 能借助汉语拼音认读汉字。能用音序和部首检字法查字典，学习独立识字。

第二学段（3～4年级）

1. 对学习汉字有浓厚的兴趣，养成主动识字的习惯。
2. 累计认识常用汉字2500个，其中1800个左右会写。
3. 能用部首查字法查字典，会使用字典、词典，有初步的独立识字能力。

第三学段（5～6年级）

有较强的独立识字能力。累计认识常用汉字3000个，其中2500个左右会写。

由此可以看出，在各学段中，识字数量逐步增多，对识字愿望与能力的要求不断提升。教师开展识字教学活动时，要依据各个学段的目标要求，以及学生身心发展规律和学习规律，确定教学内容，选择恰当的教学方法和策略，开展丰富多彩的言语实践活动，以激发学生识字兴趣，帮助获得识字方法，熟练认读生字。

2. 识字教学目标设计的注意事项

首先教学目标的设计要与学生的身心特征相符合。识字是儿童从口头语言运用过渡到书面语言运用的起步阶段，它与儿童认知发展密切相关。小学阶段尤其是第一学段的儿童，形象思维比较发达，抽象能力不足；他们对自己的行为约束力差，表现为好动，注意力不易集中。基于这样的特点，教师在制定目标时，应切实而精要，不能贪多。目标过多一来学生难以完全接受；二来教师在课堂上平均使力，影响教学效果的有效落实。

其次设计的教学目标要具体可操作性。当下很多老师包括许多教学参考书，在设计识字教学的目标时，常常使用这样的语言：认识几个生字，会写几个汉字。这样的教学目标乍看之下并无不妥之处，但是细细琢磨却存在很多的问题，用什么样的方法帮助学生认识生字，到怎样的程度才算认识等，这些在目标中都没有具体的体现，这样的目标在实施的过程中就缺乏可操作性。其实教学目标设计的三个维度并不应该是孤立的，而是彼此圆融互摄的。

例如，人教版一年级下册"识字一"，我们可以这样设计识字教学的教学目标：

（1）通过观察画面、观看视频、联系生活、想象说话等方式，认读8个词语，较好地体会这些词语表现的形象、色彩、声音和感情，从而形成语感、积累语言。

（2）通过做游戏、转换语境等方式，熟记"万"、"复"等13个生字，体会识字的快乐，激发识字的兴趣。

（二）识字教学过程设计

课堂识字教学的一般过程设计为：提出生字—结合课文进行音、形、义教学—复习巩固—运用生字。

1. 提出生字

提出生字是开展识字教学的第一环节。需要重视的是，提出生字并不是简单地将要学的汉字一个个单独展示出来，生字的提出必须结合具体的语境。汉字只有在进行交流时，才获得实在的意义，而对单个汉字的理解，也依赖于创字、用字情境的还原。

提出生字是儿童在课堂上与生字的初次见面，为了激发学生的识字兴趣，启发学生的思维，我们常常采用的方法有：用故事做引导，提出生字；看实物、图片、标本，提出生字；借助形近字比对法，提出生字等。

2. 结合课文进行音、形、义教学

这是识字教学的中心环节，只有通过这一步，学生才会对汉字有较全面深入的了解，才算初步认识了这个字。在实际的教学中，汉字的音、形、义是紧密相连，互相渗透的。课堂中一般引导学生先读准汉字的字音，然后略知字义，最后辨析、牢记字形，即由什么部件构成，怎样构成。

【案例传真】

人教版教材一年级上册"自己去吧"

师：（出示一组词语：不深、您好、风景、带走）请小老师带读。

师：风景的"景"是个后鼻音，谁能读准它？

生：景。

师：你有什么好办法帮助我们来记住这个"景"字呢？

生："景"是上下结构，上面是个"日"，下面是个"京"。

师：你用了加一加的方法帮助我们记住了这个"景"。想想，"日"字旁或者"日"字头的字，你还知道哪些呢？

生1：还有"早"。

生2：我知道有"星"和"晨"。

……

师：（借助多媒体展示：早、晨、星、晚、暖、时、香）有这么多呢！我们一起来读一读。

生：（齐读。）

师：看着这些字，你发现了什么？

生：我发现它们在意思上都和太阳有关。

师：你真会观察，的确，“日”字旁或者“日”字头的字都与太阳有关。“景”在古代就表示日光的意思。让我们再一起来读好这个词。

生：（齐读“风景”。）

在这个案例中，老师教学“景”时，将它的音、形、义有机地结合在了一起，先让学生读准后鼻音，接着引导学生来记一记字形，在记字形的过程中，拓展一组“日”字旁或“日”字头的字，帮助学生归类识字，达到积累、复现的目的，理解偏旁的含义，最后借助偏旁的意思，引导学生理解“景”的本意，这既是字义的教学，同时又帮助学生积累古代文化。一个简单的教学片段，体现了音、形、义的紧密相连，灵活运用，注重了各样知识的有机结合。

3. 复习巩固

《语文新课程标准》中规定，在小学一、二年级要求认识常用汉字 1600～1800 个。但从记忆的遗忘规律显示，人的记忆会随着时间的推移而逐步消逝，尤其是小学生，他们的记忆多集中在短时记忆上，这就是俗话常说的“记得快，忘得也快”。因此，教师应主动安排他们有计划地巩固识字的成果。一般常用的巩固识字方法有：运用生字卡片反复认读；变换语境认读生字；让学生抄写、听写、默写；归类认读，等等。

(1) 运用生字卡片反复认读

这是我们在课堂上常用的识字巩固方法，教师出示生字卡片，指名请学生认读，或者“开小火车”轮流读。这种方法既能检查学生对生字的掌握程度，又能照顾到部分还没有学会的同学。别人认读的过程，也是自己再次检查、巩固的过程。

(2) 变换语境认读生字

在教学中，我们不难发现这样的现象：将一个字放在词语或者句子中让学生认读，学生能够很流利地读出来，但若把这个字单独拿出来，有些孩子就不一定能准确地读出了。由此可见，学生对于一个生字的掌握，往往是借助一定的语言环境的。因此引导学生在不同的语境中认字，能帮助学生扎实掌握汉字。

【案例传真】

画 家 乡

师：涛涛和山山的生活是多姿多彩的，老师把他们的生活情境编成了两首小儿歌，让我们一起来读读吧。

（出示儿歌：蓝蓝的大海宽宽的沙，捡贝壳的涛涛赤着小脚丫，捡起了贝壳抓住了虾，涛涛的家乡美如画！高高的大山清清的水，采蘑菇的山山提着小竹篮，看到了大树闻到了花香，大山里的孩子爱家乡！）

生：（配乐朗读韵文。）

师：在这首小诗里，还藏着今天我们新认识的生字朋友呢，我们一起再来跟他们打打招呼。

生:(齐读生字)宽、脚、捡、贝、壳。

儿歌读起来朗朗上口,配上欢快的音乐,很能吸引学生的注意力,激发识字的兴趣。同时对于学生来说,这又是一个新的语言环境,变换不同的语言环境,来认读相同的生字,能够达到很好的巩固效果。

(3) 让学生抄写、听写、默写

这是比较传统的巩固方法,但是却行之有效。人们常说"好记性不如烂笔头",放在识字教学中,也同样适用。适量的抄写,能使学生将头脑中汉字的音、形、义与实践联系起来。当然在操作过程中也应当避免过量和单一。

(4) 归类认读

课本上有许多的汉字,它们在读音、字形或者意义上有某种相关的联系。根据这些特点,我们可以引导学生对这一课所学生字进行归类,如同音字归类、同义字归类、部首归类、结构归类等。通过这样的归类认读,既能达到巩固生字的目的,又能渗透汉字的构字特点。

4. 运用生字

教学生识字,是为了帮助学生阅读、说话和写话。汉字只有在运用中,才能实现其真正的价值,也只有在运用中,学生才能体会识字的成功。造句、写词、填空、阅读、写话练习等都是生字运用的广阔天地。

(三) 识字教学方法设计

汉字是由音、形、义三要素构成的,汉字教学包括字音教学、字形教学、字义教学三个方面,因此识字教学的方法设计往往也是围绕这三方面展开的。

1. 字音教学

字音教学是识字教学的第一步,是学生识字的基础。在进行字音教学时,我们要力求指导学生读准音,应特别关注对同音字、多音字的辨析,根据汉字不同的特点,选择合适的教学方法。

(1) 借助拼音学字音。汉语拼音是学生学习汉字和学说普通话的工具,能够帮助我们读准字音,是小学阶段尤其是低年级常用的字音教学方法。人教版第一、二册《语文》书中的所有课文均注有拼音,以帮助学生在识字不多的情况下读准字音,开展阅读。

(2) 比较辨析法。新课程标准要求第一学段的学生要认识常用汉字 1800 个左右,而小学低年级的学生,由于他们的认知和理解能力相对较弱,再加上对音同义不同的字分辨不清,使用时容易张冠李戴,因此音近字、形近字一直是识字教学中的一个难点。

在教学一些易混淆的形近字、音近字或者同音字的时候,可以引导学生把生字和音近的熟字作比较,指出它们发音的不同点,带领学生反复练读。此外,还要结合词语讲清字义,以提高识字教学的质量。

(3) 据义定音法。这种方法多用于字多音字的学习上。多音字是字音教学中的一个难点,同一个字表示不同意思时有不同的读音。教师需要引导学生先理解汉字在词语中的意思，根据意思确定读音。例如“禁”字，当它表示忍住的时候读“jīn”，如情不自禁；当它表示不能的时候读“jìn”，如禁止。

（4）声旁助记法。所谓声旁助记法，就是利用形声字声旁表音的特点，来识记生字，读准字音。

2. 字义教学

字义教学的核心是“活”，字义教学方法若是用得不恰当，会使学生越听越糊涂，越听越模糊。学生对字义理解不清，就不能正确地加以运用，最终使理解和表达产生歧义。

字（词）义教学的方法有很多，其基本要求是根据字词的不同情况，采取不同的教学方法。常用的方法有：

（1）直观演示。直观法就是通过观察运用实物、标本、模型、图片、灯片、幻灯、录像或动作、表情、形象化的语言帮助学生理解字义。例如：“灭”——在火上加一个盖。（演示实验）

（2）据词释义联系法。联系法就是引导学生联系生活实际或联系上下文理解词义。

【案例传真】

“最大的‘书’”“痕”字字义教学片段

师：仔细看看“痕”，它的意思就藏在叔叔说的话里，读一读，画一画。

生：这是雨点留下的脚印，叫雨痕；这是波浪的足迹，叫波痕。

师：雨点留下的脚印叫？

生：雨痕。

师：波浪的足迹叫？

生：波痕。

师：那车轮印过的痕迹叫？

生：车痕。

师：受伤留下的痕迹叫？

生：伤痕。

这个案例中，首先学生通过联系上下文，大致明白“痕”的意思，即足迹、脚印；之后老师将字义引申到生活实际中，让学生结合生活中见过的“伤痕”、“车痕”，加深对“痕”这个字的理解。

（3）选择法。选择法就是让学生查字典并联系上下文，选择正确的义项，从而理解字词义。例如，古诗《夜书所见》，教师可以借助出示字典中“书”的各种意思，让学生通过选择明白诗题中的“书”是写的意思。

（4）运用法。运用法就是让学生用组词造句的方法，在实际运用中理解字词义。适用于既无法用动作演示，又无法用语言或其他的方法把字义解释清楚的字词，特别是一些虚词。如方——方法——这是一个好方法。

（5）造字构字分析法。构字法就是利用汉字的造字规律，通过分析字形来理解字义。

例如："笔"——古代写字用毛笔，笔杆通常用竹子做成，因此"笔"字上面是竹，下面为毛。

（6）利用声旁进行字义教学。形声字的声旁表音，形旁表义。不同的偏旁所表的意思自然也不同。利用形声字的这一特点来帮助学生理解字义。如：有水方说清，用言去邀请，丽人留倩影，日出天气晴，有目是眼睛，有心情更浓，有虫是倾听，有米人精神。

字义教学的方法有许许多多，在教学时，教师需要联系学生已有的知识经验和具体的语言环境，坚持直观性原则，选择恰当的教学方法，激发学生的学习兴趣，使学生领会字的含义和用法。

3. 字形教学

汉字数量多且形体各不相同，可以说，字形是识字教学的难点，而辨清形又是字形教学中的难点。字形教学的方法也有很多，根据不同汉字本身所具有的特点以及学生的认识规律，我们采取不同的方法，常用的几种有：

（1）笔画分析法。笔画分析法就是用数笔画的方法来识记字形。翻阅一年级上册的语文书，不难发现，这一学期中要学的汉字多为独体字，而且笔画相对来说比较简单，如"一、二、三、十、禾、木"等，这个年龄段的学生，由于刚刚进入小学，对于汉字的特点并没有太多的了解，因此使用笔画分析法能够帮助他们很好地识记这些简单的独体字。

（2）部首部件分析法。部首部件分析法是通过对汉字组合的各个部件的分析来识记字形。这种方法适用于合体字的教学，我们常用的"加一加"、"减一减"等方法都属于部首部件分析法。在学生识字量少的情况下，可以把"部件"分得小一些，随着识字量的增多，"部件"也可以慢慢变大。如："湖"字，在一开始，我们可以将它的部件分解为"氵"、"古"和"月"。但随识字量增加，也可分解为"氵"和"胡"。

（3）造字分析法。造字分析法就是利用汉字的造字特点来识记字形。汉字是一种形象的文字，追溯汉字的构字法，能构建起字形与字义之间的联系。造字分析法又可以分为三类：第一，形声归类识字，包括基本字带字、合体字分析和换偏旁识字；第二，会意归类识字，如"看、尘、尖、众"等；第三，象形归类识字，如"日、月、水、火"等。

（4）形近字比较法。即引导学生通过对形近字字形差异的比较来识记字形。如：滴—摘，摘者用手，滴者水也。

（5）儿歌口诀法。口诀字谜法就是利用编口诀、猜字谜来帮助学生识记字形。例如："辩、辨、辫、瓣"四字字形很相似，抓住它们字形中的不同之处，编个儿歌，就能很好地区分，辩论要用言（讠），辨别用刀切，花瓣豆瓣都有瓜，女孩用丝扎小辫。

（6）归类识字。归类识字就是把汉字按照一定的规律分成不同的类别，分组进行识记。如：可以进行同义归类识字，量词归类识字等。

（7）字谜识字法。字谜识字法就是将汉字的字形寓于谜语中。例如，二年级上册"语文园地四"中就有这样一首字谜：有足快快跑，有手轻轻抱，有衣穿长袍，有火放鞭炮。

（8）书写巩固法。书写巩固法就是在识记汉字字形后，通过书写练习达到牢记目的的方法。适量的抄写有助于学生记忆汉字的字形。

（四）识字教学评价设计

1. 树立以学生为中心的评价理念

长期以来，人们注重评价的甄别和选拔功能，重视终结性评价和定量评价，把教学评价的目的仅仅看做考查学生达到学习目标的程度。在这样的评价体系中，教师成了评价的主要实施者，学生处于被动地位，评价的作用也就不能很好地体现。

识字教学要重视学习的过程，因此在评价中需要加强形成性评价，重视定性评价，客观描述学生在识字方面的进步与不足，并提出建议。在实施评价时，尽量以积极的评价为主，使评价最终能够达到改进学生的学习和教师的教学，改善课程设计，完善教学过程，有效促进学生发展的目的。

2. 明确评价内容

识字教学的评价内容主要包括学生掌握汉字的水平与能力和学生参与学习的态度。《语文新课程标准》指出，评价识字要考查学生认清字形、读准字音、掌握汉字基本意义的情况，以及在具体语言环境中运用汉字的能力，借助字典、词典等工具书识字的能力。不同的学段应有不同的侧重。

学生参与学习的态度包括学生在课堂上的积极性是否高，参与各种课堂活动的时间是否充分，能否认真倾听、理解他人发言，能否在课堂上提出自己建设性的意见和方法，小组间的合作是否融洽，等等。

3. 丰富评价方式

新课程倡导教学评价主体的多元化，使评价成为评价者与被评价者之间互动的过程。识字教学的方法与过程是多样的，因此评价的方式与手段必定也是多元化的。简单来说，有以下三种：

（1）教师评价促学生成长

教师是评价中的一个参与者，是课堂教学的引领者，对学生而言，他们渴望自己在课堂上的发言能得到老师的赞同与鼓励，因此，教师恰到好处的激励性评价，能给学生带来精神上的鼓舞，激发他们的学习兴趣和学习积极性。

（2）互动评价促长补短

在传统的评价模式中，学生常处于被动地位，等待教师的指导、评说，其实学生才是学习的主体。在倾听别人的发言，进行评价交流的同时，对于每一位学生而言，也是又一次深入学习获得知识的过程。

当然，值得一提的是，学生进行互动评价时，教师应引导他们不能只盯着别人的问题，而要尽可能地发现他人的优点，让学生在评价的过程中享受成功的快乐。

（3）自我评价促个人发展

除了同学之间的互动评价外，自我评价也是一种很重要的评价方式。每个学生都有参与评价的欲望和热情，自我评价能让学生消除与评价者本身的对立情绪，调动他们积极参与评价的热情，让学生更全面地了解自己的优点和不足，自我评价的过程其实就是自我反思与学习的过程。

专题点拨·理性反思

识字教学的流派和改革实验

一、识字教学的两个主要流派

（一）集中识字

1. 集中识字定义

集中识字法是以汉字构形规律为基础，直接继承了我国“三(《三字经》)、百(《百家姓》)、千(《千字文》)”的蒙字识字教育经验，采用“基本字带字”的方法教学，让学生大量识字、大量阅读，打好扎实的语文基础。

2. 集中识字的历史发展

集中识字1958年由辽宁省黑山北关实验学校始创，1960年北京景山学校加入，“文化大革命”后中央教育科学研究所投入研究，逐步形成了“两山·一所”的集中识字教学流派。集中识字直接承继蒙学识字教育的经验，旨在通过一、二年级快速大量识字，使学生尽早做到能大量阅读，来解决识汉字和学汉语的矛盾。

3. 集中识字的基本方法

集中识字的基本做法是，一、二年级的四册教材每册都分做几个部分，在每部分中先归类识字，再读若干篇课文，“识字—阅读”不断循环编排。在归类识字中，基本字带字是最主要的识字方法，这里所说的基本字带字，就是通过一个基本字，加上不同的偏旁部首带出一串新的合体字，而后运用类比推理的方法去学会它。

如：由基本字“青”，带出“清、情、晴、请、蜻”等；由基本字“方”带出“放、房、芳、访”等。这里的基本字，是指在字形相近的一组字中共同含有的能够独立成字的构字部件。而带出的字，多是形声字。由于在一组字中形、音、义有一定联系，带出的字易学、易记、易掌握。此外，基本字带字还采用部首带字的形式。如：“氵”带出“河、滴、洗、油、洋”；“穴”带出“空、窗、穿、窜”。基本字组字，如“禾-火-秋”、“门-口-问”，会意字、反义词归类等也常用。

总之，集中识字主要依据汉字中占有很大比例的形声字的规律，以字形为中心组织识字。由于带出的形声字具有声旁表音、形旁表义的特点，且大多成串地学习，因此便于掌握。由于字串中有一个共同部件(基本字)，所以有利于识字过程的迁移。由于带出生字的基本字大多是熟语，在识字时学生可以利用已有的知识经验，以已经掌握的基本字为支点，因此能够化难为易。采取集中识字的方法，大多都能在两年内识字2000个以上。[①]

4. 集中识字的教学程序

(1) 初读：在自学互助中认准生字。在此环节，突出学生自主识字，合作识字。“学

---

① 许艳丽. 几种汉语识字教学方法的比较[J]. 沧州师范专科学校学报，2003(2).

生自读自学(独立识字)—互相帮助学(合作识字)—抽读正音(集体突破重难点)",在这个环节中,既教给了识字方法,更培养了学生的识字能力。

(2) 熟读:在巩固生字中感悟道理。这一环节以读为主,采取多种形式熟读文本,在琅琅的书声中激发学生的阅读兴趣,巩固识字,感悟道理。

(3) 背诵:在积累语言中识记生字。采取用生字带出语境,又从语境中抽出生字的方式(循环往复),充分利用了语言的链条作用,强化了学生在语言环境中识字,在积累语言中识字。

(4) 辨析:在指导书写中掌握生字。在游戏中辨析字形,在观察与欣赏中引导学生写好汉字。

(二) 分散识字

1. 关于分散识字

分散识字采用"多读课文多识字"的方法,特别重视"课文语言环境"这个重要因素,从改革识字与阅读的关系入手,将识字视为阅读的开始,寓识字于阅读教学之中。

分散识字是1958年由江苏南京的斯霞老师实验成功的一种注重音、义联系,以"字不离词、词不离句、句不离文"为主要特征的识字教学方法。它与集中识字以字形为核心不同,强调在具体的语言环境中识字,把生字词放在特定的语言环境中来感知、理解和掌握。后来被称为"分散识字"、"随课文识字"。分散识字先教学汉语拼音,采取看图识字等方式教学一些独体字,打好识字基础。而后采取"多读课文多识字"的方法,随课文识字,两年学习课文近180篇,识字2000多个。

2. 分散识字教学方式

(1)依据在课文中出现的顺序,边读文边识字;(2)把课文中的重点字词提出来先学,其他的随课文讲读时再学;(3)先学字词后读文;(4)在理解课文以后再学习字词。

二、识字教学的改革实验

据不完全统计,到目前为止,在我国有一定影响的识字教学改革实验大约有二三十种之多。其中侧重从字音入手的有注音识字和汉字标音识字等,侧重从字形入手的有集中识字和部件识字等,侧重从字义入手的有分散识字等,侧重从形义结合入手的有字理识字等,从音义结合入手的有听读识字等,从形、音、义联系入手的有字族文识字和韵语识字等,此外,还有计算机辅助识字、"四结合识字"等。下面简单介绍几种有代表性、效果较好、影响较大的识字教学实验。

(一) 注音识字

这是1982年在中国文字改革委员会和一些专家的指导下,黑龙江佳木斯第三小学、讷河县实验小学首创的识字教学方法。1992年7月原国家教委大力推广这种识字方法。它一改集中识字、分散识字力求加快识字的做法,旨在从发展语言入手,解决识汉字和学汉语的矛盾,使初入学儿童不至于因为完成繁重的识字任务而中断了语言的发展。相反,使语言和思维得到及时的训练,与此同时学习汉字。具体地说,以学好汉语拼音并发挥其帮助阅读的功能为前提，以寓识汉字于学汉语之中为原则，在儿童未识字或识字不多的情况下，借助汉语拼音，使听、说、读、写同时起步，相互促进，达到发展语言、训练思维和同步识字的目的。

儿童入学，首先要学好汉语拼音，借助拼音阅读纯拼音课文继而阅读注音课文。儿童在读注音课文的过程中一目双行，既看上一行汉语拼音，又看下一行汉字，很自然地对汉字边读边识，渐碰渐熟，这所谓“无师自通”的不定量识字。同时设写字课，有计划地识字写字，这所谓“有师指导”的定量识字。实验表明，使用该法，儿童读书多，识字多；到三年级末，人均识字 3000 个，会写其中的 2400 个；儿童说普通话的水平也有较大的提高。

（二）字族文识字

这是由四川省井研县鄢文俊等于 1960 年开始探索、1980 年成形并开始实验的一项识字方法。它在传统识字经验和集中识字等经验的启发下，认为在汉字中有一定数量具有派生能力的“母体字”，“母体字”可以衍生出几乎所有的常用字，称为“子体字”。经过筛选，精选出 2500 个常用字。把用母体字带出的一批批音、形相近的合体字，组成一个个“字类家族”，称做“字族”。在 2500 个常用汉字中，确定母体字 220 个，字族 389 个。而后，以一个字族中的字为主，编写出课文，称做“字族文”。利用编写的一篇篇字族文来识字，是字族文识字的主要方式。字族文题材有韵文、散文，并有三字文、长短句、对子歌等形式为辅助，组成形式多样、朗朗上口的识字载体，充分体现了汉字文化的民族特点。字族文的创编为儿童识字提供了喜闻乐学的好内容和好形式，开辟了识字教学的新路子。

字族文识字吸收了集中识字重视汉字构字规律的经验，分散识字重视在语言环境中识字的经验，以及注音识字重视在发展语言、发展思维中识字的经验，将三者融会贯通，自成一家，体现了“字形类联”、“字形类聚”和“字义类推”的特点，小学生在两年中识字可达 2200 个以上。

（三）字理识字

字理识字是 20 世纪 90 年代初，由湖南省岳阳市教科所贾国均提出的识字教学法。字理是指汉字的构字规律。字理识字是以汉字形与义、音的关系为识字的切入点，运用汉字形音义的关系进行识字教学，即通过对象形、指事、会意、形声、转注、假借等造字法的分析，运用直观、联想等手段识记字形，达到识字的目的。它抓住了识字教学的主要矛盾——汉字形与义的矛盾，把握了汉字的本质特点——表意性，它适用于任何一种语文教材，在不增加学生负担的前提下，强化儿童对汉字音形义的记忆，有效防止错别字的产生和减少错别字，而且有利于儿童观察能力、理解能力和想象能力的培养。字理识字基本方法有如下几种：

其一，图示法

图示法是指用图画向学生展示汉字产生、演变的大体过程。借助图示，能够帮助学生追溯汉字的起源，表达汉字的本义。由于小学生的形象思维优于抽象思维，图画表现的内容形象具体，既激起他们学习汉字的兴趣，又有利于将汉字的形与义紧密联系起来进行记忆，加深对汉字的理解。例如，教“采”字时，就画出一只手放在树上采摘果子的图案，将

“采”的字形与字义结合起来，形象地展现在学生面前。

其二，点拨法

点拨法就是教师用比较简洁的语言向学生介绍汉字各构字部件的本义，学生在教师指点的基础上进一步领会汉字结构与意义之间的联系。学生有一定的识字基础后，可以进一步采用点拨法进行识字。例如，“牧”字，老师只要介绍“牜”是“牛”的变形，“攵”是手拿鞭子、棍子的意思，学生借助自己的想象和联想，立刻能知道“牧”的本义就是手拿鞭子去放牛，从而在头脑中构建起形和义的关系。

其三，联想法

联想法就是在解析字理时，引导学生借助合理联想，加深对汉字形、义、音的理解，达到识字的目的。联想的范围很广泛，可以是时空上的联想，可以是事物形态、性质方面的联想，也可以是相对事物间的联想。例如，“坐”字，可以引导学生联想电视剧中古人席地而坐的画面，即“两个人坐在黄土地上”；“尖”字，可以引导学生联想铅笔的笔尖，凡是尖的事物都是上面小下面大。这样汉字的字理就显而易见了。

其四，演示法

演示法是运用实物、动作等帮助解析字理的方法，一般要求演示内容简单明了，动作明显易懂。常用的演示法有实物演示法、动作演示法和综合演示法。例如，“休”字，教师可以请学生上来演一演靠着木桌子闭目养神，通过这样的动作演绎，“休”字的意思便一目了然了：一个人靠着大树休息。

其五，歌诀法

歌诀法是指教师运用歌诀来帮助学生识记汉字的方法，多适用于暂时不讲字理的汉字。一般要求所念的歌诀既能表示字形结构，又能指明字义。例如，“秋”字的歌诀：左边绿，右边红，左右相逢起凉风。

其六，猜谜法

猜谜法是指师生运用猜谜的方法进行识字教学。一般要求谜语难度适中，启发性强。谜语的类型可以多种多样，字谜、画谜、据形义猜音、据音义猜偏旁，等等。

（四）部件识字

部件识字教学实验是河北省沧州地区实验的一种识字法。是按照汉字的部件和部位名称来分析字形结构的一种方法，即分析字形时，不是按传统的笔画分析法，而是把部件作为分析汉字的结构单位，对构成合体字的部件及其部位都用名字来陈述，进行感知和记忆的方法。例如，掌——尚（尚字头），手（手字底）；握——扌（提手旁），屋（屋字边）。

这种识字方法变一笔一画的识记为组块记忆，增加了学习的信息量，简化了识字过程。部件识字法认为汉字的结构层次可分三级：整字、部件、笔画。其中部件是汉字结构的核心，是构字的基本单位。在识字教学中，若以部件为线索安排识字，就可从已知到未知，由少到多逐级组合，形成一个树形体系——部件识字体系，简化识字过程，加快识字速度。

部件识字遵循的是“先教单体字，次教简单合体字，最后教复杂合体字”的原则。具体识一个字的过程又分：(1)看字形的整体，分析出它是什么结构；(2)根据字形结构确定出它的不同部位;(3)解析出部件;(4)将部件组装成整体。这是一个“从整体到部分再到整体”、“综合—分析—综合”的双向思维过程。

(五)韵语识字

所谓韵语识字,就是利用汉字客观存在的许多字的韵音相同或相近的实际,将其组合起来,编写成韵语韵文,予以认读辨析。流传了数百年的《三字经》便是最突出的代表。1987年,由辽宁省东港市姜兆臣老师开始韵语识字实验。

韵语识字根据快速记忆原理,遵循儿童认知规律,主张“三先三后”的识字原则,即先记忆后理解、先整体后部分和先形象后抽象。韵语识字较好地体现了汉语语音规律,从认读入手,抓住了识别汉字的“牛鼻子”,符合愉快教育的原则,符合初学者,特别是儿童的思维和心理特点。

(六)双脑识字

1991年上海市实验学校引进“智能双拼”编码后创造的一种新型的识字教学方法。它改变了以往先学汉语拼音再识汉字的传统做法,将学习双拼码、识汉字与打电脑结合起来,学生在认读字、词、句的过程中巩固双拼字母的拼读,在进行文字输入的过程中复习认读生字词,实现了电脑、双拼和识字的同步学习。这一识字法是随着计算机的普及,将汉字学习和计算机技术结合起来,利用电脑开发人脑,前景广阔。

“双脑识字教学法”分散了教学难点,先学会读、会认“二会”字,只要学生会读能理解字义即可,不要求写和用。这样学生就能在较短的时间内学会一批常用字,可以较早地阅读一些浅显的儿童读物,既可以提高识字兴趣,又可以拓展知识面。另外由于反复运用,还可以减少生字的回生率。等到学“四会”字时,教学的重点就可以放在对字形的记忆和书写上,对巩固所识记的汉字是很有利的。

三、注重能力生成的有效识字教学策略

(一)识用结合,博采众长

识字教学方法多种多样,各种识字流派都有其优点,同时也存在各自的不足。

例如,集中识字依据汉字规律,把音、形、义有内在联系的字分别归类集中编在一起,学生依据规律识字,举一反三,有利于提高识字能力的优点,正好能弥补分散识字因生字是随课文出现而不能充分利用汉字规律进行识字教学的不足;又如,针对集中识字识字量大、速度快、编写课文时很难全面照顾所有生字,总有一些生字不能及时运用和巩固,容易回生的问题,我们可以借助分散识字,让学生边学边用,在反复实践中巩固和发展识字成果;再如,集中识字任务明确集中,教学目标单一,识字量大,速度快,字理识字则通过把握汉字本质特点达到快速形象记忆汉字的目的,这些都能弥补分散识字因为识字任务分散、速度慢,而导致识字量受限制的不足。

识字教学不能拘泥于某一种方法,不求其变,唯有根据学生的实际情况和需求,灵活运用各种教学策略,将识字与实际的应用结合起来,边学边用,博采众家之长,才能不断巩

固识字的效果。

（二）识字教学要与词语教学、阅读写作教学紧密结合

识了字，就要用，用来说，用来读，用来写。学生识字后会在听说读写的语言实践中运用，才是达到识字教学的目的。因此，我们需要指导学生在具体的语境中认识字形，了解字义，有计划地引导学生开展课外阅读，在阅读、练笔和习作中，在具体的运用中巩固识字。识字在儿童实际生活中的作用越明显，识字教学的巩固和发展程度也就越高。

（三）编写新童谣识字

首先，新童谣的内容通俗易懂且贴近儿童生活实际，读起来又朗朗上口，深受孩子们喜爱。诵读新童谣识字，能够很好地激发儿童识字的积极性和主动性，让学生在潜移默化中达到识字的目的。其次，根据快速记忆和汉字教育的理论，充分运用诗性智慧图景思维的方法（如想象、联想）的方法，把《义务教育语文教学课程标准（实验版修订稿）》中规定的2500个常用汉字，先组成最常用的词，再用这些最常用的词围绕一定的中心和故事情节，编成句式整齐、合辙押韵、通俗有趣、易于理解、短小精悍并具有教育意义、具有儿童特色的童谣。这样，既能使字不离词、词不离句、句不离文，在具体的语言环境中联系生活实际识字，又能把庞杂繁多的汉字变得精炼集中，情趣盎然，不仅能进行快速启蒙识字，而且还能有效地进行阅读训练。

专题点拨·理性反思

写字教学

一、写字教学的意义

（一）写字教学是巩固识字成果的手段

识字教学在学生的头脑中建立起了汉字音、形、义之间的联系，但若只认不写，学生对字形就难以记住，而写字教学通过及时的书写实践，使视觉分析和动觉分析协同工作，让字形在头脑中留下更加深刻的印象。所以，写字教学是识字过程中必不可少的环节，是巩固识字成果的重要手段，识字与写字相辅相成，才能互相促进，达到牢固记忆的目的。

（二）写字教学可以完善学生的品格

1. 写字教学磨砺学生的意志

“冰冻三尺非一日之寒。”要把汉字写好，并不是一蹴而就的事情，写字需要安静，凝神静气，心念合一，把注意力集中于一笔一画之间。练习写字能够在潜移默化中帮助学生去除“惰性”，集中注意力。

在写字的过程中，我们常常会发现这样的现象，在开始的阶段里，学生写字进步神速，

可是到了一定时期，会觉得停滞不前甚至有所退步，即我们常说的“高原现象”。这个时候教师需要多加引导和鼓励，给予方法上的指导，而学生也需要克服急躁轻浮的性格习气，在困境中磨炼脚踏实地的务实精神，学生在一笔一画的写字练习过程中，能逐渐培养起锲而不舍、迎难而上、坚忍不拔的坚强意志。

2. 写字教学能激发学生的民族自豪感和爱国热情

中国的书法艺术由来已久，绵延千年，显示着蓬勃的生机，汉字凝聚着中华民族质朴、勇敢的气质，是我们民族精神和品格的集中体现。从古至今我国更是不乏优秀的书法家，王羲之、怀素、颜真卿、米芾等名家，从他们身上我们可以学到执著追求、勤奋刻苦、顽强拼搏的民族精神。学生学写字的过程，也是感悟祖国悠久历史和灿烂文化的过程。

（三）写字教学可以激发学生的审美情趣

汉字是一个个端端正正的方块字，每一个字的结构形体、部件笔画中无不体现着汉民族独特的审美情趣。汉字的基本笔画不多，唯“横”、“竖”、“撇”、“捺”、“折”，但是在组成不同字时，这些笔画又有着各样的变化和呼应，如“横”有长横、短横之分，“捺”有正捺、反捺、长点之别，撇有“平撇”、“竖撇”、“长撇”、“短撇”等。在间架形体上，笔画简单的字布局均匀，显得落落大方；笔画复杂的字结构紧凑，避免臃肿局促。汉字所特有的美观、规范的特征，使它的书写最终发展成一门艺术——书法。

在写字教学中，引导学生发现汉字中所蕴涵的艺术之美，为提高学生的审美情趣提供了优渥的土壤，在写字的过程中，学生能够更加深刻地体会到汉字中美的孕育。例如，笔画间的避让，体现了谦逊之美；撇捺的舒展，体现了飘逸之美；笔画的穿插，体现了空间之美……

（四）写字教学可以促进学生智力发展

1. 写字教学有利于培养学生的观察力

观察力的培养是智力发展的重要任务之一。它对提高学习效率，发展智力都有着极其关键的作用。

写字教学中要引导学生观察汉字的笔画和间架结构。笔画的长短、倾斜的角度、起笔收笔的位置差别迥异；部件之间的摆放也是各有不同，只有指导学生细致观察，掌握这些笔画的特征与变化，才能把字写好。学生在观察中掌握汉字的写法、构字的规律，在这个过程中就很好地培养了学生敏锐的观察力。

2. 写字教学有利于开发学生的思维

汉字是音、形、义结合的文字，在写字的过程中，学生需要分辨字的读音，记住字的结构、形体，并对语义进行分析、判断和概括，这些都是发展思维的过程。因此写字并不是简单的描形过程，而是一项复杂的实践活动，学生通过写字教学，能够有效地发展思维。

二、写字教学的目标

《义务教育语文课程标准（实验版修订稿）》对小学各个学段明确提出了写字教学的目标。

第一学段(1～2 年级)

(1) 掌握汉字的基本笔画和常用的偏旁部首,能按笔顺规则用硬笔写字,注意间架结构。初步感受汉字的形体美。

(2) 养成正确的写字姿势和良好的写字习惯,书写规范、端正、整洁。

第二学段(3～4 年级)

(1) 能使用硬笔熟练地书写正楷字,做到规范、端正、整洁。用毛笔临摹正楷字帖。

(2) 有条件的地方,可学习使用键盘输入汉字。

第三学段(5～6 年级)

(1) 硬笔书写楷书,行款整齐,有一定的速度。

(2) 能用毛笔书写楷书,在书写中体会汉字的优美。

新课标为写字教学要求构建了一个整体框架,在不同学段写字教学的要求是逐步提升的。第一学段重在养成良好的写字习惯,将汉字写正确,第二学段在此基础上要求字迹整洁,而在第三学段中则又有了速度上的要求。因此教师在写字教学时,应牢牢把握本学段的教学目标,有所侧重地开展教学。

在新课程理念的指导下,教师第一,要摒弃“写字无用论”,树立“练字实在,书技有用”的理念,始终把写字教学放在语文教学中的重要地位;第二,要摒弃“单纯练字”的观念,树立“写字综合育人”理念,将写字教学和品性修为融为一体,确立“以字育德、以字启智、以字促艺、以字益美、以字健身”的写字育人指导思想;第三,要摒弃“书技精英培养”模式,树立“人人写好一笔字”的写字教育理念,让不同程度的孩子获得不同的进步与发展;第四,要摒弃“突击训练”方式,树立“提笔就是练字”的理念。

三、写字能力的培养

(一) 激发学生的写字兴趣

兴趣能够满足学生的创造欲和表现欲,成功地唤起他们的潜能。写字兴趣是学生写字能力的萌芽阶段,孔子曰:知之者不如好之者,好之者不如乐之者。同样,在写字教学中,只有首先产生了兴趣,学生才能成为乐之者。

1. 设计生动有趣的教学活动,激发学生的写字兴趣

传统的写字教学常用的方法多为教师单向讲授,学生机械练写。这样的教学活动单一重复,学生自是感觉枯燥乏味。要让学生对写字产生兴趣,教师首先要从课堂教学中下工夫,变单调的讲述为生动的形象,牢牢吸引学生的目光。

案例

“人字头”教学片段

师:小朋友,“人字头”中的这撇捺,就像小鸟的两只翅膀,我们来瞧瞧,翅膀长什么样子,小鸟才漂亮呢?

(此时学生的兴趣一下子被激发起来了,个个都睁大了眼睛看着老师。)

师：我简单画了三只小鸟，请同学们来评评。

生 1：第一只小鸟太瘦了，看上去连饭都没吃饱，肯定飞不上天！

生 2：第二只小鸟太胖了，就像个大胖子，就算飞到天上，肯定也得掉下来！

生 3：第三只小鸟不胖不瘦，刚刚正好，这只小鸟最好看！

师：是啊，像第三只小鸟这样不胖不瘦，刚刚正好，我们就叫做适度，在写“人字头”的时候我们写撇捺既要写得舒展，也要注意适度，这样的小鸟才能展开翅膀在天空自由翱翔！

在教学“人字头”时，其中的一个教学难点是：人字头的撇捺舒展要适度。这是一个比较抽象的概念，对于低年级的学生而言，若是靠单纯的讲解，听着必然索然无味，此时利用动作的展示，借助孩子的想象，化抽象为形象，激发了学生写字的积极性与兴趣。

2. 发挥现代媒体的作用，激发学生的写字兴趣

随着信息技术的广泛运用，多媒体在教学中的作用越来越突出，生动形象的演示，能够直观地突破教学中的重难点，拓展教学空间，提高教学效率，激发学生的学习兴趣。例如，教学“礻”的写法时，可以利用多媒体，将“示”演变为“礻”的过程做成动画，播放给学生看，学生看得兴致盎然，也明白了“礻”的意思，再次练写的时候，自然不会与“衤”混淆了。

3. 创设获取成功的机会，激发学生的写字兴趣

成功是对学生能力的一种肯定，每个人都有趋利的心理，学生在获得成功的同时，自信心得到不断的增强，学习兴趣与学习欲望自然随之而来。因此在写字教学中，教师要充分给学生创设机会，让每个学生都能体会成功的愉悦。例如，在教室里开辟“书法展示台”，展示学生的优秀作品；在学生写字时，教师通过当堂的巡视，及时评价，随时表扬，让学生产生荣誉感和成功感。

（二）教给学生写字方法

写字教学中，教师需要加强指导，教给正确的写字方法，这样学生方能达到举一反三、运用自如的效果，一般的写字方法有如下几种：

1. 图示法。图示法就是以简单的比例框架图作为辅助手段，来帮助学生写好各种结构的字的方法。借助图示法引路，学生对字形结构，每个部件的摆放位置可以一目了然。

2. 找规律法。找规律法就是教师将一组汉字整体呈现给学生，让学生在分析对照中发现它们的共同规律，进而指导书写的方法。从二年级开始，每篇课文后要求书写的汉字有十几个之多，若是将这些字单个教学，既花费时间，也会忽视字与字之间的规律。将生字整体呈现，引导学生发现它们间的共性，能够有效地提高识字、写字的效率。

例如，人教版教科书二年级下册《雷锋叔叔你在哪里》一课中，要求写的生字共有12个，分别是："冒、雷、需、迈、迷、迹、叔、锋、滴、洒、泥、泞"。在教学时，教师可以将这12个字同时呈现，请学生仔细观察，并说说自己的发现。在此基础上引导学生将这些字根据各自的规律进行分类，"冒、雷、需"都是上下结构的字，而且需要写得上宽下窄；"迈、迷、迹"是半包围结构的字，先写里面，再写外面；"叔、锋、滴、洒、泥、泞"则是左右结构的字，其中"锋、滴、洒、泥、泞"这几个字都要写得左窄右宽，而"叔"则是左右一样宽。经过这样的分类指导后，学生不但知道了怎么写好这12个字，而且也学会了写好这些类型字的方法。

3. 示范法。这是我们在课堂中常用的写字教学方法，示范法充分发挥了教师的主导作用，言传与身教相结合，给学生正确的引导与帮助。示范法包含的内容有很多，坐姿、握笔姿势、笔画的书写、结构的摆放，等等。

（三）培养良好的写字习惯

《义务教育语文课程标准（实验版修订稿）》明确指出："写字教学要重视对学生写字姿势的指导，引导学生掌握基本的书写技能，养成良好的书写习惯。"

1. 培养学生"提笔即练字"的好习惯

在日常教学中，我们常常能见到这样的现象：在写字课中，孩子们都能够一笔一画、认认真真地来书写，写出来的汉字工工整整，卷面干干净净，但是到了作业时，龙飞凤舞的字迹依然随处可见。究其原因，是学生没有形成自觉写字的习惯。因此，我们需要反复向学生强调将练字融入每一次的写字中去，培养"提笔即练字"的意识，坚持学科配合，坚持循序渐进，让学生无论在何时何地，只要一提起笔来，就做好正确的书写姿势，把每一次的书写都当做练字，养成认真书写的好习惯。

2. 培养学生互相欣赏、互相学习的好习惯

人无完人，每个孩子在书写中总有自己突出的优点，也存在不足之处，有的孩子写字的姿势很好，有的孩子笔画的力度很到位，有的孩子间架结构摆放得很和谐。每个人都能从他人身上找到值得自己学习的闪光点。在写字教学中，教师需要引导学生去发现别人的优点，在互相欣赏、互相学习的过程中，激发他们的竞争意识、学习意识以及对写字的兴趣，让他们在互相交流中学会欣赏，学会评价，共同提高。

四、写字教学设计与实施

写字教学的课堂设计一般分为"观察—示范—试写—评价—练写"这样五个步骤。

（一）观察

要把字写正确，写漂亮，仔细观察是第一步。由于很多汉字的字形比较复杂，笔画也

比较多，在书写时，学生往往会因为不仔细观察而出现增加笔画、减少笔画或者结构颠倒的问题。因此在写字前，首先要引导学生仔细地观察字的笔画和结构，通过分析、比较，清晰地感知、认识和记忆字形。

观察时除了要记清字形外，还要指导学生观察田字格中的范字，看清每一笔的位置、长短比例和布局，把握好字的间架结构，这样写出来的字才能美观、工整。

（二）示范

在学生观察字形后，教师把学生观察到的要点综合起来进行示范书写，这是从思维到运用的第一次实践。学生在观看、书空的过程中，又一次复现、巩固书写要领，对字的基本结构做到熟记于心，为接下去的试写搭桥铺路。

（三）试写

进行第一次练写的时候，要引导学生边写边比对范字，看准田字格的位子再下笔。教师需要随时提醒学生注意写字姿势、握笔方法、运笔情况、结构搭配等，发现学生存在问题时，应立即进行个别辅导，帮助学生及时改进。

（四）评价

评字是写字教学中非常重要的一个环节，通过各种形式的评价，学生能够清晰地认识自己书写中存在的问题，从而提高写字的水平。因此在写字结束后，要充分调动学生的主观能动性，开展自评、互评和教师点评，激发学生的写字热情。

【案例传真】

“含”字的教学片段

师：（投影评点学生作业）先请小朋友看看这个“含”字，你有什么想对他说的呢？

生 1：我觉得这个“含”的人字头写得很好，撇捺很舒展。

生 2：我觉得他写这个“含”字时做到了“今”下不加点，把字写正确了。

生 3：我觉得他写的这个“含”字下面的“口”太大了点儿，还可以写得稍微小一些。

师：有了小朋友的温馨提醒，试着再写一写，改一改这个“含”字，相信你能写得更好。

通过这样的点评，学生对字从整体结构到每个部件，每个笔画，就有了初步的感知，提高了识字的准确性，同时也激发了学生的参与意识，提高了学生观察分析的能力。

（五）练写

评字的目的是指出不足，加以改正，因此在评价之后，应该及时地让学生将评价的意见转化为实践的操作，对自己之前所写的字进行修改，这其实就是一个再完善、再提高的过程，这样才能真正达到写好字、巩固字的效果。

体验践履·自我提高

【体验践履】

如何将各种策略和方法运用到识字写字教学中，既让课堂富有乐趣，又让学生学得扎实有效呢？我们先来看看小学二年级上册“识字七”第一课时的教学设计：

一、激趣导入

1. 介绍学习伙伴：勤勤和乐乐。

2. 欣赏动物王国视频，请学生具体说说看到了些什么。

（导入环节的设计调动了学生的学习兴趣，让学生具体说画面的内容，进行言语实践，发展学生的语言表达。）

二、初识新词

1. 出示课文中动物的图片与名称，自己和它们打招呼。

2. 小老师带读这些词语。

3. 交流识字方法，进行识字。

4. 去掉图片，认读不带拼音的词语。

5. 做游戏巩固识字。

（这一环节学生初次与生字新词见面，通过展示图片、交流识字方法、做游戏等方式，构建起音、形、义之间的联系，帮助学生正音、记形、识义。）

三、语境识字

1. 出示学习小伙伴读课文后的发现：我发现了有些动物很相似；我还发现它们都有自己的家。

2. 请学生读课文，到文章中找找学习小伙伴的发现。

3. 学生交流发现的成果，在交流的过程中复现生字新词。

4. 开展言语实践，在语境中理解“翱翔”、“嬉戏”的词义。

5. 学习小伙伴将这首儿歌编成了拍手歌，自己读一读，同桌之间玩一玩。

6. 指导拍手歌每句的押韵，并要求仿照课文的样子，每个人来编一到两句。

（这一环节在课文的语境中，不断复现生字，通过想象说话、找近义词等方式理解词语的意思。在此基础上进行言语实践活动，使学生语言得到提炼，思维得到训练。）

四、写字指导

1. 出示要写的两个字“保”、“护”。

2. 观察两个字，说说两者的共同点以及书写时要注意的问题。

3. 教师范写，学生书写。

4. 学生进行练写，教师巡视，指出优点与不足。

5. 展示个别学生的书写，进行全班的评议。

6. 根据之前的评价，再次进行修改和书写。

（写字教学的环节，重视学生的自主发现，重视同伴间的交流与评价，激发学生的写字热情。）

从上面这个案例中可以看出，在小学识字教学中，各种方法的运用是交融在一起的，其目的都是开展各种形式的言语实践活动，帮助学生建立音、形、义之间的联系。

【自主实践】

根据识字教学的各种策略和方法，小组合作设计二年级上册“识字六”学习方案，并尝试在相应小学年级或与本班同学模拟开展教学。要求教学目标明确，教学过程可操作性强。

拓展视野·娴熟技能

【拓展练习】

1. 结合新课程改革的要求，小组讨论如何提高识字教学的效率呢？

2. 从有关的期刊、书籍中搜集几则小学语文识字写字教学的课堂教学实录，仔细阅读，并对各个环节的安排进行评价，提出建议。

【拓展阅读】

一、小学生的识字心理

识字是儿童从口头语言运用过渡到书面语言运用的起步阶段，识字既要掌握字形本身的结构关系，又要建立起汉字音、形、义之间的统一联系。这是一个复杂的思维活动，开展识字教学，首先要了解学生的识字心理。

（一）儿童的已有认知能力是识字的基础

识字是认识事物，建立概念的过程。儿童在开始识字之前，对周围的事物已经有所认知，因此他们是在原有的知识框架基础上识字的，其个性特点、知识经验都会影响识字效果。这就会出现面对同一个字，不同孩子识记的速度、程度都不一样的现象。

（二）儿童思维的发展决定识字的质量

识字教学需要充分发挥大脑功能。建构汉字音、形、义之间的联系需要在具体感知的基础上，进行概括、分析、评价等一系列的思维活动，因此，思维发展的速度，必将影响学生识字的质量。

（三）儿童言语实践是识字的重要条件

学生语文智能的发展来自实践。无论是观察力、注意力、记忆力、想象力、联想力、思维力、创造力、自学力，还是听、说、读、写的能力，都是在实践中发展起来的。因此儿童的识字离不开言语实践。

汉字的使用是服从交际需要的，交际者为了表达一定交际意图，根据交际语境采取适切语体进行交流时，汉字才获得了实在的意义。并且，对单个汉字的理解也依赖于创字、用字情境的还原，因此，识字只能在相应语境中实现。

二、汉字的构字方法与文化意象

（一）汉字的构字图景思维

汉字的发展经历了由重字词意义到重语音形式，再回归到重字词意义的过程。汉字起源的传说有结绳说、仓颉造字说等。所谓"结绳"，是用在绳子上打结的办法帮助人们记忆，处理日常生活中的一些事务，大大小小的绳子用不同的搭配方式表示不同的意思。"事大大其绳，事小小其绳"；"结之多少，随物众寡"。我国上古社会由"结绳而治"到"易之以书契"，中间还有着重要的过渡环节，那就是由契刻到记号再到指事文字，和由图画到图腾族徽再到象形文字。"仓颉作书"记载于《吕氏春秋》，仓颉是古代最早接触文字的巫、史官之一，因此，荀子就在《荀子・解蔽》中指出"好书者众也，而仓颉独传者，一也"。

《淮南子・本经训》云："昔日仓颉作书而天雨粟，鬼夜哭。"把汉字与上天的感应联系在一体。原始人对自然有一种敬畏的心理，这种心理也反应到汉字的创造思维中。这种思维不同于西方的理性逻辑思维，而是富有图景性。图景思维，就是采取联想、比拟、象征等形象化手段勾画、比类或隐喻一个或一个以上的具体事物之间的关系，从而构成一种富有生活图画与情节意象的思维方式。"古者包羲氏之王天下也，仰则观象于天，俯则观法于地，观鸟兽之文，与地之宜，近取诸身，远取诸物，于是始作八卦，以通神明之德，以类万物之情。"（《易・系辞》）例如，"天"字，"天，颠也。……颠者，人之顶也。以为凡高之称。"（《说文解字注》）就像正面站着的"人"形，突出了上部的方框"头"。

（二）汉字的文化意象性

人类从鸿蒙混沌、封闭狭隘的本能动物世界中跨越出来，用语言重新赋予整个世界"意义"和"秩序"，每个部落民族的人们根据自身对语言和世界关系的独特认识，创制出各种各样的语言样式，并且凭借各自的语言创造出了光辉灿烂的民族文化。人们生活在各自语言符号罗织而成的文化世界中，以各自的语言符号视角理解世界、建构自身。因此，世界上形成了丰富多元的文化种属。

这种创造或者沿着听觉的线索发展了表音文字，或者沿着视觉的线索张扬表意文字，汉字就是采用与词的声音无关的符号来表示一个词，从而与这个词所表达的观念相联系的一种古典范型。与欧洲拼音文字相比，汉字不是抽象的符号，而是一幅色彩斑斓、情趣盎然的抽象画，它以"立象以尽意"来达到一种意向性建构。文字对世界的解释直观诉诸具体形态和事态，并予以高度凝练，每一个汉字就是一个独立完整的意象存在，寓示着汉民族的物质、制度、精神文化内涵。因此，我们可以从人文性哲学思考、伦理性价值取向和审美艺术思维三个方面来解读汉字，发掘汉族人独特的"天人合一"式的整体思维。（仰观

于天、俯观于地，视鸟兽之文与地之宜，近取诸身，远取诸物）

（三）汉字的德性中和之道

《中庸》说："喜怒哀乐之未发，谓之中；发而皆中节，谓之和。中也者，天下之大本也；和也者，天下之达道也。致中和，天地位焉，万物育焉。"汉字的构造体现出中和平正的思想。如我们经常说的"人"字笔画虽简单，但是一不注意就会写得重心不稳，做人要小心谨慎，不可失了重心。这种思维模式影响了中国人的做人之道，力求平和中正。

三、汉字教学方法集锦

1. 画（画一画）：画出字的"相貌"，使汉字形象生动逼真。如：山，日，旦，伞。

2. 演（演一演）：利用动作、身体语言、手势、表情、实物演示等非言语手段表达意义和理解汉字结构。

如：掰：表演两手将东西分开——两边是手，中间是分；

"笔"，出示一支毛笔，让学生观察上面是竹子做的，下面是毛做的，理解"笔"是"竹"和"毛"组成的上下结构字。

3. 念（念一念）：充分利用低龄学生机械记忆和声律节奏模仿的优势，让学生通过念歌谣、对子、韵语、顺口溜、句子、短文等记忆汉字，体验汉字音、形、义之间的关系。

如："尘"是小土扬，"束"是绳捆木，"休"是人依树。

4. 加（加一加）：在母体字基础上加上一笔画或一部件发展成一个新字，大量指事字可以通过加上关键笔画表示。如：刀-刃，木-本-未-末。

5. 减（减一减）：在母体字基础上减去一笔画或一部件发展成一个新字。如：鸟-乌，树-村（对）-木/又/寸。

6. 换（换一换）：将一个字的某一笔画变换位置或换成另一笔画从而发展成一个新字。如：太-犬，玉-主，干-于/千，寸-才，平-乎。

7. 延（延一延）：将一个字的某一笔画延伸，从而发展成一个新字。如：刀-力，午-牛。

8. 截（截一截）：将一个字的某一笔画截短从而发展成一个新字。如：已-己，处-外，各-名。

9. 插（插一插）：在一个字中间插入某一笔画或部件而发展成一个新字。如：门-马-闯，衣-中-衷，口-木-困/束。

10. 反（反一反）：将一个字反转方向，或将笔画反转从而发展成一个新字。如：土-士，区-凶-冈，手-毛，人-入，杏-呆。

11. 猜（猜一猜）：根据汉字特点编成谜语或典故，启发学生猜测其结构和意义。如：一个虫子口触电，一到冬天就不见→蝇；空山中间一方田→画；一人藏在草木中→茶。

12. 合（合一合）：将两个或多个基本字合并发展成一个新字，包括左（中）右合并，上（中）下合并，上下左右混合合并。如：人-从-众，木-林-森，羽-田-共-翼。

13. 拆（拆一拆）：将一个合体字拆分成两个或多个新字。如：时-日-寸，我-手-戈，张-弓-长。

14. 缩（缩一缩）：将两个字通过压缩省略重复部件从而发展成一个新字。如：乒-乓-兵，上-下-卡，甲-由-申。

15. 辨(辨一辨)：将两个或多个音、形、义易混的字放在一起，辨别异同，以预防错别字。如：拔-拨，历-厉，辩-辫-辨，练-炼。

16. 串(串一串)：利用基本字带字，串字成文。如：安——按：飞将在，按提安，按剑提弓放马还。还阵安营惊胡骑，慌称李广守边关。

17. 编(编一编)：根据形义关系将字编成一个故事、一个情境、一条哲理、一个幽默或一则讽喻等。如：臭(自十犬)：哪怕有一“点”(大上的一“点”)自大也会变臭。

18. 写(写一写)：通过手运笔的动感来强化对汉字音形义的理解和掌握的精确化，洞察汉字之间的细微差别，预防错别字，欣赏汉字的美感。如：已-己，风-凤，肓-盲，菅-管，灸-炙。

【参考课题】

1. 小学语文识字资源的开发与利用
2. 小学语文识字教学课堂策略的选择与应用
3. 小学语文写字教学中评价策略的运用
4. 新课程下小学语文识字教学的定位

【参考文献】

[1] 王深根. 全国小学语文新课程经典案例赏析[M]. 宁波：宁波出版社，2005.
[2] 黄亢美. 小学语文字理教学手册[M]. 南宁：广西人民出版社，2002.
[3] 成尚荣. 语文新参考[M]. 桂林：广西师范大学出版社，2008.
[4] 陈树民. 汉字特殊功能与教学创新[M]. 南京：南京大学出版社，2010.
[5] 崔颖. 对于汉字识字教学方法的思考[J]. 现代交际，2010(8).

第三章　口语交际教学

单元导读 · 抛砖引玉

“一言而可以兴邦”、“一言而丧邦”。言在人在，言美人美；言兴家兴，言亡家亡；言雅国盛，言俗国贫。因此，哲学家海德格尔将语言提升到“人存在的家”的高度。有关研究成果也表明：“人们在日常生活中的语言运用情况，听占了45%，说占了30%，读占了16%，而写只占了9%。也就是说，听和说共占了75%，而读和写只占了25%。”能说会道，唇枪舌剑，善于倾听，听出言外之意，往往是人与人之间交际的一张生动名片。这一切都说明由听说能力支撑的口语交际的重要性。通过本章的学习，我们能够明确口语交际教学的基本理念，掌握口语交际教学设计要领以及领略口语交际的魅力。

问题扫描 · 掩卷遐思

【问题扫描】

1. 教学目标“高大空远”

目前的小学语文教学普遍存在一种奇怪的现象：要么是“重文轻语”，口语课只是装饰或调节；要么是隆重又正规，课堂教学就是各种演讲、辩论比赛。这种现象的出现在于我们对口语交际教学最终目标的错误认识。进入教学体系的口语交际应是基础训练，要完成的是最低要求，即学生在现实生活中实用的口语基本表达技能；而不是培养演说家和辩论大师。

2. 教学内容“华而不实”

课堂游戏，包括猜谜、传话及各式各样的表演，为小学生所喜闻乐见，这些形式在口语交际课堂教学中也被大量应用，取得了很好的效果。但不得不承认，其中不少课是为游戏而游戏，将热闹好看做唯一的价值追求，而对口语交际教学的核心任务——学生口语表达和交流的发展却漠不关心。口语交际教学既要有口语运用的教学，也要有非语言因素的教学，这样才有助于全面提升学生的口语交际能力和语文素养，但口语运用——倾听、表达、交流的教学必须成为重点。

3. 教学过程“空中楼阁”

新课标在口语交际教学建议中提到“教学活动主要应在具体的交际情境中进

行”。许多教师把情境理解为课堂情境，一仍旧贯，换汤不换药，是穿着口语交际的新鞋，走听话说话的老路。实际上，这里的情境更类似于现实的生活情境。通过创设情境，学习与生活融为一体，让学生在生活的状态下不知不觉进入交际活动，真实自然，生动活泼。

4. 教学评价“轻描淡写”

许多教师在教学过程中很少对学生的口语交际能力进行及时的反馈评价，而是把评价放在学期末，单纯以分数高低来衡量学生口语交际能力。当然，这种总结性评价是必不可少的。但从效果来看，形成性评价对提高学生的口语交际能力更有效。这是因为形成性评价重视教学过程中对学生表现的评价，它不仅重视学生语言表达的正确性，还关注学生的交际情感态度等。

【掩卷遐思】

1. 口语交际教学等同于听说教学吗？你是如何理解其中的变化及“口语交际”的内涵？

2. 你了解新课标口语交际的总目标与阶段目标吗？你能说说目标设计与三个维度的内在联系吗？

3. 如何设计富有实效性的口语交际教学教案？

4. 如何评价口语交际教学的效果？

典型案例·交流研讨

【典型案例】

要不要开生日会

教学目标

1. 创设交际氛围，在情境中交际，提高学生辨别是非的能力，使他们能正确对待生活中出现的一些新现象。

2. 通过各种形式，调动学生与人交往的积极性，培养学生良好的听说能力和语言习惯。

教学准备

录像、摇铃

教学过程

一、创设情境

1.（录像画面）一位同学过生日，很多同学向他祝福。父母忙着张罗一桌饭菜，在一片欢声笑语中，生日宴会结束了。桌上、地上一片狼藉。

2. 教师引言：同学们，看到录像上的景象，你在想什么呢？如今，在中小学生当中，“生日宴会”风正在盛行。你们的12岁生日即将来临，你打算怎么庆祝它呢？今天，我们就来开一个“小小友谊辩论会”。同学们，你们愿意参加今天的“小小友谊辩论会”吗？

生：愿意。

师：今天的辩论会分正反双方进行辩论。正方的观点是“过生日请客好”，反方的观点是“过生日请客不好”。你赞成哪一种观点呢？请你仔细考虑，并选择你的立场。

二、尝试练习

1. 准备

同学们，你支持哪方观点，考虑好没有？

请正方同学坐到台下右边的位置，请反方同学坐到台下左边的位置。辩论前先赶紧集体讨论讨论，为你方的观点找出充分的理由，并选出 4 名选手作为第一轮辩手。推荐 5 名同学当评委，评委议定评分标准。

（学生讨论后各自就座）

2. 评委宣布辩论规则及评分标准

辩论赛规则：先由正反双方前三号辩手各自发言 1 分钟，然后自由辩论 3 分钟，最后由双方四辩做 1 分钟总结。

评分标准：比赛用时 10 分钟。

（1）举止大方、得体。2 分

（2）语言文明、有礼貌。2 分

（3）观点鲜明，理由充足，语言有条理。4 分

（4）思维敏捷，反驳有力。2 分

三、合作练习

（正反双方前三号辩手各自发言 1 分钟）

现在是自由辩论时间，请正反双方辩手把握机会，找到充足的反驳理由。

（学生自由辩论 3 分钟）

请正方四号辩手总结。

正方四号总结：略

反方四号总结：略

第一轮辩论结束，请评委亮分点评。

四、学生评议

请评委就今天选手的表现谈谈你的看法。

（评委点评）

结果已经出来了，第一轮反方胜，祝贺你们！正方同学请不要灰心，请听听观众的评议，找到失败的原因。

（选一名同学为随场记者，采访一下台下的观众）

记者：你们对今天的结果满意吗？请谈谈你的看法。

观众：这个结果很正确。反方同学取胜是因为他们观点鲜明，理由充足。

观众：我认为正方失败的原因是没有抓住对方语言的漏洞，进行有力的反驳。

五、总结提高

总结一下作为优秀辩手的要求。

生：在辩论时，首先要尊重对方，做到有礼貌。

生：表达自己的观点要有条理，语气、语调适当。

生：要思维敏捷、反应灵敏。

师：同学们说得非常好！老师再补充一点，在交际中要做到大方得体，做到语言美，自觉抵制不文明语言。

六、巩固练习

请同学们自由组合展开辩论，老师从中旁听指导。

七、教师点评

八、课外延伸

1. 设计交流怎样过一个有意义的生日。

2. 在我们的生活中有许多现象值得我们思索，如小学生该不该上游戏厅——提供给班委，作为下次辩论主题。

【交流研讨】

学生 A：是一堂成功的课堂案例。主题“过生日”是时下小学生最热衷的话题，学生有话可说，有话想说。课堂活动形式多样化，在辩论前后还贯穿了讨论、设计、评议等多种口语交际形式，使每一个学生都得到锻炼。

学生 B：不成功。首先，本堂课的价值取向有问题，以比赛代替教学，不可取。其次，活动环节很多，但没有把教学重点放在学生口语交际的改善上，花里胡哨，实际上对学生的口语提高没实质性帮助。

同学，你的观点呢？有理有据地展开说说。

专题点拨·理性反思

从“听说训练”到“口语交际”

一、口语交际教学的历史发展

1904 年，颁布癸卯学制，语文独立成科，其中有“习官话”这一课程内容，这是听说进入语文课程的开端。五四白话文运动，推动了听说教学的初步发展。1923 年，在《中小学国语国文课程纲要》中初步对学生的听说能力作了要求。诸如初级小学“能听国语的故事演讲”、高级小学“能听国语的通俗演讲、能用国语演讲”等规定。

1950 年，“国语”、“国文”统一为“语文”，对语文学科的性质有了较科学的定位，旗帜鲜明地突出了语言全面训练的立场。1956 年，《小学语文教学大纲(草案)》，规定小学语文由阅读、汉语、作文和写字等几项组成，虽然保留了对听、说以及普通话教学的要求，但有强化汉语知识、文学读写的倾向。1963年，教育部颁布《全日制小学语文教学大纲(草案)》，把学科教学目标锁定在读、写能力的培养上。“文革”十年，口语交际教学理论与实践研究处于停滞状态。1986年颁布的语文教学大纲和义务教学大纲，都把听说与读写摆在同等重要的地位。1992年颁布的《九年义务教育全日制小学语文教学大纲(试用)》，关于口语教学的要求恢复了历史上曾有的高度。2000年教育部颁布的《九年义务教育全日制小学语文教学大纲(试用修订版)》把“听话、说话”整合为“口语交际”。2001年，教育部制定了《全日制义务教育义务教育语文课程标准(实验版修订稿)》，口语交际教学成为各方关注的一个亮点。

二、口语交际的含义

(一) 口语的内涵

《辞海》指出了“口语”的两个含义：第一指言论或议论；第二指口头上交际使用的语言。第一个解释认为“口语”即“口头言语”；第二个解释则认为“口语”即口头上使用的语言。“口语交际”中的“口语”应该是“口头言语”而不是“口头语言”。因为语言是一个民族在特定时期形成的言意表达的规则，即社会约定俗成的符号系统；而言语则是运用语言规则表达内在思想、情感的信息，是对符号系统的运用，是个人意志和智能的行为。

(二) 口语交际的内涵

广义的“口语交际”指的是一切口头使用语言的社会行为，或者说，是人与人之间，人与他们所属的群体、组织和社会之间通过口语符号所进行的信息传递、接受与反馈的行为的总称。狭义的“口语交际”指的是交际双方为了一定的目的，运用口头语言，采用一定的方法，进行思想交流的言语实践活动。口语交际是富有精神性的创造性运用语言符号活动，其符号中介既包括语言符号，也包括手势、表情等非语言符号。

(三) 口语交际教学的内涵

口语交际教学就是在教师的指导下，通过具体生动的交际情境、交际活动的设置和开展，培养学生口语表达水平及交际能力的教学活动。其内涵突出了两个特点：其一，“交际性”。口语交际不同于原来的“听说”，听说是简单的相加，而交际是人与人之间的交往，是一个动态的过程。既然是一个双向互动的过程，双方的情感态度就非常重要。课标对此也有明确阐述，第一学段要求“与别人交谈，态度自然大方，有礼貌”。“有表达的自信心。”第二学段要求“在交谈中认真倾听，并能就不理解的地方向人请教，就不同的意见与人商讨”。第三学段要求“与人交流能尊重、理解对方”。其二，“互动性”。口语交际不是一个单向输出的过程，而是双向互动过程，所以要特别注意“认真听别人讲话”，“努力用语言打动他人”，“听他人说话认真耐心，能抓住要点，并能简要转述”。口语交际既强调认真听，又鼓励在动态过程中“能根据交流的对象和场合”适当的表达。

专题点拨·理性反思

基本技能：小学语文口语交际教学目标设计定位

一、《义务教育语文课程标准(实验版修订稿)》对小学语文口语交际教学目标的规定

根据《义务教育语文课程标准(实验版修订稿)》的精神，小学语文口语交际的总目标是：具有日常口语交际的基本能力，在各种交际活动中，学会倾听、表达与交流，初步学会文明地进行人际沟通和社会交往，发展合作精神。

《义务教育语文课程标准(实验版修订稿)》为小学各个学段明确提出了口语交际学习目标。

第一学段(1～2 年级)

1. 学讲普通话，逐步养成讲普通话的习惯。
2. 能认真听别人讲话，努力了解讲话的主要内容。
3. 听故事、看音像制品，能复述大意和精彩情节。
4. 能较完整地讲述小故事，能简要讲述自己感兴趣的见闻。
5. 与别人交谈，态度自然大方，有礼貌。
6. 有表达的自信心。积极参加讨论，对感兴趣的话题发表自己的意见。

第二学段(3～4 年级)

1. 能用普通话交谈。在交谈中能认真倾听，养成向人请教，与人商讨的习惯。
2. 听人说话能把握主要内容，并能简要转述。
3. 能清楚明白地讲述见闻，并说出自己的感受和想法。
4. 能具体生动地讲述故事。

第三学段(5～6 年级)

1. 与人交流能尊重、理解对方。
2. 乐于参与讨论，敢于发表自己的意见。
3. 听他人说话认真耐心，能抓住要点，并能简要转述。
4. 表达要有条理，语气、语调适当。
5. 能根据交流的对象和场合，稍做准备，作简单的发言。
6. 在交际中注意语言美，抵制不文明的语言。

【温馨提示】

读读思思：同学们，读到这里，你能回答上述【掩卷遐思】中问题 1、问题 2 吗？

二、基本技能：小学语文口语交际教学目标设计定位

口语交际教学的目标可分为两方面，一是听说能力的培养与提高；二是交际能力、听

说态度和言语习惯的培养。因为是交际活动，双方在应对中的情感态度就十分重要，表现为人际交往的文明态度和语言修养，如自信心、勇气、诚恳、尊重对方、有主见、谈吐文雅等。

（一）基本技能不等同于竞赛技能

口语交际教学的最终目标是什么，目前还缺乏认真的思考、深入的分析和统一的认识。笔者认为，就小学生而言，教学目标应定位于日常生活实用的基本技能。就像我们的作文教学培养的是学生基本的书面表达能力而不是像专业作家一样，我们的小学口语交际教学更是培养小学生的日常实用口语技能而不是演说家。我们可以多选取一个实验的讲解、一个朋友的介绍等一些平实的练习，并做些具体可感的指导，使他们的口语表达得到提高。

（二）基本技能不等同于日常用语

学生母语口语能力的获得是个非常自然的过程，学生无须教学，就自然而然地会倾听、表达。显然，我们教学的口语交际与学生日常习得的日常用语是有区别的。我们在日常生活中使用口语都是为了某个现实目的，如聊天、购物、谈判等，而进入教学的口语交际课程所承担的任务则要复杂得多。有专家认为与生活中的口语交际相比，学校的口语交际教学具有全面性、反思性、思辨性三大特征。所以口语交际的教学具有不容置疑的现实针对性，但我们不可以把日常用语原封不动地搬到课堂上来，因为进入教学的口语交际是有限制的，其特点是有教学意义。[①]

典型案例·交流研讨

【典型案例】

文明之星伴我行

一、创设情境，激发交际情趣

同学们，愉快而短暂的寒假生活结束了，在寒假中，我们开展了“文明之星伴我行”的活动。活动中要求同学们运用文明语言进行交际，相信大家在这次活动中一定大有收获。现在谁说说你在假期中开展了哪些文明交际活动？看来，寒假中同学们把这项活动都开展得丰富多彩。今天我们就以口语交际的形式把开展这项活动的具体情况汇报一下。

二、提出要求，明确交际要领

生 1：寒假里我们使用文明用语，如“谢谢”、“请”等。

生 2：我们在帮助残疾老人过马路与他交际时热情大方，语言自然得体。

师（小结）：同学们说得对，大家都善于积极动脑，主动与别人交际。

---

① 李明洁．进入教学的口语交际及其特点[J]．语文建设，2005(8)．

三、创设氛围，促进多边交际

1. 分组练习

2. 全班交流，评选优胜

四、A 组汇报

展示客人来的场面。

客人：这孩子真是有礼貌，谢谢。

小华：王叔叔，您喝茶。

客人：谢谢。

小华：王叔叔，我爸爸去奶奶家了。您找我爸有啥事儿呀？

客人：一点儿私事。

小华：哦！那您就先等等吧。

（简介：小华陪王叔叔聊天等爸爸回来。）

客人：时间不早了。小华，要不我先走吧？

小华：好的。他回来我一定转告他，您慢走。

客人：小华，你这么小就会有礼貌地使用文明语言待客了，真是个讲文明的好孩子，请回吧，再见！

小华：再见！（微笑送客）

师指导：看，这个小主人多么文明待客啊！真是讲文明的少先队员。说说看，他们的交际中哪儿值得你学习，哪儿需要改进呢？

生 A：他们在交际中不仅使用了文明用语，而且让我们看到了他们的文明行为。比如“谢谢”、“请坐”等语言。

生 B：他们的交际语言条理清晰，自然流畅。

生 C：如果在交际中态度再大方一些、热情一些，我们就更高兴与小主人交际了。

师（小结）：说得好，说明你们在听的时候不仅认真仔细，而且还积极地动脑子。我们一起看看下一组汇报怎么样。

（下面 B 组、C 组、D 组，略。最后是师生的表演、各组的评选，略。）

生 A：寒假期间我们小组使用文明语言，在帮助同学购买到称心如意的学习用品时，与售货阿姨交际时注意使用“您好”、“请”、“谢谢”等文明用语，礼貌商谈不同意见，做到语句通顺，条理清楚。

【交流研讨】

王荣生教授：这份教案，与《义务教育语文课程标准》倡导的“努力选择贴近生活的话题，采用灵活的形式组织教学”、与专家要求的“强调以贴近生活的话题或情境来展开口语交际活动，重视日常生活中口语交际能力的培养”精神一致。应该说，交际场景的设计是相当真实的。然而，有两点需要审议：①像对外汉语教学。②“学生在课堂里所说的话，都是平常会说的话。”

你的观点呢?

我的观点:________________

专题点拨·理性反思

口语运用:小学语文口语交际内容选择

一、围绕口语运用,展开教学设计

口语交际教学既要有口语运用的教学,也要有非语言因素的教学,这样才有助于全面提升学生的口语交际能力和语文素养,但口语运用——倾听、表达、交流的教学必须成为重点。当前很多小学的口语交际教学为了激发学生的兴趣采用游戏等多种手段,但我们必须切记的是学生的口语运用及口语表达能力的提高是我们教学的核心任务和内容重点,游戏、表演只是为提高学生的口语表达的手段,切莫本末倒置。

二、围绕学生的年龄特点和交际水平设计教学内容

小学生在生理、心理以及语言能力的发展上有他们自身的特点,形象思维占优势,社会化程度差,缺乏充足的社会经验,因此,对他们的口语教学的要求定得过高或过于成人化,是不现实的。我们应该"努力选择贴近生活的话题",结合他们的年龄特点,以游戏、表演形象化手段为依托,展开口语交际内容设计,促进口语水平的提高。

因材施教或根据学情展开教学一直是我们的教育原则,口语交际内容设计也要遵循这条原则。我们要围绕小学生实际的交际情况,选择教学内容。据一项调查,小学生口语交际的问题主要有"生人面前,羞于开口";"不分场合,高声喧哗";"别人谈话、随意插言"等,必须作为我们的教学内容展开教学。

三、口语交际教学主要内容分类

(一)介绍类

自我介绍,介绍朋友宾客,介绍我的家,介绍我的家乡,介绍我的一张照片,介绍一处名胜古迹,介绍我的城市。介绍的内容有"我喜欢的一本书"、"我欣赏的一句名言"、"我遇到的一个感人场景",等等。

(二)独白类

说小笑话、说故事、说广告、说自己的奇思妙想、说自己的愿望、说自己的读后感、说经验等。内容可以是"每天一句经典名言"、"我创造或看到的童话故事"、"现场目击报告",等等。

（三）交往类

道歉、做客、祝贺、待客、劝阻、商量、请教、赞美、批评、安慰、采访、辩论、购物、指路、看病、打电话等。内容设计可以根据学生的生活设计，如“借东西”、“问候同学”、“祝同学生日快乐”、“你不可以这样做”、“我是你的朋友”、“毕业赠言”等。

（四）表演类

演童话剧、演小剧本、主持节目等。内容既可以根据课文内容改写，也可以根据班级同学与学生个体存在的问题改写，如“我是海岛小卫士”、“话剧《笋芽儿的梦想》”、“小小新闻发表会”、“学配音”、“学做节目主持人”、“小小导游员”、“当小记者学采访”，等等。

（五）讨论类

即创设生活情境，引导学生根据情境里存在的某一事或某一问题畅所欲言，集思广益，达成共识。“思考，进而交流、讨论。”比如：小鹏在学校表现很好，主动帮助他人，认真打扫卫生，为人积极乐观向上，学习成绩也不错。但是，他在家里却像完全变了一个人，懒惰、自私、任性、不听父母的管教。如果你是小鹏的同学，应该怎样做？

（六）“想象”类

即根据课文或学生感兴趣的内容引发学生联想与想象，进而促进学生表达联想与想象的内容。比如“未来的桥”、“画出、介绍未来中国的交通工具”、“编夏天的故事”、“我想发明机器人”、“狐狸和乌鸦（谈编故事）”、“看漫画，编、讲故事”、“说说我的梦想”、“漫话奇思妙想”、“畅想未来（世界）”，等等。

专题点拨·理性反思

言语实践：小学语文口语交际过程实施

口语交际是一项实践性很强的活动，其教学指向是培养学生的言语实践能力。其教学目标不是要学生掌握一系列口语交际知识，而是要切实提高学生的口语交际能力，这种能力的获得离不开广泛的言语实践活动。现行语文课程标准特别强调“鼓励学生在各科教学活动以及日常生活中锻炼口语交际能力”。因此，设计可操作、有实效的口语交际过程，必须注意口语交际的主体是学生。在设计中应注意鼓励学生大胆、积极地进行口语交际，做到敢说、想说、能说、会说。教师要保证学生言语活动的时间，尽可能让每一位学生都有参与交际表达的机会，使学生在动态的交际实践演练中提高口语交际的综合能力。另外，教师要充分利用各种活动，开展形式多样的训练，增加学生语言实践交际的机会，使学生将口语交际与识字、阅读、作文有机融合，与社会实践、家庭教育、课外阅读相联系。当然，在口语交际的言语实践活动中，教师设计时也要有言语训练意识，保证学生的言语训练落实到位，让发展言语能力成为学生口语交际的核心目标。

一、巧妙设置口语交际情境与话题

任何言语都是特定情境中的产物。因此我们在进行“口语交际”教学时，应精心创设符合生活实际的交际情境，“教学活动主要应在具体的交际情境中进行”。因为与实际生活相符的交际情境，容易使学生有一种身临其境、似曾相识的感觉，情绪也会因此变得高涨起来，学生学习口语交际的主动性就会被激发出来，学习的动力就会增加或持续。不仅如此，还要从情境里导引出口语交际的话题。话题设置的基本原则是涵盖性、层次性、跳跃性、多元性、生活性：其一，依据文本具有“游戏”与“自我表现性” 的特征生发对话。比如学习《少年闰土》一文的情境可以设计“如果你来到了平桥村，你愿意与哪一位小伙伴交朋友”这样的话题。其二，依据师生具有“共享”性特征的情境设置口语交际的话题。比如学习《草船借箭》一文根据周瑜与诸葛亮的关系去联系学生的生活设计“我们应该如何建立合作互助的班集体”话题。其三，依据学生具有“共鸣”与“争鸣”特征的“话题”激活口语交际。

【案例传真】

认识小海龟的“犟”

师：请同学们用一句话来说说，我们今天认识了怎样的一只小乌龟?

生：这是一只具有坚持不懈精神的小乌龟。

生：这是一只有勇气战胜困难，还能虚心接受别人正确劝告的小乌龟。

师：现在，我们再来看看这个“犟”字，除了上课初提到的“倔犟”的意思外，它在这个故事中还有什么更深层的含义呢?

生：这里的“犟”字，含有坚持不懈的精神。

生：含有战胜困难的勇气和接受正确劝告的虚心态度。

教师的结束语：希望同学们在今后的学习生活中，能真正发扬我们今天领悟到的“犟”的精神，做到了这一点，我相信每位同学都能有一份属于自己的收获。

二、构建民主和谐的口语交际关系

口语交际概念的界定关键在“交际”。所谓交际性，就是注重过程、主动性，注重应对和调整，既注意风格、语言变体和语音词汇等言语因素，也关注体势、空间距离和副语言等非语言因素等。所以口语交际是一种能动的、涉及听说双方的言语行为过程，是一个既受主观条件支配又受客观条件支配的动态过程，是一个始终互动的、充满变数和应对技巧的过程。这个过程能够顺利实施的逻辑前提在于交际双方或多方的关系是民主和谐的。因此，在进行口语交际教学过程设计的时候应该注意营造民主、平等、真诚、信任的氛围，规范口语交际行为，努力融洽交际关系。

三、预设具有延续性和智慧性的口语交际进程

口语交际是指教师、学生与文本通过“诗”的言说方式进行对话，从而达到三者视野相互交融状态的言语实践方式。交际的意义既不是在文本那儿，也不存在于教师身上，它存在于教师视野、学生视野与文本视野的融合之中，存在于视野融合的无限发展过程中。因此，教学过程设计应注意整个过程是可持续的、发展的，而不是单线条一问一答的信息传递。其设计策略有：其一，以主问题为核心，将解决问题过程化。一般流程是“诵读感知—抓住文本的关键点—创设主问题—围绕问题展开对话—对‘关键点’触发”。其二，变换角度，引导学生分别从伦理视角、语言视角、审美视角等去发现交际进程中的意义。其三，变换角色，引导学生把自己设想为作者或作者的朋友、亲人，像自己身处于文本中的情境中，甚至把自己置入文本的时代背景之中去争辩、去对话、去告白等。

总之，口语交际贯彻就像一个强大的磁场，紧紧地吸引着每一个学生，就像一棵树摇动一棵树，彼此竞争着生长的高度，彼此又尊重着修养的厚度，就像一片海推动另一片海，典雅的话语泛起情感的朵朵浪花，还像摄像机拍摄的影片，情节展开了生活的画卷，更圆融了生命的意义。

典型案例·交流研讨

【典型案例】

“秋游怎样组织”教学设计（片段1）

导入：秋天是美丽的，天高云淡，大雁南飞，枫叶似火，硕果累累，在这美丽的季节里，老师相信大家肯定想到秋天的原野去游玩一番，那么，秋游该怎么组织呢？

设计者称这是用语言来创设情境。接着教师将学生分成若干小组，让每一位学生在小组内就秋游如何组织谈自己的看法，组内其他同学可以提问或质疑。然后小组推荐代表面向全班发言，及时组织评价。

“秋游怎样组织”教学设计（片段2）

1. 当你回家说起秋游而家长表示反对时，你将怎样用自己的秋游计划来说服家长？要求学生自由组合，喜欢扮家长的为一组，想好劝阻学生去秋游的种种理由。喜欢扮演孩子的为一组，想好如何用所作的秋游计划说服家长。

2. 学生在小组内扮演各自的角色，进行对话沟通。

3. 选择一两个小组汇报表演，及时组织评价。

【读读议议】　上述教学片段设计符合课标提出的“教学活动主要应在具体的交际情境中进行”，什么是“具体的交际情境”？课堂情境与生活情境有何区别？你怎么评价片段1和片段2的设计？

专题点拨·理性反思

形成性评价：小学语文口语交际评价设计

一、终结性评价和形成性评价

语文课程评价的目的不仅是考查学生达到学习目标的程度，更是检验和改进学生的语文学习和教师的教学，改善课程设计，完善教学过程，从而有效地促进学生的发展。新课标提出"形成性评价和终结性评价都是必要的，但应加强形成性评价"。口语交际教学的评价目的不是要给学生排个高低上下，而是为了让学生得到富有建设性的反馈信息，对自己的口语交际水平有一个真实的认识，并对自身存在的问题及时进行调整，以利于下一阶段进行。当然，终结性评价是必不可少的，但从效果来看，形成性评价对提高学生的口语交际能力更有效。因为形成性评价重视教学过程中对学生表现的评定，它不仅衡量学生实际运用语言的水平，还对学生的交际意识、情感态度、思想风貌等作出反馈评价，这种评价更及时，富有意义。

二、如何进行评价

（一）确立评价态度

应以鼓励、表扬等积极的评价为主，采用激励性的话语，尽量从正面加以引导。这一点对小学生尤为重要。教师要不断地以积极、宽容的态度肯定学生取得的成绩，从而增强他们学习口语交际的积极性，树立他们学习口语交际的信心和兴趣。评价的语言要谨慎，多鼓励，少批评。

（二）明确评价内容

评价的内容主要由如下内容组成：①语言表达方面：普通话标准、逻辑清楚、内容清晰、表达流利、表达真实不做作等。②非语言表达方面：手势等态势语的适当运用、与听众的应对效果等。

【典型案例】

复述（二年级适用）

1. 要求：听两遍故事，复述一遍。

2. 材料：小羊想去山上吃草，老羊说："别去，别去，山上有狼。"大狗说："别怕，别怕，我跟你一块去。"小羊和大狗一块上了山，小羊吃草，大狗在一旁看着，狼不敢来了。

3. 使用说明：

评价之前向学生说明听故事的方法：故事中有谁？他们是怎么说的？结果怎样？

评价时间：2 分钟

4. 复述要点：
时间：有一天
地点：在山下
人物：老羊、小羊、大狗
起因：小羊想上山吃草
经过：老羊劝阻，大狗愿陪同，小羊和大狗上山，小羊吃草，大狗看着
结果：狼不敢来了
5. 评分标准：
段落复述能力评定标准（片段）：

表 3-1　复述评定标准

项目	分值/分	评 定 标 准
叙事具体	4	3 分：段落复述不完整，有一个要点漏说。 4 分：段落复述清楚完整。
语句正确	2	1 分：段落复述过程中有 3 句病句或错误。 2 分：段落复述过程中无病句或错误。
表情态势	2	1 分：比较拘谨。 2 分：神态大方自然，站姿或坐姿正确。
音量速度	2	2 分：声音响亮，语速适中。

专题点拨·理性反思

教师与口语交际知识

一、关于"口语交际知识"

新课标指出：口语交际教学"不必过多传授口语交际知识"。对于这句话应该好好把握。首先，"口语交际知识"，是过去教材里叙述的正确的废话，诸如"要得体"、"要充实"、"要眼睛看着对方"等，还是吸收那些真正有用的口语交际知识？其次，"不必过多传授"，并不是不传授，既然要传授知识，对于广大的小学教师来说，就要大量吸收广泛的口语交际知识并加以甄别，分辨出哪些是应该对学生传授的，哪些是不必传授的。

二、教师如何传授口语交际知识

"心中有知识、口中无术语"实质上指陈述性知识如何转化成程序知识或者客观的口语交际知识如何转化成教师个体知识再转化成教师教学策略。庄子言："水之积也不厚，则其负大舟也无力。""教师对文本的选择、处理、加工、改造都是在个人经验阅历、文化视野范围内进行的。首先，教师文化素养的高低、文化视野的狭阔、思维活跃的程度、自身阅历的多寡和思想的深刻直接影响着他对文本的选择、处理和使用。"其次，作为教师，他又

是“口中无术语”的审美活动的点拨者。若口中术语成篇，不免又陷入了知识灌输的泥沼，不但枯燥，而且背离了语文学习的实践性特点。“口中无术语”并不指教师在教学过程中不涉及口语交际知识，而是把干巴巴的客观知识通过学生的实践和主体的体悟，潜移默化地、富有生命力地去感受，从而获得口语表达能力的提高。

体验践履·自我提高

【案例实录】

如何进行电话交谈

生：我们在议论明天爬山的事。

生：我们在议论爬山比赛谁会获得第一名。

师：这到底是怎么回事？谁能详细告诉我？

生：周老师告诉我们，明天要搞一次爬山比赛。

生：山上有数学题，看谁找得到，做得对。谁找得多，做得对，谁就是第一名。

师：哦，是这么回事，那谁去放数学题，放在哪儿？

生：今天午饭后周老师去放数学题，有的放在石头缝里，有的放在树枝上。

师：好。这个活动真有意义。那么，你们现在关心的是什么？

生：我最关心的是明天能不能得第一，得一等奖。（众笑）

生：我最关心明天的天气。

师：为什么关心明天的天气？

生：因为明天要是刮风下雨，我们的爬山活动就搞不成了。藏在山上的数学题就会淋湿、刮跑了。

师：那么，你们希望明天有一个什么样的天气？

生：我希望明天天气晴朗，一丝风都不刮。

师：谁能再说具体点？

生：我希望明天万里碧空飘着朵朵白云，太阳照在身上暖洋洋的，我们好高高兴兴地搞爬山活动。（众赞叹）

师：说得好。徐州人民广播电台每天上午十点半预报天气，现在正好时间到了（打开收音机），请仔细听。

（这是根据教学需要，请播音员特别录制的，但学生们都信以为真，流露出失望的神情。）

师：这是真的吗？

生：阿姨说明天有大雨。

生：还刮东北风，四到五级，阵风七级。

生：阿姨还说明天的最低温度是零度。

师：能不能连起来说？谁能连起来说？

生：电台广播说，今天下午到明天，徐州市区和各县阴天，有雨，雨量大；偏北风，四到五级，阵风七级；明天最低温度零度。

师：说得不错。同学们，看来明天的活动不能搞了。（同学们不大高兴，议论纷纷，一学生举手。）

师：你要说什么？

生：气象预报有时候也不准。（众笑）

师：大部分的预报还是准的，看来你是很想明天按计划搞活动，是不是？（生点头）那好，朱校长也来听课了，我们问问她明天怎么办。

（朱校长回答，活动改在星期六举行。）

师：哦，周老师在教育局开会，今天不回学校了，活动改期这件事她不知道，怎样告诉她？

生：写信告诉她。

师：写信太慢，来不及了。（众生纷纷举手）

生：打电话告诉她。

师：很好。打电话是个好办法。那么，我们拿起电话，向周老师说什么呢？

生：我们对周老师说，明天天气不好，爬山活动不搞了，星期六再搞。

师：说得还不够清楚，不够全面，想想看，最要紧的是什么话？谁再来说一说？

生：我们对周老师说，天气预报说明天要下雨，爬山活动不搞了，请您今天下午不要到云龙山放数学题了。

师：很好。同学们想不想打电话？

生：（兴高采烈）想。

师：同桌的同学互相练一遍。每个人当一次周老师。

（学生兴致勃勃地握起拳头当听筒，互练了一遍。）

师：正好，我这里有两部玩具电话机，我来当周老师，请同学们给我打电话，谁说得最清楚，谁就代表大家到办公室给周老师打电话。

生：（拿起电话就打）喂——（众笑）

师：拿起话筒要拨号码，老师忘记告诉你了，文教局的电话号码是 25206，如果记不住可以查电话号码簿，或拨 114，或查号台。

（该生打电话后，其他同学也争先恐后地举手，要求打电话，老师又找了两个同学表演，说错之处给予纠正。）

师：现在，我找一个同学到办公室给周老师打电话。

（同学们高兴极了，小手举得高高的，有的还站起来，课堂气氛异常活跃。老师指定一名学生前去。）

师：哎呀！还有一件事，二年级其他三个班的同学们还不知道，怎么办？

生：写个通知送到广播室广播一下。

师：这个建议好。因为事情紧急，我们在前面加上“紧急”二字。现在练习写一个紧急通知。

（交代了通知的格式和内容，然后让同学们写，老师巡回指导。）

【案例剖析】

从上面这个案例的成功可以看出，小学口语交际教学必须遵循这些教学策略：

一、真实情境策略

口语交际以交际为核心，把交际双方置于真实的情境中，安排给学生确定的交际任务，以逼真的生活情境激发他们表达欲望，从而获得语言能力的提高。在这个案例中，教师精心创设了一个逼真的教学情境，教学情境与生活情境融为一体，使学生在仿真的情境中自然而然的交谈和情绪的体验，极大地调动了学生的学习积极性。

二、口语运用策略

在这个案例中，强调突出的是打电话的语言交流，而不是打电话的一些技术动作(很多老师会重点关注怎样打电话的操作)。教学始终围绕打电话的语言设计、纠正、提高等。

三、学生主体策略

确立学生的主体地位，以学生为本是教育的出发点，也是口语交际教学的立足点。在口语交际教学中必须遵循以人为本的主导思想，让学生在活动中真正成为交际的主体。在这个案例中，教师始终把解决问题的主动权交给学生，让学生主动思考如何打电话通知周老师、如何广播通知其他学生等。

四、及时反馈策略

口语表达是稍纵即逝的过程，特别需要对学生的表达进行及时反馈，让学生得到一些建设性的建议，以便他们及时调整自己语言表达上的缺陷或错误，在反馈、修改的过程中使他们的语言表达得到切实的提高。这个案例中，教师就在不断地对学生的表达进行及时评价。

【自主实践】

这是人教版五(下)口语交际“劝说”：

在日常生活中，我们可能会遇到这样的情况：爸爸烟瘾大，妈妈多次劝爸爸戒烟，可他就是不听；走在大街上，好朋友把果皮随手乱丢，其实不远处就有果皮箱；剧院里，大家都在静静地看戏，可身旁的两个人就是说个没完没了；邻居的大哥哥一放学就玩电子游戏，顾不上吃饭，既影响了学习，又伤身体……遇到类似的情况，我们应该劝说别人。先说说你打算针对什么事进行劝说，再商量一下怎样劝说会更有效。小组交流后，可以进行模拟表演；还可以评一评谁的劝说效果好，为什么好。

要求：请你结合课标的学段要求和教学策略，进行教学设计。

拓展视野·娴熟技能

【参考课题】

1. 小学语文口语交际教学的途径拓展研究
2. 教师口语典雅与专业能力提升研究

3. 口语交际的伦理规范研究

4. 小学生口语交际评价机制创新研究

【参考文献】

[1] 全日制义务教育义务教育语文课程标准(实验版修订稿). 北京：北京师范大学出版社，2001.
[2] 王志凯，王荣生编著. 口语交际教例剖析与教案研制[M]. 南宁：广西教育出版社，2004.
[3] 倪文锦主编. 小学语文新课程教学法[M]. 北京：高等教育出版社，2003.
[4] 韩艳梅. 论口语交际教学的策略[J]. 教育评论，2002(2).
[5] 施茂枝. 口语交际教学离课标有多远[J]. 人民教育，2003(23).
[6] 李明洁. 口语交际的特质与教学独立性[J]. 语文学习，2003(4).
[7] 李明洁. 进入教学的口语交际及其特点[J]. 语文建设，2005(8).
[8] 董蓓菲. 以新视角关注口语交际评价[J]. 中国小学语文教学论坛，2004(5).
[9] 武玉鹏主编. 语文教师专业技能训练与教育实习[M]. 北京：高等教育出版社，2007.

第四章　阅读教学设计

单元导读·抛砖引玉

阅读能力的培养是小学语文教学的重要目标之一，阅读教学是小学语文教学活动的重中之重。为实现阅读教学目标，有效地进行阅读教学设计是必不可少的。本章从阅读教学目标、阅读教学过程的设计、阅读教学设计的规律与方法等方面展开论述，旨在为教师的有效阅读教学提供一定的指导与帮助。

问题扫描·掩卷遐思

【问题扫描】

有专家和教师把当前小学语文阅读教学设计存在的问题概括为“六重六轻”：

重教本，轻学生；重资料，轻课文；重内容，轻方法；重人文，轻知识；重讲授，轻练习；重感悟，轻实践。

【掩卷遐思】

1. 小学语文阅读教学实践中，普遍存在教学效率不高、学生阅读能力偏低的现象，如何提高小学语文阅读教学质量？

2. 如何设计合乎新课程三维目标融合的、可操作的教学目标？

3. 如何设计既尊重学生学习规律又遵循教师教学规律的阅读教学过程？

4. 如何设计灵活多样的阅读教学方法？

典型案例·交流研讨

【典型案例】

《孔子游春》教学设计书①

课型：新授课

教学目标：

1. 知识能力目标：根据猜谜法掌握生字，理解部分词语；背诵并理解孔子论水的语句。

① 引自广东纪中三鑫双语学校“诗意语文精品课程建设”课题成果。田云伏校长执教，冯铁山点评指导.

2. 情感态度价值观目标：学生通过课文学习，了解孔子的德性修养并了解什么是“真君子”，以及如何做一个有意义的人。

3. 过程方法目标：学生通过关于“两个省略号”的言语实践，自主积淀典雅语言并学会运用富有连贯性的句组表达思想。

学段：六年级(下)

教材版本：江苏教育出版社小学六年级下册

设计理念：

1. 学生分析：

本课的教学对象是六年级学生，年龄为12岁左右。他们已具备较强的语文能力，但语文素养有待提升，尤其是对中国文化，需要更进一步的熏陶。

2. 教材分析：

《孔子游春》一文，篇幅长，内容多，但核心内容就是孔子对水的评价(对平常人来说，司空见惯，没有什么稀奇的。但在孔子眼里，水是多么与众不同啊。水有德行，水有情义，水有志向，水善施教化，……水是真君子啊!)

读文章，尤其是读长篇大文，一定要善于抓核心内容。对教师来说，就是抓住了“牛鼻子”，这是长文短教的前提；对学生来说，就是把文章读薄了，吸收了精华。

《新课标》明确指出，要通过不断地积累提升学生的语文素养。本设计就是根据这一理念，在对孔子的认识上，在通过猜字谜掌握生字上，在通过“论水”这一教学环节上，着力培养学生对语文的兴趣，对祖国文化的热爱。

课时安排：两课时

教学方法：关键词语读法、字谜识字法等

教学过程：

一、导入课题，了解孔子

导言：今天，特别的我给特别的你在一个特别的地方上一堂特别的课！希望上完之后，大家都能成为一个“特别的我”！现在，我们一起来学习《孔子游春》。

师：孔子，大家了解多少？(思想家、教育家、政治家、文学家)

小结：思想家、教育家、政治家、文学家这四大家里面，他有更著名的两项。如果说是文学家，他的文学作品是什么？这个留为课后思考，请大家查查资料。后人对孔子有一个评价，请同学们笔记！(板书：天不生仲尼，万世成长夜)这句话是什么意思？请同学们课后去网上，去图书馆收集关于孔子的社会成就以及相关事迹、相关思想等，尤其他的名言警句。

【设计意图】 **兴趣是最好的老师。教师开课伊始，就用五个“特别”紧紧抓住了学生的心。教师介绍了孔子，又板书“天不生仲尼，万世成长夜”，既让学生对孔子产生高山仰止之情，又对课文产生了强烈的阅读期待。可谓一石二鸟，高明之极。**

二、学习课文，开拓思维

1. 解析课题

师：我们现在想课题，《孔子游春》的“游、春”两个字中，哪一个字更重要？

引导一：我们先打开课文最后一段，齐读一遍，再想想课题，哪个字更重要？

引导二："更"什么意思？可以换成另外的什么字？

小结后引导三：对了，"更"就是在原来的基础上提高的意思，再、又增加了等。"原来的基础"是什么？请同学们带着这个问题，在课文的前面找"原来的春意"。请同学们自由读。谁找到了就举手发言啊。看谁最快？

2. 猜谜教本段生字：同学们朗读这一段，吐字非常清楚。我有几个问题考考大家，我黑板上有几个字谜，答案就在刚才读的这段话中。谁能猜出，谁就是猜谜的老师了。

出示：①柔中有刚。②罗纳尔多。③卯年到。④要想发家致富，必须建功立业。（各猜文中一字）

引导：猜字谜要注意字的结构，字的意义。

【设计意图】 **教师匠心独具，根据本课生字的字义设计了谜面，学生在猜谜当中，思维活跃，兴味盎然，牢牢掌握了生字字形和字义。我们常常说语文课要上出"语文味"，田老师给我做了很好的示范。**

3. 激励背诵：那么，我们现在把这个自然段最后几句话再齐声朗读一遍。注意，看谁读两遍能够背下来谁就是记忆的大王！

4. 补白省略号：请同学们看，这一段的最后有个什么符号啊？

引导一：那你能不能补充一点呢？这个问题交给所有同学。广袤的大地是她宽广的胸怀，四句话之后，点点点是省略号，它省略了什么？现在同学们一起动笔，请你补充，按照它的句子去为春天造句，最少造一个句子。

引导二：其实课文写这里是有顺序的。先从大地到森林、再到太阳再到风，它的顺序是怎么样的？想一想，由什么到什么？

【设计意图】 **上课就是激励的艺术，谁善于调动学生的积极性，谁的课就成功了一半。田老师激励说"看谁读两遍能够背下来谁就是记忆的大王！"，学生就爱争强好胜，田老师深谙此道，于是，奇迹出现了，学生很快就背会了。上课就是"补白"的艺术，谁有眼力，善于发现文章中的"空白处"，谁就能有效地训练学生的思维。田老师是"补白"的高手。**

5. 重点学习第 8 自然段

（学生齐读一遍并尝试背诵。）

理解促记忆。

引导一：同学们，这水怎么样啊？用孔子的一句话来说，说水是真君子啊！什么是君子呢？

引导二：除了这些，还有其他吗？今天，我带了一个小小的杯子来，带了一把泥土来了，很想做这个实验。我把水倒在杯里面，把泥土也倒在杯里面，会产生什么现象？

引导三：水啊，还有很多品质。我们从水的变化看看，雪跟水有关系吗？再想一想水还与什么有关系？这是水的几种形态。水的气态、液态、固态，除了水的三态，我们还能想到别的什么没有啊？不管它变了什么，它的本质变了没有？

小结：我们刚才说水的三态变化，最终本质不变，永葆自己的本色，可以说就是坚贞不渝。这是诚信，这是真诚。所以，孔子对君子的评价，有这么几个标准：仁、义、礼、智、信。君子的标准：品德高尚的人。

【设计意图】 第8自然段是本文的重点段。田老师善于抓"主要矛盾"，直接激励学生背诵，然后再理解，然后再巩固背诵。小学生的记忆不可小觑，先背下来，再理解关键的意思，再反刍，这样几个来回，教学任务就当堂完成了。可喜的是田老师不满足于就课论课，而是利用自己广博的知识，补充了水的特点，学生眼界大开，思维跃升，很好地体现了教师的主体作用。

三、回归课题，回顾内容

引导一：我们一起回顾这一节课，我们学习《孔子游春》，开始的时候是讲"春"重要还是"游"重要。我们学了前一部分，重点讲了自然界的春天等。然后重点讲了水。现在，我们觉得哪个字更重要？

小结：所以，题目为什么叫游春，不叫春游。

引导二：现在回顾一下这节课的学习内容：这节课我们学了些什么呢？

【设计意图】 万事开头难，做好结尾也不容易。田老师结课时回到课题，解决了"题目为什么叫游春，不叫春游"这个问题，又回顾学习内容，当堂反馈，当堂巩固，可谓扎扎实实。

【观点争锋】

生1：从这个教学片段中可以看出，这位老师采取了多种教学方法进行阅读教学，如情境教学法、导读法、情感熏陶法等，而且最后收到了良好的教学效果。这些值得我们学习和借鉴。

生2：《孔子游春》一文，篇幅长，内容多，但该教师处理文本时抓住孔子对水的评价这一核心内容，可谓抓住了课文的诗意点，教学设计简单明快，值得我们学习。

生3：但是，这位老师的教学过程中也存在一些问题，如过分依赖学生的自主性，缺乏有效地示范，这样会浪费很多时间，无法在规定时间内完成预定的教学目标。

……

专题点拨·理性反思

阅读教学设计概述

一、阅读的内涵

《全日制义务教育语文课程标准(实验版修订稿)》指出："阅读是搜集处理信息、认识世界、发展思维、获得审美体验的重要途径。"广义上说，阅读的"阅"是生活阅历，"读"是搜集处理信息、认识世界、发展思维、获得审美体验的活动，阅读是结合生活阅历经过生命感动获得生命意义的活动。狭义上说，是学生自主感知语言符号获得生命意义的一种心理过程，是搜集处理信息、认识世界、发展思维、获得审美体验的重要途径。

理解要点：

1. 阅读的对象是书面语言；
2. 阅读的核心是理解生活；

3. 阅读是一种反思性表达的心理过程。

二、阅读教学的内涵

《全日制义务教育语文课程标准(实验版修订稿)》指出:"阅读教学是学生、教师、文本之间对话的过程。"这表明阅读教学是教师引导学生创造性运用语言符号感悟生活、进行言语实践的一系列语文教学活动。

理解要点:

1. 阅读教学的主体是学生;
2. 离不开教师的指导;
3. 要安排大量的阅读实践;
4. 终极目的是提高学生的语感。

三、阅读教学设计的基本要求

阅读是学生的个性化行为,阅读教学设计必须遵循新课程的理念,根据阅读教学的具体目标,学生、教师、教学条件的实际情况,对教学进行通盘考虑,选择最佳设计方案,以求得用最有效的时间和精力,取得在该条件下最有效的教学效果,达到培养学生阅读能力,发展语文素养的目的。新课程倡导的阅读教学理念有如下几个方面的内容:

其一,引导学生钻研文本,在主动积极的思维和情感活动中,加深理解和体验,有所感悟和思考,受到情感熏陶,获得思想启迪,享受审美乐趣。要珍视学生独特的感受、体验和理解。不应以教师的分析来代替学生的阅读实践,也要防止用集体讨论代替个人阅读,或远离文本进行过度发挥。

其二,阅读教学的重点是培养学生具有感受、理解、欣赏和评价的能力。这种综合能力的培养,各学段可以有所侧重,但不应把它们机械地割裂开来。

其三,逐步培养学生探究性阅读和创造性阅读的能力,提倡多角度的、有创意的阅读,利用阅读期待、阅读反思和批判等环节,拓展思维空间,提高阅读质量。

其四,各个学段的阅读教学都要重视朗读和默读。加强对阅读方法的指导,让学生逐步学会精读、略读和浏览。有些诗文应要求学生诵读,以利于积累、体验、培养语感。

其五,在阅读教学中,为了帮助理解课文,可以引导学生随文学习必要的语法和修辞知识,但不必进行系统、集中的语法修辞知识教学。

其六,培养学生广泛的阅读兴趣,扩大阅读面,增加阅读量,提倡少做题,多读书,好读书,读好书,读整本的书。鼓励学生自主选择阅读材料。

其七,还应注意学生阅读时的心理卫生和用眼卫生。

根据新课程的基本理念,我们进行阅读教学设计的时候,应该努力遵循下列原则,设计富有科学性、可操作性的阅读教学教案。

(一)遵循主体性原则,建立"以人为本"的理论导向机制,由"以教定学"转变为"以学定教"

"以人为本",就语文教学而言,就是以人的发展为根本,关爱人,关爱人的生命,关爱人的生存环境。青少年处于人生的最佳发展期,这一阶段行为的盲目性、可塑性以及纯真性，给语文教育提供了极大的可开放性。为了有助于“学者好学”，实现“让学生生动、活泼、主动地发展”的总目标，关键在于教师应树立“以人为本”的观念，根据学生学习语文的需要以及实际情况，让学生自主参与制定学习目标，变单一知识传授为关注个性、才能的发展，变设置知识学习的“通道”为创设激发兴趣，诱导情感的“情境”。遵循这一原则，努力构建新的语文教学理论导向机制：一是返璞归真，“语”“文”并重，努力弘扬中华民族文化传统，让学生从小受到优秀文化的熏陶；二是正本清源，强化语言文字训练，大量读写，大量积累，要求语文教学读背在先，品悟跟上，读写随之，提高学生对语言的感悟能力，形成典雅的语感，实现语文教学科学化，为学生终身发展奠定扎实的基础；三是双脑协同、多元互动，促进学生的语文素养全面发展，“双脑”指的是“左脑”+“右脑”、“大脑”+“小脑”、“人脑”+“电脑”等要素。“多元互动”的“元”即“要素”，是指跟语文学习有关而又能相互作用的各种教学因素，包括教师、学生、教材、教学条件与环境等，“互动”是指充分利用各种跟语文学习有关而又能相互作用的教学因素，充分调动学生的脑、眼、口、鼻和全身，真正做到视觉学习、听觉学习和动觉学习和谐统一，进而达到高质高效的教学效果。

（二）遵循相融性原则，建立发展学生语文素养为核心的目标机制，化静态的语言分析教学为动态的言语感受教学

“师本”语文教学，我们的教师简单地把强烈的功利主义、技术主义的价值取向当做语文教学的奋斗目标，语文教学也就演变成静态的知性分析、灌输“中心思想”的过程，以为语文就是教学生认识几个字、写好几篇文章、提高应试能力。其实质就是教师以自己的意志为核心，把学生的思维、语言，乃至教学过程均纳入教师的控制范围，粗暴地抑制学生学习语文的灵性，破坏了优美、典雅的言语作品和谐的人文精神。语文是一个以言语为核心的包括语言、文字、文章、文学、汉语言特有的文言文等及其文化的多元系统。就语文教学目的而言，“知识和能力、过程和方法、情感态度和价值观”三个方面相互渗透，融为一体，注重语文素养的整体提高。这就要求语文教学必须坚持相融性原则，整体把握教学内容的价值取向，构建发展学生语文素养为核心的目标机制，使语文教学过程变成动态的语文熏陶感染过程，形成学生、教师、教材、环境等因素的整合。

其一，目标设计立体化。语文教学目标的设计不能只是根据教师个人的意愿将学生培养成统一模式打造的、单向度的“平面人”，与之对照，语文教学必须尽力挖掘并唤醒学生作为“历史人”的潜能，满足学生作为“现实人”生活层、生命层的需要，更应着眼学生“未来人”的自我塑造，做到“知识点、能力点、情感熏陶、过程方法与创新点”的巧妙圆融。

其二，课程结构实践化。教学过程设计应做到“精”、“新”、“实”、“宽”、“活”，线性组合，块状结构，更主要的是把属于学生的活动一定还给学生，语文教学过程设计考虑教师教的同时，还要着重考虑学生的学。

其三，教学内容多元化。语文教学内容面向学生的整个生活世界，随着学生生活的变化而变化，着力处理“人与自然”、“人与社会”、“人与自我”、“人与文化”的审美关系。

相融则利，相离则弊。相融才能形成整体结构，从而发挥更大的整体功能。

（三）遵循实践性原则，建立“自主、合作、探究”的学习机制，由重结果轻过程的“结果——验证”式学习转变为两者辩证统一的“过程——探索”式学习

语文课是一种教育活动。教育是一种培养人的活动，培养人的活动应在实践中进行。

《义务教育语文课程标准(实验修订稿)》指出:"语文是实践性很强的课程,应着重培养学生的语文实践能力,而培养这种能力的主要途径也应是语文实践。"语文课主要是通过言语实践实现教育的人学主题。语文课是言语实践课,是活生命之课。学生的语文实践能力不是教师"讲"出来,而是学生在充分的"践行"中形成的。语文课堂应是学生语文"践行"的场所,是人与未知的知识可能"相遇"的场所。

遵循实践性原则,语文教学必须以学生的现实生活和社会实践为基础,以活动为主要形式,强调学生的亲身经历、自主参与学习,通过"做"、"旅游"、"考察"、"探究"等一系列的活动去看清人生百态,体味世态百味,品尝生活甜酸,欣赏异国风情,审视时代变革,在真切地体验和感受生活过程中,获得与人交往,探究问题的能力以及正确的情感、态度与价值观。

训练体系从封闭"结果—验证"式走向开放的"过程—探索"式,体现在语文教学实践中,它应该是一个全方位、全过程、序列化的体系,采取各种各样的内容、形式与方法贯穿于整个学生的学习过程。

其一,从教学模式方面进行改革,采取"整体感悟和自读自悟"相结合的形式,让学生沿着"自主感悟——发现问题——合作探究——求实创新"的思路前进,在主动积极的"发现——探索"式思维和情感活动中,加深知识形成过程的理解,并在理解中体验、感悟和思考这一知识得以产生的基础以及与其他知识的相互联系,让课堂充满智慧探索,通过课堂教学"转知成识"、"转识成智",使学生在获得知识的同时受到情感熏陶,获得发现与探究知识的方法、提高审美情趣以及享受学习的快乐。

其二,要求教师的"教"和学生的"学"紧密结合,使教师的"教"为学生的"学"服务,树立给空间就是给发展的理念,把学习的主动权交给学生,给学生留有充分的读书、独立思考、讨论的时间,力求使课堂教学出现一个全体学生积极地学、独立地学、创造性地学的局面。

其三,把言语实践贯彻语文教学的全过程,教学设计着力将课文字词句段篇章的琐碎知识教学转变为语文阅读能力的言语实践训练,人文性与工具性得到从外显到内涵的统一。让学生一直生活在语文自主探索的情境中,在大量的言语实践的基础上去掌握语文知识,发展语文智能,涵养语文情感态度,自主习得语言技能,生存本领,领悟生命意义,沉淀为语文素养。①

专题点拨·理性反思

阅读教学目标设计

【案例传真】

《为中华崛起而读书》阅读教学目标设计

知识能力目标:了解运用具体事例表达美好思想感情的写法。掌握"崛、脆、楣、沦、惹、轧、桩、泊"等八个字。初步学会用普通话正确朗读课文。

① 冯铁山.从师本走向生本[J].小学语文教学论坛,2003(9).

过程方法目标：初步学会通过具体材料和语言领会文章思想内容。

情感态度价值观目标：感受少年周恩来伟大的救国抱负和崇高的学习目的。

【案例分析】

从上面设计的阅读教学目标看，尽管设计的教师具有一定的新课程理念，从三维的角度去考虑教学目标。该目标设计突出的是教师与知识本位，忽略了学生的学习主体性，目标尽管出现了“了解”、“掌握”、“感受”等行为动词，但缺乏实施该行为的条件以及达成的程度预设。这说明教学目标缺乏可操作性与可检测性。教师从目标的设计上套用《课程标准》倡导的“知识和能力、过程和方法、情感态度和价值观”的三维目标，但依旧提不起学生的阅读兴趣，阅读教学课索然无味。究竟该如何设计阅读教学目标呢？

基于《全日制义务教育语文课程标准(实验版修订稿)》有关阅读教学建议，我们在设计小学语文阅读教学目标时，应该做到以下几点：

其一，教师应该深入研究阅读教学课的性质、特点和本质。阅读教学是平等的对话过程，小学语文阅读教学目标的设计应充分尊重学生的话语权，给学生留有充足的表达时间和机会，教给学生阅读方法，培养学生独立阅读能力、语感，陶冶学生积极的阅读情趣和高尚的情操，而不是一味地讲解与灌输。

其二，教师要根据课程标准中关于阅读教学的总目标和阶段目标，为自己每学年、每学期、每月制定一个长远的教学目标，既要明白在自己所执教的这段时间里，学生获得怎样的阅读能力，又要知道学生的阅读水平将要达到何种程度。

其三，根据影响学生的三个因素，即社会、学生的特征、语文学科知识的特征选择适当的教学途径和方法，并判断自己的教学目标是否适宜。如目标是否和学生所学习的教学内容有关，学生能不能达到这个目标，是否和学生的准备性、能力水平相一致，是否考虑到了学生的个体差异，是否提高了所有学习领域(知识和能力、过程和方法、情感态度和价值观)中的学习结果，在每个领域里，目标是否在某个范围内提高了学生的理解水平或者行为表现水平，目标是不是很详细，学生是否了解他们需要了解什么、需要做什么。目标要尽可能多地满足作为一个有效目标的标准。①

最后，小学语文阅读教学目标的设计还注意课内阅读与课外阅读的有效结合。

【案例比较】

《为中华崛起而读书》阅读教学目标设计

知识能力目标：学生分析字形，结合字理读准“崛、脆、楣、沦、惹、轧、桩、泊”等字的字音并正确书写。

过程方法目标：学生学会运用具体事例表达美好思想感情的写法并模仿课文运思方式表现生活1～2个生活场景。

情感态度价值观目标：学生在仿写与创写的言语实践中融会贯通地理解少年周恩来伟大的救国抱负和崇高学习目的的现实意义。

---

① 孙素英.小学语文课堂的有效教学[M].北京：北京师范大学出版社，2008.

专题点拨·理性反思

阅读教学过程设计

一、小学阶段阅读教学的过程

小学语文阅读教学是学生在教师的引导下，通过阅读实践，获得阅读能力，形成阅读习惯，并在此过程中形成良好阅读修养的言语实践活动。

阅读既然是一种实践活动，必然有其起始、发展、高潮、结束的过程，前一过程的终结标志着下一过程的开始，循序渐进，螺旋上升，由此而使学生的认识不断深化，能力不断增强。①

小学阅读教学过程一般可分为四个层次：小学各学段阅读教学的总过程；一个单元的阅读教学过程；一篇课文的阅读教学过程；一堂课的阅读教学过程。单篇课文的阅读教学过程一般有以下几种类型。

（一）凯洛夫"五环节过程"阅读教学模式

组织教学——复习旧课——讲授新课——巩固新课——布置作业

（二）目前大多数教师使用的基本过程模式

1. 凯洛夫的阅读教学变式

感知阶段(预习)→理解阶段(分析)→运用阶段(练习)→巩固阶段(复习)。

感知阶段，要求学生解决字词句及课文内容大意，对课文内容有初步的了解，整体把握文章大意；

理解阶段，启发学生的积极思维，从细处着眼，分析理解课文的思想内容及语文表达形式，全面感知和理解文章内容。

运用阶段，运用朗读、复述等方法，在练习中加深理解，让所学内容内化为学生自己的知识，从而可以举一反三，活学活用。

巩固阶段，熟练朗读或背诵课文，运用内容延伸、课文续写、课文改写等方法，发挥学生的想象力，在多种练习与复习中进一步巩固所学内容，延伸记忆。

2. 王尚文教授倡导"导读—研读—运用"阅读教学模式

导读过程——阅读活动的准备时期，日的在于引起注意、激发动机、确定目标。

主要内容：预习、解题、介绍有关资料(作者、写作缘起、时代背景、社会影响)、课前谈话(向学生交代学习内容、要求、方法)。

研读过程——中心环节，其中分为三个阶段：感知、分析、综合。

感知：主要任务是整体认识。具体内容：生字词、通读、了解内容概要、辨认文体、批

---

① 杨再隋.深入研究阅读教学过程[J].小学语文教学，2000(1).

画评点质疑发问。

分析：主要任务是各个局部的具体认识，具体内容：结构分析、内容要素分析、写作技巧分析、语言分析、重点分析（要点、难点、疑点）。

综合：主要任务是在分析的基础上整体概括。概括中心和写作特点。

运用过程——基本任务把知识转化为能力。

3. 钱梦龙“三主四式导读”阅读教学模式

初读感知——辨体析题——定向问答——深思质疑——复述整理。

初读感知——对文章内容、语言获得整体的感受。

辨体析题——辨文体，析题意，把握文章的形式和内容。

定向问答——按“写了什么”、“怎么写的”、“为什么这样写”的顺序自问自答。

深思质疑——围绕重点，质疑问难，把理解引向深入。

复述整理——复述学习重点，整理阅读心得。

（三）新课标探索的阅读教学模式

1. 导入新课、激情入境——诵读课文、整体感悟——自主合作探究——反思小结——研究性作业

2. “导读——悟读——会读”课堂教学模式

(1) 导读阶段。就是从学生自读感知的效果为出发点，让学生真正地动起来——动口、动脑，进行有效的朗读实践。教师则需对学生的读进行合理的点拨、引导。

(2) 悟读、会读阶段。就是在导读阶段的基础上，让学生通过各种形式的读、感悟、品析、思考，产生真切的情感体验。教师要舍得花时间，花精力让学生在读中自悟，在读中自读，自由感悟，各得其所。然后使学生达到“无师自通”。

(3) 整合阶段。系统地整理和分析课题组实验的材料和数据，汇总成比较系统的理论。

二、语文教学的过程设计

（一）课文阅读教学的一般过程设计

教学设计是对教学活动的组织与设计，教学设计对教学活动具有准备与指导作用。良好的教学设计，可以保证教学活动的顺利开展；可以使教学效果事半功倍。一般来说，一篇课文的教学设计可以体现为一篇教案的设计。具体包括以下要素：

授课题目：一般为课文名称。

教学时数：教学需要的课时数。

授课类型：一般分讲读课、略读课。

教学目标：是教师需要教授的内容，是一篇课文的总体目标，预计达到的教学效果等。教学目标的设计应该尽量明确、具体，避免大而空。

教学重点与难点：指一篇课文里学生必须掌握的知识点和技能及学生很难理解和掌握的知识点。也就是需要着重分析和讲解的部分。

教学方法和手段：教学方法多种多样，教学方法的灵活运用可以调动学生的积极性和参与性，活跃课堂气氛，利于达到预定的教学目标。一般有讲授、讨论、表演、模仿等。辅助手段一般有实物、图表、教具、模型、现代多媒体教学设施设备、特殊教学环境或实践环境等。

教学内容与设计：课前导入、内容讲解、练习、复习巩固。

（二）冯铁山教授研究的“自读自悟”阅读教学过程①

所谓“自读自悟”阅读教学模式，是指依据新课标准教学理念而创设的，改革旧的阅读教学耗散性讲析模式，通过多种形式的自读，充分发挥学生自主学习的积极性，全身心体会文章的内涵，从而达到培养语感、积淀文化素养、熏陶人文精神、培养创造力的目的的语文阅读教学基本理论和操作的基本程序。其基本模式为“初读有声——点读生疑——精读悟神——赏读出形”。

1. 初读有声，自主感知

在这个环节里，教师指导学生进行朗读的要求是：明其言。就是要求学生做到：辨认书面符号（即识字），再凭借口语经验对书面符号进行“意义组合”，然后逐步达到读得字字响亮，不可误一字，不可少一字，不可多一字，不可倒一字，不读破句，并能依据课文内容注意朗读速度适宜、节奏显明、声音抑扬顿挫。学生从整体把握文章的语言形式，初步疏通文章的语音、词汇以及句子的特点，自主“读准字音、分清节奏”，以亢奋的激情进入作者设计的语境。在这一环节，学生主要是对课文语言形式进行整体感知，就像在某个城市的上空搞“航拍”，拍出的是这个城市的全景。因为重视了朗读出声，很自然地吸引了学生的注意力，激发了学生的求知欲，语文的工具性智慧的培养让学生在反复自主朗读中完成，改变了单纯地机械训练带来的乏味和沉闷、学生被动接受语言训练的局面，学生学习自然也就非常投入。

2. 点读生疑，自主探究

点读，顾名思义，就是让学生带着疑问有目的地读，有方向地悟。主要方法是在学生认读课文后，或由教师提出重点问题、重点片段，引导学生读，或者学生质疑，教师启发学生读。疑，即疑问，通过读书引发疑问，读进懂的东西，读出不懂的东西，学贵有疑，小疑则小进，大疑则大进。疑是探索的动力，是诱发兴趣的源泉，也是创新的前提。“自主探索”，强调的是学生在自己主动探究的过程中，通过不断地揣摩、联想、梳理、归纳、推断、概括、实践等活动，从中领悟到文本的本质和解决问题的新方式、新方法，或领悟出某个道理、规律，同时也获得新的思维方式日形成科学的学习态度。这个环节的基本程序是“生疑—质疑—读议—解疑”。其特点是借疑激趣，因疑启智，让学生在自主的言语实践历练中进入语境，教师的作用主要体现在创设启思情境，为学生探索作品的语境铺路。

3. 精读悟神，自主吟味

精读，即针对文章精彩的片段或句子，让学生自力品文，“自求得之”。“吟味”指的是

① 冯铁山．以“生”为本，诵读通文——“自读自悟”阅读教学模式的实践[J]．当代教育科学，2003(13)．

在感知语言形式的基础上，把握文章的情意。所谓情意，即文本语言、情境、情节和主旨密切结合的统一体，包括作者的情感态度和写作的价值取向。它是语言、自然、社会和人的统一。情意是情感和意义的结合体，是文本信息输出者和文本信息接收者情感和思想的汇合与交流。神，既指文之神韵、之灵魂，也指学习者的神采。

例如，有的老师在教《狼和小羊》的过程中作了下列安排：让学生用自己喜欢的方式再读课文中喜欢的句子或段落，边读边想怎样才能把自己的感受读出来。教师顺势引导学生自主揣摩，读出情味，悟出神韵。教师首先激发学生读书的兴趣，“羊在河边喝水(贴小羊剪贴画)，这时狼也大摇大摆地来到小河边(贴狼剪贴画)。现在我们来自主读读课文，看看能不能读出味道来。”然后让学生“以读促悟，再通过读来表现悟”。有的学生喜欢读第一自然段，学生自主朗读后，教师让学生谈谈喜欢的原因，接着让其他同学品味，学生回答“想到小羊很危险，应该读出紧张、危险的味道”。教师进一步要求学生用朗读表现自己的感悟。采用的策略是“比一比，赛一赛”，充分激发学生的好胜心理，通过朗读“看看谁能让大家感觉到危险正在一步步地靠近小羊”。有的小朋友喜欢读狼的话，学生自由朗读后，让学生比较“你把我喝的水弄脏了。”和“你把我喝的水弄脏了！”的差异，让学生自主评议总结得出“应读出气势汹汹，蛮不讲理的语气”的结论。从而领悟狼一看见小羊，就想吃小羊，故意找碴儿，态度凶狠狡猾的本性。课文难字、难词的学习以及重点片段的赏析，均可以引导学生通过自主朗读，领会情意来实现。

这个环节，基本上以情感为主线，利用情感机制组织学生学习。其基本程序是“激情——析情——定情——悟情”。情感渗透到训练的整个过程，学生由感知作者设计的话语语境进入文章特定的深层的人文情境，通过亲身的情感体验，感受作品中的真、善、美与假、恶、丑。“情”与“象”交融，“心”与“物”同构。这有利于训练学生感知、直觉思维能力，有利于语感的形成，更容易激发和保持学生学习的“内驱力”。因为注重学生的独特感受，所以教学过程是流动的、变化的、起伏的、曲折的，也是热烈的、充满激情的。

4. 赏读出形，自主创造

赏读，以品评、鉴赏的态度去读，其目的在于使学生产生学习的愉悦感和培养创造力。它是一种自由的、舒畅的阅读。形者，形象、形式也，即样子、表现。出形，就是要求用外在的动作模拟作品里人物的情态，然后触类旁通、举一反三地将作品包含的人文情怀和自己的生活经验紧密联系起来，以超然的精神状态，使存在潜意识中的心灵、性灵得到充分的张扬。自主创造，即通过赏读，在自主的体验和“悟”的基础上直接和文章展开对话，把握文章所蕴涵的人文精神，从而充实学生的人生经验，自由提升生命信念，让学生的思想、情感、意志往更高、更广、更深的方向发展。

比如教学生读《翠鸟》中描写翠鸟外形特点的一段，就要一边读一边在脑子里“过电影”，用自己最喜欢的方式，读出样子，读出神采。也就是说，要求学生迅速地把文字符号转换成形象，想象出翠鸟的爪、羽毛、眼睛、嘴是什么样子、什么颜色的，并用自己的肢体动作创造性地整合成的翠鸟的形象。这个环节，因为教师尽可能调动学生的眼(看)，耳(听)，口(诵、说)，手(演)，脑(思)等感觉器官的功能，让视觉学习、听觉学习和动觉学习形成一个有机的整体，那么学生就容易忘记自我的存在，由先前的“有我之象”进入“无我之象”，学习处于超然的状态，充分激发创造欲望。

（三）个性化阅读教学设计

【现象传真】

《江雪》教学片段

师：同学们，还有什么不懂的吗？

生：老师，这位老翁为什么那么冷的天还要去江中钓鱼？

师：这个问题提得好，谁能帮帮他？

生：我知道。因为那老翁爱吃鱼。

生：我认为是老翁家里穷，没什么吃的了。

生：我想，那老翁钓鱼是要去卖的。

师：同学们说得都有道理，你明白了吗？

生：啊！（一脸茫然。）

生：（突然站起来提问）老师，现在江面结着冰，不可能钓鱼的。

师：是吗？有没有不同意见？

生：那可将冰凿破呀！把冰凿开可以捕到许多鱼。

师：你是怎么知道的。

生：我看到电视里介绍爱斯基摩人就是这样捕鱼的。

师：你真不错，在看电视的时候还注意学习语文。同学们明白了吗？

【掩卷遐思】

1. 个性化阅读就是尊重学生独特的感受，有个性地对文本进行解读？

2. 个性化阅读要不要发挥教师的作用？教师如何在尊重学生独特感受的基础上进行有效的指导？

【归因分析】

《义务教育语文课程标准（实验版修订稿）》指出："阅读是学生的个性化行为，应该引导学生钻研文本，在主动积极的思维和情感活动中，加深理解和体验，有所感悟和思考，受到情感熏陶，获得思想启迪，享受审美乐趣。要珍视学生独特的感受、体验和理解。不应以教师的分析来代替学生的阅读实践，也要防止用集体讨论代替个人阅读，或远离文本进行过度发挥。"

这一段话强调了学生阅读行为的自主性，为我们指明了阅读教学改革的方向，使语文阅读教学焕发了生命的活力，增强了语文阅读教学的魅力，但在实际操作中也出现了从以往的"学生跟着教师转"的极端走向了"教师跟着学生转" 的现象，个性化阅读变成了散漫化阅读。在这一节课中，教师鼓励学生大胆提问，这是值得肯定的，但当学生突发奇想地提出一个又一个富有"个性"的见解时，教师不能敏锐地把握教学契机，而是跟着学生的思维走，不知从哪儿引导学生和作者、文本进行真诚的对话，准确地把握作品的人文内涵，进行高效阅读，这是我们进行个性化阅读教学时常常出现的问题，其原因在于我们没有很好地把握个性化阅读的真正内涵和教学策略。

1. 个性化阅读

个性化阅读指的是教师在尊重学生的前提下引导学生进行的具有探究性和创造性的感知、理解、评价、鉴赏文本的活动，其中有独立的阅读和思考、独特的体验和表述、独到的见解和交流。个性化阅读教学必须立足文本，培养学生的反思性智慧，在教学进程的每一个环节，必须重视引导学生自我反思，依据各自的生活阅历去吸收他人的成果，同时反思性地表达自己的见解。教师是学生个性化阅读的引路人，更是增进学生反思性智慧的促进者。①

2. 个性化阅读教学设计

(1) 课前预习

背景式预习。即指导学生在预习时搜集新授课内容的背景材料，如学《冬阳 童年 骆驼队》和《草船借箭》、《月光曲》、《盘古开天辟地》等课文之前，组织学生阅读有关的书籍，观看有关的影片，搜集与之相关的小故事等。

相关式预习。即复习与旧知识有关的知识，搜集与新知识相关的资料，如在学习《赵州桥》、《鲸》、《长城》等课文之前，让学生搜集一些有关的数据资料、文字资料、图片资料，观看录像片段等。

难点式预习。即指导学生将新授课内容中的难点或不理解之处列出，如在《少年闰土》中"他们都和我一样，只看见院子里高墙上的四角的天空"这句话该怎么理解？

心得式预习。即在预习时，将初步阅读材料时产生的第一感受、即时体会及时记录下来，或是对阅读材料中自己有见解和心得的语句进行标记。比如《桥》，第一感受是什么？

(2) 让学生与文本进行个性化对话。

① 运用自主批注法促进学生个性化阅读。

批注阅读强调的是学生在独立阅读过程中，对课文的语言文字进行感知，对语文的内容、层次、思想感情、表现手法、语言特点、精彩片段、重点语句，在思考、分析、比较、归纳的基础上，用线条符号或简洁文字加以标记。以《麻雀》一文为例，本人让学生对"突然，一只老麻雀从一棵树上飞下来，像一块石头似的落在猎狗面前"中的"落"做专题批注，结果，学生从不同的角度表达了各自的认识和理解：有讲速度的——"来得快而猛"；有说态度的——"真勇敢、坚定、果断"；有论感情的——"一心只爱孩子"；有谈心理的——"心急如焚"；有赞人物的——"真是个奋不顾身的好妈妈"；有提读法的——"'落'字要读得重而快"。

② 运用选择性注意阅读策略促进学生个性化阅读。

在课文问题设计上，教师应摒弃强调"答案唯一性"的限定性问题，多设置一些能促进学生多向思维、个性思考的开放性问题，为学生驰骋思维、放飞思想、张扬个性提供广阔的空间。如本人教《落花生》一文时让学生抓住重点，分别谈谈自己从落花生身上得到了什么启示。这是个富有弹性的、没有标准答案的问题。学生可根据自身的认识和体验，选择不同的着眼点，从不同层面、不同角度做出阐述。

---

① 冯铁山. 个性化阅读教学需要培养学生的反思性智慧[J]. 语文建设，2006(4).

③ 运用探究性阅读策略促进学生个性化阅读。

如提供一些相关的背景材料，引导学生在网络中获取相关信息等，以利于学生在字斟句酌中品味、揣摩，逐步形成语感。在阅读课上，教师引导学生与无字处探寻作者的思想，把这些空白处，择要地让学生凭借语境展开想象，进行填补。这样，既有益于提高学生的阅读能力，又能体现学生独特的阅读体验。

(3) 教师善于创设反思情境，培养学生的反思意识。教师首先注意营造一种融视、听、触多种感觉于一体的学习情境，让学生进入作者设置的语境，巧妙地引发学生的兴趣和好奇心，学生自然也就容易进入特定的审美情境，去融情于境、因境生情，形成反思意识，从而奠定个性化阅读的基础。

(4) 灵活运用学习方式，培养学生的反思技能。反思是从新的视角、新的层次审视学习内容、形式乃至思维方式。教师以感悟为起点，以反思为中心，灵活运用了"导入情境，触发感悟；提出问题，尝试反思；辅助练习，检验反思；自读自悟，升华反思"等方式，让学生在读中悟，悟中思，思中读。整个过程既遵循了"欣赏—感悟—反思—创造"的语文教学规律，也符合从具体到抽象，从感性到理性的儿童认知规律。

(5) 巧妙运用评价机制，强化学生的反思习惯。教师用充满灵性、富有诗意的语言叩击学生的心扉，使学生产生愉悦的感受，以饱满的热情进入学习情境。

【经典案例】 请看另一位教师执教的《江雪》

《江雪》片段

生：这么冷的天，那个老翁为什么还在江上钓鱼？

师：真是个好问题，请大家大胆设想一下，假如你是这位老翁，你为什么要在天寒地冻的时候出来钓鱼？

生：家里缺衣少食，靠捕鱼养家。（板书：1. 捕鱼度日）

生：瑞雪兆丰年，想欣赏江雪的美丽。（板书：2. 欣赏雪景）

生：白雪茫茫，只有借钓鱼来排遣内心的忧伤。（板书：3. 排解忧伤）

……

师：同学们根据自己的生活经验，提出许多独到的见解，究竟哪一种比较符合作者的意思呢？下面让我们走近柳宗元，同时请同学们反思：刚才的理解是否正确？还有没有其他理解？能不能换个角度想一想？（课件出示：柳宗元生平简介及作品的写作背景。）

师：现在你比较赞同哪一种理解或者又产生了什么新的看法？

生：我知道了柳宗元被贬永州，所处的环境很险恶。

生：我感受到，诗人是在借这个"蓑笠翁"表达自己的忧愁、苦闷以及不屈服的决心。

……

师：作者的心情和寒江雪景一起，构成了一幅生动的画面。同学们，请闭上眼睛，让我们走进诗中描绘的境界。（播放音乐《命运交响曲》）画外音：此时，座座山峰，皑皑白雪，看不见飞鸟的踪影，也没有人们的足迹。整个大地茫茫无际，一个穿着蓑衣、戴着笠帽的老渔翁，好像也成了白雪世界里的一座雕塑，乘着一叶孤舟，在寒冷的江上独自垂钓。

请大家慢慢睁开眼睛。透过诗句，你看见了什么？你听见了什么？你闻到了什么？你觉得他真的是在钓鱼吗？

生：我仿佛看到了一个孤傲的柳宗元，他在享受孤独的宁静。

师：你能把作者孤傲的心情通过朗读表现出来吗？（师指名读）

（生朗读，惟妙惟肖。）

生：我仿佛听到柳宗元在告诫自己“坚持就是胜利”，他在磨砺坚强的意志。（师再指名读）

生：我仿佛闻到了春天的气息，他在引钓明亮的春天。（师要求全体学生品读）

专题点拨·理性反思

阅读教学设计应遵循的基本规律

一、阅读心理过程的规律

阅读是一种由眼、口、耳、脑及手多种感知器官同步协调，认知、注意、理解等多种心理因素参与的，从书面语言中获得信息的心理过程，它几乎涉及一个人的全部心理活动。心理学的研究把阅读分为五个层次的认知过程：第一阶段，认读——通过感知，辨认组成文章的语言符号，即文字；第二阶段，理解——通过分析、综合、概括、抽象等思维活动弄清文章各级语言单位的意思；第三阶段，鉴赏——通过联想、想象和情感等心理活动，对文章的内容和形式进行感受、体验、判断和评价；第四阶段，创造——通过联想，比较等思维活动，围绕文章引出新思想、新认识；第五阶段，记忆——通过识记，储存文章内容，必要时使其直观，让人感受。教师阅读教学设计必须遵循阅读心理过程的规律，注意在阅读的不同阶段，根据阅读材料及学生实际，设计具有针对性的阅读任务与活动方式，这样才能满足语文教学的需要。

二、读思结合的规律

读书不是盲目地读，要引导学生将读书与思考结合起来。这样，每读一遍都会有不同的收获，得到不同的启迪。教师在教学中要创设边读边思的情境，以便达到语文训练的目的。

【案例传真】①

教学《钢琴之王》一课，本人让学生对比“三次微笑”在不同语境中情感色彩有何不同，这些句子中的“微笑着”去掉可以吗？为什么？三处微笑如下：

“我是李斯特”，李斯特微笑着说，“听说我的一位学生住在这儿，明天就要举办钢琴演奏会，我想这人肯定就是您了。”

---

① 杨雪莲.课堂教学小策略实用精品库[M].北京：光明日报出版社，2009(4)：139-140.

“你也会弹得同样好，”李斯特微笑着说，“你瞧，我刚给你上了一节练习课，现在你可以向任何人说你是李斯特的学生了。”

他微笑着说：“祝贺你演出成功。姑娘，你是我所有的学生中最勇敢的，居然没有通知老师一声，就加入了我的学生的行列。”

生 1：不可以去掉。第一次是他微笑着询问小姑娘的情况，李斯特不同于常人，这微笑中体现了他的不急不躁、宽容大度。

师：请两位同学对比朗读。

（两个学生对比读。）

生 2：第二次微笑是李斯特微笑着鼓励小姑娘进行练习，将“冒牌的”小姑娘收为学生，并要与她同台演出。去掉“微笑着”就完全体现不出李斯特的大度、善良。

师：谁愿意对比朗读这句话？

（学生对比读。）

生 3：第三次是李斯特“微笑着鼓励教导”，这微笑中有真诚的鼓励，还有善意、委婉的做人的教导，所以也不能去掉。

（学生对比读。）

师：同是微笑，但在不同的情境下我们品出了不同的情感色彩。当发现别人的过错时，这微笑中蕴涵着不急不躁、耐心宽容；当得知别人遇到困难时，这微笑中蕴涵着真诚的鼓励和无私的帮助；当别人取得成功时，这微笑中又蕴涵着善意的、委婉的做人的教导。这就是“钢琴之王的微笑”！

学生通过对比，心中塑造了一个完整、立体的“钢琴之王”的形象，感悟到了人物伟大的人格魅力。

三、读写结合的规律

在阅读教学的基础上，利用文本引导学生进行多种形式的想象训练。读写结合既可以锻炼阅读表达能力，又可以增强写作能力。例如，采用“续写结尾”的策略，可以进一步激活学生的思维。

【案例传真】①

在执教《狐狸和乌鸦》一课时，教师是这样引导学生学写结尾的：

师：自从被狐狸骗走了到嘴的一块肉，乌鸦一直很后悔。有一天，乌鸦又得到一块肉。当它在一棵大树上歇脚的时候，碰巧又被出来寻找食物的狐狸看见了。这时会发生怎样的故事？请你们想一想，说一说。

（学生讨论，讲自己编的故事。）

生 1：自从被狐狸骗走了一块到嘴的肉以后，乌鸦一直很后悔。有一天，乌鸦又得到一块肉。当它在一棵大树上歇脚的时候，碰巧又被出来寻找食物的狐狸看见了。狐狸看着乌鸦嘴里的那块肉，馋得直流口水。乌鸦站在树上一动也不动，看狐狸能想出什么新花

① 杨雪莲. 课堂教学小策略实用精品库[M]. 北京：光明日报出版社，2009(4)：90-92.

招来！狐狸想啊想，突然眼珠子一转，有了！“乌鸦大婶，上次是我不好，骗走了您的一块肉。不过，我这次一定不会骗走您叼来的这块肉，您就唱一曲给我听听吧！”乌鸦摇了摇头，没有说话。狐狸想这个法子没有用，就换了一个态度对她说：“死乌鸦，上次你唱得难听死了，我才骗走你一块肉的。我告诉你，如果你这次再唱，我还不听呢！”乌鸦还是没有说话。狐狸实在没有办法了，就说：“我不管，反正你明天必须给我准备一块肉。要不，哼哼，你就等着为您的一家老小收尸吧！”乌鸦没有办法就去找蜂王，向他借了几十只蜜蜂。第二天狐狸又来到树下，说：“乌鸦，你有没有准备好肉？”乌鸦点点头，过了一会儿，乌鸦松开嘴，把袋子扔了下去。狐狸回到家，把袋子打开一看。哇！几十只蜜蜂飞了出来，把狐狸给蛰死了。

生 2：自从乌鸦被骗之后，乌鸦很生气。不久，乌鸦生了五个孩子。因为妈妈告诉他们被狐狸欺骗的事了，所以他们五个出门都十分小心，并且商量着怎样对付狐狸。有一天，他们出去玩，正好碰上了狐狸。狐狸看见这几只又肥又嫩的乌鸦，口水都流出来了。于是，狐狸就千方百计钓他们上钩。五只小乌鸦可是早有提防的哦，他们中最小的那只乌鸦说：“要不这样吧，我们……”小乌鸦说完，就跟哥哥姐姐一起开始行动。不一会儿，狐狸就倒在了血泊之中。

哎，这是怎么回事？原来呀，小乌鸦们各自用小尖嘴啄呢。只听老大一声令下，他们就一起啄狐狸的脖子，直到狐狸断气为止。从此，小乌鸦们就和妈妈一起过着幸福快乐的生活。

生 3：过了几天以后，狐狸又来到大树下，看见乌鸦嘴里叼着一个鸡大腿，狐狸心想：这个乌鸦，运气倒是挺好的嘛！就对乌鸦说：“亲爱的乌鸦，这块鸡大腿不够香，我回家帮你加点香料。”乌鸦捂住耳朵，装着不想听，不然他设置的圈套就会暴露出来——乌鸦在肉上放了肚子痛的药。狐狸一看一计不成，又生一计，就做了一个非常滑稽的动作，惹得乌鸦哈哈大笑，鸡大腿就掉了下来，乌鸦的表情很着急，可乌鸦心里还在偷偷地乐呢！狐狸吃了鸡大腿以后肚子痛得厉害，放声大哭，满地打滚，乌鸦看了大笑，对狐狸说：“恶有恶报，你这狡猾的狐狸！”

小学语文教材中的许多课文结尾都言有尽而意无穷，可以让学生续写下去。这样既可以锻炼学生的写作表达能力，又可以丰富学生的想象力，从而有力的增强学生的言语实践能力。

四、课内外结合的规律

从宏观上看，“语文的外延与生活的外延相等。”生活的外延有多大，语文的外延就有多大。生活是言语生成和发展的源泉，是人精神赖以孕育和生长的土壤。[①] 小学语文阅读教学要树立开放的教学观，加强与生活的联系，贯彻课内外相结合的规律。

课内外相结合，不仅可以扩大学生的阅读视野，提高阅读能力，而且可以调动学生的阅读兴趣，增强阅读积极性。

① 周健等. 有效上课——问题·探究·对策（小学语文）[M]. 北京：光明日报出版社，2009.

【案例传真】①

《参观人民大会堂》这篇文章故事性不强，学生的阅读兴趣也不大，神圣庄严的人民大会堂很难吸引学生的注意力。可下面这堂课却上得很精彩：

师：同学们，我真想在人民大会堂留个纪念。

这一突然“袭击”奏效了，孩子们都抬起头看着我。好！注意力被我吸引过来了。

师：我最好以什么方式留下纪念呢？

学生们这下活跃了，高举小手。

生1：照张相呗。

生2：我家有摄像机，我借给您，录像最好。

生3：用您的手机也可以。

师：那你想老师最好在哪里留个纪念呀？

学生的小脸仰了起来。

师：快快“想、动起来”，帮老师出出主意。学生们纷纷来了兴致，忙着翻书，寻找中意的“留念地点”。

生4：我觉得在大礼堂留念，它太壮观了。

生5：我觉得要在宴会厅留念，它有民族特色。

……

正是让学生把课文内容与生活实际联系起来了，才使课堂教学摆脱了“山重水复疑无路”的困境，转入“柳暗花明又一村”的新天地。

专题点拨·理性反思

阅读教学的方法设计

一、词语、句子、段落、篇章教学的常用方法设计

（一）词语教学方法设计

词是能够独立运用的最小的语言单位，是语言的建筑材料。我们理解语言，学习语言，都是以词为单位的。理解词语是理解课文内容的基础，特别是低年级，它是培养学生阅读能力的起始阶段，所以，要重视词语教学。

1. 积累和丰富词语的方法

(1) 阅读与摘录

词语来自段落和篇章，词语的积累需要在阅读中进行。阅读是快速积累词汇的方法。然而，好记性不如烂笔头，读写相结合，词语的积累离不开书写。摘录可以很有效地

---

① 自杨雪莲.课堂教学小策略实用精品库[M].北京：光明日报出版社，2009(4)：149-150.

积累词汇，在一定程度上可以减少重复阅读。

(2) 联想(构词，同义反义)

汉语词汇量大，小学课堂时间有限，教尽所有词语是不可能的，这就需要一定的策略。

首先，可以运用构词法。只要掌握了一种构词法，就可以学会很多词语。比如，高高兴兴，热热闹闹，是AABB结构，明白了这一规律，学生掌握这类词语就变得容易多了。

其次，可以运用同义、反义。比如聚精会神、专心致志、一心一意、屏息凝神等，都有注意力集中的意义，懂得这一点，学生可以把它们放在一起记，这样既迅速又简洁。

2. 理解和把握词语的方法

(1) 用词语练习

比如，对词语进行组词、换词、仿词等练习，在不同的练习中，举一反三，加深理解。

(2) 用句子练习

造句法是学习词语的很好方法之一。可以教师先进行示范，然后学生仿照例句进行造句。

3. 选择和运用词语的方法

(1) 研读课文

词语的运用离不开句子和段落。研读课文，练习上下文语境，可以更好地体会如何使用这个词语。

(2) 语文训练

熟能生巧。任何东西的掌握，都离不开练习。词语的运用也不例外。造句、写段落等都可以巩固词语的正确运用。

(二) 句子教学方法设计

1. 注意分清句子的种类与特点

(1) 含义深刻的句子。

如“至于看桃花的名所，是龙华，也是屠场，我有好几个青年朋友就死在那里，所以我是不去的。”(《给颜黎民的信》)

(2) 对于表现主题思想有较大作用的句子。

如“马克思和恩格斯合作了40年，共同创造了伟大的马克思主义。在40年里，在向共同目标的奋斗中，他们建立了伟大的友谊。”(《伟大的友谊》)

(3) 内容和结构都比较复杂的长句。

如“只见海港两岸，钢铁巨人一般的装卸吊车有如密林，数不尽的巨臂上下挥动；飘着各色旗帜的海轮有如卫队，密密层层地排列在码头两边。”(《大海的歌》)

(4) 生动形象的句子。

如《鸟的天堂》中“那翠绿的颜色明亮地照耀着我们的眼睛，似乎每一片树叶上都有一个新的生命在颤动。”

(5) 在文章结构上有特殊作用的句子。

如“马克思和恩格斯不仅在生活上互相关心，互相帮助，更重要的是他们在共产主义

的事业上，不分你我，亲密合作。”（《伟大的友谊》）

（6）距离学生的生活较远，难以理解的句子。

如《草原》中写草原的自然景色的句子：“就像只用绿色渲染，不用墨线勾勒的中国画那样。”

2. 学会抓关键词语

常言道：词不离句，句不离段。要完全理解句子，必须在理解词语的基础上进行。首先要让学生熟读这些句子，理解句子的基本内容，并在反复阅读中找出句子的关键性词语，结合具体句子弄清它在具体语言环境中的意思，从而理解句子的深刻含义。

【案例传真】

在《一夜的工作》的教学中，通过巧妙设问，出示表现周总理工作认真、一丝不苟的句子的投影片，理解“他不是浏览一遍就算了，而是一边看，一边思索，有时停笔想一想，有时问我一两句”这句话时，从重点词语“浏览”入手，利用拆词素的方法，分别指导学生弄懂“浏”（大略）、“览”（看）两个字的意思合起来是整个词语意思，接着在重点词上，扩大到词组，即在“浏览”的基础上加上“不是”，又是什么意思？（看得认真），这样就容易弄懂了。然后理清并列关系两组复句，“一边……一边……”“有时……有时…… ”最后才综观全句，揭示句子含义。

3. 联系上下文与生活实际

在学生感知课文以后，指导学生联系上下文，多问几个“为什么”，从课文的内在联系入手，层层剥笋，渐次深入，从而理解句子的深刻含义，明确该句在文中的作用。

【案例传真】

在教学《海上日出》一课，理解“太阳像负着什么重担似的，慢慢儿，一纵一纵地，使劲向上升。”这句是什么意思呢，请学生结合上下文和生活实际，边读，边想，边用自己的话语描绘这幅图画。有学生这样说：太阳升起是很慢的，就像我们背着沉重的东西一步一步费力地向上升，由于太阳是在海上波涛的起伏中上升，所以，感觉是一纵一纵的。

4. 朗读体味与直观演示

有些句子表面的意思极易理解，但句子的含义却隐含在句子的语气中，这样的句子就要引导学生去朗读，从朗读中加以体味，从而理解句子的含义。

【案例传真】

《狼和小羊》一课中，狼想吃小羊，就一而再、再而三地找碴儿；为了让学生更加深刻地了解狼的凶狠恶毒以及小羊的温驯可怜，老师用有声有色的语言绘声绘色地领读，将狼和小羊的形象活灵活现地展现出来，形成鲜明的对比，使学生认清了狼的本性，从而明白了课文阐述的道理。

5. 联系时代背景

课文所讲的内容比较陌生，教师必须适当讲解作者的生平及文章的时代背景，使学生置身于作者所处的时代，了解作者当时的写作目的，从而理解这些句子的深刻含义，领会文章所表达的思想感情。

【案例传真】

《丰碑》记述的是红军长征途中，军需处长被严寒冻死的感人故事，学生对“军需处长”、“二万五千里长征”不了解，因此，在教学前要让学生通过查找资料或老师的介绍了解当时的情况，以便更好地理解课文内容。

6. 引导学生抓主干

课文中有时会出现一些比较复杂的句子，因为这些句子修饰成分较多，学生理解较困难。对于这些句子可以采取提取主干的方法，减少干扰，帮助理解。

如“我爱激情洋溢战斗的青春之花”，这个句子就可以抓“我爱花”进行教学。

7. 在比较中探究

在阅读教学中，抓住关键的句子进行比较训练，有利于学生加深对课文的理解，促进学生思维能力和想象能力的发展。通过句子比较训练，学生知道恰当地用词可使意思表达得形象、具体、生动，在充分利用课文中的句意的基础上，教给学生比较句子的方法，让他们悟出表达效果的不同。通常，可按以下三步进行：

A. 初读供比较的句子；B. 从上面找出不同部分；C. 联系课文内容，体验表达的差异

例如：他在水里摸了一阵，也没有摸到。

他在水里摸了一阵，也什么都没摸到。

8. 通过扩充句子进行言语实践

在句子训练中，引导学生展开合理的想象，可以使学生深入地理解课文，领会中心思想，进而使语文学习成为一种难得的“思维训练”活动。比如，我们可以通过扩充句子训练，发展学生的形象思维。

【案例传真】

孔雀睁大了眼睛：——（　　）的孔雀（　　）睁大了（　　）的眼睛。

学生可以自己填充，——可爱的孔雀慢慢地睁大了圆圆的大眼睛。

9. 变换句式

一个句子的意思，可以用多种句式来表达。

【案例传真】

《数星星的孩子》一课，奶奶与张衡的对话，各有各的道理，奶奶认为星星太多，一闪一闪地乱动是数不清的。张衡认为星星看得见，就能数得清，星星是在动，可不是乱动。在学生理解了课文内容的基础上，我们可以设计这样的句型练习：

请学生把奶奶的话和张衡的话分别用“因为……所以……”的句式复述出来，依此来加深学生对人物对话的理解。

生：傻孩子，又在数星星了。因为那么多星星，一闪一闪地乱动，眼都看花了，所以星星是数不清的。

生：奶奶，因为能看得见，所以就能数得清；还因为星星是在动，可不是乱动，所以数

得清。

【案例传真】

《草船借箭》的结尾有这么一句话，周瑜长叹一声："诸葛亮神机妙算，我真不如他。"

教师设计了这样一个变式训练："这句话你是怎么理解的，有几种说法？"

学生思考后，纷纷回答：(1)诸葛亮神机妙算，周瑜自叹不如。(2)诸葛亮神机妙算，周瑜不得不服输了。(3)诸葛亮神机妙算，连心胸狭窄的周瑜也甘拜下风了。

（三）段落与篇章教学设计

1. 理解连句成段的形式

小学语文课文自然段构成的基本规律主要是按照"整体—部分—整体"的顺序，其逻辑段的基本结构形式主要有以下几种：其一，并列式。即分别写了几个人、几件事、几种情况或同一事物、同一人物的几个方面。如《富饶的西沙群岛》一文第四自然段写了贝壳和海龟两件事。其二，因果式。句子之间是原因和结果的关系。《富饶的西沙群岛》一文第二自然段，先写海水种种美丽的色彩，后写形成海水不同色彩的原因，前者叙述结果，后者补充交代原因，这是先果后因。其三，总分式。首句总说，后面的分叙。总说一般对全段内容起概括作用，分叙则分别阐明总说。其四，连接式。按事件发展的顺序，用词、句把句子或自然段连起来。《美丽的小兴安岭》一文中的第二部分，文章分别用"春天"、"夏天"、"秋天"、"冬天"几个词语把几个自然段连接起来成为一个逻辑段，记叙了小兴安岭一年四季都是美丽的。

2. 探索划分段落的规律

分段是在整体理解文章内容的基础上了解作者思路的表达程序，循着作者的思路，一部分一部分地深入理解文章的一个重要阅读思维过程。其主要方法有：其一，事件分析法。就是根据作者写作的思路，按事件的起因、经过、结果来划分段落。其二，自然段归并法。自然段归并法就是在弄清每个自然段的大意之后，将意思相关的自然段合并在一起。其三，特点分析法。划分时，先通读全文，从整体上抓住事物的特点，文章写了事物的几个特点就可以分几段。其四，文章重点法。首先，在阅读全文的基础上，找出课文讲的主要事件。其次，对照课文看这个主要事件在课文的哪部分，这部分就是课文的重点段。其五，寻觅思路法。指导学生分析逻辑顺序，详略取舍，寻觅作者思路，使学生从文章的内部结构上理解篇章思路。引导学生分析开头，结尾、正文、线索、过渡、照应等文章结构，使学生从文章的外部结构上理解篇章思路。

3. 教给概括段意的方法

在教学中要启发学生动脑思考，根据段落构成方式的不同，采取相应的概括段意的方法：其一，摘句法。这种方法多用于按"总分"或"总分总"方式构成的段落。段中的总起句、中心句或总结句往往可以统领全段大意。因此，用摘句法，取总舍分以作段意，既完整又准确。其二，归并法。这种方法多用于内部逻辑结构为并列、因果、连接关系等的段落。段落中虽然没有中心句，但一个意义段中的各个自然段是紧紧围绕一个主要内容写的，这就必须采用归并法。其三，取舍法。这是一种"留主弃次"的方法。一个段里有几层意思，其中有主有次，抓住主要的，舍去次要的，便成为段意。

4. 了解并概括课文中心

(1) 抓课题。有的课文的标题点明了中心，如《伟大的友谊》，可以借助标题看出课文是赞颂马克思和恩格斯的伟大友谊的。

(2) 抓重点(词、句或段)。有的课文中有点明中心的句子，就可以抓住重点语句来概括中心思想，如《苦柚》中，旅居海外的伯父的话："在这个世界上，金钱可以买到山珍海味，可以买到金银珠宝，就是买不到高尚的灵魂啊！"这正是这篇课文要说明的问题。

(3) 通过对课文主要内容的分析来概括。如《我的伯父鲁迅先生》写了几件内容不同的事：在万国殡仪馆的礼堂里看到的情境，说明人民群众崇敬和爱戴鲁迅先生；读《水浒传》，说明鲁迅读书认真，而且注意教育孩子认真读书；谈"碰壁"，说明鲁迅痛恨旧社会，勇敢坚决地与反动派作斗争；救助车夫这件事和女佣阿三说的话，说明鲁迅对劳动人民的同情、关心。我们把这些思想内容联系起来，往深处想一想就会发现：作者写这些事，是从几个不同的方面说明鲁迅爱憎分明，为别人想得多，为自己想得少的高尚品质，表达了作者敬爱伯父鲁迅先生的思想感情。这就是课文的中心思想。

5. 体会课文思想感情

(1) 设身处地，身临其境。最重要的方法是培养学生在阅读的时候，把心放到课文中去，设身处地地像作者那样去想，仿佛自己身临其境。如学习《十里长街送总理》，让学生仿佛置身于十里长街送总理的人群中，在等灵车，望灵车，送灵车，就很自然地深化了崇敬和怀念总理的思想感情。

(2) 联系实际，产生共鸣。启发学生联系自己的思想生活实际，使他们跟课文表达的思想感情产生共鸣。如教学《我的战友邱少云》，教师引导学生联系自己的生活体验想一想，烈火烧身是一种怎样的情境，学生谈到自己被开水烫了、被火烫了时难以忍受的疼痛感受，对邱少云的伟大就有了更深的体会。

(3) 感情朗读，加深体会。也是体会课文思想感情的重要方法。通过有感情地朗读，既可以把体会到的思想感情表达出来，又可以进一步加深对课文思想感情的体会，所以在阅读中要尽可能多地安排学生有感情地朗读。

6. 复述课文

苏联土拉托尔斯泰师范学院列伏夫教授通过教学实验和经验总结，提出了复述课文的五种形式：①改变人称的复述。②改变主人公的复述。③补充内容的复述。④描写性的复述。⑤演剧式的复述。

日本学者多湖辉认为，必须指导学生有重点的复述。念完一课书，或说完一个故事后，应让孩子试着将课本或故事内容进行简单扼要的复述。如故事的主角是谁？是悲剧或喜剧？主角的结果如何？等等。

二、不同文体课文教学方法设计

（一）记叙文教学设计

1. 概念

记叙文有广义和狭义两个概念。广义的记叙文，是一种泛指通过人、事、物的具体记叙来表现主题反映社会生活的文章，既包括非文学作品的记叙文，又包括采取艺术手法反映社会生活的文学作品，如散文、小说等。狭义的记叙文，则是以叙述和描写为主要表现手法，以写真人、记真事为主要内容的一种文体，它一般包括新闻、通讯、特写、速写、参观记、游记、传记等。我们这里所说的“记叙文”，指广义的记叙文。它在小学语文课文中占有较大的比例。

2. 教学方法设计

记叙文的教学在第一至第三学段，要淡化文体，重视整体阅读。教学时应从以下几方面指导学生：

(1) 把握记叙的不同着眼点。

虽然都是记叙文，但由于写作目的不同，作者记叙的着眼点也就不同。

着眼于记人的，如《我的伯父鲁迅先生》。

着眼于叙事的，如《董存瑞舍身炸碉堡》。

着眼于写景的，如《大海的歌》。

着眼于状物的，如《我爱故乡的杨梅》。

抓住了记叙的着眼点，就可以抓住教与学的主攻方向。

(2) 理清作者思路，把握篇章结构。

文章不同，理清思路的方法也不同。

其一，可以借助审题、释题，揭示作者的思路。如教《日出》，可以让学生通过审题，了解课文是围绕“日出”写的。然后让学生思考：根据题意，课文就是要写日出前、日出时、日出后的不同景色。再联系对课文的讲读，就把作者的思路揭示出来了。

其二，可以在讲读的基础上，抓住关键词语，引导学生掌握事情的发展线索。如《我的战友邱少云》是按时间顺序写的，课文中有“天还有没亮”、“到了中午”、“黄昏时候”等表示时间的词语，凭借这些词语，联系事情的发生、经过和结果，就能理清作者的思路。

(3) 掌握文章精髓，揭示深刻主题。

记人的记叙文，就要分析人物的外貌、言语、行动、心理；分析人物之间的关系；分析任务与环境的关系等，旨在揭示人的精神品质、道德风貌。如《倔犟的小红军》。

记事的记叙文，就要分析事件的发生、发展过程；分析人物在事件中的表现；分析典型事件或场面等，如《我的战友邱少云》。旨在通过主题事件，显示一定的思想意义。

抓住对表现中心有突出作用的词句和段落，如表现人物行动和心理活动的深刻生动的词句，人物的个性化的语言，如《倔犟的小红军》；

抓住作者的精辟的议论和抒情性的语句等，引导学生理解其深刻的含义，并认识它们对表达思想内容所起的作用，如第九册《白杨》，文中爸爸赞美白杨树的一段话，语意双关，是表现中心的重点段落，就要引导学生深入理解语言文字，了解白杨树的特点；还要进一步认识爸爸“表白自己的心”的深刻含义，从而把握文章的中心思想，体会作者表达的思想感情。

注意引导学生去体会和感受。感受的最有效的方法是朗读。要抓住重点语句和段落，引导学生多读，在朗读中感受文章的思想感情，同时进一步加深对语言文字的理解。

(4) 从读学写，读写结合。

体会遣词造句，品味语言特点。

记叙文以叙述、描写为主要的表达方式，因此，生动形象是记叙文语言上的一个突出特点。文章往往通过动词、形容词等各种词语的巧妙运用，各种句式及大量修辞手法的综合运用，使语言新鲜、活泼、富有形象性。在教学中，就要结合内容的分析，体会语言的艺术魅力，提高语言的运用能力。

要引导学生以教材中的课文为例，及时地抓好写作。如《狼牙山五壮士》这篇文章详略得当，就可让学生模仿学习。

（二）说明文教学设计

1. 概念

说明文是用来说明事物性质、形状、起因、功用等的文章。在小语课本中，说明文占了相当大的比重，主要是介绍自然、地理、历史、生物等知识，所以又称为常识性课文。它们有双重任务：一是传授自然、社会和日常生活的科学知识，使学生增长见识，受到科学思想方法的启迪教育；二是进行语言文字训练，培养学生阅读理解说明文的能力，学习说明文的语言和说明事物的方法。

2. 教学方法设计

(1) 抓准说明中心

抓准课文的说明中心是教好说明文的关键。因为每篇说明文都要提出问题、说明问题。因此在分析课文，寻找说明中心时，教师可引导学生寻找说明文提出说明中心的规律。

题目揭示说明中心：如《黄河是怎样变化的》。

开头提出说明中心的：如《蝙蝠和雷达》(七册)第二自然段：“在漆黑的夜里，飞机怎么能安全飞行呢？原来是人们从蝙蝠身上得到了启示。”

结尾总结说明中心：如《蛇与庄稼》(十册)“事物之间的联系是非常复杂的，咱们必须不怕麻烦，研究它们，掌握它们的规律，这样，才能把事儿做得更合咱们的意愿。”

中心体现在重点段落之中：如《琥珀》(十二册)，作者通过一块裹有苍蝇和蜘蛛的稀有琥珀，来说明这块琥珀的形成和发现。作者对琥珀的形成和发现过程的分述是文章的重点段，体现出文章的说明中心。

(2) 学习说明文的语言

说明文的语言具有准确、简洁、通俗的特点。在说明文的教学中，要注意抓住这些语言特点，使学生认识到用词确切才能准确地反映事物。

如《鲸》中的句子：“须鲸主要吃虾和小鱼。”“主要”一词能否去掉？通俗、形象：叶圣陶说过："说明文不一定就是板起面孔来说话，说明文未尝不可以带一点风趣。"说明文为达到生动说明的效果，常常使用比喻、拟人等修辞方法。如《大自然的语言》"立春过后，大地渐渐从沉睡中苏醒过来。""杏花开了，就好像大自然在传语要赶快耕地；桃花开了，又好像在暗示要赶快种谷子。"这些话，拟人与比喻结合，把没有生命的东西或动植物都赋予了人的性格和行为，不仅说明了事物的本质特征，而且增强了文章的感染力。

(3) 学习说明文的表达方法

说明事物有多种方法：下定义、作比较、打比方、分类别、列数据、画图表，作诠释，等等。教学说明文，除了引导学生弄清课文介绍说明的那种事物的特征、本质之外，还要引导学生学习作者说明事物的方法。

如《鲸》这篇课文，为了说明鲸的种类、形体特点和生活习性，作者不仅用具体数字来说明，还运用了比喻、比较等方法。在课后思考题中，让学生找出哪些地方用列举数字的方法加以说明，这样写有什么好处。这就是结合课文中的具体语句，引导学生学习说明的方法。

(4) 弄清说明的层次，了解文章的结构

说明文的内容层次清晰，结构上大体也有一定的方式，如时间、空间、逻辑和条款等。一般说来，说明事物构成的，按构成的顺序写；说明事物功用的，按照由主到次的顺序写；说明事物发展过程的，按照时间先后顺序写；说明比较复杂的事物，把内容分成几个方面或按方位顺序写。说明文开头往往先提出说明的对象并加以诠释，然后再进行具体说明，结尾有时要作一下综合说明。

如《鲸》，就是先提问题，再围绕提出的问题加以说明。课文一开头就提出"不少人看到过象，都说象是很大的动物。其实还有比象大得多的动物，那就是鲸"，接着课文就具体说明鲸到底有多大。课文第四小段也是先提出问题："鲸的身子这么大，它们吃什么呢？"然后加以具体说明。其他段落也都是先点出要说明的问题。因此，在说明文的教学中，要注意引导学生看看课文是怎样提出问题的，是按什么顺序说明的，从而了解文章的结构层次，认识说明文的一般特点。

为了学习说明文的结构和语言，在小学高年级，可以设计一些练习，如归纳段落层次，编写课文结构提纲，选择准确的词语填空，等等。也可以让学生仿作，写一篇短文或片段，说明自己熟悉的事物，以训练学生说明事物的表达能力。

(5) 加强直观教学

要充分利用挂图、实物、标本、模型、幻灯、电视录像甚至电影，进行教学，提高学生学习的积极性，化难为简，使抽象变为形象，把应了解的知识大体弄懂。

如教《鲸》，可组织学生看看科教片；教《爬山虎的脚》，可带学生参观实物。

（三）童话教学设计

1. 概念

童话是在现实的基础上，通过幻想，采取拟人的方法写出的新奇有趣的故事。小学教科书中有选编了很多童话。

2. 教学方法设计

(1) 引发想象

幻想是童话的基本特征。在培养学生的想象力方面,童话具有非常有利的条件。教学童话时,可以抓住幻想的部分。

如读《卖火柴的小女孩》中四次擦燃火柴的情节(面前出现了温暖的火炉、香喷喷的烤鹅、美丽的圣诞树、慈爱的奶奶),反复阅读,在了解内容、学习语言的同时,丰富学生的想象力。

(2) 把握情节

童话故事是通过幻想虚构的,要注意引导学生把握住情节。

如《美丽的公鸡》公鸡自以为美丽—公鸡找啄木鸟、蜜蜂、青蛙比美,它们都不与公鸡比—公鸡很难过,去问老马,老马告诉它一个道理—公鸡天天打鸣,为人们做事。

(3) 学习语言

童话的语言浅显、生动、形象,对于发展学生特别是低年级学生的语言有积极的作用。

如《小马过河》一课,小马和妈妈、牛伯伯、小松鼠的对话,非常符合小学生的口语特点。教师要在指导阅读的过程中,重视引导学生学习语言。朗读是学习、吸收语言的有效办法。朗读童话,要用接近口语的语气,速度应放慢一点,要读得亲切,表达出应有的情感。

(四) 寓言教学设计

1. 概念

即"寓意于言"。"寓"就是包含、寄托的意思。把一个深刻的道理或教训寄托在精练生动的故事里,这就是寓言。寓言和童话一样,也是受孩子们欢迎的文学样式之一。

2. 教学方法设计

(1) 紧扣题意,设置悬念

教学寓言时,可首先通过题意的分析,让学生产生悬念,诱发学生的思维。

如第五册《守株待兔》,株:树桩子;待:等待。守在树桩旁等待撞死在树桩上的野兔?又如,第四册《狼和小羊》,教学时也应先抓住题目中关键词"和",让学生想象狼和小羊之间会发生什么事?以开拓学生的思路。

(2) 引导读议,感受形象

寓言的寓意是包含在生动的艺术形象里的。只有当学生具体而完整地感受到了形象,才能真正领会它的寓意。因此,寓言教学和其他文体的教学一样,必须重视引导学生感受形象,通过感受形象来领会寓意。具体地说,可以从下面的几方面着手:

其一,抓关键词句

抓住课文中的关键语句,可以帮助学生理解故事情节,感受人物形象。如《狼和小羊》一课教学中,教师只需抓住"故意找碴儿"这一关键词语让学生理解,为什么狼要故意找碴儿?狼一共找了几次碴儿?哪几次?这样,使学生对狼强词夺理的丑恶嘴脸和狡猾凶残的形象就有了深刻的认识。

教师还可以通过抓寓言中的重点句子分析来帮助学生理解故事内容。如一位教师在教《狐假虎威》一课时，紧紧抓住往往容易被人忽略的句子"狐狸和老虎，一前一后，朝森林深处走去。"与学生进行分析研究，大大开拓了学生的思维。

其二，抓感情朗读

在引导学生理解故事情节，感受人物形象的过程中，还要注意指导朗读。感情朗读，可以增强形象的鲜明性。

如《狼和小羊》，就要指导学生读出狼恶狠狠的语气，小羊那温和、委婉的语气。在学完全文以后，还可以分角色朗读。这样，在读中既可以提高朗读能力，又能促使学生进一步感受形象。

其三，深入浅出，理解寓意

寓言的真正价值，就在于他所说明的、所揭示的是现实生活中的某种现象。因此，揭示寓意是寓言教学的关键。

让学生理解寓意是个难点。因为小学生抽象思维能力不强，学生不易理解故事中寄托的深刻道理。为此，教师往往要为学生跃上一级台阶做好铺垫。如《狐假虎威》。同时教师还可以引导学生联系实际，以进一步加深对寓意的理解，培养观察事物，分析、判断问题的能力，增强是非观念。

（五）诗歌教学设计

1. 概念

诗歌是诗和歌的总称。在小语教科书中包括古诗、现代诗、儿歌。

2. 教学方法设计

(1) 吟诵，激发情感

诗歌十分强调节奏韵律，具有一种音乐一样的旋律、美感，并以之作为表情达意的重要手段。

(2) 品味，学习语言

文学是语言的艺术，高度凝练的诗歌语言具有极强的形象性、情感性和多样性，对诗歌语言的表现力的分析，有助于深入领会诗歌用语言刻画的"意境"，在诗歌鉴赏时，应要求学生抓住诗中"陌生化"的语言或运用非常精妙的语言深入挖掘。

风，把红叶/掷到脚跟前/噢，/秋天！绿色的生命也有热血/经霜后我才发现……

(3) 想象，启迪智慧

诗人在创作诗歌时，往往运用自己丰富的想象和联想，"思接千载"，"视通万里"，以创造意境，表达感情。因此阅读和鉴赏时，要充分展开想象和联想，感受诗歌的意境，领会诗歌感情。

(4) 体验，感悟诗理

意象是融入诗人主观情意的客观物象，自然界或社会生活中的客观物象如山水、草木、鸟兽 、虫鱼、器物等，经过诗人的择取、改造、提炼以后，凝注了诗人的主观情意，被艺术地反映到诗歌中时，就成了意象。因此，在阅读和鉴赏新诗时，要领会作者情感，挖掘作品思想内涵，就要特别重视对诗歌中意象的解析。

《一碗油盐饭》

前天，我放学回家/锅里有一碗油盐饭//昨天，我放学回家/锅里没有一碗油盐饭//今天，我放学回家，/炒了一碗油盐饭/放在妈妈的坟前

(5) 创作，积淀诗语

归巢的鸟儿
尽管是倦了
还驮着斜阳回去
双翅一翻
把斜阳掉在江上
头白的芦苇
也妆成一瞬的红颜了

思考1：双翅一翻，巧妙地将(高)、(低)空间联系在一起。

思考2：请同学想想，句中何处表现出(秋)，何处表现出(晚)。

思考3：秋天还有什么景物?

体验践履·自我提高

【案例欣赏】

《白杨》篇章教学处理

生长环境(望白杨)——白杨的特点(说白杨)——借树喻人(希望孩子也成为“白杨”)。

教学中按照“感叹——赞叹——咏叹”的情感来推进，暗寓“一唱三叹”之意，营造课堂的诗意。

一、感叹“白杨的生长环境”

师：请一位同学朗读课文，介绍白杨生长环境这一部分。(一生朗读)

师：白杨生长在一个什么样的环境？找出有关的语句读一读。(生读：“茫茫的大戈壁，没有山、没有水，也没有人烟。天和地的界限并不那么清晰，都是浑黄一体。”)

师：谁能说说这两句话的意思?(重点理解三个“没有”以及“浑黄一体”的意思。)你能够用朗读来展现白杨的生长环境吗?(请几位同学朗读，师生共同评价)

师：没有山、没有水，也没有人烟，天地上下浑黄一体的大戈壁，白杨就处于这样的生长环境中，这样的环境岂止不好，简直非常恶劣，你能为白杨的生长环境“感叹”几句吗?

生1：白杨啊，你的生活多么孤独，你的世界多么荒凉。

生2：举目四望都是浑黄一片，风沙是白杨“独享”的风景。

生3：白杨啊白杨，没有山的依靠，没有水的滋润，没有人的照料，你的生活是多么艰苦和寂寞啊!

……

学生在感叹中对白杨积蓄了一定的情感。

二、赞叹“白杨的挺秀坚强”

借着情感的初步积累，紧接着学习“白杨的生长特点”部分。

师：在如此恶劣的环境中，白杨又是怎样生长的呢？看书找出文中有关的句子自由读一读。

生自由读文。

师：请同学来读一读，最好能把你对这些语句的理解和感悟读出来。

生重点读文中第 14 自然段。

师：在如此恶劣的环境中，白杨却依然高大挺秀，依然风姿卓然，哪儿需要就在哪儿扎根，这是何等坚强的品格，是何等崇高的生命境界。读到这里，或许我们都为白杨的精神所感动，或许都情不自禁想赞叹一下白杨的这种精神，你也有这样的感受吗？

生 4：白杨，你用坚强战胜了风沙雨雪，你的高大挺秀是你战斗的誓词。

生 5：如果不是因为有了你，大漠就真的是大漠，你是大漠中绿色的希望。

生 6：你为什么不动摇？我知道你对大漠边疆有着一种特别的感情。你为什么高大挺秀？我知道你对自己有一种特别的要求。

……

在白杨生命精神的感悟中，学生心中对白杨崇敬的感情得以强化和深化。

三、咏叹“白杨的无私奉献”

沿着感情的轨迹继续推进课文的学习，理解最后一部分。

师：爸爸上面的这段话只是在向孩子们介绍白杨吗？不是的，他也在表白着自己的心。爸爸表白自己的一颗怎样的心呢？大家读书思考这个问题。

生交流：爸爸表白自己以及后代奉献边疆建设的心。

师：课文写的是白杨，这里又写了爸爸的心，两者有关系吗？

生：课文借树喻人，“白杨”其实就是边疆的建设者，白杨的生命精神就是边疆建设者的生命精神。

师：讲得非常好！白杨就是边疆建设者的化身或者说精神写照，这一部分的叙述正表明了边疆建设者“献了青春献终身，献了终身献儿孙”的崇高精神境界。文章到此，“白杨”与“边疆建设者”的形象已经完全融为一体，深情赞美白杨，正是为了能更盛情地赞美边疆建设者。作者没有直接进行歌颂，你能替作者把心里赞颂的话讲出来吗？

生 7：无数的“爸爸”，你们多么像白杨，高大坚强，你们是真正的好爸爸！

生 8：虽然边疆多的是风沙，少的是繁华；多的是寂寞，少的是名利——但你们收获的却是最丰厚的精神财富。

生 9：我不知道用什么语言来赞美你们，但我知道，你们的奉献带给大家的是一种永远的感动！

……

四、回归整体，收拢“三部曲”

最后让学生将刚才对“白杨”的“感叹——赞叹——咏叹”串起来，创作一首小诗。

整节课在一种“诗”的节奏中推演，在一种“诗”的意境中结束。

【自我实践】

1. 请从小学语文教材中任选一篇讲读课文，根据以上方法指导，进行阅读教学设计。

2. 以小组为单位，分组讨论教学设计。

3. 展示优秀的教学设计。

拓展视野·娴熟技能

【拓展阅读】

情境教学法

在我国，把情境教学作为一种独特的教学方法较早提出并在理论上进行探讨的是小学语文特级教师李吉林同志。她在借鉴国外外语教学中运用情境的同时，吸收了我国古代诗词中关于意境说的思想，在小学语文教学中，运用反映论的原理，利用形象创设生动具体的场景，从而引导学生从整体上理解和运用语言，取得了良好的教学效果。同时初步阐述了情境教学法的理论。

她认为，运用情境教学法促进儿童发展要经历四个阶段：第一，在阅读教学中，创设情境，把言和形结合起来，进行片段的语言训练。第二，通过"观察情境教作文"引导儿童观察时，在情境中加深体验，展开联想，习作时再现情境中构思，在进入情境中陈述，促使儿童情动而辞发。第三，通过生活显示情境、实物演示情境、音乐渲染情境、图画再现情境、扮演体会情境、语言描绘情境六种不同途径创设和教材有关的情境对儿童进行美感教育，促使儿童由感受美而入境→爱美而动情→理解美而晓理。第四，在前三阶段的基础上，运用形式上的新颖性、内容上的实践性、方法上的启发性情境教学三原则，进一步促使儿童的整体发展。李吉林同志创立的情境教学理论虽然是在小学语文的教学实践中产生的，但它却具有相当的普遍意义，并且在实践中得到日益广泛的运用。

导读教学法

这是由黑龙江省牡丹江市教育科学研究所李守仁教师设计并总结的。导读法，就是在教师指导下学生学习阅读的方法。导的目的在于引导学生读。导读法批判地继承了"以读为本"的传统语文教育思想，提出了"教师致力于导，学生循导学读"的双主体教学观。从广义上讲，"导读"这个概念比较准确地揭示了小学语文阅读教学的本质。

首先，"教师致力于导"，就是确认教师在阅读教学过程中的领导和支配地位。因为教师决定着阅读教学的方向、内容、方法和进程。从这个意义上讲，教师不仅是主导，也理所当然是教育的主体之一。

其次，"学生循导学读"就是确立学生在阅读教学中处于读书学习活动的主体地位。学生应遵循教师的指导，在读书实践中学会读书。从这个意义上讲，学生不仅是学习活动的主体，且兼有教育的主体因素，如果引导得法，也可以成为教育的主体之一。只有树立了这种"双主体"的教学观，才能调动教与学两个方面的积极性，才能使阅读教学过程不断处于动态平稳之中。

这种双主体教学观也就决定了导读法课堂教学结构模式应是师生双边活动，信息双向传递，教路、学路、文章思路优化组合的立体结构框架。

系统论告诉我们，系统中结构和功能有着密切的关系，我们可以通过改变系统的结构来提高系统的功能。改变系统的结构又可以通过改变构成系统的要素（增加或减少某些要素）和改变要素的排列顺序来实现。在阅读教学中结构的改变，就表现为增加或删除某些教学环节，或者改变这些环节的排列顺序，从而形成一些变式。这种变是为了更好地发挥学生学习的积极性、主动性，加速发展学生的思维和语言，培养其自学能力，提高课堂教学效率。

例如，我们把小学语文三类课文分别上成“教读课”、“试读课”、“自然课”三种课型，这是为了有精与略、扶与放、细与粗之分。三种课型为完成培养学生阅读能力承担着不同阶段的任务，因此，三种课型课堂教学结构模式也略有差异：

其一，教读课。充分发挥教师的主导作用，通过导预读→导细读→导议读→导练习四个步骤，教给学生读书方法和概念，进行重点项目的基本功训练。它对学生来说是“悟学法”的认识阶段。在这种课型中，教师“导”与“扶”的作用非常重要，它体现着教学方向，教师要特别下工夫才能较好地完成教学任务。

其二，试读课。教师可以放放手，适当增加学生自学比重，是尝试运用读书方法和要领的验证阶段。在这种课型上可以简化导读步骤，“导预读”之后，把“导细读”与“导议读”合并，变成“读议结合”，然后“导练习”，把四步走变成三步走。有意识、有计划、有重点地教学生运用“教读课”上学的基本功，逐步减少教师“扶”的比重，其结构模式是：尝试自读→读议结合→辅导练习。

其三，自读课。完全是学生独立地运用已掌握的读书方法和要领自己读书，属于“用学法”的巩固阶段。教师只做布置，提出要求和适当检查阅读效果就可以了。学生依据教师的要求，运用所学的阅读方法自读理解内容、掌握中心思想、写出简要的读书笔记或自学报告提纲。其课堂结构模式是：布置自读→自读理解→自学报告。

以上三种课型，课堂教学结构各异，但都贯穿着一条鲜明的主线，就是着眼于小学生独立阅读能力的培养与提高。只是采取的训练方法和训练的侧重点不同罢了。从某种意义说，“根据学的法子，确定教的法子”（陶行知语）是调整阅读教学模式的活的灵魂。

读写结合法

读写结合法是特级教师丁有宽经过多年的实践总结出的经验。小学语文读写结合法的特点如下[①]：其一，从读学写，抓住重点，分步循环。不专设作文课，把作文课和讲读课融为一体。教学主要由以下几项活动组成：预习（预习要求随教学目的、课文特点而异）；疏通课文（按预习要求答问、补充、讲评、扫清阅读障碍，基本通晓课文）；精讲、多练（对重点段，要求当堂做到会理解、会复述、会背诵、会默写、会仿写或改写）；讲评习作。其二，总结归纳出读与写六条对应规律：解释与审题的关系；捕捉中心思想与表达中心思想的关系；划分段落，定小标题和拟写作提纲的关系；捕捉重点段与突出中心的关系；品评词句与

① 李江游. 小学教师百科知识[M]. 成都：四川教育出版社，1988.

遣词造句的关系；读中学习作者如何观察事物与平时观察事物的关系。其三，归纳出小学记叙文44个基本功，把它作为阅读的钥匙和作文的借鉴。比如，写人有八项基本功：外貌描写、语言描写、行动描写、心理活动描写、人物综合描写、用一事表人、用几事表人、用几方面品质表人。

快速阅读教学实验

快速阅读指在有限的时间内尽快地、有目的地、有效地阅读文字材料，并获取所需信息的方法。它突破了逐字阅读的习惯，要求不回视，不唇诵，集中注意力，采用略读与寻读的方式变速读，并要求读得快、记得牢。浙江省特级教师乐连珠从1987年开始，致力于快速阅读教学实验。快速阅读实验的研究与普及，在信息时代具有十分重要的实践意义。快速阅读教学的操作要领体现在如下几个方面：

其一，限量阅读训练。即限时读完一定数量的文字。

其二，计时阅读训练。计算阅读一篇材料所需的时间，以推算阅读速度，再做一些检测理解力的练习题，测定有关的阅读理解率。

其三，闪现式阅读训练。将若干词句或语段用幻灯片或硬纸片在学生面前迅速闪过，让学生立即记下所见的内容，从而提高学生眼脑的反应能力。

其四，块面扫描训练。让学生一次读一个块面，逐步扩大块面字数。

其五，直线扫描训练。视线在每行文字的中线垂直往下移读，要求一次眼停看一行字。

其六，意群阅读训练。即一次注视一个短语、一个短句或一行，将与中心词有关的一些词句联系成一个整体，对文字作整体的理解和记忆。①

【参考课题】

1. 阅读教学中的语感培养
2. 发挥学生阅读主动性的研究
3. 对话理论在阅读教学中的应用
4. 阅读教学新方法的探讨与研究
5. 小学生阅读能力的培养与研究

【参考文献】

[1] 中华人民共和国教育部. 全日制义务教育语文课程标准(实验稿)[S]. 北京：北京师范大学出版社，2001.
[2] 周健等. 有效上课问题·探究·对策(小学语文)[M]. 北京：光明日报出版社，2009.
[3] 孙素英. 小学语文课堂的有效教学[M]. 北京：北京师范大学出版社，2008.
[4] 杨雪莲. 课堂教学小策略实用精品库[M]. 北京：光明日报出版社，2009.
[5] 沈大安主编. 小学语文教学案例专题研究[M]. 杭州：浙江大学出版社，2005.
[6] 时金芳. 语文教学设计[M]. 北京：社会科学文献出版社，2001.
[7] 教材编写委员会. 小学语文教学概论[M]. 北京：开明出版社，1998.

① 王守恒. 小学语文教学与研究[M]. 北京：人民教育出版社，2006.

[8] 倪文锦主编.新编语文课程与教学论[M].上海：华东师范大学出版社，2006.
[9] 韩雪屏.中国当代阅读理论与阅读教学[M].成都：四川教育出版社，2000.
[10] 张慧主编.小学语文阅读教学专题[M].长春：东北师范大学出版社，2001.
[11] 黄鹤.个性化阅读教学操作策略[J].《吉林教育》综合版，2007(3).
[12] 杨增祥.语文阅读教学目标设计[J].大连教育学院学报，2003(3).
[13] 孙娟.小学阅读教学中读写结合的策略初探[J].安徽文学，2010(9).

第五章　小学写话与习作教学设计

单元导读·抛砖引玉

写作指导和写作讲评时，教师都应该精心设计，充分考虑学生的主体性、差异性和参与性，同时体现教师的主导性、民主性和独特性。小学习作教学，重点在于激发学生写作兴趣，培养学生写作习惯，树立学生写作信心，使学生乐于用文字进行自由表达。在习作教学设计中，要淡化教师的要求和规范。重在引导学生记录生活、表达想法、抒写喜怒哀乐，进行真实意义上的写作。

问题扫描·掩卷遐思

【问题扫描】

小学习作教学设计存在的问题

一、教师主导性缺位

习作教学是语文教学的一个重要组成部分，这是不争的事实。《全日制义务教育语文课程标准(实验修订稿)》中，将“识字与写字”、“阅读”、“写作”、“口语交际”和“综合性学习”并举，但是在小学语文教学现实中，“阅读教学”历来受到重视，其他几部分则若有若无。对习作教学的不重视，直接导致了习作教学设计的率性随意。部分教师完全放手，给学生一幅图画、一个题目或一个话题，不做任何指导，让学生随意写作。学生完成作文之后，教师也不讲评，批个分数简单了事。在习作教学设计上，教师设计意识淡薄，设计能力欠缺，这直接影响了学生写作兴趣的形成和写作水平的提高。此外，部分教师自己缺少写作实践，对文章写作缺少体验和研究，这也影响了教师的习作教学设计能力。

二、学生个体性消失

写作是个人心声的流露，是极富个性的行为。“我手写我心”，是习作教学一直追求的境界。写作的本质就是把自己想说的话写下来。但是，总有那么一部分老师越俎代庖，担心学生不会写作文而好心地教导学生如何写作。他们帮助学生列好提纲、确定开头和结尾、拟定题目，提供给学生一些好词好句，更有甚者，逐字逐句让学生听写记录，并且教导学生考试的时候就这么写。于是，就出现了背作文应付考试的现象，于是，就有了试场作文千篇一律的经典一幕。这样的习作教学设计，是教师自编自导的独角戏，学生成了教师手中的木偶。学生自由表达的本能被活生生地扼杀了。同时，教师的这种行为容易强化学生的依赖心理，久而久之，学生的写作天赋便慢慢退化消失了。

三、课程资源失调

在小学语文教科书中，一般以“单元”为一个独立完整的教学单位。每个单元都会安排写作训练，因此，一部分习作教学设计是针对教科书上的写作训练的。此外，教师们会积极探索适合学生的课外写作训练素材，并且精心设计，让学生在训练实践中提高写作能力。目前，在一些教育期刊上刊登了较多的课外习作教学设计。这些设计大都别出心裁，能吸引学生，并引导学生自由表达。在一些习作教学研讨课上，教师们也喜欢自己从课外寻找授课内容。而同时，针对教材写作训练的设计却数量少且质量不高。部分教师热衷于进行课外习作教学设计，而忽略了教科书上写作训练的教学设计。

四、设计要素驳杂

教学设计是教学应用文的一种，其构成要素有一定的要求。但综观现在的小学习作教学设计，有的缺少教学内容分析，有的缺少教学重点难点，有的缺少教学对象说明，有的缺少必要的课前准备说明或教学背景介绍，有的缺少板书设计，有的则在设计中混杂了反思或点评，有的则把课堂实录和教学设计混为一谈。此外，大多数教师比较重视作前指导的教学设计，教学目标和教学过程这两个要素一般是具备的，而其他要素都齐全的则不多见。对于作后讲评的教学设计，大多数教师几乎没有考虑，他们一般是挑选几篇优秀作文朗读一下，提出几个作文中存在的问题就应付了事了。要素完整的作后讲评设计少之又少。

【掩卷遐思】

1. 小学生为什么要写作文？是为了完成老师布置的作业，是为了记录精彩的生活，还是为了与他人交流、赢得他人的共鸣和赞美？
2. 教师进行小学习作教学设计，要考虑哪些因素？
3. 如何认识小学写作训练序列？小学写作训练序列确定的依据是什么？
4. 进行小学习作教学设计，教师需要具备哪些素质？
5. 小学生写作能力包括哪些？小学生写作能力和成人写作能力差异何在？

典型案例·交流研讨

【典型案例】

*案例一　让精彩在笔端流淌
——《捏不碎的鸡蛋》作文教学设计①

这个习作教学设计是针对人教版第五册语文园地四中的“习作”进行的。

【习作】　你把观察到的事物写进日记了吗？让我们先交流一下各自的日记，听听

① 参见《新作文 小学作文创新教学》2009(1)&(2).

同学的意见，再写一则观察日记。要观察自己最感兴趣的，要写自己最想写的。写好后读给同学听，看谁在观察中有新的发现。①

这次习作训练是“口语交际——观察中的发现”的延续，教材中的提示语包含几个要素：1.写观察日记；2.同学间交流日记，再写一则；3.观察自己最感兴趣的；4.写自己最想写的；5.观察中要有新的发现。

教材提示语是给教师进行教学设计提供参考的，教师可以根据具体情况自主进行教学设计。曾淑筠老师是这样设计的。她确定的教学目标是：①学会观察。要仔细观察实验，看清实验的全过程和实验时同学们的神情、动作，还要体会自己看实验时的心情变化。②能按照实验的过程有顺序地记叙实验的经过，并能写清楚人的动作、语言和心情变化。③激发爱科学用科学的兴趣。训练重点是：把实验的经过和自己的感受具体写下来。教学难点是：写出“我”观察实验的紧张、惊奇、兴奋的心情，写出老师和同学的语言、动作、神态。

曾老师做的实验是用手捏鸡蛋。课堂上，她先是故作神秘地说要送学生一份特殊的礼物，然后出示一只鸡蛋宣称这是一只“捏不碎的鸡蛋”，并说若是哪个学生把它捏碎了她就请他吃麦当劳。接着开始实验，她安排一个女生和一个男生参与实验，并提出观察要求：老师说了哪些话？同学捏鸡蛋时的动作、表情怎样？捏鸡蛋的过程中，同学们的言行、神态及你自己的心情变化是怎样的？在两个同学分别完成捏鸡蛋实验后，曾老师及时指导学生按照观察要求进行口头表达。然后，曾老师抛出一个问题：那么，鸡蛋为什么捏不碎呢？你能说出原因吗？在学生讨论交流后，曾老师总结。“原来，这个秘密在于：蛋壳是圆拱形的，能承受一定的压力，握紧它时，表面的力量会沿着蛋壳分散开，而且分得十分均匀，所以不会破。拱形是最稳定的形状。在我们的生活中，可以看到很多这样的例子。例如，我们看到过的拱桥，大桥做成拱形的，向上拱起，可以承受很大的重量，尽管它看起来比较单薄，但是车水马龙从它身上压过，它岿然不动。最有名的要数我国的赵州桥，距今已有1400年。还有著名的悉尼歌剧院。以上这些建筑都运用了蛋壳的拱形原理，既省材料又坚固。”接下来，曾老师请学生把刚才的活动过程或片段写下来，回去读给爸爸妈妈听，并请学生给自己的文章起题目。最后，学生进行课堂作文。

【交流研讨】

学生A：曾老师设计的实验很能吸引学生，并能激发学生展开思考，非常契合“观察中的发现”这个主题。

学生B：我认为曾老师在引导学生思考“鸡蛋为什么捏不碎”时，设计不够细化。我建议她先请学生观看赵州桥和悉尼歌剧院的图片，思考这些建筑为什么牢固，再引导学生观察鸡蛋、拱桥和悉尼歌剧院的相似处，最后得出结论。这样，更有利于学生自己去发现。

学生C：曾老师在实验前提出明确的观察要求，在实验过程中引导学生进行描述，很好地将教学目标落实到教学过程中了。

---

① 义务教育课程标准实验教科书.语文(三年级上册)，人民教育出版社，2003(6)：63.

学生 D：这次习作的主题是“观察中的发现”，我认为老师应该更多地引导学生去发现，而不是观察同学的神情、动作。在做实验时，学生应该把观察重点集中在“鸡蛋”上。

*案例二 “搜集材料作文”讲评：主题、角度、语言转化①

这是管建刚老师的一次作文讲评课实录。

【背景】2010 年 5 月上旬，管老师要求学生在一周时间里每天记录一点关于“上海世博”的资料或故事。在双休日，他要求学生根据资料写一篇文章。在批改学生的作文后，他选择几篇刊登在《班级作文周报》上。在学生阅读了《班级作文周报》后，他上了这节作文讲评课。

【设计要点】管老师记录的是上课过程。他的设计步骤是这样的：

1. 请学生说说这期《班级作文周报》里谁的文章的“主题”让你眼前一亮。

2. 这次作文写的最多的主题是介绍各国的“馆”。请学生说说这期《班级作文周报》里谁的文章介绍的角度让你难忘。

3. 在这次作文中，有学生直接把资料上的文字照搬照抄到自己的作文里。那么，该怎样用自己的语言来表达呢？

（1）出示病例。让学生找找同样的句子在哪几篇作文中都出现过。

（2）欣赏佳句。出示学生用自己的话进行的介绍。

（3）教师示范。教师出示资料中的部分内容和他用自己的语言进行的表达。让学生比较、体验。

（4）课堂练习。教师出示学生作文中一段从资料里抄来的话。请学生用自己的语言来写，并进行课堂交流、评价。

【交流研讨】

学生 A：管老师选择主题、角度和语言转化三个要点进行作文讲评，针对性强，有利于学生在课堂上掌握“搜集材料作文”的写作要点。管老师先让学生自由写作，发挥学生的主观能动性。在学生已经完成写作的基础上，提炼出写作要点，效果大大好于在写作前指导时就提出这些要求。而且，这样的讲评为下一次写作奠定了扎实的基础。

学生 B：管老师选择了三个要点，在课堂上重点训练了第三点。我认为前面两点也应该让学生练一练。学生在自己写作时，可能没考虑到“主题”和“角度”的选择。那么，讲评课上老师强调了写“搜集材料作文”时选择“主题”和“角度”的重要性，就应该趁热打铁，请学生思考可以选择哪些“主题”和“角度”，进行课堂交流。

学生 C：这堂课“语言转化”是重点。管老师选择了病例和佳句进行对比，效果特别好。学生一下子明白了用自己的语言来表达的重要性。先阅读，让学生明确表达优劣，然后管老师自己示范，进一步让学生理解用自己的语言来表达的重要性。最后，让学生自己试一试，这时候学生的积极性完全被调动起来，习作也就水到渠成。

---

① http：//hi.baidu.com/%B9%DC%BD%A8%B8%D5/blog/item/9194afcc84ce4d1c01e9280a.htm.

专题点拨·理性反思

习作教学设计的内涵

一、写作的基本内涵

《义务教育语文课程标准(实验版修订稿)》认定:“写作是运用语言文字进行表达和交流的重要方式,是认识世界、认识自我、进行创造性表述的过程。”小学生习作就是练习把自己亲身经历的事情,把自己看到、听到、想到、感受到的事情,用恰当的文字表达出来。① 同时规定小学1~2年级的写作教学改为“写话”,3~6年级改称为“习作”入手,为了降低起始阶段的难度,重在培养学生的写作兴趣和自信心。写作,从字面上讲,含有“记写、制作”的意思。《诗经·小雅》:“作此好歌。”“作”即用心创造。《韩非子·十过》:“子为我听而写之。”“写”即记写。把两字连起来,是指把用心创造的东西记写下来,即写文章。写作是人们运用语言文字进行表达和交流的重要方式,是认识世界、认识自我、进行创造性表述的过程。而习作教学就是教师引导学生在经受生命感动的基础上运用语言文字进行表达和交流的综合性实践活动。

二、习作教学设计的基本内涵

教学设计作为一门课程,“是运用系统方法分析教学问题和确定教学目标、建立解决教学问题的策略方案、试行解决方案、评价试行结果和对方案进行修改的过程。”②在具体的教学中,教学设计是指教师实施课堂教学的一系列策略方案。“语文教学设计就是语文教师根据正确的教育思想和语文教育原理,按照一定的教学目的和要求,针对具体的教学对象和教材,对于语文教学的整个程序及其具体环节、总体结构及其有关层面所作出的预期的行之有效的策划。”③由此可见,小学习作教学设计一般应该包括题目、设计理念、教学内容、教学目标、教学重点、教学难点、授课对象、课前准备、课时安排、教学过程、板书和设计亮点。

在这些设计要素中,有几个要引起关注。

第一,“题目”书写要规范。由于现在的写作要求一般是提供给学生一个写作范围,很少是命题作文,因此题目中写作范围应该用引号而不是书名号来加以标注,如上文中的案例一,题目应该是《“捏不碎的鸡蛋”作文教学设计》。一个符号的变化体现的是给学生的写作自由。因为“捏不碎的鸡蛋”只是一个写作范围,学生可以根据自己的兴趣确定写作内容,学生可以自主命题,这样学生的作文就各具特色精彩纷呈了。

第二,教学内容和授课对象必须明确。如果是教科书上的习作训练,那么教学内容和

---

① 王守恒主编.小学语文教学与研究[M].北京:人民教育出版社,2006:211.

② 乌美娜.教学设计[M].北京:高等教育出版社,1994:11.

③ 周庆元.语文教学设计论[M].南宁:广西教育出版社,1996:3-4.

学生情况是很确定的。但如果是教师自主选择训练内容，那么必须对教学内容进行详细说明，同时必须明确授课对象。可以确定年级，也可以确定为一个学段，这样才能因材施教，突出教学实效。

第三，课时安排很重要。一般情况下，作文课两节连上，不过教师还是应该明确课时，要预设几个环节分别需要的时间，做到胸有成竹。

第四，教学过程的陈述中也可以加入设计意图，清晰地表达教师的种种考虑，体现教师的理性设计。

第五，要突出设计亮点。每个教学设计都是教师智慧的结晶，其中必定有设计者的得意之笔，因此必须展示出来。

习作教学设计包括作前指导设计和作后讲评设计。两者对学生作文水平的提高都有着重要的作用。

三、小学习作教学基本任务与理念

《义务教育语文课程标准(实验版修订稿)》关于写作的总目标是："能具体明确、文从字顺地表述自己的意思能根据日常生活需要，运用常见的表达方式写作。"在阶段目标部分，第一学段称为"写话"，第二、第三学段都称为"习作"，体现了不同学段对文字表达能力的不同要求。

(一) 第一学段(1～2 年级)小学习作教学任务：写话

1. 对写话有兴趣，写自己想说的话。

2. 在写话中乐于运用阅读和生活中学到的词语。

3. 根据表达的需要，学习使用逗号、句号、问号、感叹号。

(二) 第二学段(3～4 年级)小学习作教学任务：习作

1. 留心周围事物，乐于书面表达，增强习作的自信心。

2. 能不拘形式地写下见闻、感受和想象，注意表现自己觉得新奇有趣的或印象最深、最受感动的内容。

3. 愿意将自己的习作读给人听，与他人分享习作的快乐。

4. 能用简短的书信便条进行书面交际。

5. 尝试在习作中运用自己平时积累的语言材料，特别是有新鲜感受的词句。

6. 根据表达的需要，使用冒号、引号。

7. 学习修改习作中有明显错误的词句。

8. 课内习作每学年 16 次左右。

(三) 第三学段(3～4 年级)小学习作教学任务：习作

1. 懂得写作是为了自我表达和与人交流。

2. 养成留心观察周围事物的习惯，有意识地丰富自己的见闻，珍视个人的独特感受，积累习作素材。

3. 能写简单的纪实作文和想象作文，内容具体，感情真实。能根据习作内容表达的需要，分段表述。

4. 学写读书笔记和常见应用文。

5. 能根据表达需要，使用常用的标点符号。

6. 修改自己的习作，并主动与他人交换修改，做到语句通顺，行款正确，书写规范、整洁。

7. 课内习作每学年16次左右。习作要有一定速度。

根据新课程标准的基本理念，小学习作教学设计应注意如下内容：

其一，习作教学目标设计体现阶段性与规律性

小学习作教学设计由易到难，循序渐进，经历写话→习作的过程，为以后的写作打基础。低年级着重训练写话。写话，就是把说的话写下来，有较大的随意性。一是不计数量，不管多少，写三句五句行，写一两句也行；二是不管内容，漫无边际，写这个行，写那个也行；三是不求规范，写不完整句子行，有错别字也无妨。而到了中年级阶段应该注意逐步转向习作训练，在习作教学中，应注重培养观察、思考、表现、评价的能力。要求学生说真话、实话、心里话，不说假话、空话、套话。激发学生展开想象和幻想，鼓励写想象中的事物。

其二，习作教学内容设计回归真实与本色

儿童的世界原本是纯真的、欢愉的，也是稚拙的、朴素的。与此照应，习作教学的内容设计也应该植根于学生生活的土壤里，重视孩子的生活状况，尊重学生对生活的独特感受。鼓励学生无论是写话还是习作均用自己的方式表达自己的感受，用童言表达童心，不受大人的限制，不学大人的腔调，表达出来的内容是真实的，不是虚假的；是自己的，不是他人的；是个性化的，不是标准化的；是真情表白有感而发的，不是装腔作势言不由衷的。

其三，习作教学过程设计鼓励学生自由表达

《义务教育语文标准(实验版修订稿)》在实施建议里指出："为学生的自主写作提供有利条件和广阔空间，减少对学生写作的束缚，鼓励自由表达和有创意的表达。提倡学生自主选题，少写命题作文。加强对平时练笔的指导，提倡写日记、书信和读书笔记等。"这其实就是指明习作应成为学生自由写作的活动，因此，习作教学过程设计应为学生提供广阔的写作空间，减少对写作的束缚，才能实现写作的个性化，使学生自由表达出自己的主观感受。

其四，习作教学评价设计注重良好的习惯培养

写作初始阶段的目标设定，特别强调情感态度方面的因素，把重点放在培养写作的兴趣和自信，让孩子愿意写作、热爱写作，变"要我写"为"我要写"。从第一学段的"对写话有兴趣"，到第二学段的"乐于书面表达，增强习作的信心"，到第三学段，才过渡到"懂得写作是为了自我表达和与人交流"，第四学段则提出"写作时考虑不同的目的和对象"，要求具有比较自觉的写作目的。并在不同学段提出了"愿意将自己的习作读给别人听，与他人分享习作的快乐"，"能与人他交流写作心得，互相评改作文，以分享感受，沟通见解"等要求。

专题点拨·理性反思

习作教学设计基点

习作教学设计是教师进行课堂教学的依据，直接影响课堂教学效果，与学生的写作兴趣的保持和写作能力的提高有着密切的联系。教师在进行习作教学设计时，务必注意以

下方面。

一、发现儿童，尊重儿童，认识儿童

教师进行习作教学设计必须“以生为本”，不能一相情愿、自以为是。要做到这一点，教师必须树立正确的儿童观。儿童是独立的个体，具有自己的特点，他们的理解能力和认识能力都有局限性，同时具有很大的发展性。教师不能以自己的主观认识去判断学生，要真正走进学生的内心世界，用真挚、温暖的心去赢得他们的信任。教师要充分相信学生，引导他们走向成熟，而不是将成人世界已经形成的定论简单机械地灌输给学生。不同年龄段的学生在思维特点、语言交际功能和作文能力等方面都不一样。吴立岗老师经过多年的研究，认为“一、二年级的学生应该主要训练童话体作文，三、四年级学生主要训练素描作文，五、六年级学生主要训练实用作文和读书笔记”①每个学生都是一个特殊的个体，因此教师在进行习作教学设计时要兼顾全部，突出个体，要充分考虑到学生个体差异。游戏是儿童的天性，比赛是儿童喜欢的方式，好奇心强和想象力丰富是儿童的特点，教师可以将这些渗透结合到习作教学设计中，这样能更好地促进学生的发展。

二、密切学生与生活的关系

生活是写作的源头。《全日制义务教育语文课程标准（实验修订稿）》指出“写作教学应贴近学生实际，让学生易于动笔，乐于表达，应引导学生关注现实，热爱生活，表达真情实感。”②这就要求教师在进行习作教学设计时，要把学生的注意力转移集中到具体的现实生活中，让学生去体验生活、感受生活、发现生活。学生的写作材料应该自己从生活中去积累，而不是学生利用教师提供的一些材料来编造作文。教师要引导学生去发现生活中的真善美和假恶丑，去发现生活中有趣的、有意思的事。只有真正沉浸到生活中，学生才会有感而发，写出具有真情实感的作文。对于小学生来说，记录生活是他们写作的主要目的。教师应该引导学生认识到写作首先是记录自己的生活，在作文里表达自己的喜怒哀乐，使学生明白写作在自己生活中的作用。写作不仅仅是写给自己看，交流能保持、加强学生的写作兴趣。班级日记是很有效的一种形式，同班同学一起记录班级的事情，这样能增强写作的真实性。如果教师脱离学生生活而一味地传授写作技法，那就本末倒置了。

三、教师写作，感染学生

语文教师自己要写作，这是多年来一直在提倡的做法。语文教师自己对写作的兴趣、他自己的写作习惯和写作能力都将影响习作教学设计。教师以自己的写作经验跟学生进行交流，更能令学生感受到写作的真实意义。目前，有相当一部分教师已经行动起来，他们记录班级的点点滴滴、记录自己的生活体验，以自己的写作行为影响感染着学生。周红勤老师就通过她自己写的班级故事点燃了学生对写作的热情。“我喜欢这样用笔来写孩子，写他们鲜明的个性，写他们无忧的童年，写我们真实的故事，甚至写我瞬间的感触。而

---

① 参见吴立岗.小学作文教学论[M].广西：广西教育出版社，2002：78.

② 《全日制义务教育语文课程标准（实验修订稿）》.

孩子们也争着到我的笔下来。不知什么时候我也到了他们的笔下。我更喜欢这样毫无保留地把自己的文章深情地读给孩子们听，喜欢看他们专注的表情，喜欢听他们或欣赏或批判的声音。渐渐地，孩子们不再害怕作文课。我们常在作文课上以文会友，不亦乐乎。在互读互听之间，孩子们明白作文原来就是写自己，写生活。习作不是写给老师看的，不是给老师批一个分数，而是用自己的笔表达自己的心声，与他人、与世界交流。"[①]这是教师成功引导的最佳境界。教师的写作，是对学生最好的引导。薛瑞萍老师在每周一次的作文课上，给学生读一篇自己写的班级故事，然后请学生点评她的文章。当学生在薛老师的文章里听到自己和同学，就容易产生自己也来写一把的冲动。同时，学生点评老师的文章，实际上就是在学习老师的写作方法，在比较中发现自己的差距。[②]

四、明确小学习作教学的重点

《全日制义务教育语文课程标准(实验修订稿)》在"课程目标"的"总目标"中提出"能具体明确、文从字顺地表述自己的意思。能根据日常生活需要，运用常见的表达方式写作。"[③]由此可见，小学习作教学的重点不是训练学生的组织材料的能力、提炼主题的能力、安排结构的能力和语言修辞的能力。"表达自己的意思"强调的是"写自己"，当学生写自己的生活时，更多的是记录，因此小学生尤其是低中段小学生记流水账是正常的，必要时教师甚至要提倡低中段小学生记流水账。目前学生怕写作，很大一部分原因是教师的错误要求。在学生写作之初，教师就要求他们考虑选材、立意、剪裁、谋篇等，并且一再强调不要记流水账，难怪学生一听要写作就愁容满面了。而且，"写自己"也意味着学生作文的内容是自己选择的，那么作文的题目一般在作文完成后产生而且是学生自己拟定的。因此，小学习作教学中，应该让学生多写自由命题作文。此外，小学习作教学的任务应该是培养学生对写作的兴趣、信心和习惯，所以自由写作是更有效的方式。

专题点拨·理性反思

作前指导设计策略

一、营造习作氛围，激活写作欲望

作前指导，顾名思义是指学生在写作文之前，老师进行的写作辅导。作前指导重在激活学生的回忆，刺激学生打开自己记忆宝库的大门，丰富学生写作的内容，让学生可以更自由进行选择。作前指导解决学生"脑子里一片空白"的问题。

作前指导侧重"写什么"。可以是聊天式的，师生间自由地交谈，由一个话题谈开去，海阔天空，学生可以在聊天过程中选择自己感兴趣的内容来写，这样不会给学生太大的压

---

① 周红勤.孩子，你就在我的笔下[J].广东教育，2007(6)：33.

② 余文森，林高明，郑华枫.可以这样教作文[M].上海：华东师范大学出版社，2009：10.

③ 《全日制义务教育语文课程标准(实验修订稿)》.

力。写作本来就应该是有感而发，对刚刚起步开始写作的小学生来说，更是要以激发他们的写作兴趣为主，不能一开始就规定写作内容，令学生对写作产生畏难心理。面对作文题目，可能学生在生活中并没有积累，于是只好胡编乱造或者照搬照抄了。黄瑞夷老师在三年级作文起步教学时上过一堂“聊天课”①，他先给学生讲了一个笑话，营造一个轻松的教学环境。然后安排学生同桌之间讲笑话，接着他挑选了 9 个学生讲了 9 个简短的笑话。当学生们都开怀大笑的时候，黄老师提了一个要求：“同学们的故事太精彩了，既让老师开怀大笑又让老师感慨不已，十分佩服。大家一定也和老师一样有感慨，请你把‘感慨’这个宝贵的东西快速地用两句话写下来。”这样，学生很轻松地就进行写作了。在黄老师的这堂课中，他两次问学生“什么是作文?”上课之初，学生回答“作文是时间、地点、任务、天气”、“作文就是内容，要写什么事”，当学生写完“感慨”后，他们回答“作文就是聊天”、“作文就是用笔写说的话”、“作文就是用笔聊天”。他还两次问学生“为什么写作?”上课之初，学生回答“写作文可以知道每天发生了什么事”、“写了作文，以后就可以知道那天的天气”、“写作文就是完成作业”，当学生写完“感慨”后，他们回答“可以告诉别人自己知道的事”、“可以告诉别人自己心中的想法、感受”、“可以跟别人聊天，分享自己心中的快乐”。这样的转变是革命性的。学生对作文有了正确的认识，知道了写作文就是一件普普通通的事，消除了对作文的恐惧心理，轻松自如地用笔记录自己的心声，写作不再是一件令学生头痛、害怕的事。其实，这样的课不应该只上一次就够了，聊天是师生思维火花的撞击，能够激活学生的回忆，能大大丰富学生的写作素材，有了下锅的米，学生就个个都是“巧妇”了。这样的聊天，是教师有意识地引导学生关注生活、及时积累。通过这样的聊天，学生认识到生活中有许多值得记录的内容，他们会珍惜自己平时的每一天，这样会帮助学生形成关注生活、记录生活进而思考生活的好习惯。

二、引导学生细心观察，带着诗意感受生活

小学生的习作应当是贴近学生生活的。如果习作内容脱离学生生活，无异于缘木求鱼。平时命题习作，同学们冥思苦想，埋怨无话可写，大都是由于命题脱离学生生活实际。写前教师指导学生进行与问题有关的自然或社会现象的观察，选择好观察的对象、视角、方法，把握住事物的特征和背景。这就解决了“写什么”的问题。

教师的作前指导要努力帮助学生确定自己感兴趣的写作内容，而不是统一要求学生写一样的内容。作前指导是一种诱发，是激发学生进行自己的表达，因此教师在进行作前指导设计时，要考虑能否刺激学生进行自己的表达。如果教师限定了写作内容，那么学生完成的作文就是千篇一律的了。例如，上文的《捏不碎的鸡蛋》作文教学设计，就是一则作前指导设计，教师过多地引导学生观察两个捏鸡蛋的同学的神情、动作、语言等，要求学生记录课堂上活动的经过，这样容易造成学生作文的雷同，学生一般都会记录“老师拿来一只生鸡蛋——两个同学到讲台上去捏鸡蛋，都没捏破——老师说明道理”。其实，该作文要求是“写一则观察日记。要观察自己最感兴趣的，要写自己最想写的”。老师在课堂上

---

① 黄瑞夷，江平. 作文，就是用笔聊天——小学三年级作文起步教学课堂实录及评点[J]. 语文建设，2003(2)：17-20.

组织学生观察捏鸡蛋，确实很吸引学生，当鸡蛋没有被捏破时，确实能激发学生去进行探究，最后在教师引导下，发现蛋壳的拱形原理。由此可见，这仅仅是教师引导下的一次观察、一次发现，这难道就是学生最感兴趣的观察？目前，很多的作文设计活动都强调学生的参与，在课堂上学生积极性很高，活动过后学生也能较好地完成写作。但是这样的作前指导设计仅仅是让学生记录课堂活动，根本没有引导学生写自己的生活，也没有让学生明白写作其实是自己生活的一部分。

三、解除束缚思维羁绊，鼓励学生自由表达

怎样的作前指导设计能够让学生真正说出自己的话呢？最重要的是作前指导设计中的写作要求是开放性的，教师不规定写作内容，学生自己来确定写什么。刘娟娟老师指导学生“寻找吸引力”确实做到了让学生畅所欲言。她先以“磁铁吸引铁钉”的实验演示“吸引力”，让学生初步感知吸引力。接着，她出示自己春游、雪景、苹果和蔬菜的照片，让学生说说这些东西是怎么吸引人的。然后，刘老师出示草原、大海、高山、树林、小花等图片，让学生说说这些东西是怎么吸引人的。在学生的思路打开以后，刘老师提出要求“用一句话和自己的同桌交流自己课下寻找的磁石吸引着什么”。[①] 这个要求让学生在自己的生活里去寻找“磁石”，真正体现了作文与生活的密切关系，最重要的是学生的表达欲望被激起来了。学生的写作五花八门：操场吸引同学们去玩；精彩的电视节目吸引着小朋友的目光；南极吸引着科考队员去探险；黑板吸引着同学们的目光……这样的作前指导是非常成功的。在教师的引导下，学生肯定能够写出各具特色、异彩纷呈的作文。因此，教师的作前指导要帮助学生从他们自己的生活里去寻找写作内容，而不是为学生准备好写作内容。

教师的作前指导应该是点到为止、恰到好处，要留足够的空间让学生自由发挥。管建刚老师认为：“指导课，五分钟解决指导。如果五分钟还没讲好，证明这个话题不适合学生。”[②]作前指导花多少时间是合理的？那要因地制宜，不能硬性规定。管老师的话可能有点绝对，但是明确提出了作前指导要以学生为本，教师的指导要能够吸引学生，能够激活学生的记忆库，让学生写自己的生活、自己的想法。

专题点拨·理性反思

习作批改与讲评设计

作后讲评，指的是教师批改学生作文后，针对该次作文的情况，进行点评、分析和训练，使学生的写作水平得到进一步的提高。

一、采用灵活多样的批改方式

学生习作批改是一项十分繁重的工作，教师习惯于自己批改学生的习作。受工作条

---

① 刘娟娟. 寻找吸引力[J]. 新作文(小学作文创新教学)，2006(5)：50-51.

② 让作文教学的魅力显现[J]. 小学语文教师，2011(3)：12.

件的限制，习作批改流于形式，比如批改的评语，大都千篇一律的“中心突出，层次清晰，结构严谨，语句流畅”套话，达不到习作批改应有的实际效果。要改变这种现状，教师就应该转变观念，变“替学生改习作”为“指导学生自己修改习作”，把批改的着力点放在培养学生自己修改习作的能力上。《语文课程标准》中就明确提出：“要引导通过学生的自改和互改，取长补短，促进相互了解和合作，共同提高写作水平。”习作的批改手段与方式是可以创新的，可以是教师评改、同学之间互相评改，也可以是师生共同评改。我们偶尔采用自写自改的方法，让学生自己习作，自己批改。一篇习作写好之后，学生可以根据老师给予的习作要求对自己的作文进行修改、计分。这样可以使学生更好的加深印象，也可以提高学生习作修改的积极性。还可以采用互相帮改的方法，让同学之间、朋友之间可以在习作批改的过程中相互交流、相互帮助。也可以将每一位同学的习作都复印并张贴出来，让大家一起来发表意见。让孩子们可以体验一下老师批改习作的感觉，也可以在他人的习作中发现自己的优点和缺点，并学习他人之长处。

二、带着诗意的眼光审视孩子的习作

小学生之所以不爱习作，除了个人的原因外，很大一部分的原因要归咎于小学语文教师在习作批改过程中缺乏诗意、不善于发现孩子习作中的诗意，也不善于积累并归纳孩子习作存在的问题。其实，孩子和成人一样，需要认可，需要欣赏。欣赏他们，会使他们产生一种成就感。这就要求在习作批改过程中一定要对学生习作作出正确的评价，坚持重欣赏轻批评的原则，采取欣赏的态度来看待学生及其作品。

【案例】

作文讲评片段赏析①

师：我们接下来看一些正面的例子，我评了一个眼神美，最佳标题请大家看课件：(幻灯片显示)

《两百毫升的爱》　　——黄柏玲
《耍赖》　　——张宇茵
《遗传的眼睛》　　——卞聿尧
《母爱如茶》　　——郝怡乔
《处女座的爱》　　——杨梓聪
《吼·爱》　　——郑汉斌
《最熟悉的陌生人》　　——李俊玲

师：这些都是这篇文章中写得比较好的标题，大家看一看，我举几个例子：你比如说《两百毫升的爱》，我相信任何一个读者在看到这个标题时都会好奇，爱还可以用毫升来衡量吗？黄柏玲的就可以这样，然后再如郑汉斌的《吼·爱》，他讲的故事是他母亲有一次跟他发脾气，闹矛盾，母亲对他大吼，他也吼母亲，然后在这件事情当中他体会到的母亲的爱。跟别

① 节选自王不了老师. 作文讲评课. 广东中山市纪念中学三鑫双语学校精品课程网.

人的不一样，这几个标题我想应该都还是能给别人留下深刻印象的，对吗？好，我们接着往下看，开头，我跟大家讲，情境式的开头非常能够吸引读者，咱们读一下这个开头。

生：“你懂什么？”我大声地向母亲吼叫，母亲也很激动地说：“好，你去，你去了就不要回来！”说完，用她那苍白的手抹掉眼中的泪，然后走了出去。（陈颖聪）

师：这样文章开篇就是一个情境，把事件的最高潮直接放在文章的最开头，这是最能吸引读者的一个做法，也是最有效的做法，我们叫它情境式开头，这是一种。我们再看，还有我之前讲的效果非常好的排比式的开头，我们看一组，大家读一遍。

生：（齐读，幻灯片显示）

每一次哭泣，你总是不为我擦泪；

每一次摔倒，你总是不扶我起来；

每一次失败，你总是教我别气馁。（郑汉斌）

师：这一组开头看似平常，但他很好地概括了后面的情境。还有一组写得非常有文采，大家也来读一读。

生读：（齐读，幻灯片显示）

母爱如春雨，淅淅沥沥，柔美至极；

母爱如夏阳，炽烈火热，壮美至极；

母爱如秋枫，旋舞空中，凄美至极；

母爱如冬雪，银白澄澈，纯美至极。（林哲庆）

三、做好基本情况的记录与整理工作

作后讲评需要全面了解学生的作文，发现其中的优点和问题。因此，做好作文批改记录显得尤其重要。在作文批改时，教师们非常重视精批细改，重视评语的写作，但只有及时记录学生作文的基本情况，做好作文批改记录，教师才能更好地进行作后讲评设计。管建刚老师认为“作文教学有两个文本：一是教材的文本；二是学生的作文。”“老师只有认真‘研读’全班学生的作文，才能把握全班学生的作文状况。”①进行作后讲评设计，全班学生的作文是最重要的文本。一般情况下，教师会根据写作要求记录学生作文符合要求的情况、会记录学生作文中别出心裁的表达和创意、会记录错别字病句和标点的错误运用、会记录作文的题目等。顾太忠老师在教学实践中根据不同的写作要求把作文批改笔记分为“摘记式”、“统计式”、“提纲归纳式”、“培优补差式”和“档案记录式”②几种，为作后讲评设计奠定了扎实的基础。

【案例】

作文讲评片段赏析③

师（导入）：今天我们来上一节作文讲评课，请大家看课件。前天晚上我把大家写的作文全部看完了，我的第一感觉是在这篇作文里大家的身体都不太好，我统计了一下，有

① 管建刚．祖庆的作文讲评课告诉我们[J]．小学教学（语文版），2010(11)：29．

② 顾太忠．做好作文批改笔记 提高写作教学质量[J]．新作文（小学作文创新教学），2007(9)：26-27．

③ 节选自王不了老师．作文讲评课．广东中山市纪念中学三鑫双语学校精品课程网．

相当一部分同学在写《母爱》这篇文章时都病了，而且都是感冒，高烧不退，更巧合的是在感冒的那天一般天气都不太好，好像有12位同学写到了下着大雨，更巧的是爸爸都不在家，一般家里有车的那天也没有车，所以有很多母亲都背着你们在暴风雨中前进，最后运气好像也不太好，有六七位母亲都摔倒了，我想起一句话：历史总是惊人的相似。我觉得这跟我读书时写的母爱的文章大同小异，我把这件事情和项老师说了之后，他就诗兴大发，写了一首诗，我们来读一遍。

生：（齐读，幻灯片显示）

母爱如雷雷煞人
所有的父亲都夜晚不归
所有的孩子都高烧不退
所有的天空都倾泻大雨
所有的车辆都骤然消失
所有的母亲都背儿狂奔
很庆幸，所有的母亲摔跤后都能爬起
很庆幸，所有的孩子高烧后都能清醒
很庆幸，所有的母爱付出后都有感恩
——只是，所有的母爱都太雷人

（这一环节用时2分26秒）

师：这首诗我觉得写得很好。我们继续，这是我对各位的一个总体评价，所有的男生一起来读一读。

男生：（齐读，幻灯片显示）

形式多样，选材雷同；
以小见大，小题大做；
妙句众多，美文稀少；
各有千秋，骨肉分离。

师：我解释一下。先看第一句：形式多样，这次作文我发现，有写成日记体的，也有写成小说的，还有用第二人称的，有创新意识，不过就像我刚刚讲的一样，相当一部分同学取材雷同。如果有五六个同学相同就叫雷同，如果有一二十个同学都差不多的话，那我只能用雷人来形容了。第二句，以小见大很好，这次基本上没有同学写母爱的文章都是写宏大的题材的，都知道从小事出发，这一点很好，只可惜有的同学有点小题大做，比如说有的同学可能写的一些非常细微的事情，但是他在文章的开头和结尾却要把细节中间表现的母爱上升到一个非常高的高度，我觉得这有点小题大做，不好。第三句，妙句众多，美文稀少。这是我们的一个老毛病，很多同学的句子中间有一些妙句，不过可惜不成段或者不成篇，有好句、好段，但是美文比较少，所以我想到陶渊明的一句诗：草盛豆苗稀。草长得很茂盛，但是该长的豆苗不够多。最后各有千秋，有的同学形式创新很好，有些同学有一两句经典的语言，有些同学构思非常精妙，但是总的来讲很少有那种有骨有肉的文章，所以我最后说骨肉分离，是这个意思。你们接着往下看，在《菜根谭》里面有一句话我送给大家，请大家读一遍。（幻灯片演示）

生：（齐读，幻灯片显示）

文章做到极处，无有他奇，只是恰好；

人品做到极处，无有他异，只是本然。

——《菜根谭》

师：这两句话的意思其实很朴素，但是我觉得送给大家非常合适，因为最好的文章其实就两个字“恰好”，恰好的意思是什么，恰如其分的表达，不多也不少。如果你在那件事例中表现的母爱是伟大的，你固然可以说伟大，如果你只是写的表现母爱的一件小事，那你就把那件小事应该有的意思写出来就行了，恰到好处就可以了。做人和作文道理是一样的，所以我们古人总是把文章和人品联系在一起，有一句话文如其人。说到文如其人，我们接下来看看各位同学作文的一些作文现象，我们班有多少人呢？

生答：51 人。

师：下面来看看我统计的数据：（幻灯片演示）

有 18 人叙述事例在三件以上，且无条理；

有 22 人写到自己生病时母亲的照料，

其中 17 人遇到阴雨天气；

有 19 位母亲不幸生病，

其中 3 位是在治好孩子的病之后；

有 43 位同学绝大部分篇幅纯粹在叙事，描写自己感受的字数少于 100 字。

……

四、设计富有针对性的讲评内容

作后讲评设计教学目标的确定分两种情况。一种是教师在作前指导时提出了明确的要求，那么在作后讲评设计中确定教学目标时要紧扣作前指导提出的要求，分析学生的作文是否符合那些要求。另一种是学生写自由作文，那么，教师首先在批改过程中经过比较分析概括出集中问题和典型问题。所谓集中问题指的是一个班级学生的作文里普遍出现的问题，典型问题是指个别学生作文里出现的问题。教师需要对这些问题加以分析选择并确定作后讲评课的内容。在确定作后讲评设计教学目标时，一般包括佳作或亮点欣赏、问题展示和课堂训练等几个环节。这样一方面给学生以鼓励和自信；另一方面也让学生知道尚需努力有待改进的地方。课堂训练则让学生的写作能力得到提高。作后讲评设计要求教师具备系统的写作知识，能够在批改学生作文时敏感地、正确地发现优点和问题并确定训练点。

作后讲评设计要求教师在“研读”学生作文后有针对性地确定教学内容。每个班级学生的作文各不相同，所以作后讲评设计绝对是一次性的。有人认为作后讲评设计是一门遗憾的艺术，因为学生的一次作文训练只能讲评一次，教师辛苦设计的教案也只能用一次。管建刚老师认为“你研读这个班的这次作文，只能在‘这个班’上‘这次课’。这节课只能在这个‘班’上，绝不能搬到第二个‘班’，上第二次。讲评课，是典型的‘班本化’教学。”[①]

① 管建刚和他的作文讲评课. 中国教师报 2009 年 9 月 2 日.

也正因为如此，作后讲评设计才魅力无穷，独一无二，举世无双，教师的创造力在作后讲评设计中得以充分的发挥。张祖庆老师有两节“一个印象深刻的人”的作文讲评课，各有千秋。在2010年的那次课上①，他发现这个班级的学生在人物外貌描写上有优点也有不足，于是他确定“外貌描写要抓特点”这个教学重点。他出示学生许静芸的《老爹的“宝牙”》的片段，向许静芸提问“那你为什么不写眼睛、鼻子、耳朵、头发等，只写他的牙齿？”，学生回答“因为他的牙齿是他身上最明显的特点。其他器官和其他人差不多，所以我就写他的牙齿。”于是，张老师就自然地进行小结“明白了吗？写外貌要抓住他身上最明显的、最与众不同的地方来写，这样才会给人家留下深刻的印象。”同时，张老师有个“奇招”非常吸引学生，那就是“张老师酷评”——“五官视而不见，牙齿频频露脸，嗜烟如命老爹，仿佛就在眼前。”轻松欢笑中，学生对“外貌描写要抓特点”有了进一步的认识。同样，针对学生作文中人物描写的不足——人物形象脸谱化，他也进行了酷评——“樱桃嘴儿瓜子脸，花白头发皱纹脸，圆圆胖胖苹果脸，眼鼻嘴巴完整脸。天下何人没有脸？为何千人共一脸？”看了张老师的这个酷评，相信以后学生写人再也不会千人一面了。在这个设计中，张老师发现四个学生写了同一个同学，于是他出示四个片段，让学生猜猜描写的是谁，这很能抓住学生的心，学生一下子就猜到了是林之惟。巧妙的是，林之惟的作文正是张老师设计要学生们进行课堂练习的内容。张老师发现林之惟作文的题目需要修改，描写人物需要事件来充实，于是这就成了学生的课堂练笔。这些都是张老师在精心研读学生作文后的巧妙设计，可谓匠心独具。2011年，张老师又上了一节“一个印象深刻的人”的作文讲评课②，这次学生的作文问题体现在“题材撞车”上。张老师经过精心思考，确定两组作文，一组都写“唠叨妈妈”，一组都写“环保工人”。学生写“唠叨妈妈”的两篇作文都很优秀，“杨嘉玉、元元两位同学，把妈妈从早到晚的唠叨组合在一起，这就是不同场景下的语言组合。”、“杨嘉玉的文章，就做到了既正面写妈妈，又侧面写自己的感受。”于是，张老师告诉学生“当题材撞车的时候，张老师给你们一个策略，撞了车，不用怕，组合拳出新招”，而写“环保工人”的八篇文章，写的就像是同一个人，于是张老师又来了个酷评——“睡得晚，起得早，重活脏活一肩挑，我为环保作贡献，美化城市少不了。”同时提出建议“回去之后，好好地琢磨。如果真要写环保工人，你去跟她交谈，走近她们，了解她家里的情况，写出‘这一个’环保工人的独特之处来。”这样，有利于学生的作文修改和以后的写作。

作后讲评设计以学生作文为教学文本，旨在引导学生掌握“怎么写”的技巧，以提高学生作文的可读性，让学生享受作文的成就感和快乐。因此，作后讲评设计中要重视课堂训练点的挖掘，让学生在明白“作文该怎么写，不该怎么写”后修改自己的或别人的文章，在实践中体会写作方法的实用性。陈茜老师在《“家庭里的（　　）”作文讲评课教学设计》③中先安排学生比较阅读两篇学生作文，在学生交流的基础上，教师归纳“两篇文章都正确地补充了题目，完整地记叙了事件，也表达了自己的真情实感。但相比较之下，大家都觉得第二篇文章生动形象，妙趣横生，这是为什么呢？如大家所说，正是因为这位同学在记

---

① 参见 http://blog.sina.com.cn/s/blog_5b4571690100k6a0.html.

② http://blog.sina.com.cn/s/blog_5b4571690102du64.html.

③ 参见陈茜．家庭里的（　　）作文讲评课教学设计[J]．语文教学与研究，2009(20)：84-85.

叙的过程中恰当地融进了外貌、语言、行动、心理的描写，才使文章锦上添花。”接着，教师展示学生作文的优秀片段，让学生真切感受“环境描写要渲染”、“外貌描写要出众”、“语言描写要精彩”、“动作描写要传神”和“心理描写要细腻”。在此基础上，教师安排“大家分成4人小组讨论，从环境、外貌、语言、行动、心理等方面任选一个角度给第一篇例文添加描写的片段。小组代表朗读添加的内容或讲述本组的构思。”有了课堂训练，学生就能更好地认识人物描写方法的作用了。

体验践履·自我提高

【自我实践】

下面是一个小学教育专业的大三学生的作前指导设计的原稿和修改稿。① 原稿的题目是《“写花”习作教学设计》，修改后题目为《“写最喜爱的花”习作教学设计》。题目的修改充分考虑到小学生的喜好，让他们写最喜爱的花，学生可以自由选择，写作兴趣自然就产生了。

该设计是孙纯自己选择的教学内容，因此她对教学内容进行了详细的说明。

教学内容

花朵是学生生活中较为熟悉的一种植物，花朵存在于孩子生活的周围，也同样点缀着孩子多姿多彩的生活，这也使孩子对于“花朵”这个内容有话好说，有话好写，把自己钟情的或偏爱的花写一写，写出花的特点、动人的样子以及对于花的感情。对于高段学生来说，他们此前学习过《花的勇气》、《花钟》等课文，对于花的“品格”也有自己一定的体会。所以在这个设计中，我不仅仅停留于让学生写花的外形、特点，也试着让学生循序渐进，写写花的精神和品格，并不规定题材，学生想写什么都可以，使学生思维得到充分的自由。

此外，她还进行了一些必要的说明。

教学准备

让学生细心观察身边花朵，选择一种自己最喜欢的花朵，寻找相关描写此花的诗句和文章。

教学目标

1. 通过观察及资料搜集，掌握关于花朵的一些知识及相关的典故和诗文。

2. 课堂交流口头练说，用流畅的文字描绘自己喜爱的花并能表达真情实感。

3. 通过合作交流评议，提高自己的作文能力，取长补短。

重点难点

重点：仔细观察自己最喜欢的花，合理运用想象，流畅地描写自己喜欢的花。

难点：能深入思考，挖掘自己喜爱的花的精神和品格。

课时安排：两课时

教学方法：讨论法；合作法

---

① 该设计的原稿和修改稿均由小教本071班孙纯完成.

授课年级：六年级

在原稿和修改稿中，教学过程变化较多。

教学设计原稿

一、谈话引入，启发情感

1. 师：同学们，在生活中，我们时刻需要一双发现美的慧眼，社会在一天天进步，美的内涵也在变得丰富多彩，今天，我们就一起走进一场美的盛宴。我们常把生活中美好的东西比作花，那么花到底美在哪里呢？今天的习作课就让我们一起来细细品位。

2. 教师播放四季花卉图片（生活中各处的花：阳台上、公园里、小区中）。

（设计意图：让生活中随处可见的花的美景与学生的情感产生共鸣，启发他们的情感。）

3. 教师选择一种自己喜欢的花，播放“海棠花”图片，展示它不同姿态和颜色。并提问：你觉得海棠花美在哪里？

4. 对话交流。教师引导归纳，海棠花不仅外在美，而且有其内在美（淡雅、无香，哀而不伤）。教师梳理美的层次，提高学生的审美品位。

（设计意图：让学生从不同角度畅所欲言自己发现的美，教师及时归纳引导由不同层面去欣赏，体现学生主体性的特点，提高学生审美情趣）

二、品评花朵，激发写作情趣

1. 师：你最喜欢什么花呢？你能向大家介绍它的美吗？

2. 学生合作交流，教师把比较典型的花朵进行板书，并引用相关诗句。预设：梅花，零落成泥碾作尘，只有香如故；凌寒独自开；傲雪坚强的品格。牡丹，国花，大气雍容。

3. 师：生活中有各种各样的花，看到这些花，你还能想到什么？可以结合自己的阅读体验谈一谈。

4. 学生自主交流，教师归纳引导。（花不仅仅只是普通的植物，它们也有生命，它们也是生命之花。）

5. 教师小结：我们在一起谈论了同学们发现的美——多姿多彩的花，我们更是赋予了花以品格和生命，这也更激发了我们热爱花、亲近花、抒写花的兴趣。

（设计意图：从一般意义上的花上升到特别意义的花，这开拓了高年级学生习作的思路，打开了他们的习作思维，能引导学生从不同层次、不同高度去思考美、欣赏花。）

三、写“花”习作，合作交流

1. 师：选择自己喜欢的一种花来写，可用童话、散文、说明文、诗歌、议论文等来写，把花写活写生动。

（设计意图：开放式的教学方法、习作要求，不拘束学生的思维，让他们人人有话可写。）

2. 学生自评→交流赏评（朗读自己的文章或推荐别人的文章，进行交叉点评。）→教师评价总结。

3. 教师总结：大家都写出了自己心中的花，无论是凡俗的小花还是有着风骨的花，大家都把对花的热爱和尊重写进了文章里，也种进了心中。

教学设计修改稿

一、谈话引入，启发情感

1. 师：同学们，在生活中，我们时刻需要一双发现美的慧眼，社会在一天天进步，美的内涵也在变得丰富多彩，今天，我们就一起走进一场美的盛宴。我们常把生活中美好的东西比作花，那么花到底美在哪里呢？今天的习作课就让我们一起来细细品味。

2. 教师播放四季花卉图片（生活中各处的花：阳台上、公园里、小区中）。

师引导：看了这些美丽的图片，你想到了什么？你想说什么？——引导学生自由练说。

3. 师：老师在这里也提供了一组情境文字，你能看着图片，结合填空再来说一说吗？

出示：看着花的美，我的心中________。她多么________，仿佛是________；

她多么________，像是________；她多么________，就像________。

（设计意图：通过一组填空，让学生关注到写作结构的句式和文章中修辞的用法，更有针对性地让学生练说，启发学生的思维和想象，抛砖引玉。）

4. 师：同学们说得多么好啊，老师宛如看到了一幅幅花的海洋，花的图景展现在我的眼前。今天同学们准备了自己最喜爱的花的资料，老师也带来了自己最喜爱的花，来跟大家分享分享。

出示菊花图案，然后徐徐出现自己的文字。

> 有人喜欢牡丹、有人喜欢月季、有人喜欢荷花、也有人喜欢水仙，而我却喜欢那朴素的菊花。它虽然没有牡丹的雍容华贵，没有月季的婀娜多姿，也没有荷花“出淤泥而不染”的高洁，更没有水仙“凌波仙子”的美誉，可是它却有着自己独特的风韵——不屈不挠。
>
> 深秋时节，百花凋零，唯有菊花傲然怒放。看，几株菊花在瑟瑟秋风中开得正烂漫；黄色的花，如同一堆堆金灿灿的谷子；白色的花，宛如冬天里那洁白的雪花；紫红色的花，又好似傍晚时分天边的云霞。风，渐渐地停了，菊花挺直了腰板，站直了身体，再一次地向深秋示威。
>
> 每当盛开时，菊花就散发出淡淡的芳香，沁人心脾。我俯下身，深吸一口气，啊，一阵幽香顿时使我神清气爽。
>
> 记得唐代诗人元稹的诗词“不是花中偏爱菊，此花开尽更无花”，这不正是一首歌颂菊花独傲秋风的诗吗？菊花在百花枯萎的时候独自开放，为大自然添加生趣，使悲秋的人们振作起精神。等冬天来临之时，它虽然叶落茎枯，但它脚下的泥土里又孕育着新的生命。来年，它们将更加蓬勃地生长起来，而且更多，更多……
>
> 我爱秋天，更爱秋天里这凌风傲霜的菊花。

5. 教师追问：读了老师描写自己喜爱的花朵——菊花后，你有什么想说的？你从老师的文字里看出了什么？

提问：从这段文字里你能看出老师是怎样描写自己喜爱的花朵菊花的呢？引导学生各抒己见，说出自己欣赏的老师描写菊花的点，随即评价引导，勾画出重点句型，相应板书

（运用了对比、拟人，比喻、引用诗句等修辞手法，不仅从形态来写，更重点从花朵的品格描写喜爱的理由）。

（设计意图：让学生通过赏析老师的范文，从中感受到习作文字的魅力，引导学生自己体会描写生动形象的地方及其自然地过渡到不仅描写花朵的形态，在喜爱的理由上更重要的是对花的品格的欣赏，使学生的理解体会比低段的写花练习更上一层楼。）

6. 师总结：同学们都能从各个角度发表了自己的观点看法，这是很好的学习方法。描写喜爱的花朵，我们不仅可以从它本身的形态描写，更能从它的品格、特点进行描写记叙，这是对我们高年级学生的习作要求。

二、交流品评花朵，激发情趣

1. 师：老师看到很多同学也带来了自己喜爱花的图片和资料，已经有点迫不及待了，那么老师也请你们来说说你们自己喜欢的花朵，说清楚，说明白，从各个方面来说说自己喜爱的花朵。先自己说说，说完的同学四人一组交流交流。

2. 交流结束，老师引导：现在我来做采访者，采访采访我们的同学。“你最喜欢什么花？能向大家介绍介绍它的美吗？”

师随即点评交流，有时也请同学来评价、转述，引导每个学生学会倾听。

3. 师根据学生说的花的特点、诗文，相应板书总结。

4. 师：生活中有各种各样的花，同学们喜爱的花各不相同，理由各异，我们曾经学过《花的勇气》这篇课文，冯骥才先生是怎样描写他看到的花呢？（出示课文文段）

> 迎着吹在脸上的细密的、凉凉的雨点，我看到的竟是一片花的原野。这正是前几天那片千万朵小花藏身的草地。此刻那些花儿一下子全冒了出来，顿时改天换地，整个世界铺(pū)满了全新的色彩。虽然远处大片大片的花与蒙蒙细雨融在一起，低头却能清晰地看到，在冷雨中，每一朵小花都傲然挺立，明亮夺目，神气十足。
>
> 我惊奇地想：它们为什么不是在温暖的阳光下冒出来，偏偏在冷风冷雨中拔地而起呢？小小的花儿居然有如此的气魄！我的心头怦然一震，这一震，使我明白了生命的意味是什么，是——勇气！

5. 你从这段文字里能看出了什么？你能谈谈自己的体会吗？那么你还能想到什么花呢？在你的生活中又有怎样的经历呢？

6. 师总结：我们共同谈论了花朵，发现了多姿多彩的花，我们更是赋予了花以品格以精神，这是多么难能可贵啊，老师这里也有一些古人称颂花朵精神的句子，送给大家。

> 绿竹含新粉，红莲落故衣。——唐・王维《山居即事》
> 柳色黄金嫩，梨花白雪香。——唐・李白《宫中行乐词八首》
> 叶上初阳乾宿雨，水面清圆，——风荷举。——宋・周邦彦《苏幕遮》
> 接天莲叶无穷碧，映日荷花别样红。——宋・杨万里《晓出净慈寺送林子方》

（设计意图：通过引用文章中的句子，一来学生对于文本熟悉，能更好地谈自己的体会理解，二来有利于激发学生自己的思维体验，在拓展中给予学生一定的文字积累，让学生能在接下来的写作练习中有一定积累素材，养成平日多积累的好习惯。）

三、写“花”习作，合作交流

1. 师：同学们，我们已经围绕花展开了很多的交流，现在我们就拿起笔来写写这些花，可以用不同的文章形式，把你最喜爱的花写具体生动，可以描写自己与花的一段经历，写写它的品格特点，喜爱的理由，选取一个角度，写下来。

2. 学生自评——交流赏评（朗读自己的文章或推荐别人的文章，交叉点评）

3. 师选择一篇学生作文讲评，然后学生修改完善。

4. 师总结：大家都写出了自己心目中的花，无论是凡俗的花还是颇具风骨的花，大家都把自己对花的喜爱和尊重种进了自己的心中，老师非常欣慰。

【案例剖析】

比较原稿和修改稿的教学过程，可以发现：

1. 教师出示自己写的一段关于菊花的文字。这个示范效果非常好。学生阅读老师的文章后，能具体真切地认识到花的品格和精神。也能学习老师运用多种方法、多角度描写菊花的技能。在教师的引领下，学生的写作积极性更容易被激发。

2. 密切联系课文，让学生从《花的勇气》中获得启示。冯骥才的文章《花的勇气》展现了作者细腻敏感的观察力和感受力，表达了独特的思考。文章启发学生要在日常生活中善于观察、敏于体验、勤于思考。有作家的示范，能激发学生的尝试和超越心理。

3. 教师提出的写作要求不一样。原稿中强调写花，要突出花的品格，学生较多的会借鉴诗词来进行赞美，这种写作学生只是在运用材料，他们缺少对花的真切体验。修改稿中，教师增加了一个写作要求“可以描写自己与花的一段经历，写写它的品格特点，你喜爱的理由”。这样引导学生从自己的日常生活中寻找和花有关的片段，密切了作文与生活的关系。也引导学生在日常生活中要多多观察，做生活中的有心人。

拓展视野·娴熟技能

【拓展思考】

1. 对于小学生来说，作文的拟题能力和审题能力应该怎样训练？

2. 写作能力的提高是螺旋上升的，一种写作能力也不是一次两次练习就能形成的，那么教师在进行习作教学设计时应该怎样处理同一训练内容在不同学段的安排？

3. 习作教学设计并不只是针对课堂教学的，如江苏省沭阳县怀文中学小学部的孙美娟老师设计了日记漂流，以班级为单位，确定以下几种漂流日记：《六(4)班的快乐生活》(由班级的每一位成员自由完成)、《快乐女生》(由班级内几名活跃的女生完成)、《六年级的烦恼》(由班级内的几名男生完成)、《我住 6012》(由 6012 宿舍的十名女生完成)；同时设计日记在六年级的 5 个班级间进行漂流，如《学习经验交流谈》(由 5 个班级中成绩优秀的学生承写)、《听我说好书》(由 5 个班级中爱读书的学生承写)、《芳草地文学》(由本来就热爱写作的学生承写)。那么，能说说你的设计高招吗？

【参考文献】

[1] 张化万.小学作文：名师情趣课堂创设艺术[M].重庆：西南师范大学出版社，2009.
[2] 刘济远，莫崇芬.小学作文导写获奖教学案例[M].长沙：湖南人民出版社，2006.
[3] 姚春杰.小学语文名师作文课堂实录[M].上海：华东师范大学出版社，2008.
[4] 朱水根.小学作文教例剖析与教案研制[M].南宁：广西教育出版社，2005.
[5] 管建刚.我的作文教学革命[M].福州：福建教育出版社，2007.
[6] 管建刚.我的作文训练系统[M].福州：福建教育出版社，2011.
[7] 徐家良，徐鹄，顾维萍.生活中的作文[M].上海：上海教育出版社，2005.
[8] 袁浩，宁益民.揭开儿童作文的奥秘[M].南京：江苏教育出版社，1999.

第六章　小学语文综合性学习设计

单元导读·抛砖引玉

小学语文综合性学习是在综合性人才培养的时代要求下，顺应语文课程改革与发展的趋势而提出的一种语文学习方式。在语文综合性学习的实施过程中，教师可以开发和利用学校、社区、家庭、自然等课程资源，指导学生自主选择和确定活动主题，进行资料的搜集、整理和研究、形成和展示丰富多样的学习成果，在具有开放性、自主性、实践性、合作性的实践活动中促进学生语文素养的发展和提高。

问题扫描·掩卷遐思

【问题扫描】

小学语文综合性学习设计存在的问题

1. 目的空泛，缺乏教学的语文性

"语文的外延和生活的外延是相等的"，小学语文综合性学习确实和学生的生活有着千丝万缕的联系。语文综合性学习作为同识字与写字、阅读、写作、口语相并列的一个项目，也强调必须与学生生活结合的重要性。但在实际教学中却出现为了生活而淡漠小学语文教学的真正目的的现象，整个过程与小学语文教学无关，与语文知识的综合运用、语文能力的培养以及语文情感、态度、价值观毫不相干，致使小学语文综合性学习训练成为有形式无内容、有内容无主题的社会实践活动。我们应以语文为主，以学习语文为出发点，运用各科资源，开展跨学科活动和教学。只有这样才能凸显语文作为各个学科的基础，只有这样才能显示综合性学习在语文教学中的作用。

2. 观念陈旧，缺乏设计的积极性

长期以来，教师一直是国家课程的实施者，多年按部就班的工作使他们从来不想、也不愿意成为综合实践学习活动的设计者。参与综合实践学习活动设计就意味着要加重工作负担，从中无法得到相应的回报；他们甚至认为综合性学习是国家的或教育管理部门的工作，与普通教师无关。例如，有的教师认为，实施小学语文综合性学习就是开设一些活动课程或选修课程，就是要教师自编教材。这些认识上的偏差，导致教师设计小学语文综合性学习活动缺乏积极性和主动性。

3. 专业窄化，缺乏设计的知识和能力

由于我国的师范教育长期以“学科”为本位，侧重教师的普通知识和专业知识的掌握，几乎没有开设与个人发展密切相关的课程以培养准教师将来参与课程发展的能力，更谈不上教师个人教育思想的形成与发展。这种狭隘的学科专业教育和单纯的知识传授，只能造就机械教书匠，不能塑造专家型教师，教师没有发展出新的专业能力以胜任综合实践学习设计的形势发展需要，所以，广大师范院校学生走上工作岗位，对综合实践学习设计工作普遍感到无法胜任，不知所措。小学语文综合性学习设计是一项复杂、系统的工程，需要教师有新的思想、信念、能力和热情，需要教师有深厚而扎实的专业知识与开拓进取的精神，单凭教师的积极性和教学经验是远远不够的。

【掩卷遐思】

1. 小学语文综合性学习活动是一门具有融合性、整体性、生成性、自主性、实践性、开放性等特征的课程。怎样正确理解小学语文综合性学习概念的内涵以及各阶段的目标？

2. 如何掌握小学语文综合性学习的实施要求以及活动指导的有关策略？

3. 如何能运用所学知识，设计和开展小学语文综合性学习活动？

4. 作为一种全新的课程形态，它的设置与实施给教师提出了新的要求、新的挑战，在综合性学习活动设计与实施的过程中，教师既不能成为静态传授知识的灌输者，也不能成为推卸责任的旁观者。在综合性学习活动设计与实施的过程中，教师应该承担什么样的任务？具备什么样的素养？教师的角色将会发生怎样的变化？综合性学习活动赋予教师职业哪些特定内涵？

典型案例·交流研讨

【典型案例】

认识我们的民族

背景材料

蒙汉情深何忍别，天涯碧草话斜阳。小学生在老师的指导下认真学习人教版小学语文第十册第一单元《草原》、《丝绸之路》、《把铁路修到拉萨去》等课文后，被这些课文所包含的民族感情深深感染，产生了进一步了解其他民族的兴趣和愿望。

根据 1990 年第四次全国人口普查公布的数据，汉族人数有十一亿多人，约占全国总人口的 92%，其他 55 个民族人口共有九千多万人，约占全国总人口的 8%。

问题探究

如果你是指导老师，怎么对常规课文进行二度开发，怎么根据学生的需要将这些课程资源设计成富有可操作性、实效性的语文综合性学习活动？

有一位老师是这样做的，首先，他给学生收集了大量的关于我国部分少数民族风土民情的图片，辅以优美的音乐，制作精美的课件，在课堂播放，然后用诗一般的语言进一步激发学生的学习兴趣。“中华民族是我国各民族的总称。我们伟大祖国是一个统一的多民族的大家庭。在祖国的大家庭里，生活着56个亲如手足的兄弟民族。除人口最多的汉族以外，还有蒙古、满、回、藏、维吾尔、壮、苗、彝等55个少数民族。我们祖国的光辉历史和灿烂文化是由各民族共同创造的。在开拓祖国的疆域、实现民族统一和发展民族的经济、科学、文化的历史过程中，汉族起了重要作用，其他少数民族也作出了重要贡献。"在此基础上和学生展开讨论确定"认识我们的民族"活动主题，最后，确定如下教学目标与活动程序：

1. 调查访谈：从你生活所处的社区、乡镇、县、市入手，调查了解汉族和其他少数民族居住的分布特点。通过访谈和查阅资料等活动，概括出我国民族的居住分布特点。讨论一下，这种居住分布特点对发展民族关系的影响。

2. 查阅资料：讲一讲历史上少数民族杰出人物松赞干布（藏族）、成吉思汗（蒙古族）、努尔哈赤（满族）、郑和（回族）、曹雪芹（满族）、蒲松龄（蒙古族）的故事，评论他们对中华民族历史和文化发展的作用。

3. 了解班里的同学分别属于什么民族，他们家庭成员的工作、学习和生活情况。讲讲自己知道的民族团结的故事。

活动开展一个星期后，在成果汇报课上，教师是这样组织课堂的：

1. 两个学生主持人讲话。

2. 民乐欣赏：我们班有会演奏民族乐器的同学吗？请他们为同学们演奏，大家共同感受民族乐器的魅力。

3. 考考你：少数民族知识知多少？（抢答赛）

4. 说一说：结合校内、社区、邻里的民族居住情况，讲讲自己对这些民族的风俗习惯的了解程度，自己在尊重民族风俗习惯、促进民族团结上是怎么做的。

5. 写一写：结合有关民族问题的集体活动或新闻、影视资料，谈谈自己的认识和建议。

【交流研讨】

学生A：我认为这是一个比较成功的设计，充分体现了以学生为主体，以学生发展为本的教学理念：突出活动过程，启发自主参与；突出知识的实际应用，体现学生的合作创新；突出实践体验，协调发展；突出"综合性学习就在身边"的活动过程与策略，引导学生用多种方式呈现学习的过程与结果。

学生B：我认为这不是一个成功的设计，主要的缺点在于如下几个方面：其一，设计的语文性不够突出，没有结合语文教学促进学生语文素养和谐发展的目的去挖掘属于语文的课程资源；其二，活动内容庞杂，学习任务繁重，小学生根本不可能在有限的时间内调查了解汉族和其他少数民族居住的分布情况；其三，教师的指导性没有得到很好的体现。

专题点拨·理性反思

小学语文综合性学习的内涵

综合性学习这一概念的第一次明确出现，是在2001年颁布的《义务教育语文课程标准（实验版修订稿）》的"课程的基本理念"部分。课程标准指出："语文综合性学习有利于学生在感兴趣的自主活动中全面提高语文素养，是培养学生主动探究、团结合作、勇于创新精神的重要途径，应该积极提倡。”①其后在阶段目标中，课程标准又把综合性学习和识字与写字、阅读、习作、口语交际并列在一起，作为语文课程的重要内容，明确表述了在各个学段中综合性学习的目标和要求，并预测了综合性学习在某种情形下应该出现的结果。这种立足于教育价值基础上提出的概念，要想理解其内涵，我们就必须了解当初提出小学语文综合性学习时人们赋予了它怎样的意义和价值。

作为一种课程形态，小学语文综合性学习的意义和价值有这样几个方面：②

一、小学语文综合性学习是综合性课程

小学语文综合性学习沟通了听说读写，沟通了语文课程与其他课程，沟通了课内外，沟通了校内外，沟通了书本学习与实践，是一种综合化了的课程。它引导学生综合运用语文知识去分析问题，解决问题，有利于促进学生语文素养的整体提高，有利于学生知识能力与情感态度价值观的协调发展。

二、小学语文综合性学习是生活化的课程

小学语文综合性学习开放了语文课程，使语文课程从封闭的课堂上走出来，走向了生活和家庭，走向了自然和社会，拓展了语文学习的空间。它与传统教学不同，每次学习的目标、过程、结果都是开放的。

三、小学语文综合性学习是经验性的课程

与阅读、写作等传统意义上的学术课程不同，小学语文综合性学习是一种经验性课程。根据建构主义的观点，人的经验也是一种很重要的知识。综合性学习大多以“问题—解决”和“活动—探究”为载体。在这样的学习活动中，更注重学生的参与和体验，有利于学生丰富自己的阅历，整合知识，运用知识，生成新的知识，获得组织、协调、合作等能力以及情感态度的发展。

四、小学语文综合性学习是个性化的课程

小学语文综合性学习不再是标准化、模式化的学习，它是一种充满个性化创造性的学习，特别容易激发学生的好奇心、求知欲和进取精神。每个学生都有可能根据自己的兴趣爱好去选题、探究、活动、创造与表现。

可以看出，小学语文综合性学习是小学语文课程的一个重要组成部分，是为了改变语文教学相对封闭的状态，为了改变课本是唯一的课程资源的状况，更是为了克服偏重接受型学习的弊端，旨在倡导自主、合作、探究的学习方式，培养学生的创新能力和实践能力，在语文课程改革上采取的一个重要举措，“体现了在分科视野下对课程综合化的追求，成

---

① 中华人民共和国教育部制定：《全日制义务教育义务教育语文课程标准(实验版修订稿)》，北京：北京师范大学出版社，2001：2.

② 参见陆志平著：《语文课程新探——新课程理念与语文课程改革》，上海：东北师范大学出版社，2002：95-96.

为语文课程创新的一大特色和改革的亮点。”[①]因此，我们对小学综合性学习的理解不能只是停留在课程内容的层面，更要把它当做语文学习的一种方式。

这样，我们可以对小学语文综合性学习的内涵作如下的理解：小学语文综合性学习是在教师的指导下，立足于小学生的生活和经验，以实践活动为主要形式，有意识地综合开发和利用学生生活、社会生活以及其他学科等课程资源，运用合作、探究等学习方式，在自主活动中发展提高学生语文素养的一种语文学习方式。

如果将小学语文综合性学习与目前已经独立存在的综合性学习活动课程进行比较，我们可以发现小学语文综合性学习与综合性学习活动课程都有“综合”，在实施过程中都有学生的“实践活动”，两者具有一定的相似性，但也存在较大的区别。综合性学习活动作为一门独立的课程，具有其自身的价值和目标，它着眼于探究的一般过程与能力的发展，培养学生的创新意识、服务社会的意识，增强社会实践能力，养成社会责任感和义务感。而小学语文综合性学习的出发点和落脚点都在于“语文”，其基本的内容必须是“语文”，其目标也必须是“语文”，是学生语文素养的发展和提高。离开了这一点，小学语文综合性学习也就失去了存在的必要。

但是，小学语文综合性学习与综合性学习活动之间也存在密切的联系。综合性学习活动作为一种课程形态，可以为小学语文综合性学习提供着丰富的资源和有益的借鉴；小学语文综合性学习可以移植综合性学习活动的形式，充分挖掘其中的语文因素为我所用。小学语文综合性学习也可以为综合性学习活动提供支撑，丰富综合性学习活动的过程和成果形式，并使之更具有文化蕴涵。二者完全可以相互为用，共同为学生综合素质的提高发挥应有的作用，为学生和教师减轻课业负担，提高学校教育的综合效益。这也将是课程整合发展过程中的必然态势。

专题点拨·理性反思

小学语文综合性学习目标设计

一、《义务教育语文课程标准(实验版修订稿)》对小学语文综合性学习目标的规定

根据《义务教育语文课程标准(实验版修订稿)》的精神，小学语文综合性学习的总目标是：获得亲身参与实践的积极体验和丰富经验；形成对自然、社会、自我之间内在联系的整体认识，发展对自然的关爱和对社会、对自我的责任感；形成从自己的周围生活中主动地发现问题并独立地解决问题的态度和能力；发展实践能力，发展对知识的综合运用和创新能力；养成合作、分享、积极进取等良好的个性品质。

《义务教育语文课程标准(实验版修订稿)》为小学各个学段明确提出了综合性学习目标。

第一学段(1～2 年级)

1. 对周围事物有好奇心，能就感兴趣的内容提出问题，结合课内外阅读，共同讨论。

① 倪文锦. 小学语文新课程教学法，北京：高等教育出版社，2003：190.

2. 结合语文学习，观察大自然，用口头或图文等方式表达自己的观察所得。

3. 热心参加校园、社区活动。结合活动，用口头或图文等方式表达自己的见闻和想法。

第二学段(3～4 年级)

1. 能提出学习和生活中的问题，有目的地搜集资料，共同讨论。

2. 结合语文学习，观察大自然，观察社会，书面与口头结合表达自己的观察所得。

3. 能在老师的指导下组织有趣味的语文活动，在活动中学习语文，学会合作。

4. 在家庭生活、学校生活中，尝试运用语文知识和能力解决简单问题。

第三学段(5～6 年级)

1. 为解决与学习和生活相关的问题，利用图书馆、网络等信息渠道获取资料，尝试写简单的研究报告。

2. 策划简单的校园活动和社会活动，对所策划的主题进行讨论和分析，学写活动计划和活动总结。

3. 对自己身边的、大家共同关注的问题，或电视、电影中的故事和形象，组织讨论、专题演讲，学习辨别是非善恶。

4. 初步了解查找资料、运用资料的基本方法。

二、小学语文综合性学习目标设计要点

小学语文综合性学习的目标，是对开展小学语文综合性学习活动行为以及行为变化结果的一种预期与指引，结合语文教学目的以及人才培养目的，设计小学语文综合性学习的主要目的在于：①引导学生带着问题深入探寻自然、社会的奥妙，促使学生对周围事物保持好奇心，从而逐步发展到对学习和生活产生问题，培养学生的好奇心、问题意识；②通过各种实践活动，积极发展学生敏锐的观察力，掌握科学的学习方法，培养学生自主发现问题、分析问题、解决问题的能力；③引导学生积极参与集体活动和社会实践活动，培养集体主义精神和为他人为社会服务的精神，建立为实现共同目标而团结互助、尽职尽责的态度；④引导学生在各种活动中综合运用所学知识和技能，获得多方面的直接体验，培养理论联系实际的学风。

综合以上，可以看出小学语文综合性学习各学段的侧重点不同，目标与要求呈现出综合内容的逐步提升、综合范围逐渐增大的特点，为语文综合性学习的教育价值和功能的充分发挥提供了可能。教师在开展综合性学习的过程中，要依据各学段的目标，考虑学生的身心特点和学习实际，确定综合性学习的内容和学习范围，逐步拓宽学生语文学习和运用的领域，使学生在不同内容和方法的交叉、渗透和整合中开阔视野，初步获得现代社会所需要的语文实践能力。

三、小学语文综合性学习目标设计注意事项

(一) 目标设计要具有可行性，讲究实效性

对语文综合性学习目标的构建，目的是提高学生自主学习的能力，增强语文教学的效果。因此，在进行构建的过程中，要讲究实际效果。一要根据课文的教学需要，遵循语文

学习的规律，选择相应的目标，采取相宜的策略，通过适当的途径，运用有效的形式，让学生学得活、学得好、得益多；二要使学生感兴趣，为学生所接受，教师采取的教学策略，设计教学活动，都是为学生服务的，以保证学生爱学、善学、乐学，构建的目标并不是越大越好，而是要符合学生的知识结构和兴趣爱好，能与实际生活联系起来，具有可操作性。

（二）目标设计要与小学生心理特征相符合

小学生学习心理特点既具有学习的一般性特点，又体现其年龄所特有的特点。在学习动机方面，心理学家研究表明，小学的学习动机主要有两方面：①为了好分数，不落人后，或者为了得到表扬和奖励而学习。②为履行组织交给自己的任务，或为集体争光而学习，很少是为了个人前途而学习或为祖国的前途、人民的利益而学习。因此，小学生还不善于把学习和社会联系起来，其学习动机往往是直接与学习活动联系在一起。为此，在构建学习主题时要与学习活动本身直接联系，以学生的学习兴趣为基本出发点。在构建主题时，要多加引导学生，强调其重要性，并逐渐培养学习的主动性。

（三）目标设计应放在整个教学结构中进行审视

任何目标建构都不应该脱离语文学科的内容、特色，主题构建整合必须有“语文味”，因为语文的“学习内容本身就蕴涵着丰富的情感因素”。学生通过对语言的感悟，体验世间真情，正是语文学习的魅力之一。

专题点拨·理性反思

小学语文综合性学习内容设计

一、综合性学习内容设计分析

设计符合学生年龄特点的学习内容

对任何年龄阶段的任何学生而言，语文综合性学习应是一个有机整体，而非随意拼凑的若干主题的混合。要切入语文综合性学习这个有机整体，需要遵循某些拥有内在逻辑联系的线索。

学生作为一个具有历史人、现实人和未来人高度融合的结合体，学生由自然人向社会人转化的过程其实质就是自然、社会、自我三个世界相互协同的结果。因此，语文综合性学习内容的选择和组织要围绕三条线索进行：其一，处理好“学生与自然的关系”；其二，“学生与他人和社会的关系”；其三，处理好“学生与自我的关系”。

语文综合性学习的开发与实施应以学生为核心，实现上述三种关系的均衡与整合，最终指向学生个性健全发展。国家为了帮助学校更好地落实语文综合性学习而特别指定的几个领域，主要内容有如下几个方面：“研究性学习”、“社区服务与社会实践”、“信息技术教育”、“劳动与技术教育”。当然，这不是语文综合性学习内容的全部。四大指定领域在逻辑上不是并列的关系，更不是相互割裂的关系。“研究性学习”作为语文综合性学习的基础，倡导探究的学习方式，这一方式渗透于语文综合性学习的全部内容之中。另外，“社区服务与社会实践”、“信息技术教育”、“劳动与技术教育”则是“研究性学习”探究的重要内容。所以，在实践过程中，四大指定领域是以融合的形态呈现的。

除上述指定领域以外，结合语文教学的实际需要，小学语文综合性学习活动还包括大量非指定领域，如社会实践活动、校传统活动(诗歌朗诵会、艺术节等)、学生同伴间的交往活动、学生群体的文艺沙龙活动等，这些活动在开展过程中可与语文综合性学习的指定领域相结合，也可以单独开设，但课程目标的指向是一致的。

指定领域与非指定领域互为补充，共同构成内容丰富、形式多样的语文综合性学习。

二、综合性学习内容设计的基本策略

根据学习的主题分类，可从以下几方面设计小学语文综合性学习：

(一)从小学语文学科延伸中设计

课堂学习的空间是有限的，课堂里的学习往往只解决最基本的、共性的问题。而课外学习的空间是无限的，是充满个性的。读准了枯燥的二十四节气，让学生回家去问问老人家，不同节气都有哪些自然现象，都忙哪些农活，画出你理解的节气；学习了《小猴子下山》、《狼和小羊》等童话故事，让学生练习排练课本剧；学习《捞铁牛》一课后，组织学生讨论，利用现代化的科技设计捞铁牛的方案；学习了《草船借箭》，提议学生阅读《三国演义》，或对比当中主要人物的性格，或列举古代将领用的兵器，或分析交战胜败的原因等。

(二)从小学语文学科综合中设计

学科间往往有着交叉点，抓住了这闪光点设计综合性学习，更能激发学生学习的兴趣与学习的乐趣。数学学科中认识了圆形、三角形、方形后，学生可以用这些图形拼成图案，加上文字描绘；自然学科中学习了种子发芽，蚕的一生，我们就让学生种种豆，养养蚕，并仔细观察，写好观察日记；学习了课文《月光曲》，学生可以去了解贝多芬的生平，欣赏他的作品。学习唐诗宋词后，可以开展《唱起歌的汉语——唐诗宋词综合性学习活动》，设计“我背诵唐诗宋词”，“我描画唐诗宋词”，“我表演唐诗宋词”。

(三)从自然景象、社会生活中设计

让学生投入大自然的怀抱，感受一年四季变化的脚步，以“春”为例：听听春的歌，看看春的美，读读春的诗，画画春的景；双休日或假期，孩子们都爱去旅游，“随我去旅游”介绍各处的地理位置、景物特点以及那里的风土人情、经济状态等。

社会生活更是天宽地广。“菜市场里的收获”让你知道物品的名称、形状、种类、价格；“名车欣赏”得到男孩子的喜爱，向你展示车的外形、标志、产地、价格乃至它的独特性能；“节假日商品需购的调查”让大家知道某商品的受欢迎程度，并对其成因做出分析；“漫游商标王国”让大家不仅欣赏到了图简意深、美观大方的各式商标，更增强了商品的广告、权益的意识。

综合性学习的内容还有很多，只要它符合小学生年龄特征，受孩子们所喜爱的并利于

素质整体提高的，都可以提供孩子们学习。但是，我们应注意选择内容遵循主体性、可操作性、包容性、增益性的原则。所谓“主体性”，即所应让学生参与语文综合性学习内容的选定，所选的内容应是相应年级学生感兴趣的，课题的难度应与学生的知识结构和能力水平相适应。所谓“可操作性”，即语文综合实践学习的内容设计应尽量做到点面结合，以点带面，贴近生活实际、贴近学生实际，有利于学生开展学习活动，所选课题不妨舍大取小、舍远求近、舍难求易。所谓“包容性”，即语文综合性学习的内容应有一定的内涵，不能过于简单，缺乏探究的深度；否则浅尝辄止，索然乏味，提不起学生学习的兴趣。所谓“增益性”，即语文综合性学习应使学生有所收益，所学内容或具有实用性，或富有什么意义。能促进学生语文素养全面而和谐发展。

专题点拨·理性反思

小学语文综合性学习过程设计

一、构建以学生自主、合作、探究活动为基础的学习形式

（一）组织形式

开展综合性学习的方式是多种多样的，概括起来可以分为独立探究与合作研究两部分。这里的独立探究是指学生个体独立思考，自主探讨。合作研究则指学生之间的合作研究、相互交流，同时也包括师生间、学生与家长之间的共同研究与学习。独立探讨与合作研究是双向互动、相辅相成的。

（二）学习形式

学习形式有观察、阅读、参观、调查、摄影、实验、活动等。为了呈现学习的成果，学生可以根据学习的内容选择不同的方式，可以是口头表达，可以是文字说明，可以绘图，可以是实物，可以列举数据，更鼓励多种方式方法的合理综合运用，完成美观、实际、有创意的作品。

根据《义务教育语文课程标准(实验版修订稿)》阶段目标的要求，小学语文综合性学习由于学习形式的丰富性，其教学模式也多种多样。例如，有问题—解决式、课题—研讨式、话题—对话式、专题—创作式、主题—表达式、游戏—参与式、景观—游览式、生活—感悟式、社区—服务式、科学—实验式、事件—调查式、新闻—访谈式、文本—鉴赏式、网络—搜寻式、技能—操作式、劳动—体验式、方案—设计式、文艺—表演式、书报—浏览式、影视—欣赏式、口语—交际式、任务—合作式、情感—交流式、情境—陶冶式、学科—渗透式，等等。

二、小学语文综合性学习过程设计的基本模式

（一）问题—解决式

“问题—解决”的学习方式。一般而言，语文综合性学习是围绕学生感兴趣的问题展

开的。这些问题是由学生发现并提出的，然后在老师的引导下，运用语文知识和能力去研究问题、解决问题。问题解决活动的过程主要表现为如下几个基本阶段：①儿童直接面对问题；②明确问题；③确立问题解决的线索和计划；④收集资料；⑤确立假说；⑥验证假说。比如学习了《北大荒的秋天》、《富饶的西沙群岛》等课文后，可以引导学生探究家乡建设的有关问题，激发学生热爱家乡，为家乡建设献计献策的热情。主要分如下几个步骤。

其一，感悟问题阶段

在开展综合性学习之前，可以采取特邀专家作有关“家乡建设存在问题与对策”专题报告，听取教师介绍有关资料和书籍，同时观看录像，让学生对家乡建设有一个大概的了解。例如，针对“长江与我们的生活”这一共同学习主题可以开展如下体验活动：①观看介绍长江的情况以及长江两岸的风光以及利用长江水进行农田灌溉、运输、游玩等情境的录像；②听取长江过去的样子以及在此生活过的老人讲述长江的故事；③让学生亲自到长江及其周围去考察；④听取有关部门或专家介绍长江周围环境的情况与长江两岸工农业、城市发展以及动植物生态环境变化的情况。这样做的目的在于让学生发现、找到与自己兴趣与爱好相关的探索课题。

其二，发现问题阶段

在这一阶段中，教师要做的是帮助学生发现自己想要解决的问题，并引导学生提出解决问题的假设与预测问题的解决途径，同时根据问题的性质，组织具有同一问题或近似问题的学生建立共同的研究小组，设计问题解决方案和学习计划表等。

其三，问题解决阶段

这是“问题—解决”式综合性学习的核心阶段，即开展问题解决和体验活动的阶段。主要学习的内容有：①引导学生通过访谈、上网、查阅报纸杂志、问卷等获取资料等方式，搜集和分析有关家乡的信息资料，根据收集的资料进行有条理、有逻辑地整理与归纳、判断、得出相应的结论；②组织学生应根据问题解决方案，按照确定的研究方法，选择合适的地方进行调查，获取调查结果；③初步的交流。学生通过收集资料、调查研究得到的初步研究成果在小组内或个人之间充分交流，学会认识客观事物，认真对待他人意见和建议，正确地认识自我，并逐步丰富个人的研究成果，培养科学精神与科学态度。

其四，结果归纳阶段

这一阶段的学习活动是将问题解决研究的结果通过图、表、照片等形式进行展示，并将其汇总成报告，最后采取开辩论会、指导教师主持的答辩会、研讨会、搞展板、出墙报、编刊物(包括电子刊物)等方式进行发表和交流。

(二)观察—表达式

主要是结合语文学习的需要，在老师的指导下，让学生个体或群体自主观察自然，观察社会，并且运用语文知识和能力表达自己观察所得。吴耀辉、郭伟华老师在教完人教版语文第二册第一单元“春天”后，在此基础上，组织学生到田野、河边、山坡、树林等处寻找春天，感受春意盎然的景象，培养学生观察、想象、口头表达、朗读朗诵、艺术审美、歌唱舞蹈等多方面的能力，激发学生热爱大自然的感情，精心设计了《春天在哪里》语文综合性学习案例①。其活动过程主要由以下环节组成。

【案例传真】

第一，明确观察任务，寻找春天。

1. 教师激趣导入。

师：伴随着《春天在哪里》的乐曲，同学们，春天已轻轻地、悄悄地来到了我们的身边。你听到春天的脚步声了吗？你看到春天的色彩了吗？快去找一找春天在哪里，快来画一画美丽的春天。你们知道到哪里去寻找春天吗？

2. 教师在学生自主选择时，帮助他们优化、确定参观地点及路线，并让学生自由结合组成小组。

3. 相机指导，引导学生学会观察，寻找春天。

师：今天老师就和同学们一起出去寻找春天。在寻找过程中，大家要细心观察，可以用眼睛看，可以用鼻子闻，可以用耳朵听，可以用手摸，随时把你的最新发现告诉同学和老师。

（师生愉快地融入大自然。学生有许多表现，也有许多发现，教师留意每个孩子的活动，并及时、适当予以引导）

生 1：看，一大片、一大片的麦苗伸直了腰，正茁壮成长呢！

生 2：水沟里的水多清呀，还有几只鸭子“嘎嘎”地叫得正欢呢！

师：古诗说“春江水暖鸭先知”，这位同学找得真准。

生 3：这儿好多花都开了：桃花、梨花、迎春花……

师：这么多花都开了，我们可以用一个学过的词来形容吗？

生 4：百花盛开。

生 5：快来看呀，柳条抽出了许多嫩芽。

生 6：你瞧，小草也探出了脑袋。

师：你们知道它们想干什么吗？

生 7：它们想看看这美丽的世界。

生 8：它们想和我们一起玩。

生 .：它们想告诉我们春天来了。

师：大家的想象真丰富。

第二，交流观察结果，感悟春天。

1. 组织学生观看春景录像，让学生进一步观察。

2. 分组讨论。在小组里自由发言，大组中主动交流，说说自己找到的春天是什么样子的，再读一读描写春天的词句，演一演春天百花开放的情境，唱一唱歌唱春天的歌曲。

第三，表达观察感受，描绘春天。分组以不同形式对寻找到的春天进行汇报交流。

《春天在哪里》轻音乐伴奏。

1 组：说春天。

---

① 吴耀辉，郭伟华. 让春天焕发生命力——《春天在哪里》综合性学习案例.

生 1：春天是绿色的，小草绿油油的。

生 2：小树也穿上了绿衣裳。

生 3：连清清的河水也被映绿了。

生 4：不对，春天是五颜六色的，金黄色的油菜花，雪白的梨花，粉红的桃花，什么颜色都有。

2 组：演春天。

生 1：呱！呱！呱！（青蛙边呱呱地叫着边蹦蹦跳跳上台）

生 2：（边扭腰边说）春天来了，我们小草又可以活动活动了。

生 3：（扇动着双臂上场）春天里，我们蝴蝶又可以翩翩起舞了。

生 4：（做游泳状）最快活的要数我们小鱼了，春天里我们可以在水中自由自在地游泳了。

3 组：诵春天。

生 1：鸟语花香。

生 2：万紫千红。

生 3：莺歌燕舞。

生 4：春日融融。

生 5：春眠不觉晓，处处闻啼鸟。

生 6：天街小雨润如酥，草色遥看近却无。

4 组：唱春天。

生 1：春天在哪里，春天在哪里，春天就在小朋友的眼睛里。这儿有红花，这儿有绿草，还有个会唱歌的小黄鹂……

生 2：春季里来，百花儿开……

生 3：小燕子，穿花衣，年年春天来这里。要问燕子为啥来？燕子说：这里的春天最美丽……

7 组：画春天。

学生借助图片（燕子、风筝、穿上春装的人等），以及采集的实物（绿叶、麦苗、花瓣等），动手描画、粘贴，合作完成一幅美丽的春景图。

这个设计融看、演、唱、跳、画、贴为一体，把课内与课外，课文与生活，语文学科与其他学科紧密联系起来，把语文教学还原成了学生的生活需要，建构了一种新的课堂生活，拓宽了学语文的天地，使语文课程开放而富有活力。

（三）活动—探究式

主要落实研究性学习的有关内容。由学生确定探究的问题，提出开展实验活动的假设，制订探究的活动计划，调控活动过程，写出探究的结果，使语文综合性学习的过程成为学生“自主、合作、探究”的过程。

浙江的蔡虹老师针对本次教学内容针对小学中高年级学生独生子女生活条件好、平时自觉不自觉地会以自我为中心的现象，设计旨在开拓学生的视野，丰富他们的内心情感的《关爱—生命里的阳光》[①]语文综合性学习,就是典型的活动—探究式教学模式。在课前准备环节,她让学生搜集有关“关爱”的资料,与几个好朋友组织一次“春风行动”,到敬老院做一天“爱心天使”,同时,自己设计一份“你最喜欢什么样的朋友”问卷,在同学、老师、家长以及邻居中作一次简单的调查。在课堂教学环节,主要设计如下流程:其一,谈话引入,进入情境。采取让学生说一说、想一想、忆一忆、谈一谈等方式,回忆人生阅历当中得到的关爱及感受。其二,合作探索,实践体验。首先请同学讲“最让你感动的”有关“关爱”的故事以及朗诵有关“关爱”的诗歌;然后要求学生根据好朋友的需要,为他(她)做一件事,课堂不能展示的事情,用写纸条的方式告知好朋友。其三,表达交流,应用拓展。要求学生将自己或者小组经过实践、体验得到的收获进行归纳、整理、总结、提炼,之后相互交流、研讨。最后环节是教师引导学生共同评价。

专题点拨·理性反思

小学语文综合性学习评价设计

一、树立为学生发展服务的评价理念

长期以来,人们注重的是终结性的评价,把教学评价看成是对教学结果的一种“公正”的描述,教师处于评价的权威地位,而学生处于被评价的被动状态,令评价不能有效地发挥促进教学的作用。为此,综合性学习要关注学生的学习过程,重视过程性的评价,把学习中的学生参与程度、情感体验、努力程度、合作能力等作为评价学生的主要依据。同时,评价还要发挥其指导和激励的作用,引导学生反思自己的学习,改善学习的方式,丰富生存的体验,促进学习的顺利实施,最终令评价作为师生共同学习和提高的机会。

二、明确评价内容

评价的内容主要由如下内容组成:学生在语文综合性学习活动中的合作态度和参与程度;能否在活动中主动地发现问题和探索问题,能否积极地为解决问题去搜集信息和整理资料;能否根据占有的课内外材料,形成自己的假设或观点;语文知识和能力综合运用的表现;学习成果的展示和交流等。

三、制定科学、实用、可操作性强的评价标准

评价的指标包括以下几点:①学生参与的状态。学生在课上是否精神饱满,师生关系是否民主,小组参与率是否高。②学生参与的时间。学生在课堂上活动的时间(读、思、议、写、辩、论)是否充分。③学生参与的方式。教师创设多种机会,让学生选择机会参与。④学生参与的品质。学生善于倾听、理解他人发言,并能抓主要点。敢于发表意见。

① 蔡虹.关爱—生命里的阳光——语文综合性学习案例[J].小学教学设计 2004(12):42-43.

四、善于采用多种多样的评价方式、方法

由于综合性学习的方式及其结果的多样性,以致评价的手段和方式也是多元的。可以采取学生自己评价、学生互相评价、师长评价,或三者相结合;可以采用定量与定性,或两者相结合;还可以安排一段时间让学生充分地展示成果,欣赏成果,比较鉴别,学习他人之长。根据语文综合性学习的特点,以下几种评价方式应受到关注:①学生互评。在语文综合性学习中,学生自主性较大,灵活性较强,他们常常以小组合作的学习方式进行,对学习者能够全程了解的是学生自己和小组合作伙伴,他们对小组的学习有切身的体验,评价起来更有针对性,更加切合实际。②学生自评。除同学互相评价以外,还应加强自我评价,让每个同学对自己在综合性学习中的经历、体验、表现、成长等进行自评。③教师评价。教师在评价中仅是一个参与者,而不是作为一个一言定乾坤的裁判。可采用学分制考核,作业展览、考卷与学生作业、研究报告相结合的方法。在评价中特别要注意肯定和鼓励学生的独立思考和创新的火花。④建立"语文学习成长档案袋式评价",鼓励每个学生建立自己的综合性学习的档案,装上有关综合性学习的作品,如所办的手抄报、发表文章的复印件、一些典型的读书心得、综合性学习中所做的调查报告等,再加上学生自己和师长的评价,以便能更深入、更系统地了解和肯定学生学习的能力,及见证自我的不断进步和可喜的收获。

考题点拨·理性反思

小学语文综合性学习活动的指导

一、指导开展资料的搜集

(一)指点信息源

一般情况下,教师、家长、图书馆、阅览室、书店、电视、网络等都是直接的信息来源。这些信息源所提供的信息量大,方便快捷,但仅靠这些,有时候难以得到实用的、鲜活的第一手的资料,还需要开辟信息渠道,与学生一起分析信息可能存在的处所,特别是与研究主题相关的人、单位、场馆等取得联系,多方咨询。必要时,老师还要带领学生,指导进行实地考察和社会调查,自己寻找、发现,获取资料。

(二)指导资料搜集

要想有效地获取资料,仅有信息源还不够,还需要掌握一定的方法,切实提高学生搜集信息的能力,使学生终身受用。教师可根据不同信息源进行相应的指导。

1. 网上搜寻。要教会学生学会上网,提供网站或指导运用Google、百度等搜索引擎,进行资料的搜索和下载。

2. 图书报刊查阅。查找书籍、报纸、杂志是最简便易行的获取资料的方法。但有一

些专业书籍由于专业性太强，需要到专门机构或专业图书馆进行查找，还有一些资料较为分散，不便于归纳，老师可以做一些资料查询方面的辅导，指导学生查找图书目录卡片，提高资料搜集的效率。

3. 问卷调查。问卷调查是以预先设计的一组与调查目标有关的问题用书面提问的方式，通过被调查者的回答来获取人们对所调查问题的意见、态度等方面信息的搜集资料方法。教师要就调查的目的、意义、主要内容、调查的组织、调查的选样、结果的使用等方面，对学生进行相应的辅导，在实际调查活动中学会问卷的使用。

4. 访谈调查。访谈调查是以口头形式，根据被访问者的答复了解情况的搜集资料方法。访谈有不同的方式，有团体访谈、个别访谈、电话访谈、网络访谈等。教师要根据综合性学习的主题，与学生进行协商，确定访谈的方式和对象，同时还要对访谈的步骤进行指导。

访谈调查的一般步骤：①访谈的准备。明确访谈的目的与任务，制订访谈计划；设计访谈提纲，确定访谈的关键问题和先后安排；了解访谈对象，保证访谈的顺利进行。②选择相应的访谈方式正式访谈。③访谈材料的整理。访谈的材料可以分为叙述性的材料和数据性的材料两种。叙述性材料的整理要条理清晰，主次分明，去除冗余信息；数据性材料要运用统计的方法进行整理。④访谈结果的分析。访谈的材料经过整理后，应该按预期的目的加以分析综合，对主要问题产生的原因进行仔细的分析、论证，为作出结论和建议提供依据。⑤结论与建议。根据对访谈材料的分析与综合，作出相应结论或提出建议。

在访谈的过程中，老师要重点指导学生注意学习和掌握一定的访谈技巧，如如何与访谈对象交流、如何作访谈记录等，这是访谈调查的关键。

5. 实地考察。实地考察是指人们利用感官的通道以及必要的辅助设备，对自然状态下的自然或生活现象进行有目的、有计划的观察，以获得经验事实的一种资料获取方法。在研究活动中的考察，跟日常生活中一般的观察相比，最重要的区别就是它要求在考察活动进行之前，对整个活动过程进行尽可能详细、合理的设计。

实地考察的一般步骤：①考察前的计划。包括了课题的论证与方法论证、相关资料的准备、考察对象的选择与确定、考察的重点、编制考察记录表、仪器设备的使用等。②进入考察情境。考察通常是在自然的条件下进行的，因此，研究者与考察对象及与其他人员的接触和交往是不可避免的。首先，老师要指导学生遵循科学研究的伦理规范，考察前要通过正式渠道获得考察对象的许可。在进入考察情境之后，要进一步指导学生按照研究者应有的身份来选择行为与交往方式，使自己的考察活动合法化。其次，进行活动的组织与协作指导。实地考察的实践性较强，一方面会涉及研究小组成员之间的协作，还会涉及研究者与被研究者及其他人员的协作。需要老师进行相应的指导，使实地考察活动成为愉快的合作过程，提高考察的效率。③考察记录。考察记录的方式很多，一般有实况记录、日记描述、轶事记录[①]等。老师要根据主题活动的任务和特点，指导学生采用合适的

① 实况记录就是采用文字、录音、录像等手段，把被考察对象的全部活动过程记录下来。实况记录的最大优点是能够把考察对象的行为和行为发生的环境、情境一起展现出来，便于对行为完整地、反复地进行把握。日记描述是一种常用的观察记录方式。它的优点在于可以在较长时间(若干天、星期、月，乃至年)里持续进行，对考察对象的记录可以实录，也可以经过考察者的概括加工，表达手法灵活。轶事记录，类似于日记描述，但它比日记描述的内容更加典型，更加具有片段性。

方式进行记录，以提高实地考察的实效。

二、指导整理与研究

整理与研究是综合性学习活动中最重要的环节。学生通过各种途径搜集到的资料可能丰富杂乱，有些与活动主题有密切的关系，有些与活动主题毫无关系，还可能有些资料的研究价值不很明显，需要进行整理、研究，对这些零散的资料集中归类，去芜存精。还要对那些研究作用不太明显的资料进行分析、思考，使之明朗化，发挥应有的研究价值。

教师要指导学生进行材料的整理研究，可以从以下方面着手：

（一）资料登记

简要说明搜集到的资料的内容要素、来源，并根据一定的序列编排，登记保管。

（二）对资料进行遴选

组织学生对资料进行适当的分析，整理出其中有用的资料。挑出那些与主题研究无关的而又有研究价值的资料，既可以从中挖掘出新的研究主题，也可以推荐给其他相关的研究小组，以提高资料的利用效率。

（三）资料的归类整理

把遴选出来的资料进行重新组织。可以指导根据研究主题的需要，按资料内容的时间顺序、空间顺序、结构顺序等进行归类，综合组成研究材料。

（四）结合研究主题分析研究

资料的遴选、归类整理本身就是主题研究，但这些只能是研究的开始，还要在此基础上进一步指导学生进行分析研究，从资料中找到事物或现象的本质和规律。对资料的分析研究可以从以下几方面进行：①提出问题。在资料的搜集、整理过程中，指导学生对资料进行思考，提出有价值的问题。②寻找依据。在资料中找到支持自己观点的充分材料，可以是文字的、图片的、音像的，等等。③讨论交流。通过多种形式的讨论交流，进行碰撞，生发智慧的火花，进一步阐明观点和理由。④得出结论。在讨论交流的基础上，综合各家观点和资料，得出结论。

三、指导成果的形成与展示

综合性学习活动成果的形成与展示，对于学生学习兴趣、综合能力、创造精神的培养方面发挥着重要的作用，是综合性学习活动的重要环节。成果的形成与展示效果，直接影响着学生成功的学习体验的形成。虽然综合性学习重过程，但并不意味着可以忽视成果的形成与展示，让学生放任自流。因此，需要老师要对学生在成果形成与展示阶段可能存在和出现的问题予以足够的关注，进行适当的建议、点拨、参与，给成果的形成和展示提供最有力的支持。

(一)指导形成成果

教师要深入学习小组,对学生的学习情况进行认真的分析,了解学生的问题所在;对学生提出的观点和见解,要进一步启发引导学生进行反思,充分肯定正确的一面,并努力改进不足,帮助形成一致的意见。对于学生当中存在的不同见解,应引导学生互相尊重,在持之有故的情况下,允许不同见解的存在,丰富自己对事物和社会的认识。

(二)指导成果展示

综合性学习成果的展示形式丰富多样,可以有文字表达类、口语表达类、表演类、图片类、演示类等,学生对这些形式的特点和具体方式可能缺乏应有的认识,需要教师结合具体主题以及所获取的资料帮助确定,尽可能结合多种形式、多角度、多层次地展示学习成果。

确定展示方式以后,老师还要组织学生,加强活动的演练和方法指导,如辩论会的组织、辩论技巧的指导,演讲稿的写作、表达技巧等,让学生在活动中进一步锻炼提高自己的语文能力。另外,老师还应做好成果展示的宣传工作,争取获得学校、社会的理解、接受和支持,使学习成果产生广泛的社会影响,进一步激励学生的语文学习热情。

专题点拨·理性反思

小学语文综合性学习与教师的关系

传统教学活动基本上是“灌输——接受”单线性、静态传输知识的活动,学生完全处于一种被动接受的状态。在“师本”观念左右下,教师追求统一的认识、统一的结论,以自己的思想去代替或束缚学生的思想,以自己的思维模式去规范和窒息学生的思维和智力,然后借助短暂的练习验证课堂传授的结论。表面看来学生能够轻松地得到知识的结论,走过教师设置的“通道”,顺利地达到预定的目标,但这种不经学生积极艰苦的探索学习,学生往往只是“学会”而得不到“会学”的本领。而综合性学习活动要求师生间的影响是双向、交互的,同时,这种交互作用和影响又不是一次性的或间断的,而是一个链状、循环的连续过程。这就要求教师和学生共同成为综合性学习活动的开发者、活动方案的设计者与实施者。因此,教师的角色发生了根本的变化。教师不能只唱“独角戏”,成为单一的知识传授者,而应该正确认识综合性学习活动过程的基本要素并辩证处理他们之间的关系,成为综合性学习活动的引导者、指导者,开发者、研究者,组织者、合作者。

一、教师在综合性学习设计中充当的角色

(一)从教师与学生的关系看,综合性学习设计要求教师应该是学生学习的引导者和指导者

倡导学生对课题的自主选择和主动探究是实施综合性学习活动的关键,但综合性学习活动的过程不是学生纯自主、自发的过程,需要教师引导和指导。教师既不能“教”综合

性学习活动，也不能推卸引导与指导的责任，应把自己的有效指导与鼓励学生自主选择、主动探究有机结合起来。教师成为引导者、指导者，指的是教师从过去仅作为知识传授者这一核心角色中解放出来，创设学生发现问题的情境，引导学生从问题情境中选择适合自己的活动课题，帮助学生找到适合自己的学习方式和探究方式，引导并指导学生设计恰当的综合性学习活动，激活学生进一步探究所需的先前经验，与学生共同展开综合实活动过程，从而促使学生实现课程资源价值的超水平发挥，等等。

教师如何成为指导者、引导者呢？首先，必须尊重每一个学生的兴趣、爱好与特长。综合性学习活动关注的焦点是：学生关心什么，对什么感兴趣，哪些真正是学生的问题或课题；帮助每一个学生确定自己的课题，运用体现其个性特征的自己的方式展开深度探究，对世界获得自己的独创性理解，这是综合性学习活动的主旨所在，也是教师的引导者、指导者职责所在。其次，善于引导学生从日常生活中选取探究课题或问题。日常生活在学生发展中的作用丝毫不亚于学科知识。尊重学生的日常生活，引导学生从日常生活中选取自己感兴趣的课题或问题进行探究，努力把学科知识与日常生活整合起来，这是综合性学习活动的重要使命；最后，综合性学习活动意味着知识能力、情感态度价值观与过程方法的高度融合，而中小学生尚处于发展阶段，其心智系统、知识结构、人生阅历均不够成熟，教师应成为学生学习的激发者、辅导者、各种能力和积极个性的培养者；成为学生人生的引路人；成为学生健康心理、健康品德的促进者、催化剂，引导学生学会自我调适、自我选择。

（二）从教学与研究的关系看，综合性学习设计要求教师应该是综合性学习活动的开发者和研究者

在传统的教学中，教学与研究是彼此分离的。教师被排斥于研究之外，教师的任务只是教学，是按照教科书、教学参考资料、考试试卷和标准答案去完成程式化的任务。在综合性学习活动中，教师不再是单一的知识传授者。综合性学习活动作为一门全新的课程尽管为教师和学生提供宽广而自由的活动空间，以及广阔的活动背景，但它的不确定性以及活动过程的生成性要求教师成为综合性学习活动的开发者和研究者。作为开发者，指的是教师要善于根据学生的生活经验、已有的知识基础和特定的背景和条件，引导学生选择或自主提出活动项目、活动主题或课题，并合理地制定活动方案，保证综合性学习活动得以顺利有效地实施。作为研究者，综合性学习设计所蕴涵的新理念、新方法以及综合性学习设计与实施过程中所出现和遇到的各种各样的新问题，都是过去的经验和理论都难以解释和应付的，教师需要以研究者的角色置身于综合实践的种种情境之中，以研究者的眼光审视和分析综合实践理论和综合性学习活动中的各种问题，而且学会对自身的行为以及活动设计的成效进行反思，对出现的问题进行分析、探究，对积累的经验进行总结，使其形成规律性的认识，不能被动地等待着别人把研究成果送上门来，然后，不假思索地把这些成果应用到综合实践中去。总之，综合实践为教学提供了研究的舞台，教师成为综合性学习活动的开发者与研究者又有助于综合性学习活动的科学化与高效化。

（三）从设计与实施的关系来看，综合性学习设计要求教师应该是课程的组织者和合作者

综合性学习活动所指的“综合”，可以是内容的综合，形式的综合，也可以是培养目标的综合。所谓内容的综合，是指课程指定的四大领域（研究性学习、社区服务与社会实践、劳动与技术教育、信息技术）之间、各学科之间以及四大领域与各学科之间的结合；方法、形式的综合是指自探、调查、统计、讨论、汇报等多种方法合理的综合使用，课内与课外，校内与校外的有机结合；培养目标的综合是指在全面整体提高学生素养的同时，提高他们综合运用所学知识解决实际问题的能力，培养主动探究、团结合作、勇于创新的精神，通过接触自然，深入社会，增强学生的社会责任感和使命感。这就要求教师善于从纷繁复杂的学习材料中提炼出学生开展综合性学习活动的主题，善于组织并协调好综合性学习活动所涉及的要素及其关系。无论是综合实践的设计与活动的实施，教师均应该成为组织者与合作者。

组织是针对综合性学习活动的实施涉及因素复杂而采取的外部管理策略，指教师在综合性学习活动的内容、形式、实施、评价等方面起组织和协调作用。[①] 综合性学习活动的设计与实施的因素相当复杂，它要求教师具有较强的领导与组织能力。教师成为“组织者”的含义包括组织学生发现、寻找、搜集和利用学习资源；营造和保持活动过程中积极的心理氛围，引导学生组成活动小组，并协调学生活动中各部门的关系，通过与相关部门或人员的沟通，为学生开展综合性学习活动创设宽松的活动时空，充分利用各种课程资源，使学生活动得到有力的领导，等等。

教师不是学生活动的旁观者，而是学生活动的参与者、合作者。教师要有效地组织学生开展综合性学习活动，教师必须具有较强的实践能力，学会问题探究和问题解决的方式与方法。教师只有不断地参与到学生的活动当中，成为学生活动的参与者与合作者，才会不断地发展自己的问题意识、自我实践能力，同时在合作学习的过程中，能够对学生的个性特长、思想状况、社会背景有更深入的了解和把握，在此基础上，有效地对学生的综合性学习活动予以指导。教师成为“合作者”的含义包括建立人道的、民主的、平等的师生关系，让学生在平等、尊重、信任、理解和宽容的氛围中受到激励和鼓舞，得到指导和建议。

二、教师在综合性学习设计中承担的任务

教师所承担的任务贯穿学生综合性学习活动的全过程，包括对学生活动主题、项目或课题确定的指导、活动过程中的指导、总结和交流阶段的指导。

（一）帮助学生确定活动主题、项目或课题

在活动主题、项目或课题的确定阶段，教师应针对中小学生的个性心理特征、认知发展规律、科学文化知识基础以及学生所处的特定社会环境和自然条件，引导学生确定合理的活动主题、项目或课题。主要包括如下几个方面的工作。

① 郭元祥.综合实践课程的实施[M].北京：高等教育出版社.2004：207.

第一，通过开设讲座、组织参观访问等形式创设一定的问题情境，做好背景知识的铺垫，提供若干有益的活动主题、项目或课题的选择范围，诱发活动动机。

第二，在学生初步尝试进行综合性学习活动的情况下，教师可随着学生能力的不断发展，教师根据“近小实亲”的原则，帮助学生确定与生活直接关联、切入口小、较受欢迎且易实施的活动项目、活动主题或课题。

第三，初步选择或自主提出活动项目、主题或课题后，教师要引导学生对活动主题、项目或课题进行论证，确定合理可行的活动项目、主题或课题。然后，组织活动组，制订活动计划。活动组多采用学生自由组合，教师适当调节的做法。其目的在于培养学生活动规划、组织能力以及合作学习的情感态度与学习习惯。

（二）指导学生开展活动

在活动实施阶段，教师应把学生作为综合性学习活动的主体，同时，也发挥教师的指导作用，并注意转变自己的指导方式。

第一，教师善于指导学生搜集和分析信息资料。在活动开始阶段，教师采取案例教学、专题讲座等形式对学生进行一定的基础训练，指导学生了解和学习收集资料的方法，掌握访谈、上网、查阅报纸杂志、问卷等获取资料的方式，帮助学生掌握利用工具书（如索引、文摘、百科全书等）、使用视听媒体、做笔记、进行访谈，对资料进行有条理、有逻辑地整理和分类等方面的技能。在具体的活动过程中，要指导学生运用调查、观察、访问、测量等方法，有目的地收集事实材料，如实记载活动中所获得的基本信息，真实记录个人体验，形成记录实践过程的文字、音像、制作等多种形式的“成果”，同时指导学生学会从各种调研结果、实验、信息资料中归纳出解决问题的重要思路或观点，为后续活动积累经验和进行总结、评价提供依据。

第二，在实施过程中，教师主要的角色是活动信息的收集者、活动开展的促进者、活动过程调控者。作为信息枢纽，教师要及时了解学生开展活动的情况，了解学生开展研究活动时的困难以及他们的需要，了解活动的进展。同时将活动的有关信息进行梳理并且及时传达给活动小组，成为信息交流的组织者和建议者；作为促进者，教师应注意观察每一个学生在品德、能力、个性方面的发展状况，给予适时的鼓励和指导，帮助他们建立自信并进一步提高学习积极性；作为调控者，教师根据活动的具体情况有针对性地进行指导、点拨，提出调整活动计划、改进活动方式以及注意争取家长和社会有关方面的关心、理解和参与，开发对实施综合性学习活动有价值的校内外教育资源，为学生开展活动提供良好的条件，对有特殊困难的小组要进行个别辅导，或创设必要条件，或帮助调整活动人员。

第三，引导学生进行总结交流

活动总结阶段是综合实践学习不可缺少的环节。在这个阶段，学生通过交流、研讨与同学们分享成果，能够学会用欣赏的眼光去发现他人的优点，用理解和宽容的胸怀去接受别人的建议和经验，学会客观地分析和辩证地思考，学会与人沟通和合作。教师的主要职责在于指导学生对活动过程中的资料进行筛选、整理，形成结论，指导学生撰写活动报告，并进行不同方式的表达和交流。

三、综合性学习设计对教师专业发展的意义

所谓专业，按照美国学者科尔文(G. Corwin)等人提出的标准，凡是称得上一门“专业”的，必须具备以下一些特征：为公众提供服务，可以成为终身投入的事业；具有非一般人可以轻易获得的专门知识和技能；能够投入大量的精力进行研究并将理论应用于实践中；有足够长的专业受训时间；对工作和顾客负责并注重服务质量。[①] 所谓教师专业发展，指的是教师以自身专业素质包括知识、技能和情意等方面的提高与完善为基础的专业成长、专业成熟过程，是由非专业人员转向专业人员的过程。[②] 由于现行师范院校是从专业本位的角度去设置课程的，片面强调各核心专业学科知识的作用，忽视了社会发展的要求和师范院校学生作为人发展的需要，其作为教师基本素养的专业理想、专业情操以及专业自我得不到应有的重视，教师在综合性学习设计过程中，将理论知识与实践知识进行嫁接，有助于教师的专业发展。

（一）有助于教师建构专业理想

教师的专业理想是教师对成为一个优秀的教育教学专业技术人员的向往与追求。具备献身教育事业的专业理想是党和人民对每一位教师的最基本的道德要求，是每一位教师必须具备的最基本的职业素养。长期以来，由于限于专业本位，教师的劳动变得单调、重复，导致教师专业理想模糊、滞后。综合性学习设计是“以学科课程的整合为基点，加强单一学科课程与其他课程的联系，强调学科学习与生活的结合，以促进学生素养的整体推进和协调发展”的实践过程。[③] 它所指的“综合”，既是内容的综合、形式的综合，也可以是培养目标、学习方式与手段等方面的综合。这就决定教师进行综合性学习设计的时候，必须融通学科与学科、专业与专业以及人与自然、社会、自我的关系，教师的工作富有创造性、自主性、挑战性，教师必须致力于改善其自身的教育与教学素养，致力于统筹教育素质以满足社会对综合性学习的期望，努力提高专业才能及专业服务水准，努力维护专业的荣誉、团结、形象等，他们自然对教学工作产生强烈的认同感和投入感，愿意终生献身于教育事业。教师的专业理想体现着教育专业至善至极的道德境界，它给教师树立了一个不断追求的终极目标，激励着教师具有高尚的行为。

（二）有助于教师涵养专业情意

教师的专业情意是教师对从事教书育人工作的作用与价值有深刻认识而产生的光荣感与自豪感以及对教师职业道德规范的认同而产生的责任感和义务感。综合实践学习设计改变了教师的传统角色，使教师由过去的知识搬运工转变为教学的编制者、实施者和评价者，真正成为教育活动的主人。由于教师的专业自主权得到尊重，教师就会不断努力地追求综合实践学习设计的合理、新颖、实效，不断努力地规划、反思、改进自己的教学行为，

---

① C. Ornstein, U. Levine, Foundations of Education, 4thEd. Houghtonmifflin Company. 1989, p. 43.

② 朱新卓．“教师专业发展”观批判[J]．教育理论与实践．2002(8)：32-36.

③ 冯铁山．语文综合性学习的基本原理与设计[J]．佳木斯教育学院学报，2002(4).

使综合实践学习朝向更合理、更有效的教育教学设计迈进，以形成对行为结果的新期待，在此基础上，又会提出新的假设，去进行主动的、持续的和周密的思考，教师的综合性学习设计就处于一种新新不已的境界。在这个过程中，强烈的自豪感和高度的责任感，就成为教师进行综合实践学习设计的根本动力，教师发展了自己的专业情意。

（三）有助于教师培养专业能力

所谓教师的专业能力，指的是教师顺利完成教育教学任务的基本技能与本领。教师在综合实践学习过程中，不仅是学习活动的策划者、开发者、评价者，而且是活动的参与者、组织者和导引者，教师在进行综合实践学习设计的过程中，逐步增强了把握国家课程标准精神、将现代教育理念进行微观化处理的能力；提高了积极开发、合理利用学校内外各种课程资源能力；同时形成对实施综合实践学习过程可能出现的新情况和新问题的敏锐感受、准确判断以及根据不同对象、不同的情境及时作出判断、决策、调节教育行为的能力。另外，教师进行综合性学习设计，其本质就是教师采用研究的视角审视自己的教育教学行为，不仅要研究国家课程、地方课程、综合实践学习的精神，而且需要研究学校、学生的情况；不仅需要研究学习的目的内容、方法途径，而且必须探究活动组织、开展、协调的方式与方法，这对教师的教育科研能力的提高也是大有裨益的。

（四）有助于教师形成专业自我

一个好的教师首先是一个人，是一个有独特人格的人，是一个知道运用“自我”作为有效的工具进行教学的人。所谓专业自我，是指教师在职业生活中创造并体现符合自己志趣、能力与独特个性的教育教学方式以及个体自身职业生活中形成的知识、观念、价值体系与教学风格的总和。[①] 在综合实践学习设计过程中，面对全新领域的挑战，教师摆正自己的位置，主动建构专业理想、拓展专业知识；主动了解、分析学校、学生、学科的基本情况，主动准备充分的学习资料与学习内容，以积极的方式看待自己，审视自我与世界的关系，从而增强了对教学与育人有深切的认同感，增强了对教育事业的归属感，那么教师也就具有自我满足感、自我信赖感、自我价值感，从而形成专业自我。

体验践履 · 自我提高

【案例传真】

如何实施语文综合性学习呢？首先，我们先看小学一年级《动词碰碰车》教学设计[②]及案例分析，大家会获得一些有益的启示。

设计理念：

本次活动力求“自主、合作、探究”的教学理念来调控课堂，组织学生轻松、愉快地学习，体现了主动性原则，真正把学习主动权还给学生，使课堂真正活起来，努力营造宽松和

---

① 全国十二所重点师范大学教育学基础[M]. 北京：教育科学出版社，2002：117-119.

② 高凤霞.《动词碰碰车》教学设计. 引自广东教研网.

谐的气氛，师不讲解，而是让生创新，注重引导，突出学生的主体地位。

活动目标：

1. 通过活动，使学生掌握更多的动词，提高用词准确度。

2. 培养学生的合作精神，激发学生交流表达需要。

活动准备：

1. 搜集动词

2. 自制动词卡片

活动地点：教室

活动过程：

活动一：运用投影仪读读本次活动要求（师领读）

1. 本次活动分成三组，一组是“跳、跳、跳”组，一组是“笑、笑、笑”组，一组是“吹、吹、吹”组。

2. 主持人选组长，组长再选组员。

3. “跳、跳、跳”组是做动词表演的，如：跳高。“笑、笑、笑”组是绘画的，如：画笑的表情再配上一个词。“吹、吹、吹”组是用“吹”来组一个动词，并用这个动词写一句话。

【设计意图】：此设计根据儿童自身特点，选择3个具有代表性的动词，让生一见生趣，调动学习积极性。

活动二：看要求想象，在情境中感知

1. 有请小主持人自我介绍。

2. 分成三组，再次齐读要求。

【设计意图】：这个环节的设计改变了传统的教师一人操纵的模式，小主持人上场，新鲜、趣味并存，为儿童提供了一个展示自己的舞台，学生成为活动的真正主人。

活动三：小组合作，在讨论中深化

1. 小组合作看要求做准备。

2. 教师和主持人巡视。

【设计意图】：这个环节的设计在小组合作、师生互动的情境中，发展了学生的交往能力和解决问题的能力，通过自身体验合作，培养学生品德与性格的完善。

活动四：总结延伸，成果展示

1. 分别请三组展示。

2. 评委给予评价。

3. 师总结这次活动。

【设计意图】：这个环节让学生的语言得到提炼，肢体动作得到锻炼，同伴的合作交流得到体验，感受成功的喜悦。

【教师反思】

语文语文综合性学习面向每一个学生的个性发展，尊重每一个学生发展的特殊需要。因此活动也应具有开放性，每次活动实践后，学生和我都会有一些收获，同以前教学相比，我深感在张扬个性的课堂中，学生很积极。

在教学中尽量放手让学生发现问题、解决问题的方法，使学生在开放活动中自主学习、合作交流、培养实践能力、创新精神。尽管语文实践活动重实践，但不失语文特色，要体现学语文、用语文的味道。我以为应加强对这一活动的指导。比如我上完苏教版第二册识字(二)课后，生成了动词，我就想为何不让学生掌握更多的动词呢？于是产生了《动词碰碰车》的构想。当孩子们看到这个题目时，非常高兴，课堂顿时活跃起来。

我把这次活动分三组：一组是“跳”组，一组是“笑”组，一组是“吹”组，学生自由组合，喜欢哪个动词，就去哪个组。我接着引导学生推选一名小主持人和小组长，同学们的积极性更高了，个个跃跃欲试。大家推选了王威当小主持人，接着小主持人自我介绍、演讲一番，既锻炼这个孩子，又给其他同学做了个榜样。主持人分三组合作探究，进一步交流，主持人又重读一遍活动要求，目的是让学生学会倾听，并在想象中感受动词的魅力。有的同学说我喜欢笑，就组一个“大笑”，我看电视节目精彩时经常会大笑不止。有的说我喜欢“吹”就组一个“吹口哨”，我喜欢吹口哨。还有的说我喜欢“跳”这个动词，组一个“跳高”吧，说句话就是：“今天我和同学们在学校参加了跳高比赛”等。各组有各组的特色。就这样同学们在这一节实践课中兴致盎然地进行学习活动。这个活动，既体现了学生的合作精神，又体现了学生对动词的应用能力，进而达到了学习目标，真正体现了生活即语文，语文即生活的实践过程。

【案例剖析】

从上面这个案例以及教师的反思可以看出，小学语文综合性学习是教师与学生合作开发与实施的，教师和学生既是活动方案的开发者，又是活动方案的实施者。因此，设计好方案后，我们更应该注意处理如下几个方面的关系，保证小学语文综合性学习的实效性。

一、正确处理学生的自主选择、主动探究与教师的有效指导的关系

倡导学生对课题的自主选择和主动探究是实施小学语文综合性学习的关键。学生要形成问题意识，善于从日常生活中发现自己感兴趣的问题。首先，教师必须尊重每一个学生的兴趣、爱好与特长。小学语文综合性学习关注的焦点是：学生关心什么，对什么感兴趣，哪些真正是学生的问题或课题。学生不是为语文学科而存在，恰恰相反，语文学科应植根于学生的生活课题。帮助每一个学生确定自己的课题，运用体现其个性特征的自己的方式展开深度探究，对世界获得自己的独创性理解，这是语文综合性学习的主旨所在。其次，善于引导学生从日常生活中选取探究课题或问题。日常生活在学生发展中的作用丝毫不亚于语文学科知识。尊重学生的日常生活，引导学生从日常生活中选取自己感兴趣的课题或问题进行探究，努力把语文学科知识与日常生活整合起来，这是语文综合性学习的重要使命。

总之，语文综合性学习所重视的不是问题解决的结果，而是学生探究课题、解决问题的过程以及过程中所产生的丰富多彩的、活生生的体验。

教师的有效指导是综合性学习成功实施的基本条件。小学语文综合性学习的指导在

根本上是创设学生发现问题的情境，引导学生从问题情境中选择适合自己的探究课题，帮助学生找到适合自己的学习方式和探究方式，与学生共同展开探究过程。当然，教师既不能“教”综合性学习，也不能推卸指导的责任放任学生，而应把自己的有效指导与鼓励学生自主选择、主动探究有机结合起来。

二、坚持整体性与阶段性相结合的原则选定小学语文综合性学习的内容

依据课标的要求，学生由于年龄的差异，其身心发展、智力结构等方面存在差异。

第一学段的学生，好奇心强，兴趣广泛，但持久性不够；对新鲜事物感兴趣，但缺乏合理解决简单问题的能力；合作意识尚未确立，思想认识水平较稚嫩。对他们而言，小学语文综合性学习的起步阶段，要在培养学生对事物的好奇心、兴趣、观察以及参加活动上下工夫，为以后的综合性学习打下良好的基础。此阶段的学习可以“看一看”、“说一说”、“画一画”为主，着重培养学生的观察能力和口语交际能力。

第二学段的学生，探索的主动性、持久性有了增强，逐步形成合作意识，能进行文字阅读，有了简单的综合解决问题的能力。在这综合性学习的成长阶段，要给学生提供广阔的活动空间，让学生在生活实践中学习语文，运用语文；在活动中学会合作 ，提高能力。此阶段的学习可以“谈一谈”、“做一做”、“写一写”为主，着重培养学生的动手操作能力。

第三学段的学生，兴趣爱好开始分化，思想渐趋成熟，无论对学科学习，还是社会生活，都有了关注意识，能通过适当的探究，提出解决问题的方法。在这综合性学习的成熟阶段，要鼓励学生对关注的社会问题大胆探究，广泛讨论，勇于发表不同的见解，并能查找、运用资料解决问题。此阶段的学习可以“查一查”、“议一议”、“用一用”为主。

由此可见，小学语文综合性学习应注意循序渐进、整体推进与分段实施相结合。

三、坚持以综合性、实践性、实效性的原则搞好小学语文综合性学习设计

语文课程是言语实践课程，学生的语文素养是在践行中自主获得的；语文知识的综合性以及新世纪对语文教学提高教学效率的要求决定我们进行综合性学习教学设计必须坚持综合性、实践性、实效性的原则，达到理想的整合状态。小学语文综合性教学设计基本要求，概括起来主要由如下几个部分组成：①题目；②活动主题设计，即如何指导学生选择课题，要考虑学生的年龄特征、个性差异、活动情境和可利用资源及条件；③教学目标设计，确定活动的教学目标，根据小学语文综合性学习课程理念和学段目标进行设计，使用“经历”、“体验”、“运用”、“了解”、“接触”、“参与”、“激发”、“养成”等行为动词，使用“形成……态度(情感、意识)”、“提高……能力”等词语描述目标；④活动过程设计，即如何指导学生活动的实施，包括活动的计划、步骤、内容，使用“观察”、“测量”、“调查”“访问”等词语描述；⑤活动成果展示设计，即如何指导学生进行活动总结，形成课题探究活动的成果，如报告、方案、建议、心得或设计的作品。

总之，语文综合性学习在教学理念、教学方式、评价方式等诸多方面为我国的语文教育乃至整个基础教育开辟了一个新的教学领域，为学生语文素养的全面而和谐的发展提

供了一个新的途径，需要得到高度重视。

【自主实践】

请根据下列材料，设计一个小学语文综合性学习方案

在学完"读读背背"内容以及课文《秋游》之后，同学们依然沉浸在教材描绘的美好秋色中，快乐地诵读着课文和有关秋天的词语和句子。有同学提出来："老师，课本中的秋天是这么美好，大自然中的秋天一定也是丰富多彩的，说不定比课文中描绘的还有意思呢！我建议去看看大自然中的秋天是怎样的，行吗？"这个建议立刻得到了大家的共鸣，同学们纷纷要求到大自然中去感受真正的秋天。是啊，时值金秋，大自然中秋色正浓，这些美好的词语和句子要是能和生活联系起来，那同学们学到的就不仅是书本知识了，而且语文学习也具有了生活的意义，这些词语也一定会更有价值、更有意味。而且，这些语文知识一旦与生活联系在了一起，就可以很容易地内化为学生的人生经验，成为语言积累。

你怎么结合本单元的学习要点，针对学生的需要以及对教材的资源进行适当地整合，设计一个综合性学习活动呢？

要求：活动目标、学习内容、学习过程以及评价内容等要素齐全，富有可操作性，体现语文味。

拓展视野·娴熟技能

【拓展练习】

1. 结合时代发展和小学语文课程的改革，试述对小学语文综合性学习的理解。
2. 从有关的期刊、网络搜集几则小学语文综合性学习活动案例，并从主题、目标、要求以及实施策略等方面进行分析评价。
3. 充分利用现有课程资源，设计一则小学语文综合性学习活动，并写出反思和总结。

【拓展阅读】

1. 小学语文综合性学习现状

小学语文综合性学习是语文课程的一个新领域，作为一种语文学习的内容和方式，有着自身的独特功能和价值，与语文教学的其他内容具有等价性和互补性。自《义务教育语文课程标准(实验稿)》实施以来，广大教师越来越清晰地认识到综合性学习是实现语文教学由单一的认知教学向多维的体验性教学转向、由机械片面的接受教学向互动交往的探究教学转向的有效形式，是培养学生语文实践能力的有效途径。基于这样的认识，不少学校组织开展了广泛深入的实验研究，开发了大量的小学语文综合性学习活动方案设计，提供了丰富多彩的实践案例，展示了对综合性学习的理解水平和实施基本状况，其中的宝贵经验和教训对推动综合性学习的深入开展具有重要意义。

2. 小学语文综合性学习设计研究方法指引

我们可以采用案例研究法，通过案例分析综合性学习开展的状况，促进经验的分享，提供理论启发和实践指导。所谓案例，就是对某一具体事件的实际情境的描述，在这个情境中包含着一个或多个疑难问题，也包含着解决这些疑难问题的方法。案例编写应反映综合性学习活动实施的基本过程，即活动主题是如何确定的，活动要达到什么样的目标，活动是如何进行的以及学生和教师对这次活动的总结反思等。必要时还可以记录活动过程中发生的小故事、场景、学生的活动成果、家长对活动的反馈等。在研究中，我们可以搜集和开发综合性学习案例，进行分析研究，发现存在的问题和成功经验，探索开展综合性学习活动的有效策略。

【参考课题】

1. 小学语文综合性学习活动主题的选择策略
2. 小学语文综合性学习活动中教师角色的定位
3. 小学语文综合性学习资源的开发
4. 小学语文综合性学习应走“校本”之路

【参考文献】

[1] 中央教育科学研究所活动课课题组. 活动课程理论与实践探索[M]. 北京：教育科学出版社，2001.
[2] 熊梅. 综合性学习的理论和实践[M]. 北京：教育科学出版社，2001.
[3] 张麦新，侯国范. 新课程理念下的创新教学设计・小学语文[M]. 长春：东北师范大学出版社，2002.
[4] 任齐灿. 小学语文综合性学习主题构建策略与反思[J]. 校长阅刊，2007(6).
[5] 冯铁山，庞洁贞. 小学语文综合性学习的原理与构建[J]. 佳木斯教育学院学报，2002(4).

第七章　小学语文教学技能概论

单元导读 · 抛砖引玉

小学语文教学技能是小学教师应该具备的一种教学基本能力，也是在新课程改革要求下对教师教学基本功和教学能力的一种综合考验，更是语文教师上好课、教好学生的一种基本授课能力。本章旨在通过对小学语文教学技能的一系列理论知识和实际问题的探讨，帮助读者理解小学语文教学技能的科学理念，把握小学语文教学技能训练的基本规律，能娴熟地运用有关理论和方法研讨解决小学语文教学实践中的问题，提高从事小学语文教学和开展语文教学科学研究的能力。

问题扫描 · 掩卷遐思

【问题扫描】

小学语文教学技能运用过程中存在的问题

1. 教师语言表达规训有余而典雅不足

教师语言表达是语文教师的基本功之一，同时也是教师实施教育最基本的手段之一。能否成功地运用教师语言，常常直接关系到教育教学的成败。现实生活中教师常常习惯用规训的语言对学生进行教育，导致语文课堂教学效果不佳。有的老师甚至使用谩骂、诋毁、诬蔑、嘲笑、挖苦等显性的侮辱歧视性的语言和隐性的语言，使学生在精神上和心理上遭受侵犯和损害。小学语文教师的语言应像一个强大的磁场，紧紧地吸住学生。气势浩瀚、激越高昂、豪壮奔放的语言让学生肃然起敬；措辞优美、情意缠绵、韵味深长的语言使学生注目神往；而绮丽洒脱、错落有致、轻松谐趣的语言能让课堂色彩斑斓，让学生兴趣盎然。因此，语文教师应在语言能力训练上下工夫。

2. 教师书写能力个性有余而规范不足

书写一手漂亮的汉字，不仅仅是对教师的基本技能要求，也是对知识分子的一个基本向往。但是随着电脑进入千家万户，键盘飞舞和拇指运动替代了我们的手写活动，科技让我们退化了书写的技法，也弱化了我们对书写的热情。不少语文老师不重视书写技能训练，板书起来不仅出现笔画、笔顺等错误，影响笔画间的呼应，汉字的造形美，更有甚者，有的小学老师忽略书写的示范功能，制造运用形形色色的“我”字体，有意或无意地给学生起了不良示范作用。要扭转这个局面，一方面需要提高师范生的书写技能水平；另一方面教师应把书写技能训练当作长期的学习任务来完成，每天少一小时看电脑，多一小时认真写字，日积月累，会有明显进步的。

3. 教师多媒体手段使用有余而引导不足

在信息化时代，小学语文课堂教学基本实现了现代化多媒体的技术化运用。多媒体教学手段的运用确实可以起到营造良好学习氛围，灵活课堂教学气场，激发学生想象力和提高学生学习兴趣等作用，但在实际运用中，教师对多媒体辅助型教学的定位认识不足，导致课堂教学中不管是教学流程，还是教学内容均受多媒体限制，语文教师成为“点击鼠标”的代名词。合理使用先进的技术手段，回归语文课堂让学生自主学习语言文字的教学目的，在运用多媒体教学手段的同时兼顾传统语文课堂的讲授、分析、评点、提问、讨论等手段，适时发挥娴熟的多媒体运用技能或许是语文运用技术的一种最合适的状态。

【掩卷遐思】

1. 小学语文教师需要何种技能？如何通过技能训练促使自己的专业可持续发展？
2. 小学语文教师如何锻炼自己的语言表达能力？
3. 如何运用现有的知识和能力，在自身技能的基础上再上一个新台阶？
4. 小学语文教师如何实现智慧教学？

典型案例·交流研讨

普罗米修斯

【背景材料】

我们都知道，在中国古代神话传说中，人是女娲抟土造出来的，她用泥捏成人形，给人以生命。为了人类的幸福，女娲还历尽辛苦，炼石补天。而在古希腊神话故事中，也有一位带给人类幸福和光明的人，你们知道他是谁吗？那就是为人类拿去火种的普罗米修斯。通过这个课文的学习，让小学生体会课文所包含的英雄情感和普罗米修斯所具有的同情、仁爱、无私、无畏的优秀品质。

【问题探究】

如果你是教授课文的老师，你怎么对课文进行有效教学，怎么根据学生的思维和看法将这样的道理灌输，并且从学习语文的角度出发，不至于让学习课文等同于思想教育？

【典型案例】

有一位老师是这样做的。

第一，他带领学生初读这个关于普罗米修斯的故事，让同学们初步了解故事的脉络。把故事中的人物都拎出来，同时让学生关注普罗米修斯与其他人物之间的关系。

第二，老师让同学找出不同人物在这个故事中都做了哪些事情，并且尽量用自己的语言，同时用最简洁的语言概括表达出来。

学生们就纷纷发言："普罗米修斯把火种带到了人间。""宙斯听说普罗米修斯取走火种后很生气，给了普罗米修斯很严厉的惩罚。""火神听从宙斯的命令，把普罗米修斯锁在了高加索山上。""火神还劝告普罗米修斯只要把火种从人间拿回来，归还给宙斯，他就会去宙斯那里为普罗米修斯求情，宽恕他的罪过。""那只鹫鹰接到宙斯的命令，每天把普罗米修斯的内脏啄食干净。""是大力神赫拉克勒斯把普罗米修斯从高加索山上救了下来……"

听了同学们的发言，老师认为完成了初读的任务，同学们也从故事中找寻出来了人物之间的关系，看到了故事的来龙去脉。于是老师就进一步把学生观察到的情节和话语进行梳理和总结，并且把这些内容投射到大屏幕上。同时，充分肯定了大家在阅读时候的细心，也表扬了同学们的语言组织能力。

第三，老师带领学生精读课文。

师：宙斯是怎么惩罚普罗米修斯的？请同学们从课文中寻找相应的段落。

师：普罗米修斯如此惨遭惩罚，你看见了这样的文字，眼前出现了什么景象？也可以假设你能够为普罗米修斯做些什么。

有的同学设想自己是一只勇敢的和平鸽，有的同学设想自己是一只勇猛的老虎可以吃掉鹫鹰，有的同学设想自己就是那个可以替代普罗米修斯受罪的现代英雄，有的同学设想自己可以用一只抢打掉那只可恶的鹫鹰，有的同学设想鹫鹰不再以啄食普罗米修斯的内脏为生……

师：普罗米修斯是为人类造福的英雄，看到他遭受如此的折磨，你的内心是怎么想的？

生：我们都感觉到很愤怒！

师：那么你是愤怒谁呢？是宙斯还是鹫鹰？

引导同学们齐读课文：为人类造福，有什么错？我可以忍受各种痛苦，但绝不会承认错误，更不会归还火种！

让学生体会了解到普罗米修斯内心的坚定和为坚定信念承受一切艰难的勇气和信心。

第四，总结课文内容。

【交流讨论】

学生A：我认为这是一个比较成功的课堂教学，老师把语言教学放在首位，让学生充分去体会课文的语言以及语言赋予的内容，让学生从课文语言当中发现故事的情节和脉络，同时从课文的语言中发现正义和邪恶之间的较量，并且充分挖掘学生的想象力和语言能力，让学生为普罗米修斯做点事情，让学生从真理中获取坚定的力量，也从鞭笞邪恶中感受正义的价值。

学生B：我认为这个课堂教学的设计不够好。主要存在的问题有以下几个方面：首先老师太过于专注故事，忘记了语文能力的训练和培养。其次，文中怎么写宙斯的残忍和霸道，写宙斯的暴君形象，又是怎么写普罗米修斯的勇敢和坚定。如何让学生学习相关的写作能力才是语文教学的关键，并不是把语文课上成思想品德课。最后，如何教学生们辩证看待问题，而不是抱着仇恨的眼光来看待宙斯和鹫鹰，因为就规则来说，普罗米修斯拿取了火种，违反了天规，是应该遭受惩罚的；从人间的标准来看，他拿取火种是为了大众，却是一件好事情。但如果宙斯不执行天规，恐怕天庭也不会安宁，鹫鹰不执行任务，恐怕也不是一个好的执法者。所以情感立场教给学生以后，也要引导学生们辩证地看待这个问题。

专题点拨·理性反思

教学的智慧与智慧地教学

一、小学语文教学的智慧与技能要求

哲学家和心理学家告诉我们：教学过程是一个涉及教师和学生在理性与情感方面的动态的人际过程。如果我们的教学一味关注学生的情感世界，而忽视学生的智慧世界，那我们的教学必然流于感性，缺乏理性的思辨，缺少思想的深度。

智，可以理解为智力、智能、智慧，智力是智慧的核心。“智慧”一词是当前教育界的热门话题，谈及率极高。什么是智慧呢？现在是仁者见仁，智者见智。有人说，智慧是一种境界，是一种只可意会不可言传的境界：广阔的胸怀，渊博的知识，精明的头脑，机智的反应，敏捷的行为，幽默的语言，等等。北京师范大学王梓坤教授认为：智慧在于人对客观世界和人生两方面的深刻的理解以及透彻的领悟，智慧其实就是“理解”再向前走几步到“领悟”。印度人认为，智慧之于文化，正如语法之于语言。希腊人说：惊奇是智慧之母，怀疑是智慧之父。①

小学语文教学的过程应该是一个什么样的过程，一直是专家学者们探讨的问题，也是小学语文老师们一直在关注的问题，更是小学语文老师们一直实践、探索的环节。小学语文教学过程，应该是一个双赢的过程，既有学生的收获和感受，也有教师自身的体验和成长。而这个过程，应该是一个智慧的过程，应该让整个课堂教学充满启发与探究，充满发现与教育，充满欢喜与动感，充满收获和进步。

目前语文课还存在教师问、学生答，表面上热热闹闹，实际上语文基本功训练没有落到实处的现象。《语文课程标准》在“教学建议”中明确指出：“语文教学要注重语言的积累、感悟和运用，注重基本技能的训练，给学生打下扎实的语文基础。”这就告诉我们“把语文课文所提供的字、词、句、篇等语言材料，通过感悟、理解、积累转化为学生的阅读能力和表达能力。在教学中要着力于指导学生进行一系列语文基本功的训练来实现上述转化，从而逐步提高学生的阅读能力”②。

语文教学需要充分发挥语文老师的聪明才智，巧妙地把知识传授和教学方法的运用融合在一起，也能够针对学生的实际状态，采用最适合他们的教学策略，激发学生的潜能，

---

① 孙双金.“情智语文”理论与实践的研究[J].语文教学通讯·小学刊，2006(34).

② 黄梦龙.语文课要注重基本技能的训练[J].小学教学研究.2008(4).

启发他们的思维想象，引导他们运用已有的语言知识和能力，来对所学的语文知识作一个灵活的使用和操作。同时，语文老师从自身出发，要不断总结教学过程中出现的状况和应对经验，丰富教学内容，完善教学过程，把握教学尺度，掌握教学技巧，在有限课堂教学时间里最大限度地产生理想的教学效果。

《语文课程标准》指出："学生是学习的主人。语文教学应激发学生的学习兴趣，注重培养学生自主学习的意识和习惯，为学生创设良好的自主学习情境，尊重学生的个体差异，鼓励学生选择适合自己的学习方式。"培养学生的自主学习能力是语文教学之所以展开并产生效果的逻辑前提。我们知道，自主学习是素质教育的必然要求，自主学习也是一个人从小必须培养的优秀品质。人才，没有一个是自发形成的，而是通过有效的培养和训练才能产生的，所以，自主学习是培养型人才的必经之路，它能够激发学生的潜能，开发学生的想象空间和思考空间，能够变被动的学习为主动的探究。小学生具有很强烈的好奇心，针对这一点，老师就需要练就自己多方面的技能，为教学（尤其是课堂教学的有效性）做好充分的准备。

小学语文教师自身也应该有较强的创新意识和开拓精神、训练自己的开放型思维品质，不断优化自己的知识结构，以自身优异的智慧情操和审美能力来启发学生，引导学生，影响学生，那么学生在老师这里所获得的知识与审美体验是其他环节无可替代的，语文教学的美和功效就可以积极地发挥出来。

小学语文老师要通过自己的课堂教学把自主学习引进到教学过程，是一件说起来容易做起来困难的事情。因为引入了自主教学，需要的不仅仅是教师的基本设计，更重要的是要有学生积极参与和有效的教学思考，课堂的教学过程和教学架构将发生新的改变，教学的目标完成和教学的拓展功能会得到相对充分的落实，这样"教师的教学与学生的发展"才会有新的突破。

小学语文老师应该具有什么样的智慧？课堂不仅仅是知识的传授，更是人和人交流的过程，也是知识流淌的过程，是知识经过渗透、提炼、分解、内化进入学生头脑的过程。小学生在学习语文的过程中，不单是识字、认字、造句、学习会话、初试写作的开始，也是把他们人生之初的口语用较为书面的语言梳理和整合的过程，是培养他们初步具有形象思维和逻辑思维能力的开端，语文老师和语文课堂教学担负着这样的责任和义务。

第一，小学语文老师应该具有公平、尊重、民主的意识。和所有的课堂教学一样，语文课堂也是教师和学生之间的共同活动，是两者一起参与、协作完成、有效沟通的知识传递过程。教师在课堂上要有公平、尊重、民主的意识，小学生虽然年龄小，但是感情的需求和意识的不断明晰也是一种现实存在，只有要求老师有公平、尊重、民主的意识，才能使学生在课堂上有主体和主动意识，才能有效锻炼他们积极思维的能力，也才能够提高他们积极发言和表现自己的胆量，让他们体会到"我行，我能行，我一定行"的成就感。

如何让小学生很好的参与课堂呢？这就需要老师有较好的课堂设计和问题设计，让小学生不仅有兴趣，而且在激发他们思维的基础上有能力参与。这就需要老师积极主动打破教学的常规模式和常规思路，不是单纯的按照教科书或者是自己的思维方式，不是直接告诉学生标准答案，而是要把教学落到学生的心上，让学生在课堂真正的学到知识，学到"为什么"。逐渐打破学生对老师的依赖思想，也逐渐打破学生对单一知识的依赖，培养一点质疑的意识，培养一些多元化的思维意识。传统课堂的教学模式，多沿袭“满堂灌”、“一言堂”的形式，学生充当了教师教学知识的“容器”，被动接受成为一种常规，学生成为知识的“收藏者”。所以，需要我们在语文课堂教学中改变传统的教学理念，寻找新的教学方法，营造公平、尊重、民主的教学氛围，把学生的主体参与纳入课堂教学中来，努力做到教学相长。

【案例传真】

在语文阅读教学中，有一位老师是这样让学生民主地参与教学的：教师给学生布置的作业，题目是“请您出点子”，然后提出要求：“您对本学期的阅读教学有何建议？请提出来，越多越好。”几天后，这位老师收到学生交上来的“作业”，通过对它们的一一阅读及认真分析，从中选取可行的建议，辟一墙报，命名为“学生的金点子”，并将这些点子逐步运用于阅读教学中，这种方法得到了学生们的大力支持。原因很简单。我们常说，学生是主体，在教与学的过程中，学生对教师的教最有发言权，教师通过上文中学生“点子”的调查，可了解哪些内容是学生最需要的，哪些方法是学生最易接受、最欢迎的；通过改进，就可大大提高教学效率，少做“吃力不讨好”的事情；再说；作业中“请您出点子”的一个“您”字，动之以情，学生乐意去做，说“提建议”，而不说“提意见”，可消除学生的顾虑，学生就会积极去做，说是“出点子”，则想到一点就可提，方便可行，学生容易做。可见，这种做法应是有效的捷径。

第二，小学语文老师应该是有心、用心、耐心、智慧的人。有人认为，做一个小学语文老师很简单，只要有一定的中国文学知识修养，普通话标准，具备一定的教学经验，就可以做一个“孩子王”。其实，这样的认识还停留在 20 世纪 80 年代左右，早已经与现在的时代要求不合拍。拥有知识，是一个老师必备的基本素质，拥有知识只是一个基础。有专业的知识不等于拥有智慧，知识可以学习、可以传授，但心与智慧却不能。一个好的语文老师，应该是一个有心的人，因为生活处处有语文；也应该是一个用心的人，因为生活处处皆学问；更应该是一个耐心的人，因为语文知识的传输不是简单的汉字的堆积，更是负载着情感和认知的一种综合体，需要老师有足够的心理准备。同时，语文老师还应该是一个智慧的个体，在于怎么样通过自身来把知识有效地传递给学生，在于怎么样引导学生的学习和理解，在于怎么样鼓励学生从不同的角度认知、感受、学习。

【案例传真】

一位老师教授《草船借箭》一文时，有些学生提出最好课题改为“草船骗箭”，其理由是：“因为诸葛亮是用诈骗的方法从曹操那里得到箭的，而不是借来的。”这理由一出来，就像是一滴水掉进沸腾的油锅里，教室里顿时炸开了。可是，过了一会儿，一位学生从座位上弹簧似的站了起来说：“从诸葛亮吩咐军士齐声高喊‘谢谢曹丞相的箭’这句话可以看出，骗箭不必谢，借箭才要谢，因而题目应用《草船借箭》。”话音刚落，另一位学生紧接着说出自己的理由：“我认为是借箭，因为到赤壁之战时，诸葛亮不是把借来的箭还给曹操了？人家有借有还嘛。”教室里的气氛紧张起来了，同学们的情趣也高涨了起来，更妙的是还有一位学生说：“文章的写作目的是赞扬诸葛亮的足智多谋、神机妙算，而‘骗’是贬义词，题目改成‘草船骗箭’，文章的中心就变成揭露诸葛亮的阴谋诡计了。”面对这么多富有个性的理解，面对这激烈的辩论，这位经验丰富的老师欣喜地说出了一段总结性的话：“大家的见解太独特了，大家的表演太精彩了。学习中，只要你们能善于质疑，大胆发问，提出创造性的见解，并富有挑战的激情，成功之门就离你们不远了。”

第三，小学语文老师应该是一个鼓励、点拨、引导、探究的人。在小学语文教学当中，老师一不小心就会变成一个“表演”的人，就会在“自我陶醉”中“演课”，这样的形式在很多公开课中可以看到，但是日常的教学真的是这样的吗？是一个值得思考的问题。小学语文课在孩子们的课表当中每天都有的，每天的语文课能否做到“演课”呢？是否都真的需要如此呢？答案不一而终。经验告诉我们，在小学语文教学中，一个老师还应该具备鼓励孩子的意识，引导孩子的思维，点拨孩子的智慧，和孩子们一起探究成长。

【案例传真】

一位老师在教学《董存瑞舍身炸碉堡》一文时，为了增加学生自主学习的意识，使学生主动参与学习，他是这样引导学生自定自学目标的：

师问：“大家已预习了《董存瑞舍身炸碉堡》一文，谁愿意把自己的最深感受说给大家听？”同学们都争着举手。

一生：“董存瑞机智勇敢，不怕牺牲的精神很可贵。”

一生：“文章中，对人物心理活动的描写特别细致，特别精彩。”

一生：“文章写得很短，但内容深刻，感人。”

一生：“作者的语言生动，用词讲究。”

就这样，一连七八个同学谈了自己的感受，紧接着，老师又抛出了另一种诱饵：“这篇课文，你最想学习的目标是什么？你想用什么办法来学习？”同学们又举起了手。

一生：“我的学习目标是好好向董存瑞学习，我的学习方法是认真学习描写董存瑞的句子。”

一生：“我把心理活动描写作为学习目标，学会正面描写和侧面描写。学习的方法是抓住有关描写心理活动的句子去品味。”

一生：“我的学习目标是细节描写，我要联系实际地学。”

一生：“我的学习目标是有感情地朗读课文。方法是采用移情换位法，让自己感受深刻。”

以上同学们自定的学习目标，老师都一一给予肯定，还请同学们用 5 分钟的时间，根据自己的学习目标和学习方法进行学习。可以说，同学们都以积极的态度参与学习，收效很大。

总之，只要每位教师能根据教学实际，开动脑筋，定能创设出更新、更有效的方法来，为学生创设良好的自主学习的情境。

二、语文教学技能的内涵、特征和分类

（一）语文教学技能的内涵

什么是“技能”，根据现代汉语词典的解释，“技能”是掌握和运用专门技术的能力。语文教学技能即运用语文知识进行教学的能力。如何获取这样的能力，对于语文老师来说是一个需要训练的过程，对于师范生来说必须经过相应的专业训练才可以具有。语文教学技能的内涵有以下几个方面：

1. 从设计问题的技术层面上要求

语文老师的教学技能是要从语文课堂的实际中体现出来的，所以教学技能体现在如何设计问题，如何设计教学，如何针对具体的教学内容来进行教学细节的处理。教学过程中哪些属于常规化的教学流程、教学方法和教学模式，哪些属于基本的教学经验和教学环节，这些教育实践和教育理论都是从教学过程中总结出来的，需要准语文老师和语文老师从这里获取间接经验，应用于自己的教学实际当中。教学技能还包括针对具体教学工作而言的细致的一些做法，如如何做好教学设计以引起学生学习的兴趣，如何设计有意义且有意思的提问以活跃课堂气氛，如何合适、恰切地使用教学道具以完善课堂教学形式，等等。

完整的、理想的语文课堂应该是课堂教学内容和教学技能相结合、相和谐、相得益彰的过程，它不仅能够传授知识，而且能够生动课堂，活跃课堂，激发学生的思考与想象，引导学生语言能力、理解能力、知识运用能力等综合能力的提高。

2. 从处理问题的能力层面上要求

上好语文课是语文教师的职业要求和自我要求。如何上好语文课，却是一个难题。同样的知识水平，同样的一篇课文，不同的老师效果却完全不同。语文教学能力的差异就体现出来了。一个老师不仅要具备相应的知识，更要有处理知识的基本能力，就需要技术方面的一些操作规程。比如采用什么样的教学方式，什么样的教学思路，什么样的教学设计，什么样的教学活动，什么样的教学侧重点等，教学能力是教师在教学过程中自我体验和自我提高的收获，也需要教师自身不断总结和应用，初开始的教师一定要注意间接获取别人的教学经验和体会，成长中的老师要注重教学能力的主体化获取，逐渐形成适合自己的教学方式和教学行为。

3. 从获取经验，提高水平的艺术层面上要求

这是每一个教师，尤其是每一个语文老师职业能力和水平的最高境界。是指一个老师在熟练掌握运用各种教学技能，形成了一种个体化的教学方式和教学行为的基础上，进一步积累和总结教学经验，提升教学经验和能力，具备相当的教育素养和综合素质，这样的教学是每一个老师追求的目标，这样的课堂也是学生的最爱。

（二）语文教学技能的特征

1. 示范性

教师的课堂表现，对学生有一种引导作用，尤其是小学生，对老师的一言一行都有着

习惯性的模仿意识。教师课堂上的语言、行为都具有一种示范作用，学生对教师和教师职业的情感很大程度上来源于教师的课堂表现，继而影响到学生人生观和价值观的形成。

2. 综合性

教学技能是一个体系，是一个结构完整的系统。任何课堂都不是一种技能的单独演示，而是将各种各样的教学技能有效地结合使用，只有这样才能有效地帮助课堂教学，吸引学生的注意力，活跃课堂氛围，激发学生积极思考，提高教学效果。

3. 及时性

教学技能的运用和发展与时代总是同步的，一支粉笔，一个讲台，一张嘴巴的传统授课模式逐渐成为一种定格的“历史”，现代科技的发展要求教师掌握更多的现代教育技术，运用现代教育技术，如多媒体教学、电化教学、微格教学等手段从侧面提高自己的教学水平。

4. 实践性

任何教学技能都是在教学过程中不断实践，不断推敲而逐渐掌握，逐步熟练，逐步成型，进而自如运用的。一个师范生，一个要做语文老师的人，都需要经过真实的教学实践去锻炼，将自己学习到的语文专业知识和从间接经验得到的语文技能素养转化为自身的语文教学能力。师范专业的学生都是经过见习、微格教学活动、师范生技能大赛、教育实习等各个环节的锻炼，最后才走上语文课堂的。

5. 灵活性

课堂教学技能是辅助、活跃课堂、让课堂添彩的一种能力和形式，它具有一定的规律性，也具有一定的操作要领和要求。在具体的教学实践活动中，往往是根据教学的需要和课堂的需要而来的，因教学内容的不同和学生群体的差异而定，也因教师的个性区别和课堂的氛围而定，没有统一固定的模式。所以同样的课程，同样的老师，平行的班级，也会有教学技能运用上的不一样。小学语文老师对于自身的教学技能运用应该有选择、有针对、有目的地使用，任何单纯的机械模仿，都有可能造成事倍功半的效果。

6. 多变性

教学技能虽然有一定的规定与要求，但是教学技能的运用却属于个性化非常强的一种表现形式。它必须经过不断的教学实践，千锤百炼，进而纯熟，最后被出神入化地运用。同样的技能，不同的老师使用会有不同的效果，同样的老师运用不同的技能教学，也会出现不同的教学效果。所以，怎样运用好各种教学技能，怎样组合运用好各种技能，对每一个语文老师来说，都是需要不断摸索和创新的，在反复的实践和对照中，选择最适合自己课堂的教学技能，这样有利于自己的教学和学生的发展。

（三）语文教学技能的分类

1. 语言表达技能

良好的语言交流与沟通能力是语文老师应该具备的基本能力。语言是教师传道、授业、解惑的重要工具。小学教师课堂语言的口语化程度要求更高，是由于小学阶段独有的教学特点决定的。刚入学的小学生，识字不多，他的所有知识基本来自于成人的口耳相传，小学教师对学生言传和身教作用更加明显。教师的语言技能不是单纯的口语水平高，而是教师结合已有的知识经验，通过练习和自己多年实践形成的，在学校的各种教育活动和实际工作中能够运用自如的一种综合语言。语言技能是教师能力的重要内容，是教师从事教育、教学、科研工作，向学生传授知识、进行一系列教育活动的必备条件。教师语言技能的优劣、强弱，直接影响学生对知识的吸收，以及学生对学习活动的兴趣和积极性，也关系到教师教育、教学活动的效果。教师说话的语气、语速、语态、情感以及声调变化，都会对学生的行为和情绪、学生与教师的关系和情感发展等起着极大的作用。由此可见，教师的语言技能至关重要。

2. 书写表现技能

适时恰当的板书起点睛作用。写一手好字，是传统观念下对文人的评价准则。今天，书写一手好字则是对师范生技能高低的一项评价标准。人常说"文如其人"，也会说"字如其人"，可见，对于书写能力的认可还是相当普遍的。小学语文老师最有可能充当孩子的启蒙老师，他们教孩子们识拼音，学写字，组词、造句、写作文，等等。在学习书写汉字的过程中，教师的示范作用必不可少，这就要求师范生自己能够写好字，好写字，字写好，写字好。如果说一手好字是一个师范生的第二张面孔，那么每一个人都需要为此付出努力。

3. 多媒体运用技能

在网络化时代，上课不单单是一张嘴，一支粉笔，一本书，一个讲台了，多媒体技术的运用早已普及，声光电色进入课堂，为课堂带来了明显的效益和特色。多媒体手段的运用，丰富了课堂内容，增加了课堂容量，吸引了学生的注意力，提高了课堂的效率。师范生要学会如何运用多媒体手段备课，讲课，说课，评课，同时也要注意不能完全依赖于多媒体技术，离开了U盘，离开了电脑就不会上课是绝对不可以的。

4. 营造良好教学氛围的技能

教师良好的课堂组织与调控能力是营造课堂氛围最关键的因素。课堂教学氛围好，教学效果就好；反之亦然。良好的课堂氛围依赖于教师的主导和引导，它是师生交往、生生交往所呈现出来的一种相对稳定的状态。如何使课堂具有有利于教学效果的好的氛围，教师的因素至关重要。教师是教学活动的引导者，教师的教学方式、教学能力、教学手段以及教师与学生之间的交流都会影响到课堂氛围。教师要对教学内容和教学对象积极关注，全神贯注；教师应该具备的精神状态是愉悦的、积极的、向上的，情绪饱满，与同学之间感情融洽；教师对自己讲授内容的正确性坚信不疑；教师的思维富有创新性，积极活跃，语言生动富有逻辑性，学生能够准确理解教师所讲的知识，能较好的处理教师提出的问题。

5. 肢体语言辅助技能

适度的肢体语言能够起到较好地启发引导作用。小学语文老师的课堂不仅是传授知识的课堂，也是和小朋友交流情感的场所，老师不是板起面孔做严肃状，而是能够和小朋友一起欢乐，一起感受语文知识美的大朋友。小学语文老师更是一个爱的载体，通过老师，同学们能够感受到文字之美，文学之美，感情之美，道义之美。老师和学生相处，可以手把手地教授写字，可以摸摸脑袋表示关心，可以弯下腰倾听孩子的心声。教师对低年级学生可有较多的肢体语言表示关爱，表达亲切，让学生感受到自然和谐的情感，解除他们的紧张、焦虑与不安的心理，让学习的课堂变成和谐的海洋。

三、智慧地教学与技能训练的目标

什么是"智慧"？"智慧"是辨析判断、发明创造的能力。智慧的教学，就是有明晰的思路，有创造性的教学过程，是一种更有效的教学，是实现教与学双赢的成功的课堂。

师范生的教学技能训练，就是为了达到智慧教学所作的一种积极有效的职前专业培训。原国家教委教育司1994年制定的《高等师范学校学生的教师职业技能训练大纲(试行)》明确指出："对高等师范学校在校生有目的、有计划地进行系统的教师职业技能训练，目的是引导学生将专业知识和教育学、心理学的理论与方法转化为具体从师任教的职业行为方式，并使之趋于规范化，对于形成学生教育和教学能力；对于学生毕业后胜任教师工作都具有重要的作用。"

浙江师范大学蔡伟教授认为，新课程对语文教师提出了新要求，新语文教学技能训练的总目标应该是走向智慧生成。智慧生成的语文教学技能训练应指向三维目标：①提升素质，生成理论智慧。教学理论智慧是关于"教什么"和"为什么教"的智慧，体现的是教师整体把握教育规律的能力。新课程要求语文老师要有良好的道德素质，先进的语文教育理念，合理的知识结构，优秀的人文素养，高超的语文教学能力等。②激发情感，生成情感智慧。教学情感智慧主要表现为一种施爱的能力以及控制自己情绪、揣摩他人情绪、承受挫折、自我激励等的能力。语文老师必须学会动情于教材，动情于学生，努力培养情感迁移能力。③改进方法，生成实践智慧。教学实践智慧则是关于"怎样做"的智慧，也是决定教师工作是否有效最直接最外显的因素，更多地表现为在具体的情境中，能恰当处理随机生成的教育问题。一个智慧型的语文老师必须树立广义的教学方法观，创造性地运用教学方法，实现"从教到学"的转化过程。①

技能训练针对师范生来说，还有一个基本的节奏与顺序。师范生在校学习期间，他们的专业知识得到了加强，专业能力更多地依靠技能训练获取，那么在校生的教学技能获取应该有以下几个方面：首先，掌握课堂教学技能的有关知识和理论。其次，掌握了解各种课堂教学技能，在教学训练的实际环节中，不断加强和巩固，灵活运用。再次，针对自己教学实际，体会感悟课堂教学技能，努力创新求异，丰富发展教学技能，寻找适合自己教学实际的技能支持。最后，形成自己的专门特色和个性风格。所有的职前训练和学习过程，都是为了让师范生具备基本的教学技能，为以后的教学实际服务，每个人都为了成为好老师而努力，为形成自己具有个性化风格的教学而锻炼，只要不断地追求进步，总归是会获取不断的成长和收获的。

我们要培养的是具有一定知识、一定教学技能的师范生，使他们一出校门，就可以走进校门，踏上讲台，成为一个能够从事教师职业的有用人。但是，培养一个好的语文老师不是一件容易的事情，最可怕的因循传统，把师范生培养成单纯的"念书、说书、背书"的机

---

① 蔡伟：语文课堂教学技能训练[M]．上海：华东师范大学出版社，2009：4-10．

器，最要紧的把他们培养成具有全面综合能力的、年轻的、有经验的老师。

语文专业的师范生在校期间，需要学习的不单单有专业基础知识，还需要在师范技能上夯实基础，扎实训练，在相关老师的指导下，认真习得语文教学基本技能，并能够熟练使用这些能力。因为，在小学语文教学过程中，知识和技能应该是并重的，有时候教师基本技能的要求甚至更重要。小学语文教育专业的同学，更需要了解和掌握小学语文教学的基本技能，不但学习其理论基础知识，还要从切身出发具备这样的基本能力，同时小学语文教育专业的同学更需要培养自己热爱小学语文教育、有从事小学语文教学的信心和能力。

四、智慧地教学与技能训练的要求

（一）语文教学技能训练对指导教师的要求

1. 指导教师的专业技能水平要比较高

师范生要具备相应的教学技能，需要在校期间接受正规的专业技能训练，开设相关课程，如提高教师语言教学能力的《教师教学语言艺术》，提高书写技能的《书法艺术》，提高教学能力的《教学法训练》，等等。指导教师不仅要有专业基础知识的理论教学，而且还应该有相应训练的科学方法与手段，能够在有限的时间内让学生的教学技能有一个质的飞跃；同时，教授技能课程的教师，自身的师范技能水平要高，如语言艺术课程的教师，不仅普通话水平要求在一级乙等以上，而且具备较高水平的授课能力，能够在自己的课堂上真正起到教师教学的示范作用。

2. 指导教师的综合素养要求比较深厚

俗话说“名师出高徒”，教师指导在学生的技能训练中起着举足轻重的作用。指导者对技能训练的理论理解深刻，对技能训练的要求严格，对技能训练的过程负责任，能够深入浅出的讲解知识，能够左右逢源的提炼知识，达到事半功倍的效果。指导教师应该具备较深厚的综合素养，努力提高自身水平，才能达到提高学生师范技能水平的效果。

3. 指导教师的爱岗敬业精神比较强

教师职业不仅仅是一个单纯的职业，更是与人沟通交流，助人学习知识的一个桥梁和平台，教师职业需要付出的不单是知识，更重要的还有与人之间的情感交流。所谓“师者，传道授业解惑也”即是对教师职业最好的解释，教师承载着“教书”与“育人”的双重职责，那么就要求教师要有强烈的爱岗敬业精神。只有热爱本职工作，热爱学生，才能全身心地投入到工作当中去，才能教好书，教好学生，教出成绩。

（二）语文教学技能训练对师范生的要求

1. 系统学习相关的理论基础知识

一般师范院校都开设有关师范技能教育类课程，综合性大学的师范专业也不例外。学生在校接受相关的理论基础知识学习，明确从教思想，提高重视意识，注重技能训练的方法。我们可以看到林林总总的技能训练教材，花样繁多的方法和手段，为的就是把技能训练作为师范生培养的重要环节。师范生学习有关理论知识，也可以理清自己的思路，明确自己的认识，寻找适合自己训练的有效途径。

2. 随时进行的课堂实践演练

在课堂教学环境下，师范技能指导教师给学生讲解清楚某一个技能的要求和操作要领，同时进行示范演示，然后再要求学生进行相应的训练。课堂训练的特点在于：理论与实践相结合；节约时间，提高效率；老师能够针对个体的不足对症下药；学员之间也能够取长补短。课堂时间演练的不足：有限的课堂教学，难以保证每一个人的具体训练，适合小班化教学；有限的时间内，难以有更多内容和有针对性的训练，只能做一些基本功的提醒和训练。

3. 积极参与微格教学

目前，微格教学是培养师范生和在职教师的最常见的方法，也是最容易获得教学效果，看见教学进步的有效途径。微格教学是运用现代科技手段，结合视听传递等功能，把复杂的教学环节分解成许多细小的易于掌握的简单环节来进行的技能针对性训练，参加学生人数少，讲课时间短，学生能够理论联系实际，通过录播回放，让学生看见自己的课堂表现，能够准确客观的评价，反馈全面及时，训练真实有效等。

4. 参与行之有效的课外活动

教学是一项与人互动共同成长的行为过程，任何一个老师都不是天生就具备了能说会道的能力，能文能武的水平，都是在积极学习中摸爬滚打、经验积累、反复训练，得到了水平和能力的提高。在校师范生，要积极参与课外活动，尤其是和师范技能有关的活动，比如师范技能竞赛、书法比赛、演讲赛、小品表演、话剧舞台实践等，也可以参加诸如舞蹈团、声乐班、戏曲表演、体育运动竞赛，等等。从综合素养方面完善自己，充实自己，提高自己，使自己在以后的讲台上能够游刃有余，挥洒自如。

5. 同学小组之间进行模拟教学活动

教师技能的训练和提高不能单纯依赖于教师指导下的训练，在也不能满足于个人自身的加强与提高，因为课堂最后面对的还是一群人，所以需要一个讲课的环境和听课的群体。模拟教学活动即是师范生采用小组合作形式进行课内和课外训练的一种方法。其操作要求需要有相关的教材和教学任务，练习者按照教学要求进行备课、讲课等环节，在模拟教学中，有一个人扮演“老师”，其他人扮演“学生”，听课过程可以模拟真实教学环境，学生可以提问、可以质疑、可以犯错误、可以刁难老师，让课堂有真实感，使“教师”真实处理课堂中出现的问题，综合教学技能得到提高和培养。

6. 教育见习

师范生在校期间，既有理论知识的学习，也有针对教学技能的培养与加强，但是不管怎么说，还只是就事论事，也只是演练而不是真正的实践。在大学校园里，想象不出小学课堂的真实情况，也模拟不出小学生的课堂表现，所有的训练与表演都还是尝试。走进小学校，走进小学语文课堂，才算是真的对未来职业有了一个感性的认识。师范生培养的教学计划里有“教育见习”要求，听课、评课、感悟真实课堂，走出和职业结合的第一步。

7. 教育实习

教育实习是师范生走向职业生涯的最真实的第一次演练，它最大的特点在于教学环境的真实性，教学对象的具体化，教学目标的确定化，教学过程的复杂化，教学效果的不可预知。它使学生之前的所有模拟变为现实，可以检验学生模拟训练的效果，同时提高其具体运用的熟练程度，也可以坚持学生处理实际问题的能力和应对策略。这个环节是师范生培养当中不可缺少的。

专题点拨·理性反思

语文教学技能训练与教师专业成长

一、语言技能与教师的专业发展

课堂是动态的过程，知识的传授是依赖语言的，课堂氛围的形成也更多的依赖教师的语言，所以在语文教学技能训练中，语言能力的锻炼和提高是第一要务。

苏霍姆林斯基说："教师的语言修养在极大的程度上决定着学生在课堂上的脑力劳动的效率。"马卡连柯也曾说过："同样的教学方法，因为语言不同，就可能相差二十倍。"可见语言的魅力和作用。作为小学语文老师，应该具有哪些方面的语言技能呢？

（一）小学语文教师的语言要求准确、规范

2000年10月31日，第九届全国人民代表大会常务委员会第十八次会议通过的《中华人民共和国国家通用语言文字法》第19条规定："凡以普通话作为工作语言的岗位，其工作人员应当具备说普通话的能力。"国家语言文字工作委员会、国家教育委员会、广播电影电视部联合发文《关于开展普通话水平测试工作的决定》（国语[1994]43号）规定："中小学教师、师范院校的教师和毕业生应达到一级或二级水平。"浙江省根据自己的实际，规定师范院校中文专业学生和中小学语文老师的普通话等级水平应该达到二级甲等。

语文教师应该用标准、规范的普通话进行教学，这也是教师必备的基本条件，小学生从一年级开始就跟着语文教师学习汉语拼音，学习普通话，学习最基本的语文知识，所以小学语文教师的普通话一定要发音标准，流利通畅。

小学教师的语言是最容易被学生学习和模仿的，教师只有用语规范，才能对学生产生正面的示范效应。老师要做到发音清楚、吐字准确、不念错字、不使用方言。有的老师"n、l"不分，"f、h"不分，将"湖南"念成"腐烂"；有的老师平翘舌音不分，将"吃饭"念成"刺(ci)饭"；"伤心"说成"桑心"；还有的老师将"小孩"说成"小顽"（浙江方言）；将"你要苹果吗"说成"侬要病故啊"（上海方言）等。教师应有意识地规范自己的发音，尽量使用标准的普通话，克服方言的干扰，加强语言基本功训练，尽量做到顺畅、准确地使用普通话。

语文教师还应做到口齿清楚、达意鲜明。好的教师语言，应当节奏明晰，顿挫有力，清晰悦耳。语言的含义，要让学生听得明白、听得懂，只有听得明了，才能逐渐理解。我们知道，小学生习得语言的过程主要在于模仿，从有声媒体、与家长交流、社会交往、教师上课等环节获取，而学校时间最多，接触老师的机会也最多，因而，教师对自己最大限度的规约，就是对学生最大程度的负责，语言传递也不例外。

【案例传真】

两个苹果

“车上装着两筐苹果，红艳艳的，黄澄澄的，堆得冒出了箩筐。”

学生没有体会到这样写的妙处，教师引导“红艳艳的，黄澄澄的”如果放在前面，句子很长，而且没有节奏感，指导学生体会原句的妙处，指导读出节奏。教师在教学生言语规则——要表达赞美、愉快的心情，用短句表达更有节奏。

“又红又圆的大苹果，滴溜溜的在湿漉漉的地面上蹦跳着，蹦到了马路中间，蹦到了马路对面，一时滚得满地都是。”

揣摩作者的心理，创设情境让学生水到渠成做到感情朗读。

【理性反思】：教师的作用就是引导学生在原有的基础上得到提高，得到发展。而不能停留在原有水平。教师要善于发现文本中的语言训练点，精心设计，经过有梯度的训练，到位的指导，让学生在这个过程中学生掌握语言训练点中蕴涵的语文技能。如果老师不教语文技能，学生怎么能知道呢？这也难怪形成了学生不知道怎样写的状况。

（二）小学语文教师的语言要求口语化、儿童化、形象化

小学语文课堂的语言区别于中学语文课堂的语言，尤其是小学初段的孩子，年纪小，识字少，对书面语的表述还存在一定的接受障碍，所以要求老师在上课时候尽量使用浅显易懂、明白晓畅的口语化语言，把要讲的内容说得清楚、明了。适度的语速，合适的语气，富有抑扬顿挫的语言感觉，伴随着较为丰富的体态语言，生动形象地为学生用自己的有声语言来描述文字，讲述故事，教授知识。

同时，考虑到孩子们的语言接受能力和理解能力，小学语文老师的语言还应该具有儿童化、形象化的特点。比如一位教师在讲解课文时按部就班，“冬去春来，冰雪消融，青蛙苏醒产卵了，水中出现点点蝌蚪……”学生们听得一头雾水，没有达到预期的教学效果；同样的话，另一位教师却说得有声有色，学生兴趣盎然，“小朋友，寒冷的冬天过去了，天气渐渐暖和起来，一年中的第一个季节——春天来了。池塘里的冰雪融化了，青蛙妈妈产下的卵慢慢活动起来了，变成了一条条大脑袋，长尾巴的小蝌蚪……”儿童爱用直觉思维思考问题，习惯于从感性角度认识事物，因此，教师可以多用这些修辞手法。比如，说“跑得快”可以说“像兔子一样飞快地跑了”，说“像蜗牛一样爬呀爬”等，这样的语言，儿童会更加容易接受。另外还需要注意用词避难就易，多用常用词、双音节词，将难懂的书面语改为口语；将长句改为短句，并采用惯用语序；修饰成分多的要改成几句话来说，表达时要富有儿童情趣。当然，我们不能因为强调儿童化，而向他们不合语法的说话习惯靠拢。

（三）小学语文老师的语言要求富有感情，表现力强

语文教育专家于漪曾说过“教师的语言要善于传情。语言不是无情物，情是教育的根。教师的语言更是应该饱含深情。带着感情教，满怀深情说，所教的课，所讲的道理就能在学生中引起共鸣，从而，师生心心相印。”这几句话对于小学语文教师语言艺术的提高

有积极的指导意义。

小学的教育教学与成人教育的最大不同点在于，小学教师的语言应当更加生动、有趣、形象、活泼。如果教师像老和尚念经似的说话，只能使学生昏昏欲睡；如果像播音员一样说话，则只能让学生感到生涩，毫无情趣。学生的年龄特点决定了他们喜欢生动的、有趣的、形象的、活泼的语言，特别是加上教师丰富的表情和适当的动作，更容易为学生所接受和模仿，有利于学生语言能力的发展。

小学语文教师很多时候更像是一个演员，只有演员入戏了，才能吸引观众，不自觉地跟着演员投入自己的感情。教师只有在教学中把自己的真情实感融入其中，才能感染学生。这种真情实感除了通过教师的肢体语言加以体现外，更主要的途径当然还是靠教师的口语表达。富有感情的话语比单纯的理论性话语，更能收到好的教学效果。好教师的高明之处就在于，用满面春风的语态，带有浓郁情味的话语，饱含激情的语气来引发学生的情感潜势，产生一种情感共鸣的语境，使学生为之所感，为之所动，从而转化为良好的学习动机，获得理想的教育效果。

（四）小学语文老师的语言要求逻辑清晰、健康纯洁

逻辑条理清楚，表情达意准确，用语文明健康，是小学语文教师在使用语言时必须遵循的一个基本原则。例如，有的老师表扬学生时喜欢说："今天表现最好的有某某、某某、某某……"其实，一个"最"字表达的是独一无二的意思，但教师却随意地在"最好的"后面说出了一连串的名字，这种看似微不足道的小错误，时间一长也会对学生产生影响，学生可能也会说"我最爱的人有爷爷、奶奶、爸爸、妈妈……"因此，教师在使用语言时应谨慎，力求逻辑清晰，避免出现因随便而造成的语言矛盾或者问题。

小学语文老师的语言还应该是健康纯洁的，避免因为口语习惯而带来的随意化、粗鄙化。语言不是一种孤立的现象，它与一个人的思想品德、文化修养等密切相关。一个优秀的教师，他的语言应该是纯洁、文明、健康的，能促进学生的智力开发，能激发学生的学习兴趣，能培养学生健康向上的情感。反之，粗俗的语言只能给学生带来负面的影响。例如，一个老师对着上课自说自话的一个小学生说"你真是个疯丫头！"班上其他同学也跟着冲她喊"疯丫头！"后来的几天里，只要这个女孩走进教室，学生们就对着她喊"疯丫头！"这个称呼简直就成了这个孩子的绰号。老师意识到自己不经意的一句气话已经对学生造成了伤害。

作为教师，我们应避免在生气、发怒、冲动和不理智的时候使用"滚出去"、"猪脑子"、"笨死了"、"神经病"、"搭错筋"、"小赤佬"等不文明的粗俗语言。要尽量使用健康、醇美的语言去触动学生，使其形成纯洁、文明、健康的心灵世界。总之，学生教师要提高语言的规范性、逻辑性、纯洁性，这是发挥语言魅力的前提条件。

（五）小学语文教师的语言要求平等意识、人性化

教育部颁布的《小学教育指导纲要（试行）》中对教师角色进行了重新定位，倡导"教师应成为学生学习活动的支持者、合作者、引导者"。即要求把学生看做平等的合作伙伴，在教学活动中与学生的关系是合作者的关系，教师充当引导者的身份，学生是教学活动的支

持者。

那么，在教学过程中，教师应多用商量的口气和讨论的方式指导学生的活动，鼓励学生的探索。比如说："你可以帮我收一下作业吗？"以此来得到学生的帮助，锻炼学生，而不是以命令的口气说："快点，帮老师收作业本！"当学生在课间自由活动时，为了防止学生乱扔纸屑，我们可以委婉的提醒学生："你们需要一个垃圾筐吗？"这样学生就会清楚地意识到要把纸屑扔到垃圾筐里，而不能扔在地上，但如果直接说："不许把纸扔在地上。"则很难达到预想的效果。所以，我们应常说"你好"、"请"、"没关系"、"能不能"、"我们一起来好吗？"、"你说应该怎样呢？"、"你先试试看，如果需要帮助就叫我"等，而不能习惯于用强制性的"要这样做"、"那样可不行"、"不许"、"不能"、"不要"、"不可以"、"坚决不"、"绝对不行"等语言，否则会阻碍孩子主动性的发展和创造性的发挥。

教师语言的选择和运用必须考虑学生现有的语言接受能力，力求"因人用语"。比如，对性格不同的学生，语言的使用就应不同：比较内向，较为敏感，心理承受能力较差的学生，教师应更多地采用亲切地语调、关怀的语气对他们说话，以消除学生紧张的心理；对反应较慢的学生，教师要有耐心，在语速上适当地放慢一些；对脾气较急的孩子，教师的语调要显得沉稳，语速适中，使学生的急躁情绪得以缓和。再如，对刚入学的一年级学生要多使用些儿童化、拟人化的语言，将一些无生命的东西赋予生命来吸引学生的注意；而对于略大一些的四、五、六年级的学生则要注意语言的坚定和亲切，使学生感到老师的话是经过思考的，不是随随便便说的，是值得听的。总之，对不同的学生，教师应采用不同的语言表达形式，因人用语，因人施教，使每个学生在其原有水平的基础上得到发展。

课堂中，教师每一句可能自以为无意性的评语，往往会左右学生听课情绪，甚至影响学生的一生，这正是证明了教师的期望对学生的作用。针对这一点，教师在教学过程中，不妨将课堂中对各层次学生的随意性评语变为可激发学生更积极思维的特意性评语，从而提高兴趣，强化效果。如"你真行！一次比一次有进步！""你分析问题这么透彻，老师真希望每课都能听到你的发言。""虽然这句话读错了，但老师和同学们都很佩服你的勇气，下次努力！"等等。这样简简单单一句评语，会使学生信心大增，特别是那些自信心缺乏的学生。又如，当某学生被提问时答案与正确答案出入较大时，教师简单粗暴的指责及烦躁情绪只会使之更紧张，甚至思维停滞，使之以后更加害怕上此类课，形成恶性循环；假使能亲切和蔼地对他说："你的思考方式很有特色，但与这个问题的正确思路稍有出入，换一个角度想想，或许会有新发现的。"这样就激励了被提问的学生，使他有了进一步思考的信心。学生有这样一位老师和风细雨地鼓励和引导，他们自然会没有任何心理负担地投入学习，自然会争先恐后地发言。

俗话说："教师无小节，事事皆楷模。"在日常生活及教育教学活动中，教师都应当时时注意以积极的语言态度营造良好的语言环境，让学生在环境中得到感染、熏陶，陶冶情操，诱发热爱语言的情感，感受语言交流的乐趣，大胆尝试运用语言和提高运用频率，发展语言能力。

二、板书技能与教师的专业发展

板书是随着教师上课活动的一种常规行为，教师在上课期间把自己认为重要的教学要点等信息书写在黑板或白板上以引起学生的注意，可以帮助学生理解课堂知识，加深印象，反思教学内容。它是课堂教学过程中有意识的随机行为，也是学生获取知识的重要载体。在传统的课堂教学行为中，板书一直被认为是辅助教师形象的一个说明物，今天，随着多媒体技术在教学中的广泛使用，板书在课堂中出现的情况每况愈下，越来越少，但就经验来看，板书还没有脱离课堂教学，因为其方便、经济、及时，所以还是广大教师不可或缺的选择。

（一）板书的作用与表现形式

1. 板书是对教学内容的精练呈现

现代教育技术关照下的课堂教学，形式上大多采用了先进的教学手段，板书的功能正在逐渐的退缩和减弱，可是常规的课堂教学中板书依旧有立足之地，有用武之处。因为板书是教师对教学内容的精练总结，也是通过学生视觉停留到板上的最直接、印象最鲜明的知识点。它直观外显，不是转瞬即逝的一张张课件，是可以供学生反思、记忆、梳理、加深印象的教学内容，容易被学生感知，能够吸引学生，引起学生的注意，并对所强化、所保留的知识点加深理解，同时对课堂教学的系统化有所认知。

2. 板书是对教学要点的梳理归纳

板书不是教学内容的全部记录，也不是随机涂写的文字。常规板书都是经过思考和设计的，根据教学内容进行过编辑和筛选，它是对一节课教学要点的梳理归纳，也是教师上课的重点与难点环节的体现，它能体现出一节课的逻辑结构，是支撑起一节课内容的基本框架，是骨架，是精华，是教学内容的核心与本质，学生需要记录的课堂笔记也多来自于课堂板书，尤其是老师一边上课，一边板书，不仅可以逐步深入地讲解知识，还可以引导学生的思路进入课堂教学内容之中，尤其是教与学的互动性因素体现最为明显。

3. 板书对学生记忆反思提供依据

板书是对课堂教学内容的整理和归纳，也是课堂教学内容的精华与核心，是课堂最后呈现出来的一个“作品”。现代课堂，多媒体技术使用正酣，越来越形象，越来越生动，越来越复杂，越来越声光电色具备的技术手段正在逐步“统治”课堂，传统板书依旧有一席之地，在于它能够以固定文字的形式给学生提供可有凭证的记忆信息，学生可以将板书内容整理，从中发现课程的逻辑关联，发现知识之间的有机联系，发现知识点的异同之处。传统课堂同学记录课堂笔记，就是对板书的存留与归纳，对知识的反复咀嚼与理解，也是学生学习的一种重要途径和方法。

4. 板书体现教师教学的综合能力

板书是一种有意识的教学行为，体现教师教学的综合能力。

首先，板书是知识的归纳与梳理，要求教师自身对所教知识有充分的理解，能够通过教学环节吃透重点与难点，并且把关键的知识点通过板书展示出来，提醒学生注意。

其次，板书需要有合理的布局与安排，需要老师作认真的思考，选择哪些内容，选择何种方式，书写多少适宜，怎样的板书最能体现课堂的教学内容与教学要点，都要经过深思熟虑，经过反复推敲。

最后，板书体现教师的基本素养，尤其是教师的书写技能。现在是一个敲击键盘的时代，不管是备课、写作，还是与人书面交流，绝大多数人都会选择以打字代替手写，以至于很多学生(包括老师和许多社会人)逐渐生疏了书面的手写活动，书写能力和书写的标准程度受到很大的制约，不仅写字不够美观，重要的错别字层出不穷。教师的课堂板书，需要教师能够书写较规范的简化汉字，书写较美观的汉字，能够在课堂上给学生以示范作用。

（二）板书的布局与运用

板书是直观形象的展示，是课堂教学的一个组成部分，传统板书有以下几种形式：

1. 要点式

根据讲课内容，在板上写出课程的标题、要点(重点、难点)和层次。要点式能够清楚体现出课堂教学内容的逻辑关系和层次衔接，能够把教学内容的重点和难点凸显，使学生能够清晰把握教学主要内容和观点，能够拎起课堂，使课堂立起来，它简洁概括，高度总结。

2. 总分式

比较适合用于有从属关系的教学内容，一般在复习课程中最为常用。总分式能够明了清楚地展示出各个部分之间的包含与被包含关系，使学生从整体上把握教学内容，从大到小归纳知识点，从干到枝来了解知识，建立一个知识“树”的逻辑框架。

3. 表格式

在教学过程中，把“教学内容中同一类概念、事物或事件的不同侧面分项目整理、归纳，并以表格的形式表现出来”①。此类板书，可以训练学生的分析能力和归纳总结能力。

4. 对比式

应用于与教学内容有关联，同时又有差异的教学体当中，使用此方式，可以形成鲜明的对照，让各自的特点表现突出，让学生一目了然，便于理解和记忆。

5. 线条式

根据教学内容中的关键点，选择最能适合表现其含义的词语，把这些词语用线条或箭头等符号连接起来，构成一个可以表现其内容发展过程或者情节变化、逻辑条理的示意图。

6. 图解式

以示意图的形式让学生认识所学的知识，或者根据教学内容，老师形象生动地为之配上可以表情达意的图案，让教学内容鲜活起来，引起学生学习兴趣，加深学习印象。

（三）书写板书应该注意的事项

1. 板书需要经过设计、布局合理

板书怎么安排，怎么书写，要经过细心认真的布局，要有巧思，要合理分配。从我们阅

---

① 崔允漷.有效教学[M].上海：华东师范大学出版社，2009：23.

读和观察的习惯来看，位于板的左上方位置有先入为主的优势，人们的观察时间较长，也最容易从此位置入眼。所以板书的标题居于板的正中最上方，那么书写的顺序就从左上方开始，依次是左下方，右上方与右下方。有的板书还把板分为三个板块：左、中、右，左边和中间是教学主要内容，右边是教学内容的补充和随机的发挥。

2. 板书字迹应该清晰、醒目、大方

板书字迹应该大小适度，第一排的同学看着不觉得字大，最后一排的同学看着不觉得字小。板书应该清晰醒目，如果是粉笔，需要稍微用力，浓度加大。必要时还可以用不同色彩的笔来进行对照，引起学生对学习内容侧重点的关注。

3. 板书书写时间适度

板书时，不宜长时间的书写，一则浪费时间；二则学生容易开小差。如果需要较多的板书，需要做好课前准备，用其他辅助形式来替代，或者一边板书，一边讲解，让学生随着老师的思路进入到课堂内容之中。

4. 板书勿太多太烦琐

板书是精练的书面语，是关键词和关键句。板书不是课件内容的照搬照抄，不是教师口语的文字化，需要提炼语言，组织逻辑，关注重点难点，忌讳一板一板的书写，一板一板的擦拭，既浪费时间，也变成了文抄公。

三、体态技能与教师的专业发展

一个好的老师，是在课堂上时刻和同学有交流的老师，而与学生之间的交流，不仅仅局限于知识的传授，问题的引入，课堂师生之间的互动，还有无时无刻不在的隐性形式的互动与交流。教师体态的变化就是这样一种隐性的交流方式，这就需要教师在课堂上注意自己的体态，尤其是体态所隐含的语义与引起的课堂效果，甚至是左右学生情绪和情感的一个标尺。

体态技能，是一个老师应该具备的素养之一。我们知道，体态包括脸、眼、头、手和身体的其他部位组成的广泛的非言语性的与学生交流的方式。

1. 脸部的表情

每个人时时刻刻都有相应的面部表情，它是反映一个人心情的直观的外表体现，面部表情一般都具有相应的目的，用来传递信息，表情达意，辅助言语，完成交流共通的任务。随意的脸部表情，并不十分具备相关的情感因素；而有意识的脸部表情，则表达着一种含义，具有一定的情感诉求和交流要求。

教师上课的时候，脸部的表情是愉悦的、轻松的、温和的、平易的，那么听课的同学会感觉到上课的氛围是轻松的，是和谐的，是有发表意见的空间的。当课堂上有同学回答不出问题的时候，给予他鼓励的表情，微笑的示意，就会放松学生的紧张情绪，让他在向上的氛围中去积极思考。当课堂上有同学不遵守课堂纪律时候，老师可以以严厉的脸部表情，伴之以沉默的方式来对待，让同学在短暂的无声中体会老师的情绪，继而反思，提神，恢复良好的教学秩序。当学生们在课堂上为某一个问题或者某一个有趣的知识点疯狂的时候，老师可以用快乐的表情和同学们一起共享知识带来的欢乐，和同学们融为一体，寓教于乐。

2. 眼神传意

眼睛是心灵的窗户，眼神所能带来的语义不亚于言语本身所传递的信息。在所有的教学活动中，眼睛始终和眼睛在交流着，眼神始终在和眼神碰撞着，无声和有声同时具有，语义在多方位、多角度的传送。我们知道，眼神是可以随时变化的，目光的移动，视线长短的交替出现都代表着老师内在的语义和情感，也代表着老师课堂上关注学生的态度。眼神中的鼓励、支持、表扬、肯定、赞同、热情、友爱都是学生在课堂希望看到更多的表情，也是老师愿意给予更多的表情。同时，老师眼神中的严厉、批评、质疑、期待，也可以扭转课堂氛围，提醒不认真听讲的同学，和同学们一起探讨问题，期望同学能够开发思路，吸收课堂知识，解决课堂问题。

同时，教师上课时候，要充分使用眼神，适度调节视线的宽度和深度，可以以扇面的角度来扫视同学，让三分之二的同学感觉到老师的眼神关注；也可以从前到后的深度注视观察学生，让第一排的同学知道你看见了他的课堂举动，也让最后一排的同学知晓老师注意到了他的听课行为，使得全班所有同学都在老师的目光之下，既可以起到吸引同学注意力的作用，也可以随时注意同学听课状态和情感的变化，及时调整上课的方式、节奏、内容侧重点等，还可以充分调动学生的情绪，营造好的课堂环境。

最忌讳的是教师上课眼神是无目的的，茫然的，或者是单一的，固定的。比如，初次上课的人，眼神不敢直视学生，自顾自的较多；有的老师看起来是直视学生，可是目光松散不集中，似乎看到了所有的人，但是实际上一个人也没有集中注意力看；有的老师上课眼睛就只看教师后面的那堵墙，和学生的眼神无交集；也有人眼神微微斜上抬，看着教室后面的天花板等，这些都不是一个教师上课应该有的眼神。

教师的课堂眼神一定是课堂交流的必不可少的重要形式！

3. 综合体态语

黑格尔在论及语言和动作的意义时指出："能把个人的性格、思想和目的最清楚地表现出来的是动作，人的最深刻意义方面只有通过动作才见诸事实，而动作，由于起源于心灵，也只有在心灵性的表现即语言中才能获得最大限度的清晰和明确。"

站立：教师在教室里，最要紧的是怎么站立，站在哪里。站立的姿势是教师直接面对学生的一种教师状态，这个状态直接影响到学生的上课状态。一个能够和学生友好相处的身体姿势至关重要。老师在讲台上，自然的站立，舒展的肢体，自信乐观的情绪都是良好情绪的象征，学生也会随着老师的状态自然而然进入到听课的环境中，如果一个老师僵硬的四肢，紧张的站立姿势，会让学生觉得老师自顾不暇，自身都没有安全感觉，学生会觉得好笑好玩，继而松弛听课情绪，或者只关注老师的外表状态，影响听课的效果。

所以，直接大方、自然得体的面对学生，站立多居课桌中央的状态是一般讲台上所需要的。如果老师走下讲台，则不管选择站立在哪里，都要站有站相，有模有样。

手势：手势是伴随说话最常见的一种肢体行为，它也是辅助语言表意的一种基本动作。比如，鼓掌表示欢迎，赞同，表扬等情感；举手表示要求回答问题等含义；伸手表示邀请，竖大拇指表示赞扬；摇手表示不同意或者再见；暂停的手势表示要暂且结束或者终止某一个行为，等等。手势不宜过多，在需要的时候及时使用，防止学生出现会意错误。

需要注意的是减少不必要的手势，有人说话从头到尾都手舞足蹈的，如果在课堂上表现就失稳重和大气；有的人喜欢较为夸张的手势，手势动作比较大，这样会给表意造成一种言行不一致的错位；也有人手势不断，手势都很小，动作显得烦琐细碎，也不可取。手势不能代表语言交流，它只是辅助的手段，所以在言语的关照下，它的多少和效果要有一定的适度性。

四、信息技能与教师的专业发展

目前，信息技术已经广泛应用于课堂教学当中，先进教学手段的使用，尤其是多媒体技术水平的提高与不断渗透让原本单调、刻板的课堂呈现出活泼、生动、轻松的氛围，改善了学生的学习环境，促使教学展示多元化、多彩化、多层面的立体教学模式，学生上课不再是被动的接受知识，而转变为主动的积极的吸收知识。

那么，教师的信息技能就成为教师专业发展的一个必备环节。

如何使得教师具有较高的信息技能水平，并且在课堂上较好的运用和适度的展示呢？我们需要明确以下几个方面的作用：

多媒体课件的基本特点

1. 它具有生动、丰富、图文声像并存的优势，表现力强

多媒体课件可以把客观事物的发展过程以及变化历程通过生动、形象、传神的动态演示表现出来，可以在短时间内完成想象、联想，串联所能涉及的思维运作结果，并且能够给学生展示一般条件下无法完成或者是感官体会不到的那种神秘的、神奇的现象。可以让感性的东西更具有生动性，让理性的东西更加感性化，可以使抽象的理论、复杂多变的矛盾、多样纷杂的形式通过逼真的图像、多彩的音乐和不断变化的形式展示在学生的眼前，让学生感受到更加丰富的感性知识，同时增加对理性知识的认知程度，强化学生学习的印象。

小学低年级学生一般都好奇心强，课堂上也比较活泼好动，他们专注听课的时间会比较短，所以要求教师能够不断地吸引住学生的注意力。他们的特点是比较喜欢老师的直观演示，自已能够专心地看画面。所以对于低年级的学生来说，生动活泼的多媒体课件更能激发他们的学习兴趣，让学生注意力集中，并且在利用多媒体进行识字教学时，就能收到记得快、记得牢的效果，字的音、形就会深深地印在学生的脑海里。

【案例传真】

一年级孩子好玩，教师可以利用这一特点，在课堂教学中适时地、有选择地设计各种与生字联系起来的游戏，引起学生的学习兴趣，激发学生的学习积极性。

例如：

(1) 小猫钓鱼。画面上一只小猫在钓鱼，水中小鱼在游来游去，每条鱼身上有一个生字。钓上一条鱼，指定一个学生读字。读对了，鱼会安然地进水桶。反之，鱼就溜回水中。

(2) 打气球。气球飞起来了，每个气球上有一个生字。请一个学生起来读，读对了，气球就会爆炸，生字掉下来，掉一个生字得 10 分，十个读对就得 100 分。它也可以作为全班的练习。游戏开始，学生在自己的电脑上操作，结束后，教师用大屏幕展示同学的学习情况。在这类游戏过程中，学生通过识字游戏，猜一猜等活动，不时产生一种新鲜感，增强了识字欲望，充分激发了他们的识字兴趣。①

2. 运用多媒体技术手段可以丰富课堂，激发学生的学习兴趣

学生在学习课文的过程中，如果是传统教学模式，那么学生就只能在文字的基础上展开想象和联想，不能够有身临其境的亲近感受，不能准确地对文章中的文字产生真切、明确、沁入心境的那种深刻印象，而多媒体信息技术的运用弥补了这个缺憾，使得语文教学不仅有文字的生动形象性，也有画面、声音、动作的直观性，让形象思维更具有多彩性和多样性。

【案例传真】

《日月潭》教学过程和方法

课前了解：

本节内容主要是围绕爱祖国、爱家乡这一基本情感意向，让学生了解祖国处处都有迷人的自然风光，知道我们具有丰饶的各色物产，记住我们经历过的不断发展的新变化。通过对该章节内容的学习，学生不仅感受到了文字的优美和动人，也可以了解祖国山河的壮丽和辽阔，增强对祖国大好河山的认识和热爱，并能激发他们内心深处的自豪感和热爱感，也更增加了他们渴望了解家乡和赞美家乡的感情。

教学方法和方式：

可以利用多媒体技术制作一个合理、有效、完整的课件，通过视频向学生展示日月潭的地理风貌。特别是展示清晨与中午两个镜头更加展现了日月潭的迷人风姿，令人陶醉其间，流连忘返。

看，清晨的日月潭，薄雾笼罩，晨星闪闪，灯光“隐隐约约”的倒影映在了湖水中，湖光山色，浑然一体，好一幅浑然天成的画卷。再看中午，太阳高照，就是一幅明丽的山水画。通过视频播出，日月潭简直成了“童话中的仙境”。通过教学环境中的音乐欣赏，在缓缓的音频视频中，让学生充分感受到日月潭那山清水秀风景。心里荡起一圈圈涟漪，让我们心中升起对台湾同胞的思念之情。这样的教学手段能不使学生更好的来学习？我们的课堂效果能不会更好吗？(孙永庆老师的课堂实录)

3. 多媒体技术具有很强的共享性和优势互补性，有利于知识的学习

随着网络的不断发展和信息传播速度的加快，很多精美精彩的课件也未必就一定是老师们自己智慧的结晶，优秀的课件可以通过网络传递到任何一个人的电脑上，很多优秀的资源可以共享，以网络、光盘和视频为主的多媒体教学资料，使知识内涵的增加和扩充不再受时空的限制，任何人在任何地方都可以通过网络来学习，通过网络来使用这些有益的资源，并且增加学习的主动性和选择性，让自己的课堂里渗透更为丰富的内容。

网络资源丰富，以及更新快，有很强的现时性，同时因为其丰富，所以具有较强的优势

---

① 陆雪珍. 信息技术在小学语文教学中的作用[J]. 现代教育教研，2009(3).

互补性，让你有更多的机会去选择，有更大的余地去发挥，让你不再局限在自己的小圈子里，而发现一个更为广阔的天地。

采用多媒体技术进行教学，可以让各种知识交汇，让各种信息糅合，让知识的表达更充分，也让学生更容易理解所接受的知识。

体验践履·自我提高

【案例欣赏】

诗人叶才生：我是两栖教师

"……约定去听叶才生诗意课堂的那天是个雨天，户外春寒料峭，纪中三鑫双语学校一派暖意融融。40多名学生和老师正聚精会神地听叶才生说'雨'。'雨'是什么呢？雨是水，雨是云的泪，雨是……'叶才生举起桌上一杯清水，娓娓道来，身旁的多媒体屏幕播放着一幅幅与'雨'有关的诗意图画。"细雨绵绵的4月，纪中三鑫双语学校叶才生老师接受《中山教育周刊》2010年4月刊的专访。

从2001年在三鑫组建全国第一个以"新诗"冠名的新诗试点班，到今天新诗教育的地位和研究已被确立与肯定，10年来，叶才生的岗位、身份和视野在不断变化，唯一不变的是坚持站在课堂，与可爱的同学们领略诗意课堂的魅力，在诗意的诗山词海里畅游，极目楚天舒。他说："我是两栖教师，左手文学，右手教书。"这个自喻，正是诗人叶才生的真实写照，他走在自己吟诵的诗行上，如鱼得水。新诗教学，新诗教育，诗意德育，新诗教实验，他不断超越，扩大着诗教教育的半径；诗教实验也如星火燎原，长沙、株洲、成都、广州、浙江等地的学校纷纷引入并推广，叶才生本人，也从一个教书匠走向研究者，从诗教的倡导者走向实践者，从草根研究走向学术研究，完成了个人教育教学的第二次蜕变。

叶老师的教学技能最初不是很理想的。他对当教师、读师范的恐惧，就在于先天偶尔的口吃。性子急，胆量小，遇事一急就结巴，难堪至极。不过，叶老师找到治愈口吃的法宝却是汉语，普通话里的汉语！作为一个广东人，他遇到说不准的字音，或者口吃的字音，就另选词而暗度陈仓。例如，"表征"换为"特点"，"样式"换为"花样"等。更重要的法宝就是勤于操练，奋笔疾书，写下了无数脍炙人口的诗篇。

在师范就读期间，叶老师换了一种思维，换了一种倾听方式，甚至在自然词汇的基础上生长了一整套词根，对接上了城市文明。从普通话中突围，从都市文明中展开，一笔一画勾勒着青春的雄心与内心的商厦。1997年6月毕业前夕，学校举行"庆祝香港回归祖国"有奖征文。他取了四个别名，分散文组与诗歌组一起投稿。等到征文揭晓一共11个奖项，他竟然占了5个。

参加工作后，他教学技能锻炼之路继续延续。这从他的作息时间表就可以看出。

6点起床，晨读20分钟，晨跑6分钟内回来，粥刚好煮好。

7:10前骑自行车到校。

11:40放学，到菜市场最近路的档口买菜。15分钟内饭菜做好，一腥一荤。阅读15分钟即午睡。青春激情的战场，忙碌并且快乐着。

17点放学，有时杀一场羽毛球，或冲篮球。或沿着武江河畔跑一圈约2000米。15分钟，饭菜俱好，将物理时间降到了最低标准。

20点至22点半，挑灯夜战。读书。写作。在了无人迹的夜晚，策马狂奔，追随那些照亮夜行人的航灯。

双休日与寒暑假，乐在其中，或赶往新华书店，或进图书馆阅读，或在书斋中做读书笔记。

经过10年自修、苦修，叶老师自认为“基本治愈应试教育带来的‘心灵疤痕’——基本素质不扎实，基本技能不全面，对为人师表，对教育者的本领恐慌，才复苏一点自信”。在他的作品里，曾调侃地写道：“五千年平平仄仄的诗词，就是结结巴巴念出来的；游遍楚河汉界，我始终是《诗经》305户人家。”①

【自我实践】

1. 坚持每天写一首诗或200字的博客，不断提高语言表达能力。

2. 选定1～2个特级教师的视频，把他或她的课堂实录摹写出来，学习特级教师的体态技能、信息技能等的运用。

3. 对照教师技能考核标准，寻找差距，制订技能训练计划并持之以恒地练习。

拓展视野·娴熟技能

【拓展阅读】

诗意语文与教师口才诗意化②

教师的诗意口才，指的是教师以诗意情怀、形象化手段创造性地赋予事物以深意，用含蓄、凝练而又意蕴丰富的方式，将真挚的情感和智慧的哲理进行极具审美意味地表达，从而创造出诗意氤氲的精神空间，召唤师生共同提升诗意境界的口语表达才能。它是教师情感与智慧高度融合的结晶。诗意口才具有情感性、形象性、审美性和创造性等特点。但教师除了要诗意地表达，还必须“创造出诗意氤氲的精神空间，召唤师生共同进入诗意的境界”。其本质特征就体现在“召唤”二字上。要形成师生精彩、灵动的诗意对话，创造诗意充盈的语文课堂，就必须由教师的诗意口才来拨动学生的心灵，激发他们自由驰骋的想象，启发他们灵活敏锐的诗思。

语文教学的情感化需要情感性的诗意口才。语文教学的文本是作者情感激荡的产物，而语文教学的对象则是天性易感的。他们总是以纯净美好、充满感动的眼光看待周边的一切，他们的思维也总是饱含着情感的思维。因此语文教学应该是情感化的。但要发

---

① 叶才生：笔名夜子，现任纪中三鑫双语学校教科研副校长，中国诗歌学会会员，中山诗歌会理事，中山文艺批评理事，中山作家协会理事，在全国最早提出“新诗班进课堂”并取得成功，已出版新诗教精品课程成果《童诗教学》、《诗意语文路》，以及专著《带你诗意还乡》，诗风盎然，诗染教坛。案例节选自叶才生．带你诗意地还乡[M]．珠海：珠海出版社，2011：10-28.

② 罗小娟．诗意语文与教师口才诗意化[J]．新闻爱好者(高教论坛)，2011(3).

掘教材生命的激情与价值，触发学生生命感动的情感点，还必须借助教师的诗意口才。例如，《我与地坛》第一部分写古园风景、作者思绪。如果教师不懂得引导学生去发掘蕴涵其中的生命激情，学生很难读懂作者在这样一个安谧、沉寂、荒芜的背景下，对“生命”、对“世界”的重重思绪。蔡焕杰老师用情感性诗意的语言引导学生深入作者的内心，使学生被一种更深层的东西吸引，引发他们对课文更深意蕴的思考：“露珠坠地的声音很大吗？为什么说是‘轰然坠地’？草木生长能发出窸窸窣窣的声音？……这都是心灵中的声音。露珠这样普通的事物都在不断积蓄能量，并且寻找时机释放自己的美。那种坠地的声音在史铁生听来是震撼性的！……作者曾长时间笼罩在死亡的阴影中，现在草木竞相生长又激起他心中生的热流，这声音在他听来是那样的真切！”教师将教材中感人的信息内化成自己充沛的激情，然后酿化成强大的感染力，来引发学生的情感潜势，激发学生的情感和想象，引导课堂和谐美妙的情感共振。

语文教学的形象化需要形象性的诗意口才。生动具体的形象总是最能震荡学生的情感世界的。与其他学科相比，语文具有鲜明的形象性。作者的智慧才华、思想情感、审美趣味无一不是借助于感性形象来表现的。这就决定了其教学过程需要的不是更多的逻辑思维，而是引导学生从对形象的感受和品味开始，进而把握、领悟形象的意义。因此，语文教学必须形象化。这时，教师必须借助生动活泼的教材，为学生创造一个个想象的空间。通过诗意口才，把教学语言转化为可视可感的形象语言。例如，李森祥的《台阶》是一篇十分感人的小说。但如果只是引导学生对人物的形象特点和作品的主题思想作理性分析，学生是很难深刻地体会课文诗意的。元培双语实验学校许波老师却用诗意口才引导学生去感受细节的魅力：“细节是什么？细节是做完作业后母亲的一句‘早点休息’；细节是讲完题后老师问询的眼光；细节是生病后同学送来的笔记。很多轰轰烈烈的事情最终会被记忆之海吞噬，但其中鲜活的、个性化的细节却像散落的鱼鳞，漂浮在海面上熠熠发光。今天就让我们放慢脚步，细细品味铺陈在文中的一个个细节，来读懂父亲，读懂作者，读出自己。”

语文教学的审美化需要审美性的诗意口才。语文教材是作者对现实审美地观照和诗意地表现的结果。它不仅具有优美可感的“形”和“意”，更表达了超越生活的“情”和“味”。因此，要引导学生充分领略语文之美，语文教学过程本身就应该是诗一般的心灵感应和情绪感染的审美创造过程。但语文教学要达到形和意交织、情与味混成的审美境界，离不开教师充满高尚思想情趣和审美意趣的教学口语。例如，温州市育英国际实验学校的史剑波老师在教《掌声》一课时，为了引导学生感受英子“那一刻”的心情以及需要，读懂“是什么力量改变了英子”，一边以诗意的配乐和旁白，一边让学生闭目想象：“就在四十多双眼睛的注视下，英子低着头，眼圈红红的，她一摇一晃地，一瘸一拐地，艰难地朝讲台前挪动。顷刻间，整个教室显得异常安静，我们似乎可以听到英子急促的心跳。这不足十米长的教室，此刻对英子来讲，好像比红军二万五千里长征还要长，怎么走也走不到头。一秒过去了，两秒过去了，五秒……十秒……四十秒……终于，英子终于站定了……你看到了吗？看到什么了？”教师很善于捕捉语文教材中艺术形象的审美特征，用生动而美妙的口才激活学生的审美情感，引导学生与作者进行深入的情感交流和心灵对话；用含蓄而蕴藉的表达拓展学生的想象空间，帮助学生更深层次地体悟作者的独特情感；用极具审美意味的语言，优化学生审美心理，从而达到情与意通、天人合一、物我两忘的审美境界。

【参考课题】

1. 小学语文教学诗意言说方式研究
2. 小学语文课堂教学板书艺术
3. 信息技术与小学语文教学协同研究
4. 小学语文教师体态技能与形象塑造研究

【参考文献】

[1] 吴忠豪. 小学学语文课程与教学论[M]. 北京：北京师范大学出版社，2004.
[2] 盛新凤. 构建诗意的语文课堂[M]. 上海：文汇出版社，2004.
[3] 王崧舟. 诗意语文：王崧舟语文教育七讲[M]. 上海：华东师范大学出版社，2008.
[4] 王宗海著，肖晓燕译. 小学语文教学技能[M]. 上海：华东师范大学出版社，2011.
[5] 周一贯. 对语文教学"诗性""诗情""诗意""诗化"的叩问[J]. 语文教学通讯，2005(10).
[6] 成尚荣. 诗意语文：哲学的尺度与实践的智慧[J]. 语文教学通讯，2005(10).
[7] 冯铁山."新诗进课堂"的理论与实践研究[J]. 课程·教材·教法，2005(7).
[8] 冯铁山. 诗意言说与德育的实效性[J]. 教育评论，2007(6).
[9] 冯铁山."新诗进课堂"的多向度价值[J]. 教育评论，2004(2).

第八章 小学语文教学准备技能

单元导读·抛砖引玉

做好课前教学准备是上好课的前提。这个过程是研读课程标准精神、挖掘文本意义的过程；是与作者、学生、文本进行对话交流的过程；也是教师把可能的教学能力转化为现实的教学能力的过程。教师在做教学准备的过程中，那一次次的资料收集，一遍遍的教材处理、教法筛选，甚至对一个个词语的推敲都是一次精神之旅，都是教学精益求精职业道德的修炼与提升。本章将从四个方面展开阐述：小学语文教学备课技能；小学语文编写教案和制作课件技能；小学语文教学学情分析与预习指导技能；小学语文说课技能。

问题扫描·掩卷遐思

【问题扫描】

当前小学语文教师的课前准备工作，尤其是备课存在模仿的多、创造的少，抄写的多、思考的少，考虑教法的多、研究学法的少等现象。有的教师认为语文教学在于感受，不要以教师的观点代替学生的思考，因此，语文教学不应该拘泥于备课，更不应该要求老师写教案，“语文备课”充其量就是为了应付检查的“摆设”，劳而无功。

典型案例·交流研讨

【典型案例】

《夏夜多美》教案[①]

第一课时

知识目标：

1. 会读“感 激 谢”等13个字。

2. 会写“他 她 时 送 过 让”六个字，会区别使用“他 她 它”。

---

① 周忠敏. 人教版语文第二册课文《夏夜多美》教学设计. WWW. JZSX. com.

3. 能正确流利地读课文，理解“飞机”、“小灯笼”的真正意思。

4. 学习用叠词形容景物，感受文字的美。

能力目标：

1. 能运用“加一加”、“换一换”、同音字等方法识字，能区别形近字及同音字。

2. 能联系上下文理解课文的词语意思。

情感目标：

能通过语言文字感受汉语言的美，感受大自然的美并由此而生喜悦之情。

教学重点：认准字词，会写字。

教学难点：“飞机”和“小灯笼”的理解。

教学过程：

一、背诵本单元已学的两首关于夏天的古诗导入新课，板书“夏夜多美”

【设计意图】旧知引入新课，既巩固了已学过的课文，又带出了新课，并能巧妙地提示本单元的内容共同点。

二、教师范读课文，学生初步感知课文内容

【设计意图】老师的范读永远不会多余，特别是这样一篇很美而且要求表演的文章，教师的范读就给孩子定了一个基调，为孩子读好课文、演好课文打下了基础，树立了标杆。

三、学生自由读课文，读准字音，了解课文内容，第二次完整感知课文内容，自学生字

【设计意图】在老师范读的感染下，学生肯定有自己来试一试的欲望，在这种欲望的驱使下去读课文，劲头足，且老师的示范对他们的影响还在，他们这一遍读不仅更熟悉了课文内容，在朗读上肯定也有提升。

四、检查生字自学情况，重点字词加以指导，突破识字难点

1. 部首识字：感 谢 激

2. 加一加识字：争睁 连莲 要腰 八趴 巴爬

3. 同音字识字：跟根 及急 飞非

4. 反义词识字：笑哭

5. 猜字谜识字：一寸光阴一寸金“时”（指导书写）

6. 巩固所学生字；逐个出示生字，全班抢读

【设计意图】识字对于一年级孩子来说是重点，只有落实生字教学，学生后续的语文学习才不会磕磕碰碰。但贯穿整个低段的作为重点的识字教学怎样才会上得有趣、有实效呢？我这个设计作了这几方面的尝试：利用已学识字方法识字，如“加一加识字”；利用部首的表意功能识字；利用同音字区别识字，既学了新字，又区别了容易与之易混淆的同义字，一举两得；教师自编字谜识字，学生印象深，而且老师在这个识字中巧妙地对学生进行了珍惜时间的教育。学完生字后的抢读环节，教师精心设计的字宝宝灯笼非常有趣，也契合课文情境，调动了学生学习的积极性。

五、检查生字在句子中的认读情况并指导读句子

1.“夏夜，公园里静悄悄的。”指导读出公园的静。

2.“水池里，睡莲刚闭上眼睛，就被呜呜的哭声惊醒了。他睁开眼睛一看，是一只蚂蚁趴在一根水草上。”这句里有五个生字，指导读好生字并体会蚂蚁处境的危险。

3. 小蚂蚁爬上“飞机”，蜻蜓起飞了。萤火虫在前面点起了亮晶晶的小灯笼。

理解“飞机”、“小灯笼”的真正含义，对萤火虫的特征有一个初步的了解。

4. 蜻蜓飞呀飞，飞过青青的假山，飞过绿绿的草坪，飞到一座花坛前，小蚂蚁到家了。

指导体会本句叠词的优美和生动，感受文字之美并能运用：青青的________

绿绿的________　　弯弯的________　　________的________

【设计意图】这个环节的设计目的有四：第一，将生字放进课文去，进一步巩固生字。第二，通过读使学生熟悉理解文章关键段落，为下节课的复述课文打下基础。第三，利用这次读的机会解决课文中需要特别关注的词：“飞机”、“小灯笼”。第四，利用这次读完成语言训练，如“青青的小草”、“圆圆的气球”。

六、指导写字

1.“他 她”的书写及“他 她 它”的运用。

2.“送 过”的书写指导。

3.“让”。

【设计意图】落实书写及应用。

七、作业：完成课本上的描红练习，给生字组词。

板书设计：

夏夜多美

时	他	她	送	过	让

第二课时

知识目标：

1. 了解课文大意，能用自己的话讲述故事。

2. 能有感情地朗读课文，读好角色对话并体会角色感情。

3. 能将课文语言内化成自己的语言进行角色表演并有所创新。

4. 感受“夏夜之美”美在何处。

能力目标：

1. 能理解内容揣摩角色，读好对话。

2. 学习用得体的语言和动作进行表演，在尊重原作的基础上能进行合理创新，培养想象力。

3. 有初步的对课文内容进行抽象的能力，从内容提取中心。

情感目标：

1. 培养学生对大自然的热爱之情和对美好友情的向往之情。

2. 由故事受到情感熏陶，知晓“当别人遭遇困境时伸出援手”是一种美好品质。

教学重点：指导朗读对话及表演。

教学难点：

1. 对课文内容的复述。

2. 表演时语言的熟练及得体、动作的把握及大胆而合理的创新。

教学过程：

一、检查词语朗读

1. 指名读词语：睡莲 哭声 睁开眼睛 趴在一根水草上 弯弯腰 爬了上来 非常感激 着急 这时

2. 用上这些词语，用自己的话把故事讲一遍。

【设计意图】对于词语的巩固练习一定要反复进行，学生对字的由生到熟，除了反复出现在他的视线里，没有更好的办法。

利用所给词语来复述课文内容，这是我超越教学要求的一个设计，对于学生来说是有难度的，但学生的潜力是无限的，这些有潜力的学生为其他学生做出了榜样。这在后面的课堂上得到了印证。

二、了解文章内容，理清角色关系

1. 课文出现了哪些角色？（小蚂蚁 睡莲 蜻蜓 萤火虫 星星）

2. 小蚂蚁遇到了什么困难？

3. 谁帮助了小蚂蚁？怎么帮助的？

【设计意图】这一环节的设计是为了检测学生对课文整体的把握，并经由这些问题使学生迅速理清课文人物及主要事件。这样的训练长期进行，必然有助于提高学生对课文整体内容的把握能力，为以后自主阅读时快速抓住文章主要内容而积累学习经验。

三、读好角色对话，为表演作铺垫

1. 睡莲问："小蚂蚁，你怎么啦？"
小蚂蚁说："我不小心掉进池塘，上不了岸啦！"

2."快上来吧！"睡莲弯弯腰，让他爬了上来。
小蚂蚁非常感激，连声说："谢谢您，睡莲姑姑。"

3. 睡莲说："今晚就在这儿住下吧！你瞧，夏夜多美啊！"
小蚂蚁摇摇头，说："我得回家，要不，爸爸妈妈会着急的。"

4. 他问："睡莲姑姑，有什么事吗？"
"小蚂蚁想回家，可我没办法送他。"
蜻蜓说："让我来送小蚂蚁吧！"
睡莲问："天这么黑，你能行吗？"

5. 这时，一只萤火虫飞来了，说："我来给你们照亮。"

指导过程：读顺——读出感情——读出对话语气及表情——脱离文字对话

【设计意图】任何表演都不能空中造楼阁，而想使学生在表演中有所收获，这样的过程必不可少。否则，在表演时，连台词都是磕磕巴巴的，这样的表演就是在浪费时间。

四、演一演

1. 师扮演睡莲姑姑，带动学生逐段逐段演，熟悉对话。

2. 发散思维：

① 睡莲姑姑说："你看，夏夜多美啊！"在睡莲姑姑眼里，夏夜有些什么美景呢？

② 当小蚂蚁坐上"小飞机"后，他和蜻蜓会说些什么呢？

3. 完整表演故事，加上合适的对话，为带动学生的表演，教师仍然扮演睡莲姑姑。

【设计意图】演一演是本课的训练点，在落实课文内容的基础上，鼓励学生大胆想象，“在睡莲姑姑眼里，夏夜有些什么美景呢？”“当小蚂蚁坐上‘小飞机’后，它和蜻蜓会说些什么呢？”这样的设计是为了发散学生思维，培养学生合理的想象力和表达力，使学生能利用自己的生活经历和对课文的理解来进行创作，这种创作不仅会给他们带来成就感，也能使他们领略到文字后那个五彩缤纷的世界。

五、体会文章主题

多么美丽的夏夜啊，多么动人的故事啊！小朋友们，你们觉得夏夜美在哪里呢？

说话训练：

夏夜真美，有静静的水池，有绿绿的________，有________的________，还有________。

【设计意图】这一环节的设计总结了课文，引导学生悟出了“美”更深的含义。

六、小结全课

今天我们学习了《夏夜多美》，欣赏了夏夜美丽的风景，也感受到了小动物们美好的心灵。大千世界，每时每刻都在发生着这样动人的故事，只要我们留心观察就能看到。美丽人间也时时可能发生这样动人的故事，只要我们在别人遭遇困难时愿意伸出援助之手，这个世界就会像夏夜一样美丽而温馨。

七、作业布置

播放课文动画片，但没有声音。布置作业：找小伙伴一起练习分角色读课文，在语文活动课时，挑选最棒的学生来完成课文朗读配音，为动画片配上完美的朗读。

【设计意图】老师借由学生的“悟”，水到渠成地在孩子心中播下美德的种子。课外的朗读配音活动是语文课堂的延伸，也是语文的应用，他能让学生感受语文学科的魅力，感受朗读的魅力。

板书设计：

夏夜多美

星星
睡莲（救　留）
蜻蜓（送）　　　　小蚂蚁
萤火虫（照亮）

【交流研讨】

学生 A：周老师对《夏夜多美》这篇课文的准备主要体现有：注重领会课标精神和挖掘教材内容，根据学生需要确定教学内容，从而明确上课的重点、难点。高质量的教案是上好课的前提，周老师课前的这番准备是我们每个一线语文教师需要借鉴的。

学生 B：周老师在设计课堂教学时把识字和朗读作为重点，构建平台使学生将语言内化，以表演的形式检查学生对语言文字的掌握和运用情况。在设计识字教学时，结合本课中生字的特点将它们分类，每一类用不同的方式来教，使识字教学不至于太枯燥单一，也降低了识字的难度，提高了识字效率。朗读方面进行了这样的处理，第一课时处理非对话语言，处理这些内容有三个目的：加深对生字的巩固；了解萤火虫的身体特点；学习语言文字，感受夏夜之美。第二课时处理对话类文字，通过反复练习对话，使学生内化语言并通过表演展示这种学习所得。

学生C：以上同学们的积极评价我都赞同，但是我有几点自己的意见：周老师的教案没有显示他在课前进行了相关的说课训练，而且也不能显示他是有做过该课的学情分析和预习指导。当然周老师的备课已经具有很高的水平，如何把握学生对生字的预习情况进行合理分配课堂生字教学甚至一个学期的生字教学是值得探索的问题。这需要课前的预习指导和学情分析才可以确定。

专题点拨·理性反思

小学语文教学备课技能

一、备课的基本内涵

备课是什么？回答这个问题可谓是仁者见仁，智者见智。我们可以反方向思考备课不是什么，进而分析备课是什么：第一，备课不是“不得已而为之”。苏霍姆林斯基认为：“教师的人格是进行教育的基石。”朱熹云：“敬业者，专心致志以事其业也。”“不得已而为之”和“有心为之”的区别在于前者是被动，而后者是主动的。备课的根本出发点是为了学生，是为了帮助学生进行更有效的学习。第二，备课不是简单的写教案。教案仅仅记载的是教材的信息解读或操作层面的知识要点，这不是备课的全部。备课不是“道具”，更不是“剧本”。备课关注的是活生生的人，要测温度、知性格、会思想、懂癖好，语文教师才能和教学对象相知相识相处。教师不能为写教案而写教案。第三，备课不是把教材变成讲稿。教材不是冷冰冰的物质化对象，而是为受教育者传播信息、温度、精神的生命体。它是文质兼美、体裁丰富的文本，是作家诗人心血与智慧的彰显。而语文课是言语实践课，是活生命之课，语文教师备教材的同时更应该立言立人，让语文的工具实践、精神实践均统一在学生的言语实践之中。第四，备课不是老师自我讲授的安排。课堂不是教师表演的舞台，教学不是教师的独角戏，备课不是老师自我讲授的安排。

备课是什么呢？备课是教师根据语文学科课程标准的要求和语文的本质属性，结合学生的具体情况，选择最合适的表达方法和顺序，以保证学生有效地学习的教学准备活动。第一，备课是针对学生的教学设计。教学设计就是运用系统的方法对人的因素和物的因素进行具体计划，从而预设教学的系统或程序，其根本目的是促进学生学习的有效生成。教师上课面对的是一个个鲜活的生命，只有当教师对自己选择与组织的教学内容进行精心设计、达到融会贯通的程度，教师的语文教学才会化作激活学生生命的活动，才会焕发学生生命的活力。第二，备课是精心开发、利用教学资源的过程。对教学资源合理开发、整合与有效利用是促进教学的有效手段。第三，备课是知识的内化与活化。备课是教师对课标精神理解的试金石，是将语文专业知识、教育教学知识不断“内化”的熔炉，不仅包括教师对客观的教学内容进行内化，使其成为不断促进自己发展的支点；还包括教师预设学生对教学内容的内化。第四,备课体现教师对学生的关注与挚爱。

二、新课改下备课的新特点[①]

(一) 由静态备课向动态备课转变。过去以传授知识技能为主,现在我们以促进学生的终身发展为己任;过去我们带着知识走向学生,今天我们是陪着学生走向知识;过去我们把教科书作为学生的世界,今天我们让世界成为学生的教科书。

(二) 由经验型备课向研究型备课转变。新课程下备课本身就是一种研究活动,因为每一个新课程教学方案的设计就是对原教学方案的创新,教学设计的推陈出新就是进行教学改革。研究型备课有以下几个特点:①备课内容的开放性;②备课方法的互动性;③备课过程的反思性;④教学设计的创造性。

(三) 由文字教案向文字与思维相结合教案转变。备课应是终身随时的感悟,而不是一时的偶有所得,备课应是刻在心中永远难以忘怀的教学蓝图,而不仅仅是写在纸上的文字。我们不再用大量的时间去写"花架子"教案,而是把精力用在对教学起重要作用的备课上:进课堂以前,认真钻研教材,并把设计好的教学过程在头脑中像"演电影"一样梳理一遍,分清教学主次,抓住一些学生可能存在疑问的地方加以思考、分析和调整,随手在课本上做一些提示性的标记,使之成为备课环节的一个有机延伸。

(四) 由个人备课向个人与集体合作备课转变。新课程实施中教师的合作备课显得特别重要,这是因为新课程新设计问题多,困难多,矛盾多。而且其中大部分是新问题,往往靠一个人的头脑来解决比较困难,而靠集体智慧就会提高备课质量,而且节省时间。

专题点拨·理性反思

小学语文教材文本的细读与解读技能

钻研教材是语文备课的一个最为重要、最为基本的环节。要钻研好教材我们务必要做到三点:熟知教学内容,明确教学目标,把握教学重难点。

一、判断教材价值,厘定教学目标

小学语文教材通常指语文教科书,即语文课本。小学语文教材是教学内容的载体,是借以实现语文教学目标,发挥语文教育功能的物质基础。那么,小学语文教材的存在具有重大的意义,这意义就体现为其对学生的发展具有重要价值。叶圣陶先生曾经说过:"语文教本好比一个锁钥,用这个锁钥可以开发无限的宝藏。"[②]这形象的比喻是说语文教材是学生获取知识、提高语文能力、养成良好学习习惯和提高思想道德情操,培养学生良好语文素养的钥匙,"锁钥"是一种使学生获得终生发展所需素养的凭借,这种凭借的作用将语文教材的工具性价值和人文性价值显现出来。

---

① 徐世贵著. 新课程实施难点与教学对策[M]. 北京:开明出版社,2003:6-12.

② 叶圣陶. 谈语文教本. 见:叶圣陶语文教育论集(上册). 北京:教育科学出版社,1980:183.

那么，在我们备课的时候，我们该怎么去判断和挖掘教材中的工具性价值和人文性价值呢？挖掘教材中的工具性价值和人文性价值具体讲就是我们在使用教材备课的时候，一定要秉着课程标准的精神，把课标规定的教学总目标、阶段目标与所钻研的教材建立起联系，明确所任年级一组组教材、一篇篇课文应达到的具体目标，以便准确地确定每篇课文、每堂课的教学目标。

二、文本细读，挖掘语文教学内容

我们可以从以下两个方面入手：

（一）关注教学内容的整体性

其一，关注一篇课文的整体性。最为直接的表现是备课教师应把课文和文章后的练习融为一体。其二，关注一个单元的整体性。多年来，语文教材都是按单元主题编写的。一个单元中的若干篇课文一般都是关于一个主题，围绕相同的教学目标。每个单元都有“单元说明”，教师要先领会其要义，然后才能据此去认真研读一个单元里所有课文的教学。其三，一本教材、一个学段教材的整体性。在一个学期、一个学年的开始，我们要把整本的教材通读一遍。新课标的目标要求是按学段提出的，我们的语文教材也是按照学段编写的。备课教师钻研教材，只有把整个学段的教材通读一遍才能从整体把握局部，避免出现只见树木不见森林的局面。

（二）细读、读透文本，提炼教学内容

教师要细读文本。首先，逐字逐句认真阅读文本。我们知道，语文的阅读教学只有立足于具体的词语与语句教学，才是扎扎实实的语文课堂教学。其次，深入思考文本的各方面问题。教师要能准确地把握文本的主题思想、社会影响、作者的情感及其思想倾向性。读透文本则要求教师立足于所教文本，静下心来仔细地研读文本。首先，教师要多读文本。即多遍地读文本以达到“读书百遍，其意自见”的高度；其次，教师要多读跟文本有关的资料，如文本的写作背景、作者的相关介绍等。在此基础上提炼出与教学目标照应的教学内容。可以运用如下几点策略。

1. 立足诗情，复活感性，唤醒感动

所谓诗情，就是一种艺术化的审美情感。动之以情是开展语文教学的逻辑前提。其一，教师在制定语文教学目标、选择教学内容、实施教学过程的同时，注重加强师与生、生与生审美化的情感联系，使教师的情感信息、学生的情感信息以及语文教学材料、资源等物质形态所包含的情感信息能够相互作用，形成一定的张力，从而复活学生的感性认识。其二，教师把语文知识、语文思想以及语文学习方法寓于生动活泼的情境中，使语文教学成为一种富有感性的活动，激发学生产生强烈的学习兴趣。其三，教师神态传达诗情。教师要感动学生，自己必须受到语文、生活中情境的感染，自己处于感动状态，教学时或哀怨、或赞美、或奔放，教师就是诗情的化身。其四，教学语言透出诗情。比如，学习初一人教版教材“成长单元”，老师用“同学们，像鸟儿在天空中划下痕迹，像风在海面上奏响乐曲，花开同样有声，人来到地球，她的成长如同鲜花盛开一样，也是有声音的，请仔细听听，

你会听到花开的声音，你会感到成长的韵律"这样富有感染力的话语开头，必然能够感染学生。其五，教师努力建设诗意的班级文化。比如，给学习小组以"蓝色精灵"、"快乐伙伴"等诗意命名，教室文化布置在典雅和个性上下工夫，让教室的每一个角落都透出浓浓的诗意，让学生一走进课堂就能体验到诗的韵味与情致。

2. 立足诗思，回归图景，协同双脑

所谓诗思，就是诗性智慧的简称，它的特点是空间的自然、社会与自我的并行信息与时间的历史、现实与未来的串行信息交互融合，从而形成富有情节、富有形象的立体图景。其作用机理在于双脑的协同作用。所谓双脑协同，指的是将依靠语言为主的分析、判断和抽象概括中枢的左脑功能与依靠形象思维为主的直觉思维中枢右脑协同起来，达到立体、全面的思维的效果。例如，讲授人教版小学六年级《草虫的村落》一文时，立足右脑，我们可以根据草丛里的村落、虫子们的音乐演奏、劳动生活等在场信息，将教材知识图景化，让学生透过在场的图景去想象、揣测"村民们"的情感、愿望、冲突等不在场的信息；立足左脑，我们可以让学生感受并学习作者细致观察、丰富想象的思维路向；而左右大脑协同就能促进学生的创造性思维发展，即依托有情节、有故事的种种图景，让学生在想象的同时进行反思假如你是"虫子"，你是草丛中的"歌手"，你会怎样演奏乐曲呢？你理想的"村落"又是什么？诸如此类的问题，其结果就是尊重中小学生天生就是的"诗人"的特质，学会以大自然普通一员的身份，以欣赏、敬畏的心态诗意地审视周围的世界。

3. 立足诗理，多元对话，感悟人生

理者，实质规律之谓也。在自然曰"真"，在社会曰"善"。所谓诗理就是用诗意的眼光审视社会、自然、自我而体验、反思以及把握真、善、美的本质。如何让学生感悟诗理，主要的策略在于借鉴对话理论，让学生和编者、作者、文本乃至自我进行多元互动对话，在对话中学习生活知识，揣摩生活道理，领悟生命意义。叶圣陶先生认为"语文的外延就是生活"。因此，语文教学尽管面临的现实是狭义的日常生活世界，但其价值在于导引人们走向崇高、走向诗意地栖居，这样就赋予语文教学感悟诗理的任务。其一，对话文本，心与境谐。让学生想象自己身处于文本中的情境之中。比如，学习《春望》一诗时，教师让学生与作者杜甫对话：假设你现在也和杜甫一同站在颓废的城池边眺望春天，请根据你自己的生活，你会向他提什么问题？学生自然会这样发问"杜甫"："国破家亡了，山河还在吗？""杜甫"叹了口气，说："在！"学生又问："它在哪里呢？""它在木草的绿叶里藏着，在花的梦想里开着，在鸟的鸣叫声里亮着，在游子的心里漂着。""杜甫"说完，淡然一笑。其二，对话生活，触类旁通。教学《驯养》一文，教师先让学生认真品味课文重点句子的含义。狐狸说："对我来说，你还只是一个小男孩，就像千万个小男孩一样。我不需要你。你也同样用不着我。对你来说，我也不过是一只狐狸，和其他千万只狐狸一样。但是，如果你驯养了我，我们就互相不可缺少了。对我来说，你就是世界上那个唯一的了；我对你来说，也是世界上唯一的了。"接着教师向学生提出"驯养容易吗，它需要什么"的问题。学生先后给出"驯养不容易，它需要'耐心、仪式、责任、智慧'"的答案。教师让学生把自己虚拟成作品中的人或狐狸，联系自己的生活，谈论驯养的作用与效应，学生最后达成的学习结论是"如果你驯养我，/那我的生命就会充满阳光，/你的脚步声就会像音乐一样，/召唤我走出孤独的彷徨。//如果你驯养我,/那我的田园就会堆满希望!/金黄色的麦子摇曳金色的梦想,/我也会聆听风在麦穗间快乐的歌唱”。其三,对话自我,圆融互摄。比如,在处理苏教版教材第十一册《生命的林子》一课时,如果我们的教师把着力点放在自然、社会与自我的“林子”诗意的领悟与理解上,按照“设置情境,感受自然林子的物象(what)——诵读体味,体验课文林子的情象(how)——展开想象,领悟社会林子的意象(why)——物我互化,创造自我的形象(way)”的思路进行教学,学生获得的大自然、人类社会以及自身的诗意就会整个渗入“我”的生命里,学生就会明白“林子是迎接机遇与挑战的竞技场;林子是考量勇气与志气的检测站。学校是我生命的林子,在这生命的林子中,我将潜心苦学,奋发向上。我要成为学校的骄傲,成为未来的栋梁”。

4. 践履诗行,涵咏吟味,实践体验

所谓诗行,指的是按照主体化、生活化、审美化的原则,学生在语文的言语实践以及日常生活中去践履诗意。诗意的汉语是意象语言,意象是具体化的感觉和情思。意象语言除具有直觉性、表现性、超越性、偶然性等特点外,更主要的是它还有隐蔽的意义,注重意会,讲究神韵,言外之意,侧重感受和体验。这就决定了我们的语文教学必须致力于语言的品味、意蕴的咀嚼和内在规则的体认,决定了学生语言的习得离不开实践的体验。而把课堂学到的诗意法则和学生的生活链接起来,就能够帮助学生组织人生经验、强化生活感受、梳理个人思想,成为一个诗意的栖居者。其一,教师可让学生时常给生活以诗意的命名。例如,让学生给规训式的话语“新种草地,乱踩重罚”改成“小草睡觉,请勿打扰”!其二,教师给课堂内外的语文作业以诗意的空间。布置作业时有意识地开展积累诗语训练且和自我成长进行组装和整合。比如作文,阅读《十万个为什么》,任选一个问题,仿照《问银河》、《问大海》等课文,采用童话或童谣的方式回答问题。习题的设置增加情境性和实践性,变外在的、强加的作业为自愿的、主动的作业。比如,“请你找一棵喜欢的树,告诉自己的朋友:‘看,这是我的树’;抱抱它;闻闻它;用手摸一摸树皮,让你脸颊轻轻地蹭一蹭;听一听它在风中的歌声;跟它比一比谁高、谁大?画一画‘我的树’,为它做张名片。然后把这个过程写成一首小诗”。其三,学校可开展系列活动。通过活动强化诗意法则的实际运用。这些活动可以是校内与校外的诗意的擂台赛、班级诗栏、新诗教画廊,还可以是各学科融合的综合性学习和各种社会实践活动。

5. 立足诗语,讲究神韵,高扬个性

所谓诗语,与日常的现代汉语不同,它是具有丰富人文内涵、个性化的、典雅的现代汉语。汉语是诗意的语言,语文教师主要的职责就是让学生受到典雅汉语的熏陶,感受汉语的魅力,因此,语文教学的富有个性的任务其实就是不断地强化汉语的典雅性,使学生通过学习汉语的过程成为一个典雅的中国人。诗意语文从典雅汉语的角度去审视教材,建构教学程序,语文教学会变得富有神韵而且能够很好地张扬学生的个性。其策略主要体现在如下几个方面。其一,教师可通过语境转换去典雅汉语。即把散文化的语言材料变成诗化的材料。例如,学生学习《在大海中永生》一文时,教师对课文加以改造,写成诗,配成画。学生很容易把邓小平当做自己的爷爷一样尊敬。“邓爷爷,/您像一棵大树,/庇护一株株幼苗。//邓爷爷,/您像一盏指路明灯,/照亮了中国人前进的方向。/邓爷爷,/您来自大海又回归大海，/大海就是母亲，/大海就是您深爱的人民，/您在大海中永生。”其二，通过自读自悟，涵咏吟味去典雅。“涵咏”指的是熟读精思，潜心体味；“吟味”指的是反复推敲、咀嚼。例如，教授《爸爸的花儿落了》一文，教师抓住爸爸与英子交往的几个细节，如父亲躺在病床上听到英子恳求去参加毕业典礼时将身子转向了墙面，父亲督促英子不要逃学时左右寻找处罚的器具等，然后教师向学生提出“爸爸的花儿落时的情境，你看到了什么？你听到什么？你想到什么？你期盼什么？爸爸的花落了之后呢”等问题。学生的回答是：“爸爸花落的时候，/他的眼里装满坚强。/他渴望阳光，/渴望飞翔。//爸爸花落的时候，/他的眼里充满希望。/他在等待，/等待花儿的又一次绽放。”其三，在“口头的言语实践”中典雅汉语，即做好加减法，根据语言的特点把课文的短句变长，或长句变短，甚至更换部分成分。比如，“我爱花，我爱洋溢着青春活力的花/我爱花，我爱在苦难中成长的花/我爱花，我爱倔犟的战斗的花”。其四，在“左联右引”中诗化。即联系文本内部之间的关系，联系不同文本之间的关系，联系文本与生活的关系去比较，使学生将语言诗化，同时加深对文章内涵的理解。比如，学习《一个小村庄的故事》一文时，教师首先让学生联系小山村砍树前、砍树时、砍树后的情境，通过减词朗读的方法，充分体验课文的情境；然后提出“如果历史能够重写，故事可以重来，事情可能会怎样？如果你是一村之长，如果你是砍了树木当柴火烧的村民，如果你是看着父母砍伐树木的孩子，你会怎么样”等问题，让学生通过想象、想验的方式去诗化语言，学生自然发出“会有我，真诚的汗水；会有我，青春的花朵；会有我，智慧的劳动与书写将来的故事，建设美好的家园”等誓言。其五，通过教师的示范去诗化。教师是典雅汉语的代言人，因此，教师的一言一行均应成为学生学习的典范。再如，教学《用梦想装点生活》这篇课文时，广东省广州市铁路一小的谢荣斌老师的导语是这样设计的：“同学们，苏联著名教育家苏霍姆林斯基说过：‘每一个儿童天生都是一位诗人’，讲得太好了！我们曾经在诗歌的园地中播下一颗颗种子，而今，我们班文学社这片园地已经长出茵茵绿叶、片片嫩芽。上课之前，请同学们给大家朗读自己创作的小诗吧。”接着让学生朗读自己的诗作后，教师随机的评价语是这样展开的：“看着同学们的表情，我想到了一句广告：有时候，害羞是一种美德；但有时候，勇敢更是一种美德！”“听着这样的诗，我仿佛看到嫩绿的诗芽在阳光和春风中舒展。”“这就是诗啊，是一泓清泉在流淌，是美妙的音乐在演奏。”教师用典雅的言说进行教学导引，学生自然容易融通课文的社会语境、话语语境，更容易使自我的言说变得典雅而富有个性，这样就焕发汉语的诗意魅力、语文教学的诗意魅力。[1]

（三）合理使用“教师用书”

我们应该把“教师用书”视为教师备课时候的参考资料，而非依赖物。“教师用书”是一些教师编写出来的，具有个性和地方性等特点，不具有普适性，所以，拿着“教师用书”宣科的教师要么是不相信自己能备好课，要么是过于懒惰。实际教学情形是千变万化的，每一个教师应参照“教师用书”备出适合自己也适合学生的课。

---

① 冯铁山．诗意语文的基本内涵与实施策略[J]．教育理论与实践，2012(4)．

三、旁征博引，挖掘并利用课程资源

语文课程资源就是指形成语文课程的要素来源和实施条件，包括课堂教学资源和课外学习资源。有效地开发和利用语文课程资源，能使语文课程与学生的生活联系得更紧密；能有效地激发学生学习语文的兴趣；能使语文老师日益成为语文课程的真正主人。那么，我们该怎么去开发、利用语文课程资源呢？

（一）小学语文课堂教学资源的开发利用

1. 教科书、教学挂图等课程内容资源的开发利用

教科书是课堂教学中的主要资源，要充分利用教科书创设学生理解、表达、交流的空间。例如，用课文中的现代意识、真挚情感、人生智慧感染学生，用课文中的导学系统引领学生学会学习，学习感悟理解进行积累运用；教科书中的课题、插图、字、词、句、段、篇等都是不可忽视的教学资源。另外，为了课堂教学而搜集的背景资料或者组织相关的综合性学习都会给学生带来良好的学习空间。

2. 影视、网络等信息化课程资源的开发利用

开发利用小学语文课堂教学资源，离不开信息化课程资源。所谓信息化课程资源是指以网络、多媒体为载体的语文课堂教学资源，许多小学语文教师根据教学的需要，专门开发利用“课件”这一文本、图画、声音、动画的结合体为教学活动服务。网络资源本身就是一个巨大的课程资源库，它最大的优势是打破教室的相对封闭性，使教室成为一个开放的、民主的、师生互动的教育教学场所。在网络中，学生之间、师生之间都能及时交流学习感悟，相互请教问题，并能迅速获取需要的参考资料。

3. 师生互动生成课堂教学资源

江苏省特级教师李吉林在回顾情境教育探索历程时候说：“我像干渴的禾苗拼命地吸收理论营养。为了构建、创设典型的场景，我多少遍漫步在家乡的山川田野……常常会引起我的奇思妙想……又让我想到孩子们会提出多少疑问……”①李老师的“漫步”、“奇思妙想”正是她努力地挖掘语文课程资源的过程，这样的过程实现了资源的优化整合，把学生的需要考虑进来，大大提高了语文课堂教学效率。因而，教师是多么重要的充满生命力的教学资源啊！

学生作为教学的对象，也是课程资源开发的主人。把学生作为课堂教学资源，就意味着要教给学生根据课文内容学会搜集、处理相关信息材料，并把课前所获积极运用到课堂教学中去，这样做，学生会带着有准备的、灵敏的脑袋进课堂，课堂效率会大大提高。

所以，师生这一生命为载体的动态性小学语文课程资源与其他以物化形式为载体的静态课程资源相结合，就能转化成一种无与伦比的充满灵性智慧的课堂教学资源。

---

① 谈永康.解读课程资源[J].小学语文教师，2003，(7,8)：52.

（二）小学语文课外学习资源的开发利用

1. 图书馆、广告栏等课外阅读学习资源

叶圣陶先生说过："天地阅览室，万物皆书卷"，这为语文学习获得资源指明了广阔的空间。如通过阅读报纸、杂志，利用社会上的图书馆、布告栏、标牌广告等文字、图书资源，加强学生情感体验，使语文教学紧贴时代脉搏和社会生活；通过阅读网络有益资源，提高学生阅读兴趣及搜集处理信息的能力。

2. 参观、游览等实践活动资源的开发利用

《义务教育语文课程标准（实验版修订稿）》指出："沟通课堂内外，充分利用学校、家庭和社区等教学资源，开展综合性学习活动，拓宽学生的学习空间，增加学生语文学习的实践机会。"如组织学生参加社区文化场所举办的有关报告会、演讲会、辩论会、研讨会和戏剧表演会等，在参与中开发利用语文课程资源；组织学生围绕主题进行调查、访问；组织学生投身于大自然，在大自然中去发现、探索等。再如，组织学生到相关实践基地去体验生活，激发学生学习生活的灵感。

专题点拨·理性反思

小学语文编写教案技能

一、小学语文教案编写的要求

（一）教案的内涵

教案，即教学方案，也称课题或者课时计划，是教师备课活动的收尾和总结，也是对如前所述的备课几个环节的进一步深化，是物化的书面计划，是课堂教学的书面计划。

教案的内容通常包括以下方面：

1. 授课题目：本节课的课题。

2. 授课时间：按教学进度所规定的教学时数。

3. 课型：本节新授课、练习课（复习）、习作指导、讲评等。

4. 教学目标：根据课标与教材内容并结合学生实际来确定一节课教学目标。写教学目标应包括三方面内容：一是基础知识和技能应达到的程度；二是有关学生思维能力方面培养的过程方法；三是对有关思想情感价值观的渗透。

5. 教学重点和难点：根据课标和教学内容并结合学生实际来确定一节课的重点和难点。

6. 学情分析：根据学生认识水平分析学生的知识与技能掌握情况。根据学生年龄特点，分析学生情感、态度与价值观等方面需要情况。

7. 教学方法：简单地说就是教师授课的方法与手段。

8. 教具、学具的准备：本节所用的如：卡片、小黑板、投影、投影片、录音机、实物等多媒体运用设计。

9. 教学过程(也叫教学程序)：包括教学步骤与环节、教学内容、教学方式与方法，以及时间的分配等，是教师具体施教的步骤，是教师教学设计的体现，也是教学思想的展示过程。这是教案的主体部分。写教学过程应写清以下几点：

(1) 写出教学全过程的总体结构设计。

(2) 写出教材展开的逻辑顺序、主要环节及过渡衔接。

(3) 写出教学重、难点的突破方法以及所采用的教学手段、教学方法。

也可以说主要写清楚：创设情境的导入；师生合作的交流；课堂效果的反馈(如设计的练习题)；课堂教学的小结。

10. 板书设计。教案中要单列板书设计，板书要直观精练，易归纳小结，易引导，纲领性强，板书使用合理。

11. 课后反思。新的课程积极倡导：教师不仅是课堂的实施者，更是反思性的实践者，学会反思是每个教师职业成长的必经之路。因此，我们积极倡导写好课后反思，而怎样写课后反思，写什么等问题是每一个教师非常关注的问题，在教学反思中，可以围绕以下具体问题进行。

(1) 教材的创造性使用。如教材中有的生活场景的选择，问题情境的创设并不是很贴近学生的生活，不能引起学生共鸣，因此，我们在创造性地使用教材的同时可以在反思中加以记录。

(2) 教学的不足之处。如小组学习有没有流于形式，有没有关注学生情感、态度、价值观的发展等内容。针对问题找到了哪些解决办法和教学新思路，写出改进策略和教学的新方案。

(3) 学生的独到见解。上课时学生提出了哪些有价值的问题。

(4) 学生的学习是否与教案设计相统一。

(二) 教案编写的原则

课堂效益如何，很大程度取决于教案准备的质量。好的教案在编写时要注意以下几点：①符合科学性。依标扣本，避免出现知识上的错误。②立足人文性。教案要本着"为学生的学习而设计"的思想，只有从学生的学习需求出发才能设计出科学合理的教案；③加强创新性。构思巧妙，避免千篇一律。教案的编写要彰显教师的教学个性，教案应该是教师思考的结晶，应是最适合教师的教学方案。④注意差异性。各尽所能，避免千人一面。⑤强调可操作性。以简驾繁，避免臃肿烦琐。⑥考虑变化性。灵活运用，避免死板教条。教案的表现形式应该灵活多样，有活力的教案会引导教师上出有活力的课程，尤其对于非新手教师，灵活的教案形式更适合他们。

二、小学语文教案编写的基本模式

上文提到，教案的表现形式可以灵活多样，但是，教案有自己通用的模式。

表 8-1 教案编写的基本模式

课题	
教学目标	
教学重点	
教学难点	
教学课时	
第()课时	
教学要点	
教学过程(写明每一步骤的具体教学内容与所用的时间)	同步板书
布置作业	
整体板书设计	
教学后记	
备注	

在实际的教案编写中,教案的详略由老师自己视情况而定。一般来说,新手教师的教案要更详备,尤其是教学过程的编写更为细密。它要求教师把课堂上所说的、所提的每一句话、每一个问题,将显示的每一教学行为,运用的每一教学方法、媒体、用具等,都按时间顺序编入教案中;还要把学生对问题的回答等可能出现的学习行为也都在教案中写出来。这样可以增强课堂教学的预见性和针对性,然而,青年教师应该注重课堂的生成性,不断提高自己的应变能力,到那时候,部分教案可以打成腹稿,编写教案就会有灵活的形式。

三、微格教案设计技能

微格教案设计要求

1. 微格教案的含义

在理解什么是微格教案之前,先要了解一下微格教学。微格教学也称微观教学、小型教学,是以教育学、心理学理论为基础,以现代教育技术为手段,以训练学员掌握某种技能、技巧为目标的一种小规模教学活动。1963 年,美国斯坦福大学爱伦(DwightAllen)教授首先提出"微格教学",并将其定义为"一个有控制的实习系统,以集中解决某一特定的教学行为技能为目的,对教师教学技能进行系统训练的方法,或在有控制的条件下进行学习"。[①] 因而,微格教案就是微格教学时的教学方案。

微格教案的内容与一般教案有所不同。按一般微格教案的要求,微格教学的教案设计主要包括:教学内容、培养技能、教学设计(包括教学目的、教学重难点、教学时间、教学过程)。"教学过程"中应详细设计出"教师行为"与"学生行为",还应注明每个小环节的时

① 孙朝云,霸桂芳. 基于微格教学的教师素质培养模式探析[J]. 衡水学院学报,2001(6).

间分配，以严格控制教学过程中的每一个环节的用时。

2. 微格教案的示例

以下是一篇来自百度文库的有着很多好评的微格教案，希望对大家理解微格教案有帮助作用。

【案例传真】

月球之谜

一、教学内容：月球有哪些谜

二、培养技能：导入技能

三、教学设计

（一）教学目标

1. 朗读课文，了解月球表面的基本情况，文中写了月球的哪些不解之谜。

2. 感受月亮的神秘和魅力，培养根据掌握的材料提出问题的能力。

3. 积累一些与月亮有关的诗句。

4. 激发探索月球、宇宙奥秘的兴趣和爱科学的情感。

5. 带着学生一起回忆旧知识和相关生活常识，再提出问题，引入新知识。

（二）教学要点

教学重点是朗读课文，感受月球的神秘和魅力。

教学难点是就掌握的材料提出问题，培养学生学科学、爱科学的兴趣以及积极探索的精神。

（三）教学时间：7 分钟左右

（四）教学过程

1. 环节一（时间分配：1.5 分钟）。

教师行为：我们在小学科学社会课本中学过很多与月球密切联系的知识，现在让我们一起来回忆一下，有哪些知识或者你们头脑中有哪些关于月球的认识？

技能要素：引起学生注意，学生回忆旧知识。

学生行为：月球也称太阴，俗称月亮，是地球的伴星，也是离地球最近的天体，还是被人们研究得最彻底的天体。人类至今唯一一个亲身访问过的天体就是月球。

2. 环节二（时间分配：1 分钟）。

教师行为：回答得很好。在我们的科学社会课中学习了认识天体，而且在电视和各种书籍里面介绍了许多关于月球的知识，那么在人类的生活中，对月球的利用就更多了，你们能够结合你们对月球的相关认识谈谈月球到底有什么作用吗？

技能要素：引起学生注意，学生回忆旧知识。

学生行为：以前学过美国的阿波罗登月计划；以前谈到了月球上有很丰富的矿产资源……

3. 环节三（时间分配：2 分钟）。

教师行为：看来同学们对以前的知识掌握得不错。现在社会几乎所有人都知道月球上的矿产非常丰富，而且大家都知道多个国家争相登陆月球，试图探索其他国家不曾发现的东西。在日常生活中月球的影响力也非常大，比如说：月球的运转在太阳的配合下会引起海水涨潮等。同学能够举出有哪些具体实例吗？

技能要素：引起学生注意，学生回忆旧知识。

学生行为：美国曾以自己是第一个登上月球的国家而向各国炫耀，认为只有自己才有登月的能力，月球是地球的唯一卫星，对地球具有引潮力的作用。科学家们已经研究证实，月球引潮力不仅能诱发地震、对人体健康和生物活动产生影响，而且对地球的天气、气候也有影响。

4. 环节四(时间分配：1 分钟)。

教师行为：在科学方面：为了解释月球的奥秘，人们花费大量资金铸造航天飞行器为我们探索月球导航、寻矿、传递关于月球的各种信息、测量岩石的年龄等，在天体方面，月球也有很大的作用，如阿波罗登月计划中，有一个重要的科研项目，就是测量月岩的磁性，并由此推断月球内部全部是固体。同学们了解还有哪些关于月球探索在科学方面的应用？

技能要素：激发学生兴趣，引起求知欲，提出问题，引发学生思考。

学生行为：神舟飞船，神州 8 号与天宫一号的对接等。

5. 环节五(时间分配：1.5 分钟)。

教师行为：可以说大到各种天体，小到微小粒子，月球的作用无处不在，在接下来的这一课里面我们探索月球的奥秘，现在让我们一起来学习《月球之谜》(板书)。同学们在预习的过程中遇见了什么问题？可不可以与大家分享分享，看看其他同学是否能够帮你解决。

技能要素：提出问题，学生形成学习动机，导入新课。

学生行为：(1)关于月球的几个谜团我还不是很清楚。

(2)不知道文中的省略号是代表什么。

……

这是一篇比较规范的微格教案。内容全面，翔实，围绕要训练的导入技能设计五个环节，节节靠近目标，最后顺理成章导出新课《月球之谜》；格式清晰，一目了然，有助于教学者参考，也便于读者明确教案条理。因而值得我们参考。

专题点拨·理性反思

小学语文教学学情分析技能

一、学情分析的含义

学情分析通常包括两方面的内容：①“学前学情”。即在上课前教师对学生已有情况的把握，包括学生的整体特征和个性差异、已掌握知识的情况和已有能力状况、语文学习习惯和兴趣、当前学习状态等。②“学时学情”。即上课的时候教师对每一位学生的关注观察和“推进学习”。这样的话教师就能了解到每一位学生的学习状况从而及时改进教学。

二、学情分析的重要意义

全国著名特级教师于漪老师曾经说过：“教师是学生心灵的耕耘者，教课就要教到学生的心上。如果不研究学生对语文知识的需求，对语文能力训练的需求，课往往只教在课堂上，在学生心中留不下深深的痕迹，效果不佳是意料之中的事。要提高语文教学的实效，须在拨动学生心弦上下工夫。”这句话道出了语文教学中做好学情分析的重要意义。学情分析可以加强教学的针对性，指导教师选择合适的教学内容和教学方式，可以节约课堂教学时间，建立和谐的师生关系。学情分析对教学质量的提升具有重要意义。

三、进行学情分析的方法

1. 分析学生的作业与试卷。提高学生的读写能力是语文教学的重要目标，而分析学生的作业和试卷能直观了解到这一目标的实现程度。但在分析学生的阅读能力时候要考虑文本的难度；在分析学生写作功底时候要考虑学生的语言表达能力和对情境的感知能力。

2. 课堂观察学生。这是教师了解学生知识与能力、语文学习习惯和兴趣最有效果的方法。观察的角度如：学生在课堂上对问题的思考、回答；对问题讨论的广度和深度；观察学生听课时候的表情、动作以及学生做笔记的习惯，等等。

3. 向其他教师了解。如向以前任教过的语文教师了解，向班主任或者其他学科教师了解学生的情况。

4. 直接与学生交谈以了解其学习情况。

5. 可以根据自己以往的教学经验设置问卷对学生的学习需求进行了解。

专题点拨 · 理性反思

小学语文教学预习指导技能

做好预习指导通常要做到以下三步工作：

一、提出预习要求

教师应根据课标、教材及学生年级的不同，知识能力及心理发展水平的差异，有目的、有计划地一步步提出不同的具体要求。如低段的学生预习多重视认读生字词，流利地读课文；高段的学生则要求其在读顺课文的基础上抓住文章大意，体会思想感情。

二、教给预习的方法

要求学生做好课前预习，教师需要教给学生预习方法。对低段的学生，我们应该把预习放在课堂上，有针对性地上好几节预习指导课，如教给学生查字典的方法，教学生写字的方法，教学生做记号的方法，教学生怎么读好课文，等等。而到了高段，学生的预习能力增强，便可把预习放在课前课外进行，在实践中逐步提高学生的自主预习能力。例如，让学生在认读生字词的基础上画出好词佳句，标出难懂之处，大声朗读课文，抓住课文大意，体会文中的感情，等等。

三、检查、深化预习

检查可以是口头的也可以是书面的，一般应该结合学生的质疑问题和讲解新课中的课堂提问来进行。低段检查如当场让学生用工具书查阅字词，让学生读词段，用特殊符号标注文段重点词句等。高段检查读课文仍是重点，教师可以提问题让学生回答，了解学生的理解情况；可以看学生的课本、预习笔记本，了解动手情况；可以让学生提疑难问题，进行讨论，了解思维状况；可以听写生字，了解学习生字的情况……总之，检查预习要突出年级要求，通过“真检查”，促使学生“真预习”，使学生的自学能力得到提高。下面以苏教版六年级上册《船长》预习指导及教学为例，谈谈如何指导学生进行预习。

【案例传真】

《船长》预习指导及教学反思①

第一步：明确预习目标

第一课时：

1. 正确、流利、有感情地朗读课文；

2. 学习本课生字新词；

3. 理清文章条理，掌握课文主要内容。

第二课时：凭借文章语言材料感悟船长忠于职守、舍己救人的精神。

（教师在学生预习之前要充分地备课，理解教材，把握好教材，做到心中有数，目标明确，这样才能指导学生进行有目的地预习。小学高年级阅读课文第一课时的预习一般就是围绕读通课文、掌握生字新词，理清文章条理、掌握文章的主要内容这样的教学目标进行。第二课时一般是围绕凭借文章语言材料感悟文章的中心主旨这样的教学目标进行预习。）

第二步：细化预习内容

第一课时：

1. 认真读课文两至三遍，做到咬字准确，语句流利。

2. 将文中生字新词画出，出声读一读，完成课后生字描红，并给每个生字组两个词语。

3. 按照“遇险、自救、牺牲”过程，给文章分段，并用归并法概括文章主要内容。

第二课时：

1. 认真品读“自救、牺牲”过程，摘抄出描写船长语言和行动的语句，想想你从这些语

---

① 曹新丽. 指导小学生语文预习五步走——《船长》预习指导及教学反思[J]. 小学教学参考，2010(8).

句中读出了人物什么品质特点，写一写自己的感悟与体会。

2. 将自己在读书时的其他想法及疑问写下来。

（第二步的细化预习要求将《船长》预习内容细化为一份翔实的作业，使学生在预习时有据可依，有法可循，将预习真正落到实处。）

第三步：渗透预习方法

第一课时的预习方法就可以归纳为：读课文、写生字、查词语、理层次、归内容；第二课时预习方法可以归纳为：读课文、画语句、品语句、写感悟、提疑问。这样，学生在预习时不仅知道要做什么，而且还知道该怎么做。

第四步：检测交流预习内容

(一) 组内检测交流：①互读课文，默写生字新词，共同讨论段落划分和文章内容的概括。②组内汇报从哪些描写船长的句子中品悟到船长的品质。（小组之内的交流是检查交流预习成果的第一步。小组内展示自己的学习成果，使学生获取更多的信息，深化自己的理解，弥补自己的不足。依据小组预习交流汇报，教师在教学中对于重点、难点就更有数。）

（二）班级检测交流。（在小组内交流后，班级内还要进行讨论交流，在这期间教师的点拨指导作用不可忽视。）

点拨一：抓住“60”与“61”两数字，深入地体会船长在突如其来的灾难面前，首先想到的是60名乘客和船员的安危，将自己的生死置之度外。

……

点拨三：结合文中危机情况的对话片段，通过讨论，深刻感悟船长忠于职守、舍己救人的精神和尊重妇女、爱护儿童的人性美。

……

以上预习四步过程中，教师充分尊重学生的探究本能和个性，留给学生思维的空间，教给学生自学的方法，促进学生主动参与学习，真正实践生本课堂理念，实践了课堂教学的高效性。

专题点拨·理性反思

小学语文教学说课技能

一、说课的内涵与基本要求

（一）说课的内涵

说课的概念有狭义和广义之分。狭义上的说课指的是教师以讲述的方式，向听的对象（如领导、同事、评委等），就某一个具体的教学内容，述说自己对这一教学内容的分析及教学设计和理论根据的过程。广义上的说课，指的是以上述说课为中心展开的，有多种内容组成的系列教研活动。如现在平常所说的“说课活动”、“说课工作”、“说课实验”等。本章的说课含义取狭义概念。

说课是展现教师教学思想和教学能力的特殊形式。说课的内容十分丰富。

1. 说教材

即“教什么”，它是说课的基础内容，一般要说清楚五方面的内容：①课题。课题要求板书，并在说课前交代清楚。②教材内容。例如，课文的主要内容和思想感情是什么；语言上和写法上有什么特色；作者及其时代背景。这是让听众了解说课内容的必要条件。③课程标准。即讲清楚课程标准对所说的课在三个维度与五大领域的要求，以及在课堂教学中自己是如何落实这些要求的。④教学目标。说某一课的教学目标，是表明整个教学活动的导向和终结。如果是说几个教时中某一教时的课，那必须讲清楚全篇课文的目标，然后再讲清楚所说教时的目标。⑤教学重点、难点。说课的时候，在讲清楚重难点之后，有必要讲明白为什么这些是重难点以及解决这些重难点的方法。

2. 说教法

即“怎样教”，要说出本课要选择何种学习方式，何种教学方法，采取怎样的教学手段，以及以哪些方法手段为主、哪些为辅，并说明理由。

3. 说学法

即“怎样指导学生学习”，要说出通过教材，指导学生学会哪些学习方法，培养学生哪些能力。说学法过程和说教法差不多，只是二者联系紧密，所以，可以将二者联合起来进行解说。

4. 说教学过程

这是说课的中心内容，能否说好教学过程是能否说好课的关键。说教学过程包括说教学环节、说主要做法、说重要提问、说时间分配、说练习设计、说课堂小结等 6 个方面的内容，其中的教学环节是说教学过程的重要线索。在具体的说课中，要先说出教什么，再说出怎样教，包括如何进行反馈、矫正、小结，如何渗透教育思想等，还要说说为什么这样教的理论依据。主要的教学环节、教学重难点等可以展开来说，一般的环节可以略说。

5. 说媒体设计

在说课活动中，媒体设计（包括板书）是听者了解说课者教学理念、教学思路、对教材的理解程度和估计教学效果的可视言语和手段。所以，说课者有必要说清楚其媒体设计及依据。

（二）说课的基本要求

1. 事理结合，突出理论

① 说课既要使听者知道教什么和怎么教，还要使听者知道为什么这样教。说课的显著特点在于说理，这也是众多说课者的薄弱环节。说课不同于上课，它是对课堂教学方案的理性阐述，带有较大的预见性，这种预见性必须以相应的理论为依据。所以，我们要重视理论运用，提高说课层次，与教学密切相关的理论依据有：语文学科特点理论；教育学、心理学、教学法理论；当前课改的教育理论；语文课程标准等。②说课中切忌空洞地谈理

论，我们用来支持我们说课的理论应该与实践相结合，即与教材实际、学生实际、学校实际、社会实际和教师自身的实际相结合，只有这样才能发挥其应有的作用。

2. 抓住重点，有的放矢

说课有一定的时间限制，一般15～20分钟即可。说课要在规定的时间内完成，因此需要做到主次分明、突出重点、抓住关键。如对说课的内容进行锤炼，削枝强干。一般说课的重点应放在教学过程上，并且我们应该重点说教学环节中的关键环节；内容上以新内容为重点。在教学过程的叙述中应抓住重点难点，结合有效的教法与学法，阐述对教学重难点的精当处理。

3. 以说为主，说演结合

① 说课的表达方法主要是口头语言以及相关的辅助手段。口头语言用于表达教学思维，交流情感；多媒体技术用于直观呈现；体态语言和相关的演示操作，辅助呈现感性直观从而提高说课的效果。众多的表达方法里还是以口头语言为主。②说课者往往扮演着双重角色：专家说课者和课堂授课者。要扮演好这两种角色，教师在说课时要进入说课状态，并根据内容的变化适时切换角色，临场反应要快。说课大部分使用陈述性语言，如说课堂教学设计理念、分析教学内容、学生学情、教学目标、教法学法，说教学程序安排及理论依据等。但为了增强吸引力和说服力，教师在说课的时候要适时加上"演"——把自己的身份由说课者变回课堂授课者，通过课堂绘声绘色的演示把教学情境展现在听者面前，把听者带到真实的课堂情境中去。另外，说课者还要善于运用体态语言，特别要和听者做好眼神交流。最后教学中需要出现的挂图、实物、投影、电脑等也要随着说课进度相机展现出来。

4. 善于创新，彰显特色

①要想在说课中脱颖而出，要求说课者教学观念新，教改意识强，与别人相比有自己的独到之处和特色。说课者可以在以下这些方面有很大的突破：树立辩证的读解观，突出对教材的独特理解；建构平台，找准思维异点，激发智慧碰撞；巧用方法，出其不意地找出突破重难点的方法，等等。在新课程下，语文说课应多重视学生创造性思维的培养，例如课堂上给予学生更多的机会表达自己；鼓励学生提出自己的问题；容纳学生的新奇想法，在表扬中产生一种创造性思维的动力。②说课要说出教师自身的个性，不落俗套。教师在准备说课时，首先要反省一下自身的长处，在兼顾要点、说清重点的前提下，可以选择能够表现个人特长的部分予以突出，以求事半功倍的效果。

5. 注重预设，体现生成

我们知道，教学的不可预测性是必然的，教学方案不可能穷尽现实中的可能，因此，语文教学方案应该留有弹性，实现预设与生成的统一。说课时，教师要从生成与建构的实际需要出发，突出生成性教学策略，说教学环节时，适时地提出生成性问题的创设。譬如：可猜想一下学生会在教学过程中提出什么样的问题；预计一下学生可能对某一问题有哪些回应等，并预设提出解答措施。这样的说课更具有实效性。

6. 借助媒体，增强效果

在说课中适当、合理地应用多媒体，直观快捷，更能体现出层次性，展现个人能力和运用现代技术进行教学的技能，增强语文说课的“魅力”。但是教学课件要和教学内容、教学目标相和谐，不能画蛇添足。

此外，说课要准备充分，做好说课的内容准备和心理准备；要控制好说课的时间，不要拖堂；还要注意说课的风度仪表，要整洁大方，体态自然。

二、说课的基本类型

说课，是教师把自己对课程的理解、教材的分析、学情的把握、教学方法的选择、教学过程的预设及其理论依据向同行或者专家学者表述的过程。在遵循这个概念的前提下，从不同的角度我们可以把说课划分为不同的类型：①从说课的时间角度，可分为课前说课和课后说课。语文说课为语文上课服务，课前的说课是语文上课的基础和保证，可使语文上课内容更具科学性、计划性，避免盲目性和随意性，提高语文上课的质量；课后的说课是对上课的总结、归纳、提炼和升华，可促进语文上课不断发展。[①] ②按说课的当事人来说，可以分为教师说课和学生说课。③从说课的范围划分，可分为备课组说课、教研组说课、年级组说课、全校说课和公开说课等。④按活动的目的性质来划分，可分为示范性说课、评比性说课、研讨性说课和汇报性说课。⑤从说课的内容来划分，将说课分为整体性说课和专题性说课两类。

三、说课稿的撰写

关于说课，关键之一是要会撰写说课稿，有了完善的说课稿子是说好课的前提。在此，为突出说课的研究性，体现说课的实用性，我们一起来看看怎么撰写整体性说课稿和专题性说课稿。

（一）整体性说课稿的撰写及示例

1. 整体性说课稿的内容要求。整体性说课即全面说课，是对某一教学内容，按照说课内容要求中的每个项目，作系统的全面的说课。全面说课的内容包括：①标题(某课说课稿)。②说教材：说教材内容、文本内容、教学内容、教学目标。③说教法：说本课选择何种教学方法、教学手段。④说学法：说本课拟教给学生什么学习方法，怎样指导学法。⑤说教学过程：说本节课的教学思路、课堂结构。⑥说板书设计等。每一项内容都要与理论结合。教学理念和学情分析一般渗透各个项目之中，根据情况也可以单独列出来。教学评价视情况添加。如果是课后说课要加上教学反思。

2. 整体性说课稿一般原则。①结构原则：好的说课稿就是一篇好的文章，其结构严谨，各部分内容的衔接要自然，整个说课稿应浑然一体。可以凭借内容本身的逻辑性结构全篇，也可以运用小标题使文章脉络清晰。②共性与个性：整体性说课稿的内容包括上文介绍的基本部分，但是教师可以根据自己的风格个性对以上内容进行融合加减。教师要把自己认为最有价值的教育教学理念内容告诉他人，切忌把教案当成说课稿。

---

① 周云.语文说课再探[J].桂林师范高等专科学校学报，2008(3).

【案例传真】

《花的勇气》说课稿①

一、说教材学生

各位评委老师，大家好！

苏霍姆林斯基曾说过：呵护学生的心灵，善待学生的纯真，唤醒学生的生命能让学生受到思想上、精神上的陶冶与洗礼。在我们的课堂中如果能使师生之间产生情感与情感的共鸣，心灵与心灵的呼唤，这样的课堂将充满生命的活力！我今天说的《花的勇气》这篇课文的第二课时，《花的勇气》是人教版小学语文第八册第五组的一篇关于生命的意味的文章，本文节选自当代著名作家冯骥才的散文《维也纳春天的三个画面》。作者在爱花—寻花—盼花—看花的过程中被小小的花儿傲风斗雨的精神所感染，闪现出思想的火花：生命的意味就是勇气！

这篇课文构思精巧别致，以作者跌宕起伏的情感变化为线索，寓情于景，情理交融，耐人寻味。语言生动、优美、流畅，值得细细品味。和本单元其他课文、口语交际共同组成“热爱生命”专题，又是一个发展学生语言能力、思维能力，启迪学生心智的好例子。基于以上分析，根据教材简析与学生的实际情况以及新课标的要求，我制定了以下教学目标：

1. 能正确、流利、有感情地朗读课文。（认知）

2. 理解含义深刻的词句的意思，领会作者语言的精妙，积累描写花的句子。（实践）

3. 理解作者对生命的感悟，树立无所畏惧的勇气和信心。（情感体验）

因此，我设置本课的教学重点为感受作者的心理变化，为什么作者会有这样的心情，又结合学生实际情况，确定教学难点为通过作者的心理历程感悟小花的精神，感悟生命的力量在于勇气。

二、说教法、学法

培养学生良好的人文素养，语文素养以及合作探究精神，创新精神，是新课程标准的重要理念，为了实现这一目标，同时也为体现新课程标准中知识与能力、情感与态度、过程与方法三个维度的统一，充分调动学生的积极性和主动性，构建开放而有活力的语文课堂。我主要采用以下两种教学方法：

1. 自主探究与言语实践相结合的教学方法。教学时，紧扣“自主——探究——实践”进行设计，努力使学生在自主学习中有所感悟和思考，在积极探究中获得思想启迪，并在充分的言语实践中升华思想。

2. 不同形式，不同要求的读，引导学生感受课文的语言美；利用多媒体课件，让学生欣赏美文，让学生伴随着教学过程的推进，入情，动情，移情。

为了配合以上教学方法，我将采用如下学法：

其一，充分进行言语实践；让学生“说一说”、“写一写”的方式来进行，因为语文教学最主要的还是提升学生的语言能力，语文实际应用能力，而通过言语实践让学生多说，多写，培养学生优美的语言能力，才能更好地提升语文素养。

---

① 宁波大学小学教育本科092班齐思同学设计.

其二，加强朗读；在阅读中理解小花所蕴藏的强大的生命力。学生通过自己的劳动获取知识，变被动学习为主动学习，促使感情与智慧在阅读对话中交融共生。体现“以教师为主导，学生为主体，训练为主线”的原则。

三、说教学手段

结合学生的情感水平，以谈话启发法为主要手段，以言语实践为载体，激发学生真实情感的流露，推进学生的情感认知由低层次向高层次的方向发展，充分体现“语文外延就是生活”这一理念。

四、说教学过程

基于本文第二课时的教学目标为，读美文感悟，体会作者的心情变化，作者为什么会有这样的心理变化以及感受维也纳春天带来的自信、欢乐和蓬勃，我设计了如下四个环节进行教学。

第一环节：初读课文 整体感知

本环节我重视学生的感悟，恰到好处的体验情感。

感悟是学生对知识的内化过程，也是实现主体能力发展的必然途径。在这一过程中学生的思维极其活跃，如同隐匿在火山内的岩浆在急剧地翻腾，这一过程对学生来说是十分宝贵的自我提升的过程，也是教师需要十分关注的过程。《花的勇气》一课对于整件事情的经过不作过多的分析，而是让学生选择自己最喜欢的内容、最感兴趣的句子进行研究，内化，体验，深入课文创造的情境，在感悟花儿美丽的景色的同时体验花儿身上的另一种美——勇气。

基于以上分析，我将这样引导学生：同学们，通过上节课的学习，我们已经了解到花的勇气令作者感到怦然一震，那么文中是否也有让你感到怦然心动的句子呢？学生在激情的话语中走进文本。民主、自由、宽容、激励的气氛从一开始就浸漫课堂，并贯穿教学始终，过程中又通过言语实践加深对小花勇气的体会。预测学生将找到的句子为：

初读一：第二自然段

我用手拨开草一看，原来青草下边藏着满满一层小花，白的，黄的、紫的；纯洁、娇小、鲜亮；这么多、这么密、这么辽阔！ 它们比青草只矮几厘米，躲在草下边，好像一使劲儿，就会齐刷刷地冒出来……

1. 齐读这段话，然后说说读懂了什么？在课本上做好批注。（花颜色美、可爱、多等特点）

2. 揣摩作者描写小花的方法。（排比、拟人等修辞手法）

提问你还画出了哪些语句？

初读二：第七自然段

迎着吹在脸上的细密的、凉凉的雨点，我看到的竟是一片花的原野。这正是前几天那片千万朵小花藏身的草地，此刻那些花儿一下子全冒了出来，顿时改天换地，整个世界铺满了全新的色彩。虽然远处大片大片的花与蒙蒙细雨融在一起，低头却能清晰地看到，在冷雨中，每一朵小花都傲然挺立，明亮夺目，神气十足。

言语实践1：

在冷雨中，小花为什么傲然挺立，它们为什么如此骄傲和神气？

（出示投影）——花的图片及文字“我骄傲，因为我……我神气，因为我……”

言语实践 2：

老师仿佛看见你们就是那一朵朵傲然挺立的小花，那么骄傲的你们会向大自然发出什么挑战？（出示投影）——花的图片及文字“我要向（　　）发出挑战……”

教师小结：同学们，这个时候老师不但被花的勇气征服了，也被你们的精彩发言征服了，谁愿意把感悟到的勇气放进这段话里面再来读一读？（指名读）

第二环节：小组探究 释放情感

本环节，我重视学生的朗读，水到渠成的释放情感。

学生通过理解，经历了作者的情感历程后，便产生了表达情感的欲望，而朗读无疑是最好的表达方法——这是最基本的阅读实践。特别是对《花的勇气》这样经典、优质的言语材料，“读”本身就应当是阅读教学的一个目标、一项任务。正是因为本文满蘸着作者欣喜与赞美之情，描画了维也纳独特的景色。文字优美，情感浓烈，犹如一幅迷人的写意画，从多方面给人以美的享受。同时在学生理解感悟的基础上加强朗读，引导他们把课文读通，读懂，读深，进而达到“读书百遍，其意自见”的目的。通过反复地有感情的朗读可以使学生感受维也纳的景色美，语言文字的美，从而受到美的熏陶，美的感染，陶冶学生的情操。这样就充分利用了课文的情感因素，沟通了作者和学生之间的情感，使学生入情入境，产生共鸣，受到启迪并释放自己的情感。

因此，我将引导学生走进作者不断变化的情感世界里去，与作者变化之心直接对话，从而更深刻地理解文本，使文本的内在情趣和学生的理解相得益彰，充实其内心，沉淀其语感。

探究一：

小花竟然有勇气！这是作者看到的小花。可是你们知道吗？作者历经了好几次情感变化，让我们再次到课文中去，去寻找作者的情感历程。

（出示投影）作者最初看见草地时，感到________失望________，扒开草后看见躲藏着的小草时，感到________，离开维也纳前没看到花，感到________，看见花的原野时，感到________，

体会到小花的气魄时，感到________。

1. 分小组合作学习：针对问题，浏览课文，认真倾听，大胆交流。

2. 选小组代表展示所填内容，体会作者的失望—吃惊—遗憾—惊奇—震惊这一系列心理历程。

3. 个性化展示朗读。

探究二：

同学们，我们从字里行间感受到了小花那种不向冷风冷雨低头的勇气，那种在艰苦的环境里奋力拼搏的精神。那么作者又感悟到了什么呢？请你找出描写作者感悟的语句。

（出示投影）——第八自然段

我惊奇地想：它们为什么不是在温暖的阳光下冒出来，偏偏在冷风冷雨中拔地而起呢？小小的花儿居然有如此的气魄！我的心头怦然一震，这一震，使我明白了生命的意味是什么，是——勇气！

1. 根据标点符号提示的感情读此语段。(问号、感叹号、破折号)

2. 说说自己对这句话的理解。(交流指导)

(1) 联系课文第五段理解"冷风冷雨"这一恶劣的环境。

(2) 抓住"偏偏"理解小花的勇敢;抓住"居然"理解作者的震惊;抓住"如此的气魄"理解花儿的勇气;抓住"怦然一震"理解作者的感悟至深。

3. 总结本单元理解含义深刻句子的方法:(出示投影)——理解句子的方法。

(1) 根据标点符号提示,读出感情,帮助理解。

(2) 联系上下文,完整理解。

(3) 抓住关键词语,深刻理解。

4. 个性化朗读。

这段话是作者的感悟所在,点睛之笔。读点睛之笔,方能领悟其中之意。尝试理解含义深刻的句子,才能激发出学生的语言积累,分析课文的能力才能升华到一个新的高度。让学生在思考中陶冶心灵,在讨论中培育心灵,在倾听中丰盈心灵。

第三环节:回归全组,升华思想

本环节,我注重学生的说写,通过言语实践的形式展开,一气呵成的升华情感。

语言训练是思维的体操,是拓展思维空间的显性工具。而言语实践正是语言训练的最佳途径。教学中,充分挖掘教材内容,经常进行说话训练,有利于培养学生思维的广远性、深刻性和创造性,也有利于学生的口语表达能力。同时,新课标指出,能不拘形式地写下见闻、感受和想象,注意表现自己觉得新奇有趣的或印象最深、最受感动的内容。

因此在教学中,我即时抓住学生情感的变化,训练学生的口语表达,在升华感情时发展学生的语言,在学生感受了花的勇气之后,引导学生联系自己身边的事例来发展语言,这样使学生更能贴近自己的生活体验,语言训练更真实,更有效。使原本难懂的内容在语言交流中沿着作者的思路,上升到高尚的思想意境中去,从而升华了情感,潜移默化地感染学生的思想境界,提高语文素养。

基于以上分析,又考虑到这是本组的最后一篇课文,我决定让学生结合本文和前面三篇课文,说一说对人生、对生命的再认识(完成小诗人续写),使本组教材连贯起来成为一个整体,深化学生感受,升华思想。

升华一:

听你们读到这里,我的心情变得凝重起来,作者由花的勇气悟了到生命的意味,生命的意味是什么,是——勇气!(板书:生命的意味)

(出示投影)——我的小诗

在冷风冷雨中拔地而起,那是花儿的勇气。

在小小砖缝里探出嫩芽,那是小草的勇气。

在________,那是________的勇气。

……

学生已有的知识积累和生活经验不同,他们对生命的认识不同,语句表达不同,但有一点是相同的:只要有勇气就会有希望。通过言语实践,升华了情感,再一次提高了语文素养。

升华二：

课堂最后，老师送给大家一首德国诗人歌德的小诗，大家一起来读：

（出示投影）——异域小诗

“你若失去了财产，你只失去了一点；

若失去了荣誉，你就丢掉了许多；

你若失掉了勇气，你就把一切都失掉了！”

通过欣赏他人对勇气的理解，扩充了知识面，产生情感的共鸣，情感再一次升华。

总之，本课以学生的情感为主体，自我感悟为主线，教师作为合作者和引导者参与其中，将课堂内容与学生生活紧密结合，使学生入情入境，产生共鸣，受到启迪并释放和升华了自己的情感。按照自知、自悟、自造的思路，让学生自鉴其德、自致其知、自启其智、自见其体、自得其乐。

最后，我想说生命的力量在于勇气，让我们以爱的名义给予孩子们更多成长的勇气！

谢谢大家！

（二）专题性说课稿的撰写

专题性说课，是就某一教学内容中的某一角度、某一方面，根据说课要求进行的一种有主题、有重点的局部讲述说课。专题性说课往往围绕教育教学中的某一重点、难点、热点或其他的问题而进行说课。与要素比较齐全的“整体性说课”相比，专题性说课具有切入点小、便于深入、角度自由、可即时交流和评价等的优势，因此为大家所广泛使用。为了增强专题性说课的针对性，这类说课往往以问题的形式呈现。例如，如何根据内容的特殊性设计教法，如何指导学生把握文中的形象，如何对学生进行学习方法的指导等。

专题性说课要更加的细致。如教学目标的确立和实施，不仅要分析课文，说明目标确立的理由，还要说明在教学中是如何达成目标的。再如，说教学难点的确定和突破，也包括教材分析、难点的确定及其依据、难点突破的具体做法等。

整体性说课和专题性说课虽然是两种不同的说课，但二者有几点相似的地方：①两种说课都要求说课者吃透教材，体现自己对教材的分析与把握的深度及准确性，言明自己的教学设计思路，都要说出教学安排的依据，注意理论与实践的统一；②说课稿有别于教案，它们是教案的深化，理论性强于教案；③说课稿有别于教学论文，它比教学论文的实践性强；④在对听者有一定了解的基础上，才能写出好的说课稿。

体验践履·自我提高

1. 根据以上备课技能的要求，自选一篇小学课文进行教学设计，设计完成以后，将其与之前自己的设计作一下比较，看看好在哪里；

2. 将自己设计好的教案进行说课练习，然后到课堂上给学生们上课，看看效果有什么不同。

通过做这项练习，学生将学习到的备课理论付诸行动，达到理论与实际相结合，从而更透彻理解本章内容，也为以后更好的运用打下基础。

拓展视野·娴熟技能

1. 研究指南

我们知道，当下最缺少的是研究型教师。而评判一个教师是不是研究型教师，备课技能是考察的一个维度。让自己成为一个新型研究型教师，我们应当从备课开始。一线教师在做好日常教学事务外，应当多多反思自己的教学，尤其是教学之源——教案的设计。我们的反思角度可以从以下方面展开：

① 认真研读课程标准，细读教材，在此基础上提炼教学内容和判断教学价值，并注意教学资源的综合开发；②做好学情分析和预习指导，课堂上心中有数，教学有的放矢；③写出备课精华教案，并相应创作课件，在心中熟知教案课件；④常常练习说课，明确教案的所以然。

2. 方法指引

有了反思的方向，我们还需要研究的方法。①行动研究法。即一线教师边教学，边反思，边研究。在备课中，教师往往会遇到一些问题，这时候，教师可以创新地设法解决，并在教学中实施，看看解决方法是否合理实用。或者教师想换一种独创的备课方式，这时候也可以让实践来检验自己的创新。②理论提升法。即教师通过阅读与备课密切相关的书籍来提升备课素养。理论来源于实践，但实践更需要理论的指导，良好的理论素养是备好课的基础。比如，我们学习这本书中的知识，即是积累备课理论素养的显现。

3. 研究课题

要做研究，首先要选定一个可以做的课题。关于小学语文教学准备技能的研究可选课题很多，如下是几个参考：

(1) 如何做好备课中的学情分析

(2) 如何写出科学的教案

(3) 说课的重要性以及怎样说好课

(4) 如何提高小学语文教学准备技能

4. 拓展阅读

[1] 廖圣河. 新编语文教学技能训练导航[M]. 北京：中国林业出版社，2010.

[2] 江平. 小学语文课程与教学[M]. 北京：高等教育出版社，2004.

[3] 王相文，王松泉，韩雪屏. 语文课程教学技能[M]. 北京：高等教育出版社，2007.

[4] 钟启泉等. 基础教育课程改革纲要(试行)解读[M]. 上海：华东师范大学出版社，2001.

[5] 裴海安. 名师同步教学设计[M]. 太原：山西教育出版社，2008.

[6] 叶圣陶. 谈语文教本. 叶圣陶语文教育论集(上册)[M]. 北京：教育科学出版社，1980.

[7] 王荣生. 新课标与“语文教学内容”[M]. 南京：广西教育出版社，2004.

[8] 课程教材研究所小学语文课程教材研究开发中心. 教师教学用书[M]. 北京：人

民教育出版社,2011.

[9] 谈永康.解读课程资源[J].小学语文教师,2003(7,8):52.

[10] 周云.语文说课再探[J]. 桂林师范高等专科学校学报,2008(3).

[11] 曹新丽.指导小学生语文预习五步走——《船长》预习指导及教学反思[J].小学教学参考,2010(8).

[12] 孙朝云,霸桂芳. 基于微格教学的教师素质培养模式探析[J].衡水学院学报,2001(6).

第九章　小学语文课堂教学技能

单元导读·抛砖引玉

语文课堂活动是由多因素、多系列、多层次构成的师生双边活动的动态系统。增强这个系统的有效性，需要执教者具备多方面的课堂教学技能。小学语文课堂教学技能是小学语文教师素质的重要组成部分，是小学语文课堂教学优质高效的保证，掌握了一定的小学语文教学技能能够帮助小学教师更好地开展教育教学，传授语文基础知识，提升学生的语文素养。本章将小学语文课堂教学技能分为语言表达技能、课堂教学组织技能以及演示、练习、检测与学法指导技能。

问题扫描·掩卷遐思

【问题扫描】

1. 语文教学技能不是一朝一夕可以获得的，它需要在教学实践中长时间地进行总结和摸索。

2. 教学技能的发展和培养不是单靠理论学习即可实现的，它还需要教师在教学实践中经过长时间的运用和反思。

3. 小学语文课堂教学中存在盲目使用和模仿特级教师、名师教学技能的现象，这是需要每一个小学语文教师认真反思的问题。对于新教师而言，模仿是可取的，它能够帮助其尽快“上路”，但是新教师一定不能止于模仿，而不进行思考和提炼。

4. 小学语文教学技能的运用不能单一、固定、模式化，须做到根据具体教学内容、教学对象、教学条件等灵活运用。

典型案例·交流研讨

【典型案例】

秋天的怀念

背景材料

《秋天的怀念》是短篇散文，著名作家史铁生著。文章主要讲述了“我”双腿瘫痪后，脾气变得暴怒无常，母亲为鼓起我生活的勇气，在她重病缠身，肝病疼得她整夜整夜睡不着觉的情况下，坚持要推“我”去北海公园看菊花。在她生命的最后一息，心里还挂念着“我”和未成年的妹妹。文章充分表现了母亲对儿子的理解、同情和关爱，说明了母爱的无私和伟大，也表现了史铁生对母亲深切的怀念、对母亲无尽的爱以及对“子欲养而亲不在”的悔恨。

【问题探究】

阅读特级教师窦桂梅《秋天的怀念》教学实录片段，思考窦桂梅老师运用了哪些教学技能？教学技能的运用达到了怎样的教学效果？思考在教学实际中运用教学技能须注意哪些问题？

师：今天，一位新的老师来给你们上课，刚才听主持人介绍，我从哪儿来？

生：清华大学。（笑）

师：是清华大学附属小学。

师：今天的课上，我要为同学们带来什么礼物呢？我想起了我们学校的一位校友，他叫史铁生。这位在我们学校毕业的学生，今年已经54岁了，21岁的时候，突然的重病使他高位截瘫。他瘫痪在床，行走在轮椅上至今已经33年了，在他二十多岁的时候，母亲也去世了，这么多年来，儿子一直用文字表达对母亲的感受。现在，就请同学们一起默读下面这段话。

（课件出示：“我坐在小公园安静的树林里，闭上眼睛，想，上帝为什么早早的召母亲回去呢？很久很久，迷迷糊糊地我听见了回答：‘她心里太苦了，上帝看她受不住，就召她回去了。’睁开眼睛，看见风正从树林里穿过。”——《合欢树》）

生：（学生默读后发言）我读到了他对母亲的思念。

生：我读到了作者心中的母亲活得太苦了——“闭上眼睛，想，上帝为什么早早的召母亲回去呢？很久很久，迷迷糊糊地我听见了回答：‘她心里太苦了，上帝看她受不住，就召她回去了。’”（师板书：苦）

……

请生1朗读文章段落。并请其他学生评价。

生2：我觉得你把对母亲思念的感情读出来了，我想你以后可以读得更好。

师：既然你说他“可以读得更好”，说明还有余地呀，加个“更”字。（众笑）你还有什么别的见解？同桌要说话了。好，你说！

生3：我也觉得你读得有感情，但是你有的地方并没有把他的脾气的暴怒无常读出来，像：“望着望着天上北归的雁阵，我突然把前面的玻璃砸碎。”他就是——（很平淡的语气读），没有读出动作的暴怒。这就是一点不好的地方（该生“暴怒”地读了起来，众鼓掌）。

师：怎么样？人家对你的评价，你怎么看？

生1：我觉得你说得很正确。谢谢！

师：你对他的态度满意吗？

生3：满意。

师：给他们掌声！（学生鼓掌。）掌声的原因，他们能发表自己的看法，这是难能可贵的！尤其是同学们对课文中出现的儿化音较多的两句读得很准。我们再读读。

师：你们刚才给我的启发怎么那么大呀！一下子让我觉得，平常说的这个“有感情”，怎么这么模糊！他有感情地读，就是这样，可是在那位同学的朗读中就是那样。

生：有人声音细，有人声音粗，有人性格深沉，有人性格外向。由于理解的角度不同，自然读出的味儿也就不同。

师：是啊，读书是个人的，我们在尊重别人的朗读的同时，我们也有自己的滋味，我们不再评价别人，你读得“真有感情”啊。这真有感情，而应该说读得有特点，读得有个性，读得有自己的味道。

……

【交流研讨】

学生A：从这个片段来看，窦桂梅教师运用了多种教学技能，如作者介绍、导入教学、情境创设、提问、评价等，自然引入课堂，并充分做到以学生为主体，让学生自主参与，开展课堂朗读和评价，帮助学生形成“有感情”朗读的良好习惯，从而充分体现了阅读教学的理念。

学生B：教师的教学片段存在一定的问题，她的导入设计显得平淡，导入部分的言语描绘没有能够较好渲染一定的情境，对大部分学生而言理解这样的情境存在障碍；教师牵引的部分太多，对于学生自主探究能力的培养有所欠缺；在学生朗读评价时，给予孩子掌声，评价上限于“儿化音”读得准确的较浅的层次，而没有从更全面的角度提出评价以及朗读的一些意见和建议。

专题点拨·理性反思

小学语文课堂教学语言表达技能

一、导入技能

导入是指教师围绕教学内容在课堂的起始阶段，用巧妙方法集中学生注意力，激发学生学习兴趣，帮助学生明确学习目的教学活动。它是小学语文课堂教学中重要的不可忽略的一环。恰当的导入设计可以快速安定学生情绪，诱发学生学习积极性，为整堂课奠定坚实的基础。

（一）导入基本要求

一般来说，小学语文课堂教学的导入设计要做到以下几点要求：

1. 紧扣教学目标

课堂导入是为完成教学目标而服务的，与课堂教学内容有着密切的联系。因此课堂导入要紧扣本堂课的教学目标和要求，引导学生抓住重点内容，明确学生学习方向，以指引学生自觉达成目标。

2. 激发学习兴趣

教学重在激发学生的学习兴趣，培养学生自主学习的能力。别具匠心、引人入胜的导入，能够激起学生对学习内容的兴趣，吸引学生的注意力，唤起学生浓烈的求知欲望，引导学生轻松、活泼地学习。

3. 新颖活泼

教师要根据不同文本的需要、针对不同学生的特点采用灵活多变的导入形式，做到丰富多彩，新颖活泼，若一贯采用某种单一形式，学生极易产生厌倦心理，不利于激发学生强烈的求知欲。

4. 短小精悍

导入是课堂的序曲，要力求简明扼要，短小精悍，不宜喧宾夺主占用太多教学时间，使教学的重点内容得不到充分展开。一般导入时间控制在3～5分钟内为宜。

（二）导入技能类型

导入新课可朗读、正音、辨字、分析、复述，可解题释义、温故知新、交代背景、介绍作者等，没有固定不变的模式，教师要根据学生的实际情况及具体教学内容，采用不同的方法。下面介绍几种小学语文常见的导入方法。

1. 悬念设置法

悬念设置法指在教学导入时创设有悬念性的问题，吸引学生注意力，激发学生积极思考，启迪学生思维的导入方法。

【案例传真】

清清的溪水①

师：昨天，老师接到动物朋友小兔的来信。他说，他的家门前是一条小溪，溪水清清的，又甜又凉。可是，一场大雨过后，溪水变得黄黄的了，这是怎么回事呢？同学们，你们能帮小兔想一想是什么原因呢？（电脑显示：一只看到溪水变黄而满腹疑问的小兔。）

（学生们兴致特别高，说出了许多可能使溪水变黄的原因。如乱倒垃圾、破坏植被、工业排污等。老师适当加以小结。）

师：同学们知道得真多！说出了这么多可能使水变黄的原因。那么，到底是哪种原因使小兔家门前的溪水变黄了呢？等我们学完课文以后，大家就明白了。（板书课题：《清清的溪水》，学生齐读课题。）

在这个案例中，教师先将孩子们带入情境，然后接连发问，故设悬念，使学生的注意力高度集中，调动了学生探究的欲望。

2. 故事讲授法

故事讲授是指通过讲述哲理性故事、寓言、传说等，帮助学生展开想象、丰富联想，引出新课的导入方法。例如，教《坐井观天》这篇课文时，就可以以讲故事方式引入："很久很久以前，在一口井里坐着一只青蛙，有一天，青蛙坐在井底望着蓝天出神，这时，飞来一

① 《人民教育》编辑部编．新课程优秀教学设计与案例（第2辑）[M]．海口：海南出版社，2004：47.

只小鸟落在井沿上，青蛙看见小鸟就高兴地向它打招呼，于是小鸟和青蛙开始交谈了起来。同学们，你们想知道它们都说了些什么吗?”这样，从故事入手过渡到教学内容，可以有效激发学生的学习兴趣。

3. 新旧联系法

新旧联系法是指导入新课时教师从旧知识入手引出新知识的导入方法。该法运用时要注意新旧知识的密切联系，使旧知识成为学习新知识的基础，做到“温故而知新”。在教学《“诺曼底”号遇难记》一课时这样导入：“同学们，我们刚学过《跳水》这篇文章，文章讲述了船长机智果断地用枪逼孩子跳入大海而化险为夷的惊险故事。我们被船长的处事方法所折服。而今天我们要学习的这篇文章，同样讲述的是发生在海上的一个惊心动魄的故事，文中也讲到一位船长——哈尔威在船遇险失事时，临危不惧、镇定自若地指挥船员，使船上所有人获救而自己不惜牺牲的感人故事。下面就让我们带着怀念哈尔威船长的心情来学习这篇课文吧。”教师以旧引新，帮助学生通过新旧知识的联系更好地学习新课文。

4. 情境创设法

情境创设法是指教师通过语言描述、音乐、图画、动画、录像等手段创设生动情境，诱发学生积极思维、陶冶学生性情的导入方法。如在教学《小蝌蚪找妈妈》时可设计这样一段导语：(配乐，出示课件图片并用语言描述)春天来了，池塘里的冰融化了。青蛙妈妈睡了一个冬天，也醒来了。她从泥洞里爬起来，“扑通”一声跳进池塘里，生下了很多黑黑的圆圆的卵。春风轻轻地吹过，暖暖的阳光照着。池塘里的水渐渐暖和了。青蛙妈妈产下的卵慢慢地都活动起来，变成一群大脑袋、长尾巴的小蝌蚪，他们在水里游来游去，非常快乐。可是，小蝌蚪们不知道他们的妈妈长什么模样？他们开始去找妈妈，那么一路上发生了怎样的故事呢？我们来看课文。显然，此例中教师利用了音乐、图片及生动形象的语言描述，引导学生进入春天的美好景象中，学生不知不觉随着老师的引导轻松愉快地进入学习情境。

5. 谜语诗词法

这类方法是指教师根据课文内容巧引诗词，巧设谜语引出新课。此法可丰富教学内容，增强语文知识性和趣味性，而且能引发学生兴趣、激发学生思维。如教学《蜘蛛》一课：“同学们，老师知道大家是猜谜高手，今天老师就和同学们一起来猜个谜语。”接着出示谜面“小小诸葛亮，独坐军中帐；排起八卦阵，单捉飞来将”，等学生猜出谜底后，进一步引导，“那么同学们想知道‘小诸葛亮’是如何‘单捉飞来将’的吗？下面，就让我们一起走进一个蜘蛛的世界。”这样导入往往能够有效活跃课堂气氛，开拓学生思维，达到事半功倍的效果。

6. 解题释义法

题目是文章的眼睛，是探究课文内容和中心的窗口。该法指抓住课题的疑问处，点明文章的要旨。如教学《将相和》时，教师这样导入：“‘将’指的是谁？‘相’指的又是谁？他们为什么不和？最后他们为什么又和？他们由不和到和的过程说明了什么?”教师挖掘课题中蕴藏的“有机成分”，在导课中巧妙地设置悬念，激发了学生的好奇心和求知欲。

课堂上还可以巧用多种语言形式来导入新课。如有时可以用讲故事的形式，有时可以用散文的形式，有时可以用戏剧的形式等来开头，再加上动作，使教师的有声语言情趣盎然。我们还可以用别具情趣的方法如歌唱等来进行导课。总之，导入方法多种多样，其运用须灵活多变。

二、讲解技能

讲解技能是指教师利用口头语言及各种教学媒体，通过描写、解释、说明等方式来讲授知识、解疑释难的教学行为，是使用频率最高、运用最为广泛的一种课堂教学技能。

高质量的讲解有着多方面的作用：能充分发挥教师的主导作用，短时高效地传授系统知识；使深奥、抽象的知识变得具体形象，最大幅度提高课堂教学的效果和效率；能开阔学生思路，培养和发展学生的智能；激发学生情感，对学生思想、修养、人格等产生潜移默化的影响。

（一）讲解的要求

1. 启发思维

教学讲解具有单向传输信息的特点，即老师讲学生听。这种方式易导致学生处于被动地位，情绪受压抑，智力发展受限，因此讲解要注意启发学生，激发学生的学习动机，引导学生积极思维，防止“注入式”和“填鸭式”。

2. 深浅适度

讲解的目的是使学生明白，使学生更好更快地接受。讲解时若超过学生知识层次和理解水平，极易挫伤学生学习积极性，因此讲解要考虑到学生的可接受性，适合学生年龄特点、知识基础、智力水平，做到生动有趣、深浅适度。

3. 灵活多样

教学讲解要与其他教学方法结合使用，以达到良好的教学效果。如可以在讲解时配合直观教具，帮助学生直观感知教学内容；为激发学生探究意识，在讲解时提出启发性问题；为调动学生交流合作能力，在讲解时配合讨论法；为增强语言的形象感、趣味化，在讲解时配合朗读、表演、实验、演示等方法。

（二）讲解技能的分类

课堂教学应根据教材特点、学生年龄特点和教学过程的需要，采用恰当的讲解方法。语文讲解技能可分为以下类型：

1. 叙述性讲解

这类讲解技能是指教师用简洁平实的语言对学习内容做简明扼要的讲述，讲述要做到叙述清楚，条理分明。叙述性讲解一般适用于导入新课、介绍作者和时代背景、叙述课文内容、补充相关事实等教学环节。

【案例传真】

从百草园到三味书屋[①]

“同学们，今天我们要学习的这篇新课文《从百草园到三味书屋》，它是伟大作家鲁迅先生的作品。现在我来介绍一下鲁迅先生的有关情况。鲁迅，本名周树人。中国有句成语‘十年树木，百年树人’。从他的名字来看，家庭对他寄予了良好的愿望，希望他做一个堂堂正正的人。鲁迅是他的笔名。他是浙江绍兴人，生于1881年，逝世于1936年。鲁迅是一位伟大的文学家、思想家、革命家。毛泽东同志寄予他很高的评价，认为他是空前的民族英雄，代表了中华民族新文化的方向，毛泽东同志是这样说的：‘鲁迅是中国文化革命的主将，他不但是伟大的文学家，而且是伟大的思想家和伟大的革命家。鲁迅的骨头是最硬的，他没有丝毫的奴颜和媚骨，这是殖民地半殖民地人民最可宝贵的性格。’鲁迅先生的著作有杂文、小说、散文、诗歌等，收在《鲁迅全集》里。今天要学的这篇课文，是他在1926年即他45岁时写下的回忆童年生活的一篇散文。现在我们开始学习《从百草园到三味书屋》。”

在此叙述性讲解中教师简要叙述了鲁迅先生的生平及其主要作品，帮助学生了解了作者基本情况，为课文的学习奠定了良好的基础。

2. 描述性讲解

描述性讲解是指教师在讲解中用生动形象的语言，把客观事物的外部形象特征和事物之间的内在联系生动形象地描述出来。如教读杜甫的《绝句》“两个黄鹂鸣翠柳”，一位老师这样描述：“这是一幅怎样的画面呢？春天里，新绿的柳枝上成双成对的黄鹂在欢快地鸣叫，那蔚蓝的天空好像清澈明朗，一字儿排开的白鹭在碧空飞翔。凭窗向西远眺，那巍峨的群山，大概有千年的积雪吧，在阳光下闪闪发光。门前的河边，是那停泊的船只啊，或许是远眺归来，或许是即将登程航行远方……”教师描述了优美的画面，展现了诗歌的意境，讲解清晰，使学生受到感染，产生共鸣。

3. 抒情性讲解

抒情性讲解是指老师用声情并茂的语言讲授抒发某种情感以感染学生的技能。在教《秋天的怀念》时，老师说：“同学们，母爱是什么？”接着动情地说：“母爱啊，是早上出门前一句叮嘱‘好好学习’；母爱是回家之后一顿香喷喷的饭菜；母爱是早上穿在身上的带有阳光味道的衣服；母爱是冬天穿在身上暖暖的棉衣；母爱是一句句关心的问候；母爱同样还是严厉的责备…… 同学们，我们每个人都有母亲，我们都很爱自己的母亲，每个同学对母爱都有自己独特的理解。相信同学们在学完《秋天的怀念》这一课后，对母爱会有更深的理解，也会更爱自己的母亲。”这位老师以情诱情，把孩子们带到平常的生活当中，所有被忽略的有关母亲的细节全部涌上心头，激发了孩子们内心的情感，让孩子们获得了美好的情感体验。

---

① 马友文主编. 名师最吸引学生的课堂切入点[M]. 重庆：西南师范大学出版社，2008：46-47.

4. 说明性讲解

说明性讲解是指教师用简洁严谨的语言对人物或客观事物的性质、特点、成因、功能、意义等进行解说，让学生对事物有明白、完整的了解和认识。教师在说明时可采用比喻、比较、数字、图表等说明方法，以帮助和强化学生理解教学内容。

【案例传真】

题西林壁

老师："在众多的歌咏庐山的作品中，苏轼的西林寺题壁诗与李白《望庐山瀑布》同样著名。但两首诗的艺术构思却大不一样：李白通过香炉峰瀑布一处景色的描写，烘托庐山的磅礴气势，激发人们对祖国山河的热爱；苏轼则没有描写具体景物，而是概括抒写浏览庐山的总印象，从中揭发一种生活哲理来启发读者的思考和领悟。《题西林壁》的长处不在于形象或感情，而在于富有理趣。面对雄伟壮丽的庐山，诗人不胜感叹地说：从正面看庐山，它是一道横长的山岭；从侧面看庐山，它是一座高耸的山峰。你再从不同距离、不同高度去看吧，呈现在你眼前的庐山，都是各种互不相同的形象。我们为什么不能确切完整地把握庐山的真实面貌呢？只因为人在此山里面，眼界受到局限的缘故。这是一首哲理诗，但诗人不是抽象地发议论，而是紧紧扣住游山谈出自己独特的感受，借助庐山的形象，用通俗的语言深入浅出地表达哲理，故而亲切自然，耐人寻味。"

教师将两首咏庐山作品进行比较，详细说明了《题西林壁》这首诗歌的写作特点，以帮助和强化学生理解了诗歌的写作特点。

5. 概括性讲解

是指教师在教学过程中对教学内容进行归纳、概括的一种教学方式，概括要准确，语言要简洁。

【案例传真】

黄河是怎样变化的[①]

师：课文学到这里，我想问一下同学们，对于水土流失造成的恶性循环，你们有什么感想？

生：破坏大自然，就要受到大自然的惩罚。

生：要爱护大自然，爱护大自然就等于爱护自己。

……

师：对！正如这篇课文要告诉我们的道理一样：人类与大自然是相互依存的关系，人类只有保护好自己赖以生存和繁衍的大自然，保护好生态环境，才能有幸福美好的家园。如果我们对自己赖以生存的环境肆意破坏，比如乱倒垃圾、随意毁坏树苗、进行水汽污染、胡乱垦荒放牧等，就一定会受到大自然的惩罚。所以我们每个人都应该为保护、改

① 蒋蓉主编. 口语[S]. 湖南科技出版社，2008：122.

善和美化人类的生存环境而努力。

在学生理解黄河变化的原因基础上，教师对课文的主旨进行概括讲解，既有助于学生深入理解课文，又对学生渗透了保护大自然的教育。

三、过渡技能

过渡指在语文课堂教学的讲授过程中，在不同问题或不同教学内容之间采用的承上启下的教学活动方式。常包含两个方面的内容：一是课堂教学内容各部分之间的过渡；二是不同讲课方式之间的过渡。

有效的过渡能适时地引起学生注意，激发学生学习兴趣，强化学习动机；可以向学生展示教师的教学思路，帮助学生明确教师的教学逻辑、设计思路与顺序，或体会教师知识转换的路径与方法；可以通过在较长时间的学习后有效调动学习的主动性和积极性，将学生涣散或即将涣散的注意力重新聚集起来。

（一）过渡的要求

课堂教学中的过渡做到以下三方面基本要求：

1. 自然恰切

一堂语文课的教学内容是一个整体，由若干部分组成，教师通过过渡使各部分之间自然衔接起来。要较好地做到这一点，须注意两个方面：一是部分与部分之间的内在逻辑关系；二是运用富于变化的语句，或者采用不同的方式、手段使之自然恰切地连接。

2. 引发思考

教师的过渡性话语除了连接前后两部分内容，还应做到富有启发性，从而激起学生积极的思维活动，为学好下一阶段内容做好心理准备。

3. 因情而异

每一堂课的具体情况都是不一样的，不同类型的课、不同教学内容的课、不同教学对象的课都应在考虑范围之内而采用不同的过渡方法，如果一成不变，难以收到满意的效果。

（二）过渡的分类

1. 自然过渡

自然过渡就是利用知识本身的结构和逻辑关系进行的一种过渡，即一个问题结束时自然衔接下一个问题的讲授，这种过渡简单易行，也是小学语文课堂教学中较为常见的。如教学《高大的皂荚树》一文时，这样过渡："皂荚树的样子如此可亲可爱，相信它的作用一定也会让你喜欢。下面我们来读课文第×至×自然段。"显然，教师对皂荚的喜爱之情始终洋溢，同时教师的教学流程也自然彰显。

2. 提问过渡

提问过渡是指教师通过提问从一部分内容转移到另一部分内容。其作用在于以学生已接受的知识和观点为基础，利于激发学生对新问题的兴趣，同时，为展开新的研究和解决新问题提供了保证。如《孔子游春》一文有三部分内容，即泗水迷人春光、孔子观水悟道、师生言谈志向。教完第一部分内容后，可采用提问过渡："泗水河边草色青青，桃红柳绿，春光明媚，孔子站在河边尽情地欣赏，他动情地望着泗水河，陷入了沉思。同学们，孔子观水悟出了哪些道理呢？请同学们读第八自然段，画出具体的语句，细细品味。"教师通过提问自然过渡到观水悟道部分，同时开启了学生的思维。

3. 小结过渡

小结过渡指的是小学语文教师在一个环节结束后进行概括式的小结，并由此提出新的矛盾和问题，促使学生积极进入新知识学习状态的一种过渡。

【案例传真】

海滨小城①

老师教学该课时这样过渡："同学们，刚才老师带你们到海滨去看了那儿的大海、沙滩；现在咱们再到小城去，看看那儿的庭院、街道和公园。那里的凤凰树开了花，粉红粉红的，就像给小城罩上了一片红云；那里的大榕树，像一顶顶撑开的绿绒大伞，可以遮风挡雨；那里有咯吱咯吱响的小路，还有……走，我们快到那里去看看。"

教师通过概括式小结由海滨过渡到小城，化文为图，使海滨小城的美景变成了活的画面，使学生的学习积极性一下子被调动了起来。

4. 转折过渡

从正面内容转入到反面内容教学，或从反面教学内容转入到正面内容的教学，这两者之间的过渡称为转折过渡。它的语言特点是在两个有较大区别的教学内容之间，采用"但是……""却……""而……"等表示转折的词语，从而达到过渡的目的。

【案例传真】

司马迁发愤写史记②

教《司马迁发愤写史记》一文第三自然段过渡时，这样设计：正当司马迁发愤整理史书资料，全神贯注编写史书的时候，一场飞来横祸降临到他身上，老师查了《史记》资料，原来，司马迁不知朝廷险恶，为"飞将军"李广的孙子李陵将军说了几句好话，却得罪了汉武帝刘彻……司马迁受到了最严厉的酷刑，变成了一个废人，这是一件令人十分痛苦而又耻辱的事情。但是，司马迁是怎样想的呢？让我们读读第三自然段看他是如何想的？如何做的？请分别用"__"和"﹏"画出来，读一读。

---

① 汪洁. 精彩的过渡语——奏响语文课堂教学的乐章. [J]. http://zwlx.30edu.com/news/bad17326-d998-4c98-9582-47ad4096048e/68c7d31e-3826-44b9-86fc-7a84cf0176c3.htm，2009-03-21.

② 陈锡钢. 小学语文课堂教学中的"三语"设计. [J]. http://www.wzgzxx.cn/Ydzj/Jxrw/200803/105.htm 2008-03-01.

教师通过转折过渡，引发学生学习的兴趣和好奇心，突出前后内容的差别，帮助学生更好地学习和理解后续内容，很好地将前后两部分内容串联起来。

除了以上介绍外，还有其他许多过渡的方法，如比喻过渡法，即利用恰当的比喻来达到内容的过渡；故事过渡法，即讲解一个和后续课文内容相关的小故事过渡到下一个内容。教师可以在处理不同教学材料时，按照教学设计的需要采用不同的过渡方法。

四、结束技能

良好的开端是课堂教学成功的一半，完美的结局则使课堂教学耐人寻味。写文章有“凤头、猪肚、豹尾”之说，语文教学也应善始善终，首尾呼应。好的结课不仅可以梳理概括教学内容，帮助学生理清学习思路，而且能够延伸拓展课堂教学内容，使学生保持旺盛的求知欲望和浓厚的学习兴趣。

（一）结束的要求

1. 言简意赅

课堂教学小结不是对教学内容重新讲述，需要用概括性的语言小结教学内容。高质量的收束，都必须对语言进行高度的概括提炼，做到言简意赅、词约义丰。

2. 把握重点

语文课信息量一般比较大，而且比较杂，因此，收束要目的性强，做到有的放矢。这就要求教师在结尾时紧扣文本，突出重点，让每个学生能从一堂课的教学内容中提炼重要信息予以储存，帮助学生理解、掌握和记忆。

3. 灵活多变

收束时不能拘谨机械，一成不变，教师要根据文本的特点、教学的需要和学生实际加以创新，以多种多样的方法使结束生动有趣，有声有色，而不至于枯燥呆板使学生失去学习的兴趣。

4. 讲究艺术

收束也要注重艺术性，主要体现在：一是语言上要内容充实、形式多变，修辞手法丰富，展现语言的魅力；二是融合音乐、绘画、书写、表演等艺术手段使收束变得生动形象，富有情趣。

（二）结束的分类

结课有法，但无定法。教师应该结合自己的教学风格，根据班级学生的学习特点和学习水平，结合不同的教学内容，选择不同的结课方式。下面介绍常见的结课方式。

1. 归纳式结课

归纳式结课是在课堂教学结束时教师用准确简练的语言，对本节课的重点、难点、知识结构、基本原理、基本技能等进行梳理和概括，从而结束课堂教学的一种方式。它是最常用的语文结课方式。归纳式结课有利于学生形成知识系统，起到强化和深化的作用。

例如，教授《威尼斯小艇》①一课结课："威尼斯是世界闻名的水上城市，再加上小艇的样子奇特，船夫的技术又如此高超，所以小艇与人们的生活息息相关。难怪威尼斯有别具一格的建筑，星罗棋布的石桥，可见作者是想通过小艇来为我们介绍这座水上城市。"教师寥寥数语既概括了课文的主要内容，又点出了课题的意义。

2. 拓展式结课

即教学结束时，教师因势利导将课内学习延伸到课外及其他学科的学习，将书本知识拓展到社会实践活动的教学方式。运用时要注意，延伸拓展所提出的要求应是学生能够达到的，要考虑学生课外资源的利用程度，从而避免提出的教学要求落空。例如教授《少年闰土》结课时，老师说："同学们，'我'和闰土少年时结下了深厚的友谊，离别时难舍难分。三十年后，我们又相见了。这时我们又怎样呢?"学生大胆猜测。在一些学生发言之后，老师总结："大家说得很好，想象也很丰富，可是结果并不是如此。三十年后，闰土见了'我'就喊'老爷'，这是怎么回事呢？大家想知道吗？请同学们课后到学校图书馆借阅鲁迅的小说《故乡》就明白了。"

3. 悬念式结课

悬念式结课是指设置疑点设下悬念，引发学生积极思考的结束课堂教学的方式。此法能促成学生的学习期待和探索动力，激发学生的学习兴趣和继续思考的热情。运用时要注意设置的悬念要有启发性，给学生留下思考的空间，激起学生探究愿望。该方法常在上下两节课具有内容或形式上的密切联系时使用。例如《全神贯注》②可这样设计课堂收束："做事要有执著的态度和全神贯注的精神，培养一丝不苟的作风。罗丹差一点儿把朋友锁在自己的工作室，但他成了世界著名的大艺术家。还有这么一位聋哑青年，他作画时全神贯注，一丝不苟，金鱼游到了纸上。下节课我们再来学习。"这样的收束，紧紧抓住学生的好奇心理，在学生的心里激起悬念，诱导学生去阅读后面的故事情节，为下一课《鱼游到了纸上》的教学做好了铺垫。

4. 训练式结课

训练式结课指教师通过训练让学生加深理解课文内容、学会运用语言的结束课堂教学方式。

【案例传真】

薛法根《沙漠之舟》《我应该感到自豪才对》片段③

师：骆驼有骆驼值得自豪的地方，我们每个人都有值得自豪的地方。现在请你写几句话，用上"我感到自豪的是——"的句式。

生：我感到自豪的是我的绘画很出色，曾经在比赛中得过好几个一等奖。

---

① 沈龙明，丁莉，郁琼蕊编著. 小学语文有效教学实用课堂教学艺术[M]. 北京：世界图书出版公司北京公司，2009：76.

② 论小学语文课堂教学的结课艺术[J]http://www.lbx777.com/jxzn/jxzn_n/jxzn_n_001.htm 2011-02-07.

③ 开健主编. 新课程下语文课堂教学技能训练[M]. 合肥：安徽教育出版社，2009(8)，274-275.

师：我为你——未来的画家感到自豪。

生：我感到自豪的是我会弹钢琴，已经考到了五级。

生：我感到自豪的是我的学习成绩在班级里最好。

师：希望你永远学得更好。

生：我感到自豪的是我有一个温馨的家庭，有爱我的爸爸、妈妈。

师：多幸福啊！我为你的家庭感到自豪。

生：我感到自豪的是我能帮助爸爸、妈妈做家务。

师：我为你的爸爸妈妈有你这样一个好女儿感到自豪。

生：我感到自豪的是今天能有特级教师给我们上课。

师：我为能给你们上课感到自豪。因为你们是祖国的希望，是未来的栋梁！

薛老师在读完《沙漠之舟》后让学生用“我感到自豪的是——”的句式说话，通过说话训练，既迁移了句式，又运用了知识；更唤醒了学生对自我的关注和认同，实现了学生语言与思想的共同发展。

5. 活动式结课

活动式结课是指教师采用让学生活动的方式来结束课堂教学的形式。这种结课通过学生自己参与活动，让学生在活动中掌握知识、运用知识、巩固知识，同时突出学生的主体地位，培养学生动口、动脑、动手的能力。需要注意的是，活动的选择一定要与课文内容相关，要能促进学生语文能力的培养。例如，《索溪峪的“野”》[①]最后结课时，可选择“开心家乡游”的游戏。先让全班学生当旅游团成员，请一位同学当张家界索溪峪的导游，要小“导游”把课文改编成导游词，根据课文描述的景点一线天、百丈峡、十里画廊、西海峰林等进入情境，依次向全班同学作介绍。同学们可以旅游团成员的身份向“导游”提问题，由“导游”解答。如果“导游”答不出，也可以请老师或能回答的同学作答。这样的创造性教学游戏，不仅可以训练学生在内化课文语言的同时，根据表演的需要创造性地组织语言的表达，而且可以充分体现学生对交际言语的学习和运用。

专题点拨·理性反思

小学语文课堂教学组织技能

一、情境创设

语文教学情境的创设，指的是在教学过程中制造或创设与教学内容相适应的具体场景或氛围，激发学生兴趣，引导学生进行情感体验，促进其心理机能全面和谐地发展，提高教学效率的一种教学行为方式。有效的情境创设为学生展现了一幅幅鲜活的场景，可以提高学生学习的兴趣，使学生积极主动、充满自信地参与到学习中，同时还能让学生在具

① 论小学语文课堂教学的结课艺术[J]，http://www.lbx777.com/jxzn/jxzn_n/jxzn_n_001.htm 2011-02-07.

体情境中培养观察力，强化生活感受，提高教学效率。

（一）情境创设的要求

创设教学情境要本着服务于学生，服务于课堂教学的宗旨，紧密联系学生生活实际，提高他们的学习兴趣，具体要求如下：

1. 目标明确

情境的创设要克服随意性和盲目性，避免搞形式主义，要有针对性，符合既定的教学目标，从教学需要出发，达到教学内容与教学情境的和谐统一，以引起学生的共鸣，产生探究的兴趣。

2. 贴近生活

创设教学情境必须贴近学生生活实际。教师要善于从生活中捕捉那些生动形象的实例，唤起学生的生活经验和知识背景，让抽象的知识具体化，深奥的道理通俗化，从而使学生产生熟悉感、亲切感，借助情境有效地学习。

3. 形式多样

情境创设要在体现教材基本思路的基础上针对不同教学对象、教学内容创造性地使用，做到形式多样，灵活多变。对于低、中年级的学生，可以通过讲故事、做游戏、模拟表演、直观演示等形式创设情境；而对于高年级学生，则要侧重创设有助于学生自主学习、合作交流的问题情境，用语文本身的魅力去吸引学生。

（二）情境创设的方法

创设语文教学情境的方法多种多样。具体介绍以下几种：

1. 言语描绘

言语描绘是指课堂上教师通过语言刻绘创设情境的教学方式。教师可利用带有情感的语言，渲染气氛，点拨诱导，让文本中文字所描述的人物或事件复活，为学生创造一个良好的语言情境；有时候教师在形象化的言语描绘的同时，还伴以优美的动作，从而激发学生的想象，使学生身临其境，达到言有尽而意无穷的作用。

【案例传真】

万里长城

师：对，真好！同学们，长城是古代劳动人民血汗和智慧的结晶，是我们中华民族的骄傲和自豪。想看看吗？（生齐：想）请看——（出示课件：展示长城各方位的视频影片）

师：（深情地）同学们，这就是我们的万里长城；这就是我国古代最伟大的建筑物——万里长城；这就是气魄雄伟的万里长城；这就是建筑年代久远的万里长城；这就是工程浩大的万里长城；这就是施工艰难的万里长城；这就是用古代劳动人民的血汗和智慧凝结而成的万里长城；这就是令中华民族骄傲和自豪的万里长城；这就是永不低头、永不流泪的万里长城；这就是象征着中华民族百折不挠、坚强不屈的万里长城；这就是我们的万里长

城！（掌声）

教师通过语言描述，使学生在心中形成一种虚拟情境，在特定情境的诱发下，走近万里长城并融于文本。

2. 直观展示

言语所创设的形象缺乏直观性，这就需要在课堂上直观地展示情境，其方法有两种：一是借助现代教育技术实现情境的直观性；二是通过实物及教学活动来营造情境。这两种方法，前一种属于虚拟性的情境，不过丰富灵活，可反复使用；后一种生活实感更强，但受教学时空、物质限制较大。直观展示情境，易于渲染课堂气氛，开阔学生视野，引起学生情感的共鸣。例如：《富饶的西沙群岛》教师通过多媒体课件展示西沙群岛的美景，一张一张美轮美奂的西沙群岛美景的展现，一下子吸引了学生的注意力，使学生完全进入美丽的海滨情境之中，从而达到良好的教学效果。

3. 音乐渲染

音乐的语言丰富而含蓄，微妙而深刻。教师可通过选用恰当的音乐，配合文本的学习，在课堂内营造出特定的情境氛围，唤起学生情感的共鸣，拓展学生联想和想象的空间。

【案例传真】

二泉映月①

《二泉映月》这篇课文，对于阿炳究竟为什么要"深沉叹息，伤心哭泣，激愤倾诉，倔犟呐喊"，阿炳究竟有"怎样苦难的一生"？文章留了较多的空白。课堂上，就可以通过让学生聆听二胡曲《二泉映月》，让学生来想象：漫天飞雪中，你看到阿炳了吗？人潮如流中，你看到阿炳了吗？烈日当空下，你看到阿炳了吗？月色如水中，你看到阿炳了吗？你看到了怎样的阿炳？他在做些什么？说些什么？当如泣如诉的二胡曲随着文字弥漫开来的时候，孩子们沉醉其间，情至深处，满含泪花。孩子们对于阿炳凄凉身世和复杂心绪的体味，无须教师再多言，孩子们早就插上了想象的翅膀，飞向那无限的远方。

4. 角色扮演

角色扮演指的是教师通过指导学生进行角色扮演来制造情境的方法。角色扮演可以强化学生主体意识，使教育教学活动成为学生的内在需求。课堂角色扮演比戏剧舞台表演更灵活自由，无太多约束，便于学生接受掌握，也方便课堂使用。

【案例传真】

小稻秧遇险记②

师：读到这里，我想，"气势汹汹"、"蛮不讲理"、"一拥而上"肯定懂了。谁知道"气势汹汹"是什么意思？（老师喊了几位举手的同学到前面来）

---

① 李红霞，《用音乐渲染诗意的语文课堂》，《科学大众》，2007(10)：94.

② 周成平主编. 中国著名教师的精彩课堂[M]. 南京：江苏人民出版社，2007：17.

师：这几位同学都懂了，没有懂的同学请看我们的表演：我当小稻秧，你们几个当杂草。杂草把小稻秧团团围住，你们应该怎么站？（学生从四面把老师围住。笑声）

师："你们要干什么？"

生："快把营养交出来"（声音低）

师：你们没有懂。要凶，声音要大，把腰叉起来。

生：（叉腰，大声，凶恶地）"快把营养交出来！"

师："我们刚搬到大田不久，正需要营养，怎么能交给你们呢？"

（学生不知所措）

师：（问全体同学）他们应干什么？

生：他们应上前抢营养。

师：对，要抢。营养在地里，快！

（"杂草们"一拥而上，抢起了营养。稻秧没精打采地垂下了头，下面的学生哈哈大笑）

师：杂草厉害不厉害？凶不凶？（生：厉害，凶）这就是"气势汹汹"。杂草野蛮不野蛮？（生：野蛮）讲理不讲理？（生：不讲理）这就叫"蛮不讲理"。杂草让小稻秧发言吗？（生：不让）这就叫"不由分说"。各位"杂草"请回去。

教师引导学生通过表演，使词语的理解有了形象的支撑。在这样的学习过程中，学生兴趣盎然，轻松愉快，不知不觉中学会词语的意思。

二、提问

课堂提问就是在教学过程中，教师针对教学内容，设置一系列问题情境，促使学生积极思维，提高教学质量的一种教学方式。教学提问技能是教师通过提问来促进学生学习，了解学生学习状态，引发学生思考的一种教学行为方式。课堂提问方法很多，主要有以下分类。

（一）直问与曲问

直问就是指教师针对教学内容开门见山直接提出问题，学生对问题的思考是直线式的，能够直接作出回答。大多数提问都是此种类型。曲问则是指教师不直接提问，而是借助其他内容的提问，来帮助学生逼近特定问题的解决。例如，在讲解《愚公移山》一文时，"邻人京城氏孀妻有遗男"，"孀妻"和"遗男"为生字词，教学时我们可以直接就此直问，"孀妻、遗男是什么意思？"当然我们也可以像钱梦龙先生一样采用曲问的方式："这个年纪小小的孩子跟老愚公一起去移山，他爸爸肯让他去吗？"学生一时不能回答，稍一思索，七嘴八舌地回答："他没有爸爸！"钱老师追问："你是怎么知道的？"学生答："他是寡妇的儿子。遗孀就是寡妇，遗男是孤儿的意思。"钱老师："对了！这个孩子死了爸爸，只有妈妈。你们看书的确很仔细。"

（二）正问与反问

正问就是教师根据教学内容从正面提问。反问是指教师不从问题的正面提出问题，而是从反面提出假设，让学生通过比较，自己作出结论。这种提问可促使学生深入思考，训练学生的逆向思维能力。正问与反问可以促进学生从问题的两个对立面出发加深对知识的理解，能培养学生对问题进行顺向与逆向思维的能力。这两种提问可以交替进行，结合使用。

如《草船借箭》一课，教师问学生“诸葛亮草船借箭为什么能够成功?”这是正问，也可以反问：“只要出现哪一种情况，草船借箭就不能成功?”

（三）追问与连问

追问就是对某一内容或某一问题，在一问之后再次提问，穷追不舍，以引导学生正确理解学习内容的提问方式。如《别了，我爱的中国》[①]：文章一开始就写“别了，我爱的中国，我全心爱着的中国!”作者为什么写了“别了，我爱的中国”，后面还要跟上一句“我全心爱着的中国”？学生作答后，老师又追问：为什么在重复的同时，还要加上“全心”这个词？学生思考回答后，老师继续追问：去掉这个词后表达的意思是不是一样的呢？这样的追问，既帮助学生理解了难句，也了解了句子间的内在联系，使学生深深体会到：我的全部感情都倾注于祖国；句子的重复是必要的，它起到了补充和强调的作用。

连问就是把几个问题按照一定的结构组合起来，连续向学生提出的提问方式。例如，《卖火柴的小女孩》文尾说：谁也不知道她曾经看到过多么美丽的东西，她曾经多么幸福，跟着她奶奶一起走向新年的幸福中去 。教师向学生连问：“谁”是指什么人？谁不知道的情况有哪些？小女孩的“幸福”是不是真正的幸福？小女孩在大年夜冻死街头，明明那么悲惨不幸，为什么却用两个“幸福”说她是“幸福”的？通过连问有效地激发了学生的思维。

（四）快问与慢问

快问即教师发出快速急问，学生抢答，以训练学生思维的敏捷性和灵活性，这种提问宜于较易的内容；慢问则是教师提出问题后给学生留出足够的思考时间，让学生周密思考，组织语言，以对问题作出圆满回答。这种提问可训练学生思维的深刻性和批判性，突出重点和难点，宜用于较难的内容。

【案例传真】

圆明园的毁灭[②]

生：这还没完，敌人为了销毁罪证，放火把圆明园烧了，大火烧了三天三夜，圆明园只剩一片灰烬!

师：一天多少小时？（学生答 24 小时）

师：三天三夜多少小时？（学生答 72 小时）

师：一小时多少分钟？（学生答 60 分钟）

师：三天三夜多少分钟？（学生答：4320 分钟，有的学生动笔计算。）

---

① 蒋蓉主编. 口语[M]. 长沙：湖南科学技术出版社，2008：126.

② 姚春杰. 小学语文名师同课异教实录[M]. 上海：华东师范大学出版社，2008：196.

师：4320分钟是多少半分钟？（学生回答8640个半分钟）那么会烧掉些什么？

师：烧掉一幅历史名画只用几秒钟，烧掉一个建筑，比如“平湖秋月”只需几分钟。（放无声录像，是大火焚烧圆明园的镜头）“火烧”半分钟，想象会烧掉什么？（全体静默，出示画面：烈火熊熊，浓烟滚滚的半分钟。）

师：这半分钟，感觉长吗？（学生答感觉长）

生：会掉许多精美的建筑物和画家、书法家的作品。

生：会烧掉许多华丽的丝绸和衣服。

生：会烧掉唐、宋、元、明、清历代的奇珍异宝。

师：把这8640个半分钟加起来，想象一下。而且是在一万多个会堂这么大的地方同时燃烧8640个半分钟啊。

生：圆明园本来是在北京西北郊，可大火笼罩了整个北京！所以，可以想象出圆明园这不可估量的文化价值是怎样化为灰烬的。

为理解“大火烧了三天三夜”的含义，老师用快问的方式引导学生对“三天三夜”进行计算，训练学生思维的敏捷性和灵活性，同时让学生体会数字里面所蕴藏的含义。紧接着“那么烧掉些什么呢？火烧半分钟，想象会烧掉什么？”教师的提问让学生进入到老师用媒体营造的情境中，开始深思教师的提问。一快一慢，有效地控制了课堂教学的节奏，把学生的思维由表层引向深入，让学生体验到侵略者放火烧圆明园的罪行。

三、教学评价

语文课堂教学诊断与评价，即教师对学生的学习行为及情感态度、思维状况、方法采用、成效获得等方面实施评价，是课堂教学的重要组成部分。适时、适度、科学、合理的课堂教学诊断与评价，将对学生学习兴趣的激发、学习行为的诊断与改进、学习方向的引领、学习能力的提升、学习习惯的培养等方面都起到有力的促进作用。

传统的语文教学评价主要侧重于定量评价，注重选拔和甄别功能。而《义务教育语文课程标准（实验版修订稿）》之“评价建议”部分，对评价的目的、内容、方式及评价主体等方面都作出了新的引领与要求，如在目的上强调“更重要的是为了检验和改进学生的语文学习和教师的教学，改善课程设计，完善教学过程，从而有效地促进学生的发展”；内容上指出“要从知识与技能、过程与方法、情感态度价值观几方面进行评价，全面考察学生的语文素养”；另外，在方式方法和评价主体上也提出了多样化、多元化的要求。这些要求提示我们：作为课程评价重要组成部分的课堂教学评价，也必须相应从“目标”、“内容”、“方式”、“评价主体”等方面作出重新审视与建构，才能更好地发挥其促进学生语文学习，改进教师教学，改善课程设计，完善教学过程，促进学生发展上的作用。

教学评价方式多种多样，根据不同的角度和分类标准可以有不同的划分。参照不同的标准可以分为定量评价与定性评价；根据不同评价功能可以将教学评价分为诊断性评价、形成性评价、总结性评价；根据不同的主题可以将教学评价分为他评和自评，他评又可以分为教师评、学生评和家长评；根据评价采用的方法可以分为：书面测试、观察记录、访谈记录、问卷调查、作业分析档案袋评价、表现型测试等。下面简要介绍诊断性评价、形成性评价和总结性评价。

1. 诊断性评价

诊断性评价是指测量学生原有的学习基础和学习能力水平而作出的评价。通常在新学期或新课程的开始时进行，习惯上称为摸底考试。诊断性评价，有利于教师摸清所教学生的基础状况，并根据学生的具体情况制订教学计划和选择教学方法，有利于教学活动的顺利进行。

2. 形成性评价

形成性评价指的是在教学活动过程中，对学生掌握的知识、能力发展等方面及时进行评价。通常是在获得有关反馈信息后作出的评价，方式不固定，既可以有针对性地提问后作出评价，也可以通过书面检测形式进行评价。

3. 总结性评价

一个学习阶段结束时，一门学科阶段性终结时，通过书面考试方式，对学生的学习效果给予评定，给定分数或等级。总结性评价不仅能使学生了解自己的学习与教学目标之间存在的差距，而且能使教师了解自己教学工作的实际效果。

【案例传真】

那片绿绿的爬山虎①

师：请同学们认真读课文，边读边思考，从课文中可以看出叶圣陶先生是怎样的人？

师：（待学生抬头表示读完）谁先来说说？

生：叶圣陶先生修改文章很投入，让人感到温暖。

师：你怎么看出来的？

生：叶圣陶先生在“我”的本子上改得这样密密麻麻，几页纸上到处是红色的圈、钩或直线、曲线。一个大作家给小孩子这么认真地改，让人感到温暖。

师：你用了课文里的话来说，很有说服力，还谈了自己的感受，你读书真用心啊！

生：叶老先生对我们少年儿童很关心，很热情，他很诚恳地指出“我”作文中的错误，又热情地鼓励，说出优点，还请“我”去家里做客。

师：你把文章的大部分内容读到心里去了，真了不起！

生：叶老先生平易近人，请“我”去做客，还叫孙女小沫迎接“我”，把“我”当大人一样对待。

师：是啊！你读书真细心，体会得很好。

教育家第斯多惠说：教学不在于传授本领，而在于激励、欢迎和鼓舞。老师针对学生的回答作出及时的诊断和评价，通过形成性评价激发了学生的兴趣，增强了学生学习的自信心，同时强化了学生的认识，并给学生指引正确的学习习惯，帮助学生成长和发展。

四、课堂调控

教学是一个动态过程，同时教师所面对的是一群知识结构、智力水平、学习兴趣、能力

① 蒋蓉主编. 口语[S]. 长沙：湖南科学技术出版社，2008：131.

层次等不同的学生，这决定了课堂的复杂性与变化性。面对课堂教学偶发事件的出现，不同的语文教师会采取不同的方法，而这实际上是对语文教师课堂调控能力的考验。因此课堂教学调控能力主要是指教师通过一定的手段和方式对课堂上的“意外”情况进行调节、控制的教学行为方式。课堂调控能力强的教师善于调节气氛、掌握节奏、控制局面，使教学的流程节奏起伏有致、内容处理轻重有变、思维状态张弛有度，使教学充满情趣、富有成效。

课堂调控的方法有以下几种：

1. 因势利导法

指教师顺着学生的思路、学生的情绪加以引导，化消极因素为积极因素，使学生的思维更广阔，更正确。

【案例传真】

《桂林山水》教学片段①

师：漓江的水绿得像什么？

生：绿得像青梅酒。

师：老师不喝酒，见得也少，青梅酒真是绿的吗？

生：是的，我爸爸常常喝酒，我亲眼看见过他喝的青梅酒是碧绿碧绿的。

师：大家知道，多喝酒会醉，那么望着这青梅酒一样的漓江水，人会怎样？

生：漓江水绿得像青梅酒，令人心醉。

生：望着漓江的绿水，就像喝着青梅酒，叫人醉而忘返。

……

这位老师对学生“突兀”的回答，没有轻易否定，而是真心诚意地倾听，并且随机应变，顺着学生的思路，结合学生自己在生活中观察到的事物，引导学生展开想象，使学生真切感受到漓江水的美。

2. 将错就错法

课堂上教师或学生的错误、失误在所难免。教师可以将错就错，只要利用得当，便可使之成为课堂随机生成的有效资源。

【案例传真】

赤 壁 之 战②

一位教师让学生介绍《赤壁之战》的作者情况，学生不假思索地回答：“作者是司马迁，宋代人。”话音未落，笑声四起，这名学生发现自己的口误，不由得面红耳赤。教师却平静地说：“大家别笑，虽然刚才这位同学因一字之差，让司马迁多活了一千多年，司马迁卒

---

① 江平主编. 小学语文课程与教学[M]，北京：高等教育出版社，2004：163.

② 蔡伟. 语文课堂教学技能训练[S]. 上海：华东师范大学出版社，2009：222.

于公元前86年，司马光卒于公元1086年，但这全是我们同学的错吗？谁让两人名字只是一字之差，又都是史学家、文学家呢？在中国文学史上，他们可是并称'两司马'的。还有，谁让《史记》和《资治通鉴》都是史学名著兼文学名著呢？《史记》是中国第一部纪传体史书，《资治通鉴》是中国第一部编年体史书。鲁迅称《史记》为'史家之绝唱，无韵之离骚'，而毛泽东一生最爱的书中就有《资治通鉴》，他共批阅该书十七次，并作了详细的圈点批画。更重要的是我们刚学完《史记》，又来学《资治通鉴》，能不搞混吗？"

教师针对学生的错误，顺势进行解说，处置十分得体。不仅让学生在笑声中转移了对犯错学生的注意力，保护了学生的自尊心，同时又丰富了学生们的文学知识。

3. 借题发挥法

对于一些课堂上的错误，教师不急于改正，而是借题发挥，引起学生的重视，达到一种预先设计的教学效果。

【案例传真】

司　马　光[①]

公开课上教师教《司马光》一课，板书时，不小心把"慌"字的"亡"处多写了一点。当时学生并未发现，或许有人发现了但没有指出来。不过教师很快发现了，但没有马上改正。他平静地继续分析课文。

师：司马光发现小伙伴掉到水缸里是怎么办的呢？

生：司马光搬起石头砸缸。

师：别的小朋友呢？

生：都慌了……

师：今天老师写字有没有慌呢？（边说边在写错的"慌"字下画了一条红线。）

生：老师有点慌，把"慌"字多写了一点。

师：（订正了写错的字）是的，我们要像司马光那样，遇事冷静，不要慌张。

教师在黑板上写错了字，没有掩饰，也没有急于纠正，而是机智结合课文内容分析，让学生明白了写错字的原因，并将其作为分析课文的有力例证，从而使学生加深了对课文的理解。

4. 暗示批评法

在课堂上，对学生的一些"越轨"行为，教师不一定要直接批评，有时借助暗示的作用，间接让学生明白错误，教育效果会更加明显。

【案例传真】

游园不值

一位老师正在教《游园不值》，突然一位迟到的学生"砰"的一声推门而入，径直走到自

---

① 江平主编．小学语文课程与教学[S]．北京：高等教育出版社，2004：64.

己座位上，同学们惊诧不已。老师却不动声色，照样上课，并请学生思考：诗人拜访友人为何小扣门扉而不是猛扣门扉呢？同学们说："因为那样不礼貌。"老师此时正好走到了迟到的学生面前，就轻声地问这个学生：你赞成小扣还是猛扣呢？这个学生的脸上开始发红。

教师面对这样的学生，并没有大发脾气，也没有严厉批评，而是巧妙地运用暗示批评教育学生，使学生认识到自己的错误，同时保证了教学的顺利进行。

专题点拨·理性反思

演示、练习、检测与学法指导技能

一、演示技能

演示技能是指教师授课时用实物、图片、录音、录像等辅助手段引导学生充分感知学习内容的一种教学技能。它是根据小学生形象思维强于抽象思维的特点，通过演示帮助学生直观感知学习对象的教学技能。教师运用演示技能往往可以激发学生学习兴趣，吸引学生注意力，丰富学生的既得经验和感性认识。

随着自然科学和现代技术的发展，演示手段和种类日益繁多。根据演示材料的不同，可分为实物、标本、模型的演示，图片、照片、图画、图表的演示，幻灯、录像、录音、教学电影的演示，等等。下面介绍几种演示技能的方法：

（一）表演演示

指的是借助有效的表演，使学生获得体验，并通过形象的动作神态理解学习内容的含义。如学习盯、仰、仰望等可借助手势、动作、表情等来表演演示；又如，《一个小村庄的故事》第二自然段中"谁家想盖房，谁家想造犁，就拎起斧头到山上去，把一棵一棵的砍下来。"这里的"拎"字表达了小村庄的村民非常随意砍伐树木的心态。为了让小学生感受到"拎"字背后的随意以及作者的惋惜与谴责，教师可以创设情境，演一演村民"拎着斧头上山砍树"与"拿着斧头上山砍树"，通过动作的对比，就能帮助学生切身感受到当时小村庄人们的那分随意与无知。

（二）电教演示

电教演示指的是教师使用现代化电教媒体帮助学生理解教学内容的教学技能。通过电教手段可以将词语、句子或段落要表示的意思、意境直观地呈现在学生眼前，起到变静态为动态，化抽象为形象，使学生准确生动理解的作用。如教学会意字"笔"，可用多媒体展示一支毛笔，上面是竹竿，下面是笔毫，然后演示竹竿变成"竹"，笔毫变成"毛"字，这样就帮助学生明白了"笔"是竹字头和毛字组成，从而牢牢记住了"笔"的字形。又如，《赵州桥》[①]中描写桥上的雕刻艺术："栏板上雕刻着精美的图案：有的刻着相互缠绕的龙，嘴里吐出美丽的水花；有的刻着两条飞龙，前爪相互抵着，各自回首遥望；还有的刻着双龙戏珠。"此句中生词较多。教学时，教师用投影把千姿百态的龙活灵活现地展现在学生眼前，使他们更好地理解"互相缠绕"、"互相抵着"、"遥望" 等词语的意思。这样通过多媒体的使用就可以变静态为动态，再现课文所描述的优美图景，既释词又解句，使学生更好地把课文了然于心。

（三）实验演示

实验演示指的是在教学中教师通过实验的方法来帮助学生理解课文内容的教学技能。

【案例传真】

乌 鸦 喝 水[②]

师：请小朋友想一想，乌鸦把石子放到瓶子里，为什么就喝着水了？

（学生各抒己见。有一学生举手）

师：×××你有什么问题？

生：老师，把小石子放到瓶子里，瓶子里的水真的会升高吗？

（只"引"不"逼"，让学生质疑问难）

（教师拿出准备好的教具：盛有水的瓶子和一些小石子）

师：××小朋友爱动脑筋，问题提得好！老师要给你们做个小小的实验。好，就请××来做。

（老师当众滴了几滴红墨水在瓶子里，让大家看清水位的高度。学生把小石子一个一个地放到瓶子里，水慢慢地升起来了。）

师：谁知道水为什么会升起来呢？

生：因为石子比水重，石子放到瓶子里就把水的地方占了，水就被挤得升起来了。

师：××回答得很好！请大家读一遍课文，要用心记住今天学习的生字和新词，要读出乌鸦先"焦急"后"高兴"的心情来。

（学生齐读课文）

二、指导练习与检测技能

练习与检测是教学过程中一个至关重要的环节，指的是学生在教师的直接指导和督促下，利用刚刚学到的知识、原理、公式等进行练习和检测的教学行为方式。练习与检测技能的运用可以加深学生对课堂知识的理解，并培养学生运用知识的灵活性；同时便于教师自查教学效果，及时改进教学方法。

---

① 小学词语教学方法略说[J]，http://www.3edu.net/lw/1/lw_12207.html.

② http://www.3edu.net/Lesson/sl/Lesson_21997.html.

教师在运用该技能时须做到有计划、有系统地开展，同时难易要适度，反映出学生的真实水平，另外也要确保练习与检测的形式多样化，单一机械容易使学生产生厌倦情绪。具体的练习与检测的形式有以下几种①。

（一）选择类

指根据班级学生的差异，设计适合不同层次水平的学生需要的练习，供学生自主选择。例如，学习了寓言《揠苗助长》，教师设计了三档写作练习与检测题：A. 尝试写写寓意；B. 人们说“一分耕耘一分收获”，然而农夫付出了辛劳，却一无所获，是这句话错了吗？写写你的看法；C. 给农夫写封信（从劝诫或建议使用科学方法的角度），学生自主决定。这样的设计有利于激发不同层次学生的学习潜能，有利于提高学生的思维水平。

（二）实践类

指调查、访问、观察、实验等活动性练习。例如，学习《黄山奇石》后，让学生担当小导游，介绍黄山风景。学生各尽其思，各展其能，在轻松愉快的心境中比较容易地完成教师布置的作业。

（三）合作类

指通过生生合作共同完成练习。例如，学生学习了《太阳》一课后，对太阳产生了浓厚的兴趣，提出了“太阳对人类有哪些危害？”“古今中外有哪些关于太阳的文学作品？”等问题，教师就适时地要求学生以小组为单位，办一份以“太阳”为主题的小报。这样有利于生生合作，培养学生的团队精神，使学生从小懂得集体合作才能把事情办好。

（四）探究类

是指教师通过布置练习与检测题要求学生自行探究完成的作业。如学习了《富饶的西沙群岛》后，要求学生根据环保主题，撰写一篇小论文，每个学生根据自己的喜好，选择不同的内容体裁，通过搜集资料进行创作。小论文体裁多样，可以是科幻小说、小剧本、散文、评论等，最后学校组织“论文”答辩会。练习形式多样，既满足了学生的求知心理，又不使他们觉得枯燥乏味，学生在轻松愉快的心境中完成练习。这样做，很容易收到师生都满意的效果。

三、自主、合作、探究学法指导

学法指导就是指教师对学生进行学习方法的指导，使学生在掌握知识的情况下掌握学法，从而使学生可以独自去获取新的知识。新课标中强调：“学生是语文学习的主人，语文教学应该激发学生的学习兴趣，注重培养学生的学习的意识和习惯，为学生创设良好的自主学习情境。”因此，教师在教学中，要真正实现“以学生为主体”，增强学生“自主”学习观念，在自主学习的基础上，还应教会学生学会合作学习和探究学习的意识和能力。

---

① 沈龙明，丁莉，郁琼蕊编著. 小学语文有效教学实用课堂教学艺术[M]，北京：世界图书出版公司，2009：91.

自主、合作、探究学法的指导要遵循语文学习的规律以及小学生的心理特点，不能一味强调学生的“自主”学习而丢掉教师自身“主导”的作用。例如学习《卖火柴的小女孩》时，有老师让学生自主选择，愿意先学哪一次划火柴，就学哪一段课文。而事实上故事的情节是随着每一次划火柴而逐步展开的。一旦打破顺序，学生学习课文的思维逻辑势必打乱，其情感历程也相应断裂。可见，自主、合作、探究学法指导的运用不是说教师在学生的“自主”面前处于不作为的状态，而是作为课堂的“引领者、组织者、参与者”更好地发挥其主导作用，确保学生自主、合作、探究学习方法的掌握和运用。

在语文教学中落实学法指导，大致可分为以下四个环节。

（一）示范展示

即通过教学中的示范性指导，让学生从教师的教学中感知学法，领悟学法。教师的示范过程须做到两点：一是线条明确，层次清楚，便于学生发现和领悟学法。二是难易适度，便于学生尝试和运用学法。如在教学第八册第 20 课《古诗两首》时，可将第一篇《送孟浩然之广陵》作为展示学法的范例，指导学生分五步（读准字音——理解字词——明晓诗意——想象意境——背诵诗句）进行学习，教学的条理清晰，能帮助学生从这一学习过程中获得清晰完整的感性认识。

（二）归纳小结

即教师要及时引导学生对学习过程进行回顾，并加以简要归纳，使学生对学法的认识更加清晰和深刻。如在学完《送孟浩然之广陵》后，教师问学生：“我们刚才是分了几个步骤来学习这篇课文的？每一步又是怎样做的？”通过回答问题，学生对刚才的学习过程进行回忆思索，把发现和领悟到的学法简明准确地归纳出来。

（三）实践运用

即教师给予学生自学实践的机会，让学生尝试运用学法并转化为自己的能力。如在教学第二首古诗《送元二使安西》时，就可把主动权留给学生，让学生自学这首诗。自学之前，教师用课件出示学法，强化学生的意识，防止自学过程的混乱性；同时还向学生提出相应的要求。这样，学生既明白了学习方法，又弄清了自学要求，就能按部就班地进行自学。

（四）检查巩固

是指在学生自学后，教师采取一定的方法检查自学效果，了解学生的自学情况。在教学《送元二使安西》时，就可设计一些问题检查学生自学效果，如说说词语意思、讲述诗歌内容、体会诗歌情感、朗读和背诵诗歌等，促使学生独立思考、评议、相互启发，培养学生的自学能力。

总之，不同的问题有不同的学法，教师要善于把握各类文体特点，在教学中加强学法指导，同时要充分发挥师生双方的积极性、互动性，发扬小组合作精神，促进学生自主、合作、探究地学习语文。

体验践履·自我提高

1. 根据各种教学技能的要求和方法，从以下课文《画家和牧童》、《月球之谜》、《长城》、《触摸春天》、《钓鱼的启示》、《穷人》中任意选择一篇进行教学设计。

2. 根据上题的教学设计，尝试在相应小学年级或与本班同学模拟开展教学，注意将整个教学过程记录下来，课堂结束后仔细反思和分析自己各种教学技能运用情况。

拓展视野·娴熟技能

【拓展练习】

1. 结合小学语文教学实际，试述对小学语文教学技能的理解及运用时应注意的问题。

2. 从有关期刊、网站搜集几个小学语文课堂教学实录，细致阅读，并对老师的教学技能运用进行思考和解读，分析其使用的利弊和效应。

【拓展阅读】

一、小学语文课堂教学技能训练的要求

（一）语文性和教学性的统一

熟练的师范技能对于语文教师而言是必要的，它是语文教师必备的技能，而丰富的语文知识、深厚的文学素养同样也有价值，它既是语文教师教好课的基础，也是语文教师实现自身专业发展的内在保障。语文教学技能的训练要做到语文性和教学性的统一，从教师内在底蕴和外在行为两方面去塑造语文教师，使语文教师能在举手投足间充满教学智慧、尽显语文色彩。

（二）理论性与实践性统一

语文教学技能的训练要严格遵循理论性与实践性相统一的原则，将理论的学习与语文教学的实践有机结合起来，即在理论指导下进行实践，在实践中理解掌握理论，在实践中形成技能，在实践中有所创造。训练过程中要使语文新理念、新思想落实于语文教学实践中，使理念和思想真正体现在语文教师的教学行为、教学技能上。

（三）实效性和创新性统一

优秀的语文教师既是语文教学的实践者，更是一个反思者和研究者，因此，在进行训练时，要坚持主体性和能动性，把语文教学技能训练看做自我提升、自我增值的途径，在训练中有所思、有所得，并将所思所得积极应用于语文教学实践中，提高训练的实效性；同时在加强传统语文教学技能如导入、收束、板书、讲授、提问等技能训练时赋予新理念和新内涵，逐渐形成创造性解决教学问题的意识和能力。

二、小学语文课堂教学技能训练的形式

过去课堂教学技能训练的形式大多采用教师讲授，或学生听课评课等，这种方式有一定效果，但学生始终处于被动地位，缺乏参与意识、主动精神。因此训练要加强理论与实践的紧密联系，开展丰富多彩的实践活动，发挥学生的经验与智慧，做到形式的多样化。在具体方法上，除教师讲授、学生听课评课外，还可以通过微格教学、案例研讨、情境体验、模拟互动、实习演练等方式来开展训练，此外，还可以举行说课、板书、课件制作、微型课等竞赛活动，激发学生参与训练的兴趣，提升小学语文课堂的施教能力。

【参考课题】

1. 新课程下小学语文课堂教学技能的创新与发展
2. 新课程课堂教学技能指导与训练
3. 如何实施小学语文课堂教学评价
4. 小学语文课堂教学中如何培养学生的自主学习能力

【参考文献】

[1] 马友文. 名师最吸引学生的课堂切入点[M]. 重庆：西南师范大学出版社，2008.
[2] 蒋蓉. 口语[M]. 长沙：湖南科技出版社，2008.
[3] 沈龙明，丁莉，郁琼蕊. 小学语文有效教学实用课堂教学艺术[M]. 北京：世界图书出版公司，2009.
[4] 开健. 新课程下语文课堂教学技能训练[M]. 合肥：安徽教育出版社，2009.
[5] 周成平. 中国著名教师的精彩课堂[M]. 南京：江苏人民出版社，2007.
[6] 姚春杰. 小学语文名师同课异教实录[M]. 上海：华东师范大学出版社，2008.
[7] 江平. 小学语文课程与教学[M]. 北京：高等教育出版社，2004.
[8] 蔡伟. 语文课堂教学技能训练[M]. 上海：华东师范大学出版社，2009.
[9] 陈明选，李勤. 小学语文课堂教学问题诊断与教学技能应用[M]. 北京：世界图书出版公司，2008.
[10] 王相文，王松泉，韩雪屏. 语文课程教学技能[M]. 北京：高等教育出版社，2007.

第十章　小学语文教学研究技能

单元导读·抛砖引玉

小学语文教学研究技能是小学语文教师的必备技能。小学语文教师要有效地进行小学语文教育教学工作，正确解决小学语文教育教学改革与实践中出现的新问题，提高教育教学水平，并预见小学语文教育教学的未来发展方向，就必须开展教育教学研究。现代小学语文教师不能仅做“教书匠”，应努力由“实践型”逐步向“科研型”、“专家型”教师发展，坚持教育教学与科研工作同步进行。小学语文教学研究是实现小学语文教学目标，提高小学语文教学质量的前提，也是提高小学语文教师专业素质，促进其业务能力发展的重要途径。新时代、新课改背景下，“教研立校”、“科研兴师”的呼声越来越强烈，教师必须参与教育研究并具备相应的学识素养与研究能力，这是新时代、新课改对小学语文教师提出的必然要求。

问题扫描·掩卷遐思

【问题扫描】

小学语文教学研究中存在的问题

当前，世界各国都以教师专业化的理念来培养教师，人们对教师的要求不再停留在工具意义、外在价值水平上，而是要求教师由“教书匠”成长为专家型、科研型的教师，教育研究能力成了教师专业化发展的基本条件。我国的基础教育课程改革也要求教师们要以一个学习者和研究者的角色投入教育教学实践中，具有较高的专业知识、专业水平和教育研究能力。但广大小学语文教师在从事小学语文教育研究方面还存在一些问题，主要体现在：

一、教学研究缺乏主动性

受传统教育观的影响，一些教师对教学研究重视不够，认为教师的主要任务就是教学；甚至错误地认为：教研是专家、学者的事，一般教师没必要搞教学研究，即使有机会参与教育科研，也只能处在辅助的地位，配合专家、学者进行实验。这种观念上的错误认识导致部分教师科研意识淡薄，教学研究兴趣不高，主动性不强。调查显示：

中小学教师分别有31%和38.9%的人对“我对教育实践和周围教育现象具有反思的习惯”问题持否定和模糊态度；有87%以上的人未达到平均每年发表一篇文章的指标；分别有27.4%和60%的人对“我具有对新的教育思想和方法的探索和创造能力”表示否定和模糊态度。这表明从事语文教育实践、对语文教育最有发言权的一线语文教师游离于语文教育研究队伍之外①。而根据高远老师对师范生进行教育科研素质状况的调查②：25.3%的学生从来不看与专业相关的教育教学类杂志，只有8%的学生会对这类杂志所提出的问题作出思考，有52.2%的学生对参与教育研究不感兴趣，师范生教育科研参与意识亦令人担忧。

由于我国教育科研体制、教师评价标准、教师工作负担重等诸多方面的原因，许多教师没有太多时间和精力从事研究工作，仅仅把自己定位为知识传递者。但是，他们都忽略了这样一个事实：一线小学语文教师具备从事语文教研的最有利条件：研究对象最明确——每天接触学生；研究资源最丰富——有大量的教育教学现象和问题的积累；研究行为最直接——可观察、可调查、可试验、可总结；研究成果最实在——是鲜活的体验与参与者。因此，小学语文教师要树立较强的教研一体意识：教学与研究是密不可分的，教育教学过程本身就是一种研究。教学研究应该成为小学教师的工作常态，工作（备课、上课、批改作业、辅导学生等）就是研究，研究就是工作。教师要转变理念，走出思想误区，不能充当别人研究的旁观者。学校应积极鼓励教师参与教育科研活动，并尽可能为他们提供场所、科研指导、经费等有利条件，以有效地调动小学语文教师参与教育研究活动的积极性，形成良好的教育科研氛围。

二、教学研究缺乏系统性

一些教师对于教育研究感觉茫然、无头绪，从事教育研究的系统性不够。主要表现在以下几方面：一是教学研究没有主攻方向，研究较为随意、零碎。有的教师一会儿想研究这，一会儿想研究那，最终哪方面也没有研究出成果来。二是教学研究缺乏计划性。即使有了研究的主攻方向，但研究目标是什么，如何研究，如何验收，都没有系统详细的实施步骤，其研究往往是肤浅的。三是缺乏整体协作。许多小学教师将教学研究当做个体行为，在教学研究中各搞一套，忽视了交流与协作。即使课题申报成功，也没有注意发挥课题组的作用，一旦要结题，就只有匆匆忙忙赶资料、赶成果。

小学语文教学研究的内容虽然广泛，但研究过程有较明显的阶段性、连续性和系统性。教学研究的主攻方向确定后，应该在广泛调查研究和深入思考的基础上制订切实可行的计划并实施，胡子眉毛一把抓的行为，只能阻碍教学研究的深入开展。教师在教学研究中虽然主要展现的是自己的分析与思考，但如果能集中并整合同一教研组、课题组老师的做法，广泛听取同行专家的意见，无疑会取得更好的研究效果。

---

① 吕婷. 中学语文教育科研的现状及策略研究[J]. 现代教育科学. 2009(6).

② 高远. 当代师范生教育科研素质的调查、分析与建议[J]. 教育探索. 2009(3).

三、教学研究缺乏实效性

一些学校管理者和教师将小学语文教学研究看成是“软任务”，嘴上讲要认真抓好小学语文教学研究，行动上却敷衍了事，致使小学语文教学研究有名无实，教学研究难以深入开展，处于“听听课、开开会，领导教师都满意，教学研究年年搞，教学科研没提高”的局面。还有些小学语文教师将教学研究简单地理解为发论文，没有经过深入研究，就去网上下载他人文章，拼凑成自己的研究成果，致使小学语文教学研究没有充分发挥出其应有的效益。

教育是一种有目的、有计划地培养人才的活动。教学研究是贯彻国家教育方针，落实学校教育计划，提高人才培养质量的重要途径。教学研究是否具有实效性，关系基础教育课程改革的进程，影响着未来中华民族素质的提高。因此，从事小学语文教学研究绝不能被动，不能盲目，不能随意。小学语文教师应该树立效益意识，在教学研究方面多一分责任，多一分追求，切实将小学语文教学研究工作落到实处。

四、教学研究素养亟须提高

教学研究需要有一定的理论水平和实践能力，一些教师虽然有从事教学研究的意愿，却由于自身能力有限，不能够很好地进行教学研究。一些小学语文教师在师范读书的时候，甚至没有学过教育科研这门课。虽然后来经过学习和培训，对教育研究工作有了一定的认识，产生了参与教育科研的愿望，但苦于研究方法不熟，理论功底太弱，工作起来难以理清头绪，难以找准切入点。一些学校的教师在学历普遍提高的情况下，教学水平、科研能力并没有明显的提高。

教师应是教育教学的研究者，如果教师的教育教学没有一定的理论指导，没有以研究为依托的深化与提高，就容易在固守旧经验、照搬老方法的窠臼里不能自拔。一名合格的语文教师，不仅应该具备较强的教学能力，而且要具备一定的研究能力。这不仅是由教师劳动极具创造性和灵活性所决定的，也是当今社会和时代发展对教师提出的现实要求。在当前新课程改革的背景下，小学语文教师应通过学习和研究提高教育教学能力和科研素养，做到“以研究者的心态置身于教学情境中，以研究者的眼光审视和分析教学的理论和教学实践中的各种问题，比如对课程的研究，对各种教材进行评鉴，对课程实施的状况进行分析，对学生学习的过程和结果进行研究、评定。同时对自身的行为进行反思，对出现的问题进行探究，对积累的经验进行总结”①。只有这样，才能使新课改理念深深植根于教学实践的土壤，不断得到完善和发展。

【掩卷遐思】

1. 小学语文教学研究不仅是提高教师专业素质的重要举措，也是推出名师名校的必由之路。请针对当前小学语文教学研究中存在的问题，谈谈你的对策。

2. 请结合教育教学实践撰写一篇教育叙事或小学语文教研论文。

---

① 周庆元.语文教育研究概论[M].长沙：湖南人民出版社，2005：451.

3. 联系实际,谈谈新任教师如何提高自己的小学语文教研能力。
4. 搜集本地区小学语文教师以科研促教学的实例,与大家交流。

典型案例·交流研讨

【典型案例】

童话故事进课堂

【背景材料】

小学语文教材中,儿童文学作品占了85%,其中童话作品又占据其中较大的比例。童话以其奇异动人的故事、浓厚的幻想色彩和奇妙曲折的情节,深受儿童喜爱,在培养学生想象力,陶冶美好情趣等方面,具有独特的作用。

【问题探究】

如果你是一名语文教师,如何开展教学研究,利用童话的特点和学生对童话的喜爱,更好地发挥童话的教学效应?

有一位老师是这样做的:围绕小学生喜欢童话故事的特点,这位老师带领学生进行"童话故事进课堂——探求阅读写作有效模式"的课题实验。实验中,她大胆采用卡通宝宝熊形象进课堂的创新思维,让学校成了森林中的动物学校,教师成了长颈鹿老师,孩子们成了大森林的小动物,孩子们在大森林里学知识,学做人,在童话世界里和宝宝熊一起快乐成长。在开展了一系列丰富多彩的班级活动的同时,教师还组织成立了宝宝熊文学社、宝宝熊童话剧团。实验中,孩子们特有的能量充分发挥出来了,大家集体设计团标、社标,集体创作宝宝熊班歌、积极排练宝宝熊童话剧。在编故事的过程中,这位老师让学生联系千姿百态的生活,把发生在自己身边的有趣、难忘、富有教育意义的事情编成童话故事。终于,一系列宝宝熊童话故事应运而生,一本本印刷精美的宝宝熊系列故事汇编成书,孩子们甚至独立开始创作属于自己的长篇小说。教师也在实验中不断摸索,并撰文总结自己的经验,被推举参加省级年度创新人物评选①。

【交流研讨】

学生A:我认为这是一次较为成功的教学研究。这位老师能结合学生实际开展应用研究,并大胆实践创新,在研究中解决问题。教师把研究的实用性、实效性、可操作性作为教育科研的着力点,充分体现了教学即研究,问题即研究的"做中研"意识。从研究结果来看,孩子们结集出版了自己的童话书,教师也发表了自己的研究心得,既较好地发挥了童话的教学效应,又提升了教师的教育理论素养,课题也产生了一定的推广效应。

学生B:我认为这不是一次很成功的教学研究。主要问题在于如下几个方面:其一,科研含量不高。教师在研究过程中,主要以经验指导教学工作,经验的直观性易造成经验的运用只是从现象到现象,各环节缺乏逻辑性建构。教师如能对语文教育事实加以分析

① 韩慧.开拓创新教育之路,践行收获幸福人生.http://www.docin.com/p-107296998.html,2012.04.

和综合、抽象和概括，发现其内在规律或一般性结论，提升教学研究的理论高度就更好了。其二，忽视了其他类别课文的相应作用。小学语文教材有着大量文质兼美的课文，这位教师从一年级至六年级仅以童话引路探求阅读写作的有效模式，在充分发挥童话教学效应的同时，却忽视了其他优秀课程资源的作用。其三，仅以学生写出童话书和教师写出经验文章就肯定其成果，对研究结果的评价是否科学？

专题点拨·理性反思

小学语文教研技能

小学语文教学研究技能，是指运用科学的理论与方法，有目的、有意识地对小学语文教育教学中的现象与问题进行研究的技能，其目的在于探索和认识小学语文教育与语文学习的内在规律及本质特点，推动小学语文教育教学的改革与发展。一名合格的小学语文教师不仅要掌握教什么，怎么教，还要懂得为什么要这样教，怎样教才可以提高教学质量，这就需要认真研究，探索语文教育教学规律。小学语文教师不仅应具有较强的教学技能，还应具备较强的教研技能。

一、明确教研步骤，提升教研技能

小学语文教研工作一般要经历以下几个步骤：确定研究课题，制订研究计划，收集资料，整理并分析资料，表达研究成果。小学语文教研具有复杂性，研究中涉及的因素较多，小学语文教师的教研技能，主要体现在其研究过程中，教师如何确定研究对象、制订研究计划、选择研究方法、收集资料、整理资料、分析资料等，都体现了其教研技能的高低。

（一）确定研究课题

选题就是寻找研究小学语文教育教学问题的突破口，确定研究课题是进行小学语文教学研究的第一步。小学语文教育教学十分复杂，要探索其客观规律，必须有确定的着手点和突破口。教师在教育教学实践中往往会遇到许多问题，但并非所有问题都值得研究，应该选取那些有科学价值的问题。选题要新颖，有些问题别人已经研究过了，如果你没有新的研究思路或方法手段就没有必要去进行重复研究；选题还要合适，有些问题虽然研究价值大，但如果自己知识、能力不够，研究结果就不一定理想。因此，小学语文教师要紧密结合自己的教育教学实践去发现问题，选题要角度小，有价值，有新意，适合自己。教师除了从小学语文教育教学实践中选题外，还可以从各级教育科研机构、学术研究团体公布的科研课题中，选择自己感兴趣的研究课题。

（二）制订研究计划

制订可行的研究计划是保证小学语文教研顺利进行的基础。研究计划是如何进行课题研究的具体设想，主要包括以下内容：课题的明确表述，国内外研究现状，研究的范围和内容，研究的目的与意义，研究的思路与方法、研究的时间进度，预期研究成果等。如

“小学语文课堂教学有效性研究”课题[①]，在课题的提出、概念界定、理论依据、研究目标之后提出了如下研究内容：分析当前影响我校语文课堂教学有效性的主要因素；研究、实施与总结“提高课堂教学有效性”的行动策略(含有效教学准备策略研究、有效教学实施策略研究、有效教学行为评价研究)；构建促进课堂教学有效性形成的典型课型。制定了如下研究方法：以行动研究法为主，具体操作时还将采用文献研究方法、调查研究方法、实验观察方法、经验总结法。该课题计划还从前期准备阶段、行动研究阶段、总结结题阶段三个阶段确定了课题的研究过程，明确了阶段性成果和预期研究成果。

(三) 实施研究并收集资料

制订了研究计划后，小学语文教师应根据研究计划认真开展课题研究。同时要及时将反映研究进程的各种资料收集起来。研究资料是从事小学语文教学研究的依据，越具体，越典型，越有研究的价值，对资料进行整理、分析、处理就是研究。小学语文教师收集教研资料的主要来源有三：一是来源于古今中外的文献资料；二是来源于教师的调查研究，如问卷调查、座谈会、访谈等；三是来源于教师自身的实验研究和经验总结。教师在搜集资料的过程中要注意用卡片、笔记本或电脑记录文献资料的主要观点、论据及详细出处，记录调查研究和实验研究中出现的主要现象，显示出的重要数据。资料的搜集要做到全(全面)、实(真实)、细(具体)，才能客观、公正、真实地反映研究对象的本质特征。

(四) 整理并分析资料

在小学语文教育研究过程中，由于收集的原始材料多半是较为分散、零乱的，为便于分析研究，这就需要及时对这些资料进行加工、整理，使之成为有价值的资料。在小学语文教研中，对研究资料的分析处理常用两种方法：一是定性分析；二是定量分析。所谓定性分析，就是研究者运用哲学方法和逻辑方法对资料进行研究，以确定研究对象是否具有某种性质，或揭示引起某一现象的变化原因、变化过程等。它以思辨的方法比较事物的异同，概括事物的类型，把握事物的发展规律。所谓定量分析，就是运用科学方法对收集到的研究资料进行处理，以了解研究对象量的特征和变化态势，从而揭示内在的规律的分析。教师在分析研究资料时，必须善于把定性分析的方法和定量分析的方法有机地结合起来。

(五) 表达研究成果

小学语文教师常用的科研表达方式有论文、调查报告、实验报告等。论文要有论点论据，一般由论题、引论、本论、结论、参考文献等组成。调查报告要有调查对象、调查范围、方法的说明和数据分析等；实验报告要有实验过程及其前后变化的比较。不论采用什么形式，思路要清晰，逻辑要严密，观点要明确，论述要合理，语言要准确、科学，引用文献资料要注明出处。初稿完成后，应反复琢磨，认真修改。

---

① 小学语文课堂教学有效性研究[J]. http://wenku.baidu.com/view/cce5a0a3284ac850ad024221.html. 2012.04.

二、小学语文课堂观察技能

小学语文课堂观察技能指研究者带着明确的目的，凭借自身的感官及有关的辅助工具（观察表、录音录像设备等），直接从小学语文课堂教学情境中收集资料，并依据资料开展研究的技能。课堂是研究教与学最适当的场所，它蕴藏着丰富的、有价值的研究要素。小学语文教师要在课堂实践中实现专业发展，就必须学会课堂观察，提升教研技能。训练教师的课堂观察技能，可以从以下三个方面入手：

（一）选择合适的观察对象

小学语文课堂观察的对象主要有三个方面：学生、教师、课堂环境。观察学生可以重点观察学生在课堂上呈现出来的六种状态：情绪状态、注意状态、参与状态、交往状态、思维状态、生成状态，也可以只观察学生语文学习的某一方面。观察教师可以观察其组织能力、教学能力、教学态度、教学基本功、教育机制等，也可以只观察其课堂讲授的某一方面如清晰程度、教学手段、提问、导引等。教学环境包括自然环境和心理环境，自然环境主要包括校园、教室、教学设备等，心理环境主要包括课堂氛围、课堂人际关系、班风、学风等。任何一种课堂观察都不可能穷尽课堂中的方方面面，必须根据研究的目的，选择观察的重点对象，围绕中心设计观察，使资料的收集具有目的性和针对性。比如，观察的目的是观察师生的互动，那整个设计就要围绕怎样有效地观察到师生互动，真实地记录互动过程。如果是为了观察教师的教学语言，设计的中心就集中在教师的语言的记录与分析上。

（二）合理实施观察步骤

小学语文课堂观察的基本步骤包括：①观察前——课堂观察的设计。课堂观察的设计是观察前的准备工作，它对整个课堂观察起着决定性的作用。明确、恰当、有效的设计是课堂观察有效的前提和保障。课堂观察设计的关注点在于以下方面：明确观察目的，选择观察视角；确定观察维度，析出观察指标；确定观测点，选择观察方式和观察工具；选择设计观察量表，确定记录方式与流程[①]。②观察中——课堂观察的实施。要求观察者进入课堂，细心观察并用心记录，这是课堂观察的中心环节。为获取真实客观的课堂信息，进入课堂的观察者应事先征得执教教师的同意，最好提前五分钟进入课堂，选择有利的观察位置坐下。在课堂中，观察者要依照预先选定的记录方式和记录工具对观察对象进行观察和记录，记录的内容包括行为发生的时间、出现的频率、师生言语或非言语活动的内容等，也可以是关于观察对象其他行为的文字描述以及观察者的现场感受和理解。③观察后——课堂观察的总结。课堂观察结束后，还需要一个反思与总结阶段，否则课堂观察就失去了意义。教师在课堂观察之后，要及时对收集的资料进行整理和分析，及时呈现观察结果，以免时过境迁发生偏差。例如，北京羊坊店中心小学同禾老师的“小学低年级学生上课时注意力集中时间和程度的研究”[②]，同禾老师的观察对象是本校一年级一个

---

① 张振伟. 教育研究中课堂观察的设计[J]. 怀化学院学报，2008(8)：78.

② 黄全明. 小学语文教育科研[M]. 杭州：浙江教育出版，2001：128.

班的学生。观察内容是：在一次20分钟的语文字词抄写作业中，分七个时间段对学生进行观察。观察指标包括：认真书写的人数、做小动作的人数、看别人作业的人数、说话的人数、完成作业的人数等。教师经过认真观察，根据观察记录及时得出统计结果：在5分钟之内，100%的学生踏实认真书写，没有任何声音动作。5分钟后，7.9%的学生(3人)开始看别人的作业，并指出别人的书写毛病。6～10分钟，7人开始有动作，或开始发愣，或玩铅笔、橡皮等学习用具，占18.4%。10分钟后，20人开始有动作、发愣，有的开始发出声音，占52.63%。13分钟后，有6人完成作业，占15.79%。20分钟时，有14人完成作业，占36.84%。又延续5分钟后，又有20人完成作业，只有4人未完成作业(全班共38人)。教师在对资料进行整理和分析之后，还应从中归纳、推论出研究结论，以研究报告或论文的形式呈现，并运用研究结果去改进教学实践，增进小学语文课堂教学的实效性。

（三）灵活选用观察方法

小学语文课堂观察的方法是多元的，观察者可以通过定性和定量的方法就课堂上一个或几个比较重要的问题进行观察，可以是对不同教师的同一节课进行观察，可以是对一个教师的多节课进行跟踪观察，还可以是授课教师对自己的观察。教师要合理选用观察方法，提前拟订观察计划，对需要观察的对象做好各方面真实的记录，观察后采取一定的分析方法进行分析、评价，写出观察报告或研究论文。

课堂观察，既是教师的一种基础性职业技能，又是教师专业发展的重要途径，是教师行动研究的基本方式，也是教师专业发展的宝贵资源和必由之路。为了推进新课程改革，促进学生的全面发展，提升教师的专业水平，应该提倡教师重视课堂观察，善于进行课堂观察，科学地进行课堂观察。

三、小学语文听课、评课技能

听课和评课是小学语文教学工作中的一项经常性的活动，是教师必不可少的“日常生活、专业学习与合作研究”[①]，也是促进小学语文教师专业成长的重要途径。小学语文教师的听课评课水平，既反映了听课者能否客观公正地评价课堂，也直接反映了听课者自己的教学能力、教育理念。因此，从某种意义上来说，小学语文教师的听课、评课技能，是小学语文教师教研技能的同义语。

听课是评课的基础，它以“听”和“看”为基本手段，其实质是一种课堂观察。训练教师的听课技能，可从做好三个记录、五个结合入手。三个记录是指课前的记录，课中的记录和课后的记录。①课前的记录。听课者一般要提前五分钟进入课堂，主要做好以下记录：授课人姓名、授课班级及人数、听课时间、教学课题、课型、学生课前状态、教师状态、教室的物理环境等。②课中的记录。主要记录教学内容及其过程。要按教学过程的先后顺序，提纲挈领地记下主要的教学环节、教学内容和方法、重要的课堂提问和训练等。对各教学环节所用的时间、课堂内被提问的人数、学生读练的人数和次数，以及课堂中师生间、生生间情绪的变化及存在的问题等，也要尽量记录下来。③课后的记录。课后的记录包

---

① 崔允漷.听评课，一种新的范式[J].江苏教育，2007.9(3)：25.

括学生是否依旧对这堂课饶有兴趣地谈论，学生掌握课堂内容的情况，听课者与评课者交流的情况等。五个结合是指：眼、耳、手、心、口相结合。“眼”——认真观察教师教态、表情、肢体语言、板书、所用教具及学生反应与表现等；“耳”——仔细聆听师生对话；“手”——记录教学流程、重点、难点、板书、师生交流情况、教学“亮点”及自己触景生情碰撞出的“火花”等；“心”——边听边认真思考，思考授课者的理解、感悟及教法，并与自己作比较；“口”——与师生进行交流沟通(课堂上练习时与学生交流；课后与上课教师进行交流)。听完课后，听课者要抓住重点，分析概括，整理听课内容并写出听课意见，及时与授课教师交流。

评课是在听课的基础上进行的。训练教师的评课技能，可以从三个方面入手：

(一) 明确评价指标

就一堂小学语文课的评价来说，至今没有一个公认的客观一致的评价标准。就评课指标来说，我国以往的评课侧重在评教，通常从教育思想、教学目标、教学内容、教学过程、教学方法、教学能力等方面评价语文教师的课堂教学。评价新理念认为，应坚持评教与评学相结合，打破关注教师的行为表现、忽视学生参与学习过程的传统的课堂教学评价模式，强调以学生在课堂学习中呈现的状态为参照来评价语文课堂教学质量。一堂好课的标准应该是看教师是否创造了学生发展的良好环境氛围，是否提高了学生的参与度和思维度，是否激发了学生的自主性和创造性，是否注意了教学的规范性和创新性，是否落实了知识、情感、技能等目标。小学语文教师在参与评课时，可以从学生学习的角度观察分析，从教师教学的角度观察分析，从学习与教学两个角度观察分析；可以从教学目标、教学理念、教材处理、教学过程、教学方法、教师素质、教学效果、教学特色等指标方面来评课，也可以有所侧重地评课。

表 10-1　长沙市中小学课堂教学评价表

项　目	要　　求	权重
教学理念	能体现新的教学理念和新的课改精神。以学生为主体，让学生生动活泼地学习；倡导学生自主、合作、探究的学习方式；注重培养学生的创新精神和实践能力。	5
教学目标	符合大纲(课标)精神和学生的实际，教与学的目标具体、可行。做到知识与情感、过程与结论、教书与育人并重。	5
教材处理	详略得当，准确把握了教材的重点和难点。创造性地对教材进行加工，既注重“双基”训练，又注重学习潜能的开发。	15
教学过程	符合学生身心和认知发展规律，学生在民主、平等、和谐的氛围中主动学习，积极探究。教师成为教学的引导者、组织者、合作者。	25
教学方法	根据需要将多种教学方法进行优化组合；现代教育技术的运用恰当、有效。注重学生学习方法和学习习惯的培养。	20
教师素质	态度认真负责；基本功扎实；有较高的教育理论素养并用于指导教学实践；讲授富有激情且具有较好的教学机智。	10
教学效果	学生积极主动、思维活跃，参与教学活动的面广，达到预期教学目标并激发学生继续学习的愿望。	15
教学特色	教学的某一方面有创新，并因此提高了教学效果。	5

（二）遵循评课原则

其一，实事求是的原则。评课应本着公正、实事求是的态度，评课是听、评者相互学习的机会，实话实说是责任心的体现。其二，坦率诚恳的原则。评课应营造一种轻松、愉快的评课气氛，听课者要坦率诚恳地发表自己的看法，对于教师的优点要给予充分的肯定，对于教学中的不足要给予必要的剖析，坦诚交换意见，共同成长。其三，针对性原则。评课要有针对性，应就执教者的主要目标进行评述，问题要集中明确，充分肯定特色，也大胆提出改进建议。其四，激励性原则。评课首先要考虑最终目的是激励老师，而不是挑毛病，要让执教者听了你的评课后更有信心，更有方向。其五，差异性原则。评课要因人而异，不要强求一律。其六，就课论课原则。把课评足，不要由评课到评人，更不能因一堂课而否定执教者的全部工作。

（三）采用多元评课方式

一是坚持定性评价和定量评价相结合。根据课堂教学量化评价表为教师的课堂教学打分、打等级属于定量评价，用代表性的事实客观描述教师的课堂教学，并提出建议属于定性评价。定性评价能对复杂的课堂教学现象作出质的分析，更多地关注内在的、过程性的东西，在充分肯定进步的同时又能提出问题，在鼓励和表扬的同时，又能看到缺陷，因此更应重视定性评价。二是倡导自评与他评结合。自评是讲课者的自我分析，主要是对自己教学目标的确定、课堂教学的情况、学生的学习状况以及自我感知的经验教训等方面作出反思与评价。小学语文教师课堂教学自评要求教师依据评价原则，对照评价指标，对自己的课堂教学表现主动作出评价。它鼓励教师积极参与评价过程，有助于弘扬民主气氛，密切校方与教师的关系，提高教师评价结果的客观性、可信性，从而提升教师的教研技能。他评是听课者对教师的教学行为和学生的学习行为以及课堂教学氛围和教学效果等进行评价。新课程理念下的小学语文课堂教学评价方式，逐渐呈现出多样性与开放性，课堂教学评价由学生评价、家长评价、同行评价、领导评价、自我评价五部分组成。“学生喜欢”、“家长满意”、“同行佩服”、“领导信赖”、“自我认同”已成为新时期小学语文教师的教学追求。无论是自评还是他评，都要反映以下几方面内容：①本节课的主要优点或经验或特色是什么？②本节课的主要缺点或不足或需要探讨的问题是什么？③你的建议是什么？从而更有效地指导小学语文教育实践，促进小学语文教师专业发展，并促使听评课更加专业化。

四、微型课题与小学语文教学研究

微型课题研究，指围绕教育教学中比较具体、微小的问题来开展的研究，其目的不是建立新的思想和理论，也不是发现或发展教育科学知识，而在于解决教师工作过程中的具体问题，有效地改进教育教学工作。小学语文微型课题研究源于一线教师对小学语文教育实践的困惑与追问，总结与反思。即从自己开始，从课堂开始，关注小学语文日常教学中遇到的“困惑”和亟待解决的问题，综合运用各种有利于解决实际问题和提高行动质量的知识、方法和理论开展研究，并不断追问反思，积极改进，寻求解决策略。它遵循着发现问题——确定问题——研究问题——解决问题的基本程式，以小学语文教师在新课程实施中所遇到的实际问题为研究对象，关注小学语文教育教学中有意义的事件，关注小学语文教育教学中有价值的困惑。它不需要囿于科研机构所提供的选题指南，不需要经过主管部门的审批立项，不需要固守着 3 年或 5 年的研究周期，因而被教师称为是一种“贴身式”的教育研究。微型课题研究是提升小学语文教师教研技能的有效途径。

小学语文教师训练微型课题研究技能时，要注意做到以下几点：

（一）把握微型课题研究的特点

作为教育科学研究的一种形式，小学语文微型课题研究有它自身的特点，主要表现在小、活、实、快方面。

1. 小，即研究的问题小。小学语文微型课题从小学语文教师日常教育教学生活的点点滴滴中来。问题即课题。问题可以细小到一堂课的教学设计、课堂导入、课堂提问、作业设计等。它立足于小学语文教学实际中具体的、细微的问题，“小”是小学语文微型课题研究最显著的特点。微型课题的“小”，还体现在研究涉及的范围小、人员少、时间短、投资少等方面。

2. 活，即灵活。“微型课题研究没有固定的研究模式，没有强制的操作流程，人人都可以研究，时时都可以开展，处处都可以进行，在兴趣中生根，在实践中开花，在过程中结果[①]。”小学语文微型课题不限时地，不限人数，可以因地制宜、因人而异，可以化整为零、归零为整，还可以开展实验研究。比如：意识到小学生想象力匮乏是习作水平不高的重要因素，就可以确立“以想象促进小学生习作水平的提高”这一微型课题，教师还可以开展分头研究。可以研究“用教材迁移，提高想象力”，可以研究“童话引路，培养想象力”，可以研究“想象作文的指导艺术”等。可见，小学语文微型课题研究发现问题就可以确立选题，既可以单独研究，也可以合作研究，还可以对相关的微型课题开展分头研究，或将某个微型课题作为一个教研主题或研究专题，进行集中式教研。这种以个体或小群体参与的研究程序简单，形式灵活，成果表达自由。

3. 实，即实在。首先，选题“务实”，小学语文微型课题研究立足于当前小学语文教育教学工作，贴近小学语文教育教学实际。其次，研究过程“踏实”，小学语文微型课题研究在教中研、在研中教，源自于实践中的问题还在实践中解决。最后，研究成果“真实”，教师用自己的语言叙述自己的教学实践，并从实践中提炼自己的经验。例如：一位语文教师在接触学生的过程中，发现学生有许多属于自己的小秘密。课堂上无精打采的学生一到下课时间，立即就兴奋起来，聚在一起兴致勃勃地谈论姚明、刘翔，互相交换卡通图片，积极翻阅动画书……怎样才能让学生喜爱的这些课余生活成为他们学习的跳板呢？经过思考，他确定了“七彩小爱好，语文大世界”的微型课题，通过学生的课余生活激发学生的语文学习兴趣，提升学生的语文素养[②]。实还包含“平实”的意思。小学语文微型课题是一种平民化、大众化的教育研究活动，它不需要囿于科研机构所提供的选题指南，也

① 杨淑娟. 微型课题：教师专业发展的“便捷之径”[J]. 基础教育. 2007(4)：57.
② 杨建亭. 开展微型课题研究提升教研组活力[J]. 教学与管理. 2008(10)，19.

不需要经过主管部门的审批立项，发现问题就可以确立选题，有了选题就可以研究。它注重的是立足于当前小学语文教学实际，针对小学语文教师在教学过程中遇到的盲点、热点、难点、疑点问题，开展实实在在的行动研究。

4. 快，即见效快。小学语文微型课题研究是一种研究范围小、研究周期短、研究过程简便的教育科研方式。即发生即研究，问题即课题，实践即探索，过程即收获。其研究的时间可长可短，短则两至三周，长则一年，不需要固守三五年的研究周期。由于研究的周期短且基于在实际工作中解决具体问题，因而速度快、效率高，一个问题解决了，就可以转入到下一个问题的研究。

（二）捕捉有价值的研究问题

发现有价值的研究问题是教师进行微型课题研究的关键环节之一。微型课题研究的问题可以来源于课堂教学，来源于学生生活，来源于教师教学中的困惑，来源于同事、师生之间的谈话交流。具体说来，主要有以下几个方面：其一，在教学矛盾中发现现实问题，如教师对高年级学生采用激趣乐学的方式，却发现学生的语文学习兴趣反而下降了，于是"高年级学生语文学习兴趣下降探因"便可以成为教师的微型研究课题。其二，在教学情境中捕捉即时性问题。如在一节语文课堂教学的导入时，教师习惯通过创设一个情境导入，却发现自己创设的情境并没有引起学生的兴趣，取得预期的效果。于是这位老师提出了"如何在语文课堂教学中有效创设情境"的研究课题。其三，在教学研讨中生成共性问题。在教师的教学研讨、集体备课以及教师与学生的交流中，你会发现很多问题，比如：班内个别孩子书写速度太慢，教师批改作文耗时长、见效慢，课堂纪律差严重影响课堂教学等。于是"如何有效提高学生的书写速度"、"学生自主批改作文的尝试"、"小学生语文课堂注意力的培养"等便可以成为小学语文微型课题。其四，在理论学习中发现潜在问题。学习新的教育理论时，教师就会从新的视点出发看待教育现象，从而发现新问题，而且这些问题往往是教育中普遍存在的、深层次的问题。如学习了多元评价理论后，反思自己在小学生语文学习评价方面的不足，探讨如何在语文学习评价中运用多元评价理论就成为教师的研究课题。其五，在教学反思中提炼常规问题。教学反思就是教师自觉地把自己的课堂教学实践，作为认识对象而进行全面而深入的冷静思考和总结。教学反思不单是教学经验的总结，也是对整个教学过程的监视、思考与分析。教学反思是一种有益的思维活动和再学习活动，是教师通过对其教学活动进行的理性观察与矫正，从而提高其教学能力的活动。教师在教学中不断对自己的教育实践深入反思，积极探索与解决教育实践中的一系列问题，许多微型课题也由此产生。

（三）有计划地实施微型课题研究

小学语文微型课题研究虽然自由、灵活，但不意味着可以随意、随便。有质量的小学语文微型课题研究一定要有计划性。一般来说，小学语文微型课题研究包括以下几个步骤：第一步：确定研究问题。小学语文微型课题研究关注小学语文微观层面的教学现象、事件，强调在研究中体察小学语文教育中的特殊行为或思想现象。研究的问题应是具有研究意义的教育现象或事件，对教师具有实际意义。确定了研究问题，教师的微型课题研究就有了研究方向。第二步：生成研究课题。小学语文教师在明确研究问题后，还必须明确研究范围，通过研究对象和内容的界定来缩小研究领域，形成鲜明的研究课题。第三步：规划研究过程。小学语文微型课题研究不要求写出常规课题研究那样具体的实施方案，但对于怎样开展研究，以什么样的形式展开研究，采用什么样的研究方法，想要得到什么样的预期成果要有一个大致的规划。第四步：进入研究情境。这是小学语文教师进行教学活动、了解研究对象、探索解决办法的过程。第五步：分析研究资料。小学语文微型课题研究离不开对具体教学问题的分析、研究，每一次分析、研究资料，都会产生新的认识和感悟，进而寻求合理的意义解释或问题解决方案。第六步：总结研究成果。它既包括对语文教育现象、事件的叙事性描述，又包括对现象、事件的论述性分析、研究和展望。研究成果的表达要特别注重对有意义的语文教学活动及其“情节”的描述与勾画，使其成为小学语文教师自己的教育故事和教学案例，形成教育叙事、研究报告或小论文。只有有计划、按步骤实施微型课题研究，才能确保微型课题研究的实效。

小学语文微型课题研究与一般的课题研究不是对立的，而是关系密切，相辅相成。一般的课题研究想要落到实处，常常要划分成若干个微型课题才能展开实际的研究。而在小学语文微型课题研究中，教师也可以有意识地连“点”成“面”，使自己的研究不断得到深化，从而逐渐形成自己的优势研究领域。为了使教师自发的微型课题研究行为科学化、组织化、制度化，不少教育行政机关还将微型课题纳入教育科研课题管理范畴。小学语文教师专业发展应是“自我引导”的结果，小学语文微型课题研究不仅有助于小学语文教师更新自身的教育观念，提升自己解决教育教学实际问题的能力，而且有利于普及教育科学研究，全面提高小学语文教育教学质量。每一个小学语文教师都有义务也有必要对自己的教育教学行为加以思索、研究和改进，不断提高自己的教研技能。

专题点拨·理性反思

小学语文课后实践指导技能

小学语文教师仅仅具备教学准备技能、教学研究技能和课堂实施技能是远远不够的，还必须具备课后实践指导技能。课后实践指导包括课后的复习指导、课外实践活动的指导、课外作业的设计与指导等，本专题重点探讨小学语文复习拓展技能和课外实践指导技能。

一、小学语文复习拓展技能

小学语文复习包括平时复习、阶段复习和总复习，小学语文复习指导包括平时课内的复习指导、复习课上的复习指导、课外复习的指导等。通过复习，可以帮助学生将学过的知识进行回顾、整理、归纳、总结，以此达到加深理解、查漏补缺、灵活运用的目的。因此，教师组织复习的目的不只是考试，主要目的是帮助学生巩固学过的语文知识和技能，发展学生的智力，培养学生的能力。小学语文复习是提高小学生语文学习能力的重要环节，也是小学语文教师的必备技能。有效地组织学生复习，也是对教师研究和掌握语文知识和技能结构的检验与反思。训练语文教师的复习拓展技能可以从以下几方面努力。

（一）树立小学语文复习的新理念

传统的小学语文复习，通常由教师讲、改、评，学生听、记、做、背。这样的复习，或者是“一言堂”，由教师将过去学过的知识再讲一遍；或者是习题课，天天模拟考试甚至将做过的作业再重做一遍。这样的复习，教师辛苦，学生无趣，教学效果不好。根据2011年版新课标精神，“学生是学习的主体”“语文课程致力于培养学生的语言文字运用能力，提升学生的综合素养”，因此，小学语文复习应树立以学生为本，以能力为主，在复习中拓展提升的理念。教师应认识到复习并不是简单地重复已学过的知识，让学生停留在知识的记忆层面上，而是要在程度上加深，在范围上加宽，使之提升和完成知识的发展和转化。复习是总结、巩固，也是思考与运用、复习的过程，是知识的整合与延伸过程，是能力的拓展过程。在复习中教师应当好学生学习的促进者与引导者，让学生积极、主动、全程参与到知识的探究过程中来，帮助学生将已有的知识进行再现和梳理，让学生的思维得以深化，能力得以提高。

语文课程目标根据知识与能力、过程与方法、情感态度与价值观三个维度设计，在复习中也要注意运用各种形式和方法，尽可能让学生的情感得到丰富，培养学生积极乐观的学习态度，帮助学生逐步树立正确的价值观。

（二）明确小学语文复习的要求

小学语文复习主要有以下要求：其一，概括。复习不可能用上新课同等的时间，时间短，复习的内容多，因而教师在指导复习时不能面面俱到，要抓关键、抓重点、抓要点，对新课的内容进行概括和浓缩，对于教学中的知识点、重点、难点、热点等内容要猛敲重击，加大训练力度，突破难点和关键内容。其二，系统。复习阶段教师要充分运用分析、综合、概括、归纳、演绎等手段，帮助学生构建知识的总体框架，要坚持由点入手，串点成线，连线成面，合面成体，理清各项知识和能力相互之间的关系，使学生形成系统、完整的知识体系。其三，发展。复习的过程就是巩固知识形成能力的过程。小学语文复习不仅要注意发展学生的语文能力，培养学生良好的学习习惯，还要注意发展学生的智力，不仅要充分发展学生的记忆力，还能发展学生的注意力、想象力和思维力等，进而促进学生语文素养的全面提高。其四，新颖。复习不能简单、机械地重复原有的内容“炒现饭”。教师不仅应从多角度、多层次、全方位地帮助学生巩固原有的知识，还应对原有知识进行查漏补缺，横向拓展，纵向深化。在复习课上要注意用新的方式方法，使复习课有“新”味，有“新”意，充分调动学生的积极性，在复习中起到事半功倍的效果。其五，适度。在复习中，无论讲与练，都要注意适度。复习不是知识的堆砌，要改变过去那种教师“一言堂”的现象，把更多的时间和空间还给学生，可以让学生自主选择复习的内容和形式，自己总结复习的方法，自己确定课外复习计划，教师进行适时的引导和点拨。练是复习中必不可少的重要环节，但必须精练、巧练。教师应精心选题拟题，让学生适时、适度的练习，绝不能搞疲劳战术、题海战术。

（三）指导小学语文复习的方法

学生是复习的主体，“授人以鱼，不如授之以渔”，复习方法的指导就显得尤为重要。小学语文复习的方法很多，常用的方法有：其一，分类复习法。分类就是将各项语文知识和能力归类。一册教材学完，需要进行系统的归类、整理、综合，教师要指导学生从整体上把握整册教材，在期末复习时可以把全册教材中的基础知识按照拼音、字、词、句等不同的内容进行分类，把课文中出现的练习题类型分别列出来，把作文训练的不同内容等也分门别类地列出来。这样，便于学生从整体上把握全册内容，复习就有章可循，有的放矢。以阅读为例，按照文章的文体差别，复习时可以分为写景状物文章专题、写人记事文章专题、童话专题、寓言专题和科学小品专题等；按照阅读题一般出现的题型，复习时可以分为词语理解专题、感知内容专题和文本解读专题等。其二，列要点复习法。抓住重点，列出提纲，纲举目张，是读书的好方法，也是语文复习常用的方法，运用这种方法可以锻炼学生的概括能力。例如句子的复习，按照句子的感情色彩来分，我们可以列出四个要点：陈述句、疑问句、祈使句和感叹句。按照句子的修辞手法的运用，我们可以列出比喻、拟人、夸张、排比、反复、反问、设问、借代等，每一种修辞手法又可以列出其分析要点。说明文的复习，我们可以从说明文的定义、说明文的特点、说明文的说明顺序、常用说明方法等方面来列出其复习要点。作文复习中，怎样审题是难点，可以教给学生“怎样审题三字经”①：要作文，先审题；明范围，知题意；扣题眼，重点记；知数量，不离题；明人称，好下笔；附加语，须重视；写真情，出新意。这样，既朗朗上口，又便于学生记忆。其三，作比较复习法。比较可以使两个以上看似不同的事物加以区别，也可以使两个以上看似不相干的事物建立联系，甚至从中发现新的规律。语文复习运用这种方法可以强化记忆、加深理解。例如，复习修辞手法时，设问和反问有何区别，比喻和拟人有何不同，比喻和借代的区分等，就可以通过作比较的方法来区分。又如，同一单元的几篇课文，或者不同单元但有某种可比之处的课文，都可以通过作比较的方法来复习。其四，提问复习法。用提问题的方法进行复习，一方面可以促使学生动脑筋；另一方面可以引导学生学会质疑。如复习《蟋蟀的住宅》可提出下列问题：蟋蟀的住宅有哪些特点，课文是怎样介绍这些特点的，课文中哪些地方把蟋蟀当做人来写，为什么说蟋蟀的住宅“真可以算是伟大的工程了”？其五，纠错复习法。纠错复习法是指教师在复习时，对学生的一些错误进行分析，作出否定和更正的反应，以帮助学生巩固知识、发展能力的一种复习方式。以生字的复习为例，教师通过分析，发现学生常见的错别字有减少笔画、增加笔画、结构错乱、改变部分字形的现象，于是通过对这些常见错别字的纠错，来帮助学生更好地掌握生字。有些教师在复习期间，还要求学生准备一本“错题集”，按字、词、句等分好类，针对自己的学习情况，及时收集整理错题，力争错误不再重现。其六，应用复习法。语文课程可以做中学，也可以用中复习。通过应用进行复习，既具有巩固的功能，又具有检测的功能。如复习古诗词时可以创设情境：中秋佳节，月上中天，清冷的光辉洒向大地。此时此刻，如果你在外地，你会想起古人的哪两句

---

① 武宏钧．小学作文教学高年级阶段复习指导[J]．http://www.pep.com.cn/xiaoyu/jiaoshi/jxyj_1/zuowen/201008/t20100817_661693.htm.2008.

诗？常见的看拼音写词语、找同义词与反义词、组词造句、根据句子的意思写成语、根据课文的内容填空等复习题型，其实就是一种应用复习法。其七，积累背诵法。根据新课标精神，语文课程应重视语言积累。厚积才能薄发，因此小学语文复习要多记多背，语言材料的积累是其重头戏。指导学生积累的内容主要有：字词、古诗文、名言警句、精彩句段、名著阅读、语文常识等。除了引导学生从文字材料中积累外，教师还应鼓励学生留心观察生活，从生活实践中积累语言材料。不少教师让学生建立一个积累本，把积累、背诵的内容按日期登记或分类抄录，并与同伴交流与分享，这种方法方便又实用。其八，画图表复习法。著名特级教师魏书生曾用画语文知识树的方法帮助学生复习初中语文知识。同样，小学语文复习时，也可以将语文知识用画图表的方法标示出来，以文学常识的复习为例，可以将姓名、时代、代表作、出处、评价等内容列一表格，这样既简洁明了，又形象好记。

（四）灵活运用多种复习形式

复习不仅要帮助学生掌握知识、巩固知识，还要弥补新授课没有解决的一些问题，因此，复习最忌机械、沉闷。要让学生感受到复习与新授不同的魅力，在小学语文复习中就必须积极设计多种教学形式与方法。除了传统的讲解法、测试法、练习法外，教师还可以灵活运用多种教学形式。例如：其一，游戏式。根据语文学科的特点和学生的身心特征，教师可以运用有趣的画面，创设生动的情境，设计一些精彩的小游戏来帮助学生复习。例如：可以创设“拼音王国大探险”、“汉字迷宫”、“送小动物回家”、“找朋友”、“悄悄话快快传”、“你说我猜”、“智勇大闯关”等游戏情境，将复习主题寓于其中，让学生们在有趣的游戏中快乐地复习。其二，竞赛式。小学生通常具有较强的好胜心与竞争意识，设置竞赛的氛围，有利于激发学生的参与热情，提高复习效果。在小学语文复习中，教师可以通过成语竞赛、速记默词竞赛、名言警句默写竞赛、精彩句段积累运用竞赛、仿句竞赛等形式，让学生品尝到成功的快乐，从而产生强烈的学习兴趣。其三，小组合作式。合作复习即以合作学习小组为基本形式来开展复习。合作复习的内容可以是单元课文回顾、单元课本延伸、某类阅读复习、某类习作复习、某类句子练习、某类词语积累、某类汉语拼音练习等。合作复习时，组内可进行不同的分工，可以互相当小老师进行讲解，还可以互相出检测题进行验收。例如：在词语的复习上，先给学生一定的时间复习，然后同桌之间相互听写，听写的是自己认为容易写错的字词，然后比一比，看谁掌握得好，这比老师统一主持听写节省时间，而且复习的效果更好。其四，互助式。可让学生根据自己学习存在的问题，作一次分析，寻找出自己学习存在的“漏洞”，然后在班级中开展“师徒结对”。这一过程实际上也是学生主动学习的过程，有助于提高复习效率，增进同学之间的感情。

训练小学语文复习拓展技能非一朝之功，教师必须在教学实践中不断探索，不断总结经验，才能不断进步。

二、课外小学语文实践指导技能

2011 年版《义务教育语文课程标准》指出：“语文课程是实践性课程，应着重培养学生的语文实践能力，而培养这种能力的主要途径也应是语文实践。语文课程是学生学习运用祖国语言文字的课程，学习资源和实践机会无处不在，无时不有。因而，应该让学生多读多写，日积月累，在大量的语文实践中体会、把握运用语文的规律。"既然语文"学习资源和实践机会无处不在"，生活有多宽广，语文课堂就有多宽广。那么我们不仅要加强课内语文实践活动，也要加强课外语文实践的指导。

课外小学语文实践是指根据学校、小学生的实际及小学语文学科自身的特点，通过课外实践活动的形式将学生置于主体地位充分发挥学生的主体性和创造性，促使学生个性发展、语文素养提高而设计和进行的一项活动。课外小学语文实践是对小学语文课堂教学的有效促进和有益补充，是融洽师生关系、增进了解的重要方式，也是发展学生个性、培养学生多方面能力、全面提高学生语文素养的重要渠道。小学语文教师既是课外小学语文实践活动的组织者，又是课外小学语文实践活动的实施者，这就要求他们具有必要的专业知识和课外实践指导技能。

训练小学语文教师的课外实践指导技能，可以从以下几方面入手：

（一）课内语文教学，要加强两个联系：课堂内外相联系，校园内外相联系

传统的"以教师为中心、以课堂为中心、以教材为中心"的课堂教学模式，既束缚了教师的思维和手脚，又极大地束缚了学生的创新精神与个性发展，已经不能适应时代发展的需要。课内语文教学要注意处理好课内与课外的关系。只有把课外小学语文实践放在语文教育的整体中做通盘考虑，使课内外相辅相成，和谐发展，才能全面提高学生的语文素养。为此，教师应用教科书，而不囿于教科书，在课内语文教学中应扩大语文教育阵地，做到让"语文教育以课堂教学为轴心向学生生活的各个领域开拓、延展，全方位地与他们的学校生活、家庭生活和社会生活有机结合起来"①。如学习《少年闰土》、《我的伯父鲁迅先生》、《西门豹》、《田忌赛马》等写人写事的课文时，教师可以引导学生在课前查阅与人、事有关的资料，在课堂中讲述相关故事或穿插阅读相关文章，还可以指导学生课后开展拓展性阅读。教学《火烧云》等写景的课文时，教师可以让学生利用傍晚时间观察火烧云的变化，搜集火烧云的图片、诗文，在课堂进行交流。学了《梅花魂》、《桂花雨》等表达思想情感的课文外，可以放手让学生策划一次主题为"浓浓的乡情"的活动等。

（二）课外语文实践，要注意两个多样：开发多种多样的语文课程资源，开展多种多样的语文实践活动

当前，小学生获取信息、培养能力的途径日益多元化，语文课本所传递的知识量，已远远不能满足小学生的需要。作为一名小学语文老师，应注意开发和运用多种课外语文课程资源，引导学生在生活中主动感悟语言、积累语言、运用语言。2011 年版《义务教育语文课程标准》指出："各地都蕴藏着多种语文课程资源。学校要有强烈的资源意识，认真分析本地和本校的特点，充分利用已有的资源，积极开发潜在的资源。"为此，教师应注意发现当地的自然、社会、人文等多种语文课程资源，带领学生出去参观、访问，鼓励学生利用节假日随家长外出旅游，开拓视野，增长见识，拓展语文学习的渠道。例如：长沙市蓉园小学地处烈士公园附近，为帮助学生写好倡议书，该校教师组织了课外语文综合实践活

① 郭紫文. 优化语文教学，构建良性语文实践教育模式[D]. 内蒙古师范大学. 2010.

动“烈士公园人工湖污染调查”；长沙市清水塘小学周围有许多历史文物古迹，为训练学生的观察、写作等能力，该校教师组织了课外语文综合实践活动“走进文物街”、“寻找伟人毛泽东的足迹”、“参观清水塘博物馆”等。处处留心皆学问，生活处处有语文。这样，把语文教育延伸到学生生活与社会生活的各个领域，使社区、家庭乃至大千世界、自然风光、传统文化都成为语文教育的资源或场所，使学生在各种环境中受到语文教育，同时也让学校的语文教育在各种环境中发挥了作用。

课外语文实践活动的天地十分广阔，形式也灵活多样，包括课外阅读活动、写作活动、口语交际活动、写字活动和参观访问活动等。教师应掌握各种活动的特点与组织形式，根据当地实际情况和学生的实际情况，灵活安排多种多样的课外语文实践活动。可以组织参观、访问、做社会调查；还可以开展知识竞赛、组织读书报告会、朗诵会、故事会、演讲会；可以开展书评影评活动；还可以表演课本剧、编童话剧、进行剧本创作；可以组织文学兴趣小组及各种语文兴趣小组；还可以让学生办手抄报、墙报、班级日报、科技日报……通过这样丰富多彩而且有趣的课外语文实践活动，可以弥补课内教学的不足，发展学生的个性才能，扩大视野，增长智慧，陶冶性情，有效地提高学生的语文素养。

（三）课外语文实践的指导，要注意发挥学生的“四性”：自主性、合作性、创造性、体验性

课外小学语文实践的目的在于通过课外实践活动让学生获取更多的课内学不到的语文知识。2011年版《义务教育语文课程标准》指出：学生是语文学习的主体，教师是学习活动的组织者和引导者。课外小学语文实践应经历一个由扶到放的过程，强调以学生为主体，但教师的指导作用必不可少。这种指导作用体现在活动的组织、推动、协调、评价等方面。如演讲比赛，应指导学生如何运用语言，举止、表情要注意什么；社会调查，应指导学生了解调查报告的基本写法，调查的着重点等。教师要指导学生做好全局规划，激励学生积极参与、主动探究，指导开展交流、评价，指导分享学习成果。在整个过程中，教师要注意引导学生充分发挥“四性”：第一，自主性。与课堂教学相比，学生在课外小学语文实践中具有更大的自主性。无论是想通过课外小学语文实践拓宽学生的知识面，开发学生的智力，还是陶冶学生情操，培养学生的技能，都必须依赖学生的思考和实践，都必须由学生自己动脑、动口、动手。如果没有学生在活动中的主体地位，离开了学生的自主性，也就失去了课外语文实践活动的意义。课外小学语文实践的多数活动是学生在教师的指导下独立组织，自主开展的。学生是活动的主人，教师在此时的地位更像一个“参谋”，教师要引导学生在各种语文实践活动中树立责任感，培养自主学习、主动学习的志趣和情感。要放手让学生参加活动的设计、实施、管理、评价、总结等全部操作过程。如课外采访，可让学生自由结组、自定采访内容、自选采访对象、自己设计采访程序、自己撰文总结；办手抄报，让学生自己组稿、自己设计、自己排版、自己抄写，等等。第二，合作性。课外语文实践活动离不开学生之间的相互合作。教师要指导学生学会在合作中与人协调和施展自我，建立为实现共同目标而团结互助，尽职尽责的态度，努力培养学生的合作意识和合作精神，提高课外语文实践活动的效率。如开展“我办手抄报”的活动。教师可引导学生自由组合成4～6人一组，每组推荐出一名组长任主编，其他成员根据各自的特长进行分工：

文编、美编、采访记者、摄影记者、校对等，然后在主编的协调下分工合作，自拟题目，自己写稿、编辑、排版、设计。小组成员应通过充分的合作与讨论，确定手抄报的主题、名称、版面、排版方式、如何收集材料、如何处理材料，再分工制作、合作排版，力求做到内容充实，图文并茂。在合作探究的过程中，既要强调小组成员之间要有明确的责任分工，又要强调小组成员之间的通力合作。第三，创造性。丰富多彩的课外语文实践活动，不仅提高了学生对事物的判断力和语文运用能力，更为重要的是让学生学到了大量书本中缺乏而学生真正需要的知识与能力，极大地提高了学生的创造能力。在课外语文实践中，教师要注意营造民主、轻松、开放的活动氛围，引导学生在课外语文实践中积极动脑思考，善于发现问题，乐于研究探索新的事物，敢于提出自己的独到见解，努力激发学生的创造潜能。对于学生活动中的疑难问题，要鼓励学生讨论或求助，想方设法解决。对于学生活动中的创新思维火花，要采取赏识教育，及时肯定促进步，使学生品尝到创造的乐趣。如一位教师组织学生开展“快乐的节日”活动，学生运用各种喜爱的方式来说出自己喜欢的节日，或吟咏诗歌，或展示对联，或讲故事……教师又激励学生举办小展览，如“摄影展——节日写真”，“邮票展——方寸节日”，“纪念品展——难忘的节日”……最后，再以“节日小建议”为题让学生计划、安排最近的一个节日该怎样过。学生在收集、整理、交流、展示的过程中学会了探究与合作，同时从生活走入课堂，再从课堂走入生活，培养了学生的创新精神①。又如，一位教师在“我办手抄报”的活动中，让学生充分发挥各自的聪明才智，办出内容丰富，形式多样的手抄报。学生有办“体育小报”的，有办“美术小报”的，有办“数学知识报”的，有办“语文学习报”的……他们还根据各自小报的特点，配上精美的图画，使每一份手抄报都尽力展现学生的创新潜能②。第四，体验性。体验是课外小学语文实践的重要方式。学生在课外小学语文实践中需要面对现实生活，以独特的经验，形成个性化的知识。朱光潜先生说“慢慢走，欣赏啊！”，那么我们在课外小学语文实践中，为何不要求学生慢慢体验呢。教师应认识到课外小学语文实践的过程往往比结果更重要，在活动中要注意引导学生多感受、多体验、多思考。在体验的过程中，学生往往需要对已有的知识进行改造或重组。改造或重组已有知识的过程，既是学生认识能力发展的过程，也是丰富学生精神生活的过程。

总之，语文是一门实践性很强的课程。学生的语文素养除了在语文课堂学习中得以逐渐形成、发展和完善外，在很大程度上还取决于课外语文实践活动。21世纪的语文教学是大语文教育时期，不仅要有高质量的课堂教学，还要有丰富多彩的课外语文实践活动，两者相结合，才能全面提高学生的语文素养。作为小学语文课外实践活动的组织者与引导者，小学语文教师必须加强自身的专业素养，提高思想道德水平，培养广泛的兴趣和爱好。此外，还要注意尊重学生、热爱学生，遇事多与学生商量，善于和学生打成一片，并具有较强的组织调控能力和随机处理突发事件的能力，这样才能在组织开展课外小学语文实践中驾轻就熟、游刃有余。

---

① 郑扬青．刍议小学语文实践活动的实施策略[J]．小学生作文辅导．2011(2)：47.

② 王永群，黄月蓉．小学语文课外实践活动初探[J]．四川教育学院学报．2003(10).

体验践履·自我提高

【案例传真】

小学语文教师如何有效开展小学语文教研呢？首先，我们来看一位小学语文教师的微型课题研究，大家或许会获得一些有益的启示。

王老师在教学中发现了一个问题：他将学生新近完成的一篇作文精心批阅好，分发下去。一个星期后，王老师出了相同的作文题，也提出了相同的习作要求，在将学生的两篇同题作文进行对照后，他有了一个较为“令人深思”的发现：56 名学生中有 49 名同学写了相同的题材，在相同题材的作文中，仅有 8 名同学较为“珍惜”教师的“心血”——研读了批语中的写法指导，其他 41 名同学“涛声依旧”。王老师通过逐个促膝谈心与交流，发现造成这一现象的“罪魁祸首”是“教师评价霸权”。王老师开始反思习以为常的作文批阅方式，提出了“作文批阅形式的改革尝试”这一研究课题。随后，王老师确定研究计划，进入研究情境，做了大量的改革与尝试，如在批好的作文后面增加“回音壁”，留给学生写“对老师批语的批语”；讲评作文前，留给学生对比阅读自己原作与改后作的时间；增加面批的比率，与学生一道赏析他们的得意之作；鼓励学生进行“第二次习作”等。师生之间的交流更畅通了，王老师还将自己的感悟写成论文发表在《中国教育报》上。

【教师反思】

“课题的价值在于做。”这句话虽然不尽全面，但却是一线教师搞科研最实际、最实用的经验。教师作为存在的个体本来就沿着各自教育生命成长的轨道运行，加之途中受着各种各样的、必然的、偶然的因素影响，你看到的、经历的是你的一线风景，我看到的、经历的是我的一线风景，我们就这样采集各自的智慧花束，编织属于自己的“独特性”与“风格”。“无我”的经验只有经过“我”的介入才能有如夏之艳丽，也正是由于“我”的加盟，我们才会时时、处处找到为自己定制课题的源头。虽然微型课题的开口小，但因为来源于自身教育教学中某一细节问题的求解、印证和表达的需求，并且经过自己不懈的探索，有了真切的体验，自然能找回自己的话语。只要有兴趣去研究，随着自己专业水平的不断提升，成功的喜悦是经常能够品尝得到的。“作文批阅形式的改革尝试”让我真切地体会到这些尝试不仅仅是形式的更替，更是教师主动创造机缘，畅通师、生、本三方的交流。教师成为“平等中的首席”，不再是口号①！

【案例剖析】

从上面这个案例可见，小学语文教师的劳动极具创造性和灵活性，其教育教学过程本身就是一种研究。小学语文教师要有效从事小学语文教研，就必须注意以下几点：

一、明确小学语文教研的定位

开展教学研究是小学语文教师的日常教学生活之一，也是小学语文教师职业发展的

---

① 王存宝. 微型课题，教育研究的“快乐便桥”[N]. 中国教育报，2005-08-16，第 7 版.

必然要求。如果一个语文教师光会教学，不会科研，一辈子只能成为一个“教书匠”。如果边教学边研究，把教学事业变成科学事业，他就会跨过“实习型”，突破“经验型”，发展为“实验型”、“研究型”，还有可能成长为学者型的教师，成长为语文教育家。因此，任何一个小学语文教师都必须明确：小学语文教研是小学语文教师的常态工作，工作就是教研，教研就是成长。小学语文教师参与教研工作的准确目标定位是：根据语文课程改革和教育教学发展的需要，以自身教育实践中提出的问题为研究课题，运用科学的理论与方法，深入研究解决这些问题的理论和方法。从王老师的教学研究中可以看出：小学语文教研重视微观层面的研究，其研究的问题多是小学教师自己熟悉的、有体验的，甚至是一些迫切需要解决的小问题（如“作文批阅方式”）。小学语文教研注重应用性研究，它立足于小学语文教育教学实践，其研究的目的不在于构建宏大的教育理论，而是以解决问题和改进教学实践为主要目的。小学语文教研大多采用行动研究，教师成为研究的行动者，在真实的教育教学实践过程中研究，并在自己的反思性实践中观察、分析、总结、提高。

二、把握小学语文教研的特点

小学语文教研具有以下显著特点：

1. 实践性。小学语文教研以应用性课题研究为主，着眼于解决语文教育教学实践中的问题。王老师“作文批阅形式的改革尝试”的课题来源于在教学实践中发现的教学问题——教师评价霸权导致学生对教师评语的漠视。他以教学促进研究，以研究提高教学，在实践中反思，在总结中提高，其研究成果具有一定的理论价值，并具有较强的实践指导意义。

2. 创造性。创造性是小学语文教研的灵魂，也是衡量小学语文教研成果价值的重要指标。虽然许多小学教师都非常关注作文评语的撰写与创新问题，但很少有人关注教师批语对学生的影响究竟有多大，王老师的课题选题新颖，在研究过程中注意多种方式的尝试与整合，具有创造性。虽然微型课题可以重复研究，不同学校的教师或课题组可以同时或先后研究同一个微型课题，但每一位教师的研究都是其独特的“这一个”。可见，小学语文教师的课题研究也同样要求创造性。

3. 复杂性。小学语文教研的内容极为丰富，研究中涉及的因素往往较多。在“作文批阅形式的改革尝试”课题中，什么样的评语容易吸引学生的眼球，教师评语的效果如何科学评判，教师时间、精力负担增加如何处理，如何控制研究过程？问题众多，即使是专门从事语文教育科研的研究工作者，进行小学语文教研也不是件轻松的事。但小学语文老师不能因噎废食，研究中既要注意研究课题的复杂性，又要进行有重点地突破。

三、掌握小学语文教研的方法

小学语文教师要从事小学语文科研，必须掌握一些基本的研究方法。小学语文教学研究的方法主要有：语文教育经验总结法、语文教育调查研究法、语文教育实验研究法、语文教育个案研究法、语文教育文献研究法、语文教育行动研究法等。小学语文教师在选用研究方法时，要注意选择合适的研究方法。选择适当的研究方法，首先是要弄清楚课题的研究目标与研究内容是什么，比较具体的研究问题有哪些，准备怎样去开展研究，再进一步思考可以采用哪些高效、可行的研究方法。上例中，王老师的微型课题研究主要运用了行动研究法，这是一种以中小学教师为研究主体，以解决实际问题为首要目标，在真实的实践过程中研究，在研究中行动的研究方法，具有反应及时、快出成果、易于应用的优点。小学语文教师在选用研究方法时，还要注意多种研究方法的综合运用。使用任何一种单一的研究方法都很难全面实现研究目标，要能够将各种研究方法巧妙组合，发挥各种研究方法的优势，才能更好地完成研究任务。王老师的微型课题研究就综合运用了调查研究法、行动研究法、经验总结法等多种方法。

四、夯实小学语文教研的理论功底

当前小学语文教研的科研含量还有待提高，一些小学语文教师的教研还处于浅层次、低水平状态。其原因在于小学语文教师的理论功底过于薄弱。有些教师平时仅仅只阅读《义务教育语文课程标准》和他人教案，很少读教育理论专著；有些小学语文教师有很好的教学经验，但自己总结不出来，也不知道前人是否有过这方面的研究；有些小学语文教师经常碰到各种各样的教学问题，单靠有限的经验难以解决，却很少通过教育理论的学习，来提高自己的教育教学水平和教研能力；还有些教师在从事课题研究时，不知道有哪些理论依据，也不知道如何总结成果……因此，小学语文教师必须加强理论学习，离开专业理论的指导，小学语文教研就会失去方向。教育理论学习既可以为小学语文教师解决问题提供理论依据和措施，又可以为小学语文教师剖析教育现象、总结经验提供精神武器，还可以为小学语文教师更新教育理念，提升教育境界打下良好基础。小学语文教师提升教育理论功底，一方面要坚持自学、增强学习的自觉性；另一方面应坚持理论联系实际，在教学中研究，在研究中总结，不断反思，不断进步。上例中的王老师将理论学习、课题驱动，行动研究当作了教师自我发展、自我提高的基本方式，在“九五”、“十五”期间，都参与或主持了省市级科研立项课题的研究，还“忙里偷闲”先后完成了近二十项“微型课题”的研究。

开展语文教学研究是小学语文教师提高自身理论水平和教学能力的必由之路，是揭示语文教育教学规律、提高语文教学质量的必由之路，小学语文教师应克服畏难情绪，努力提高自己的教研技能。

【自主实践】

请根据下列材料，设计一个小学语文课题研究方案。

2011 年版《义务教育语文课程标准》指出：“阅读是学生的个性化行为。阅读教学应引导学生钻研文本，在主动积极的思维和情感活动中，加深理解和体验，有所感悟和思考，受到情感熏陶，获得思想启迪，享受审美乐趣。要珍视学生独特的感受、体验和理解。”小学语文教材中有许多文质兼美的文学作品，这些作品是学生学习祖国语言的典范，是学生了解民族文化传统、拓展知识视野、培养道德情操和审美情趣的重要资源。阅读个性化给学生留下了民主的空间和创新的机会，但是教师放手让学生开展个性化阅读实践时，却发现学生的看法纷杂，甚至影响到对课文的基本理解。以一篇小学语文教材《去年的树》为例。《去年的树》是人教版课标教材四年级上册的课文。文章讲述了这样一个故事：鸟儿和树是好朋友，她天天唱歌给树听，将要飞回南方时，鸟儿答应了树的请求——还要回来唱歌给他听。可是第二年春天，当鸟儿飞回来找她的朋友时，树却不见了。鸟儿四处寻访，最后找到由树做成的火柴点燃的灯火。朋友不在了，友情还在，诺言还在，于是，她心里充满了忧伤和惆怅，面对着由朋友的生命点燃的煤油灯，唱起了去年的歌。一位教师教学《去年的树》时认为，这篇课文主要是讲珍惜友谊和信守承诺的，但课文本身包含的信息量很大，学生提出了"环保观"(保护环境、爱护树木、人与自然和谐相处共同发展)、"奉献观"(无私奉献的乐观态度、为光明和正义而牺牲是伟大的以及为朋友的光荣献身而感到骄傲等)、"爱情观"(文中写大树用"他"，写小鸟用"她"，作者似乎在向我们讲述一个关于爱情的故事)、"世事无常观"(课文讲的是世事多变，人生无常，谁也不知道明天会发生什么)……阅读教学要不要尊重学生个性化的理解？个性化理解是否会影响对文本的正确理解？如何处理个性解读与正确价值观引导的关系？如何增强小学语文个性化阅读的有效性？请根据上述材料，设计一个《小学语文个性化阅读有效性的研究》课题方案。

要求：课题名称、课题界定、国内外研究现状、研究意义、研究目标、研究内容、研究对象、研究方法、研究思路、研究的时间进度，预期研究成果要素齐全，富有可操作性，体现科学性。

拓展视野·娴熟技能

【拓展练习】

1. 请结合实际谈谈小学语文教师开展小学语文教研的意义。
2. 从有关的期刊、网络搜集几则小学语文教研课题实例，并根据本章知识作简要评述。
3. 请根据实际作一项语文教育调查研究，并撰写出调查报告。
4. 根据当前小学语文教学中存在的问题与现象，提出自己的思考，并从中开展一则小学语文微型课题研究，写出研究报告。
5. 请根据当地的自然、社会、人文课程资源，设计一个小学生课外实践指导方案。

【拓展阅读】

1. 小学语文教研现状

小学语文教学研究是教育科学研究体系中的特定领域。自小学语文课程诞生之日起，小学语文教学研究即已存在。但由于历史的原因和现实的原因，我国的小学语文教学研究走过了一条非常曲折的道路。自新课程改革以来，由于基础教育课程改革的要求，教师角色的时代特征要求、教师的工作性质的要求及教师专业化的要求，小学语文学研究受到了重视，获得突飞猛进的发展，语文教学研究的意识逐渐增强，语文教学研究的范围日益拓宽、语文教学研究的运作更趋科学，语文教学研究的成果越来越丰富，许多学校尝到了"科研兴教"的甜头，大量的小学语文教师参与到教育科研中来。当前，小学语文教育研究的内容主要集中在小学语文课程研究、小学语文学习研究、小学语文课堂教学研究、小学语文课程评价研究、小学语文教师研究、小学语文教材研究、小学语文信息技术研究、小学语文教研研究等方面。作为新世纪的小学语文教师，应积极从事小学语文教育研究，总结经验教训，钻研教育教学方法，探索教育教学新途径，以更有效地推动小学语文教育教学改革，提高小学语文教育质量与效率。

2. 小学语文教研方法指引

小学语文教研方法很多，这里重点介绍调查研究法、经验总结法、个案研究法、行动研究法、文献研究法。

调查研究法。在小学语文教育科研中，调查研究一直是个基本的方法。语文教育调查研究法就是研究者通过谈话、问卷、观察等特定的手段，有目的、有计划地收集有关研究对象的可靠资料，以掌握语文教育实情，分析研究语文教育教学实践问题。它具有间接性、灵活性、简便易行等特点。运用调查研究法，一要明确调研目的，围绕研究课题与对象进行。二要有科学的态度，实事求是，材料力求真实、准确、全面、新颖。三要正确运用调研方法，调查依据其课题、对象、内容的不同，可采取问卷和访谈、开调研会等形式。研究者要善于运用各种调查手段，克服调查研究中的困难与不足。

经验总结法。语文教育经验总结法侧重于总结成功的教育教学经验，通过描述、分析和综合在实践中已证明的有效经验，为小学语文教学研究提供宝贵的资料。其研究对象侧重于对语文教育教学的感性认识、主观体验和感受，因而比较真实，与广大语文教师比较贴近，宜于学习和掌握。运用经验总结法，一要坚持全面分析的方法；二要在科学的理论指导下进行；三要正确处理批判和继承的关系。

个案研究法。个案研究法又称案例研究法，是以一个个的个体或组织体为研究对象，对其各个侧面、发展过程及其与环境的关系等进行深入的调查、分析和研究的一种研究方法。小学语文个案研究根据实践需要，主要分为两大类：一是特殊学生个案的研究；二是教师典型教学个案的研究。小学语文教师既要注重学生个性发展，研究个别化教学措施，又要探索个性化的教学方法和策略，使自己的教学个性获得充分的表现与发展。

行动研究法。行动研究中的"行动"是指实践经验者用以改造实践的活动，"研究"是理论家为探索知识而进行的活动。行动研究的显著特点是"行动"与"研究"相结合，教师既是教育实践者，又是教育研究者。小学语文教学行动研究是从教学实际工作中寻求课题，并在实际过程中进行研究。由于行动研究主要以应用性课题为主，边学习，边实践，边研究，因此，行动研究比较切合广大小学语文教师的实际。李吉林老师的"情境教学的实验与研究"、丁有宽老师的"读写结合"的实验研究就是行动研究的实例。

文献研究法。任何科学研究都是在前人研究的基础上前进和发展的，语文教育科学研究也不例外。在进行研究的过程中，免不了要广泛地阅读文献资料，了解相关的研究成果、研究动态、发展历史和现状。语文教育文献研究法是指以有关语文教育的文字、音像材料为研究对象，以了解相关研究成果、研究动态、发展历史和现状，探索教育规律的研究方法。运用文献研究法，一要尽可能多地搜集材料；二要学会对材料作科学分析；三要注意与其他研究方法相结合。

【参考课题】

1. 小学语文教研的选题策略
2. 小学语文教研的创新策略

3. 小学教师专业化与小学语文教研

4. 小学教师教学研究的有效方法

5. 小学语文校本教研研究

6. 小学语文教学中存在的问题研究

【参考文献】

[1] 张新强. 语文教学科研的成果表达[M]. 北京：教育科学出版社，2001.

[2] 关文信. 新课程理念与小学语文课堂教学实施[M]. 北京：首都师范大学出版社，2008.

[3] 朱绍禹. 语文教育科研导引[M]. 长春：东北师范大学出版社，2001.

[4] 黄全明. 小学语文教育科研[M]. 杭州：浙江教育出版社，2001.

[5] 李杏保，顾黄初. 中国现代语文教育史[M]. 成都：四川教育出版社，2000.

[6] 冯卫东. 今天怎样做教科研：写给中小学教师[M]. 北京：教育科学出版社，2011.

[7] 袁玥. 关于微型课题研究若干问题的思考[J]. 上海教育科研，2007(9).

[8] 陈和平. 教师的课堂观察技能及其培养[J]. 教学与管理，2004(8).

[9] 孙秀梅. 如何有效地听课、评课[J]. 中小学教学研究，2007(9).

[10] 张月娟. 合理开发语文课程资源，增加学生语文实践机会[J]. 天津师范大学学报(基础教育版)，2002(4).